KARINA VELOSO GANGANA TANURE
LÍVIA TEIXEIRA DE PAULA

JUIZADOS ESPECIAIS DA FAZENDA PÚBLICA

Particularidades em uma visão prática e integrada

KARINA VELOSO GANGANA TANURE
LÍVIA TEIXEIRA DE PAULA

JUIZADOS ESPECIAIS DA FAZENDA PÚBLICA

Particularidades em uma visão prática e integrada

Del Rey editora

Belo Horizonte
2018

Impresso no Brasil | Printed in Brazil

EDITORA DEL REY LTDA
www.livrariadelrey.com.br

Editor: Arnaldo Oliveira

Editor Adjunto: Ricardo A. Malheiros Fiuza

Editora Assistente: Waneska Diniz

Diagramação: Alfstudio

Revisão: Des. Caetano Levi Lopes -TJMG e Irene Veloso Gangana

Capa: Alfstudio

Editora
Rua dos Goitacases, 71 – Loja 24A – Centro
Belo Horizonte-MG – CEP 30190-909
Comercial:
Tel.: (31) 3293 8233
vendas@editoradelrey.com.br
Editorial:
editoraassistente@editoradelrey.com.br

T169j

Tanure, Karina Veloso Gangana
Juizados especiais da Fazenda Pública: particularidades em uma visão prática e integrada. / Karina Veloso Gangana Tanure e Lívia Teixeira de Paula. Belo Horizonte: Del Rey, 2018.

336 p.
ISBN: 978-85-384-0516-0

1. Fazenda pública, Brasil. 2. Juizado especial cível, Brasil. I. Paula, Lívia Teixeira de. II. Título.

CDU: 347.919.3 (81)

SUMÁRIO

PREFÁCIO

Brindada a fazer este prefácio, a emoção transcende a satisfação, que já é grande. Esses sentimentos afloraram quando fui para isso designada, pois falar de uma obra pressupõe conhecimentos e afinidade de opiniões com quem escolhe. A primeira qualidade, muitos a têm, dignos da mesma incumbência. A segunda, confesso, ficou muito clara nas posições assumidas pelas autoras nos diversos temas abordados, pois sempre fui defensora de tomadas de atitudes, de abordagens fundamentais, de delineamento de posições, e nada mais rico que um livro escrito por quem conhece a matéria, tem nela experiência e tem condições de dar suas opiniões pessoais, sem elaborar um mero compêndio.

Muitos livros são escritos com o intuito apenas de facilitar as pesquisas, trazendo um resumo de normas e interpretações existentes sobre o tema, citando posições pacificadas ou mesmo majoritárias sobre o assunto, sem, porém, se arriscar a apresentar definições próprias. Não se exclui, aqui, a importância de tais obras, mas não poucas vezes o conhecimento prático exige muito mais. Quando deparamos com a criação, a interpretação inteligente e lógica em uma obra – principalmente jurídica, como produto intuitivo e habilidoso de um raciocínio sábio, a leitura deixa de ser apenas finalística para se tornar prazerosa, por se tornar onisciente, atendendo à nossa natural necessidade de circunspecção, ponderação e discernimento.

Esta obra contém essas qualidades. Consegue reunir teleologicamente a síntese do rigor técnico exigido no direito público, já que trata dos Juizados Especiais da Fazenda Pública, com a leveza e a informalidade desses Juizados, sem que o direito material perca a sua essência. Afinal, quem cria deixa de ser um copiador passivo para se tornar um formador de opiniões, tornando-se fonte segura para quem o procura no intuito de fazer pesquisa argumentativa ou para obter informações práticas.

O estudo atento das leis em face da Constituição da República e da busca da celeridade, a interpretação das regras gerais e especiais sobre a competência, os ritos e procedimentos, bem como as diversas fases processuais, inclusive na difícil fase executória ou de cumprimento de sentença, foram todos abordados de forma objetiva e com inegável critério, o que torna a obra uma preciosidade.

Dizem alguns que comentar uma obra é impossível sem falar antes do autor. Diferentemente, prefiro dizer que se conhece o autor através de sua obra. Fiz questão, assim, de, antes, ler e falar da obra, para depois dizer das autoras.

Conheci a autora Karina Veloso Gangana Tanure quando entrou para a magistratura, como aluna em um curso na Escola Judicial, quando pude desde então ver como é intensa – no sentido de querer sempre extrapolar o mero conhecimento, ir além da simples atividade, com buscas constantes de aperfeiçoamento, a se preocupar com veemência com o resultado cada vez mais gravado pela excelência. Desde logo revelou o espírito inovador e o interesse pela pesquisa.

A obra tornou-se mais reluzente com a reconhecida capacidade intelectual de Lívia Teixeira de Paula, que como assessora judiciária, trouxe sua larga experiência como contribuição à eficácia desse estudo, que vem elucidar questões antes consideradas complexas aos diversos operadores de direito que labutam nessa área.

Essa busca constante de Karina não se mostra apenas na preocupação em aprimorar a jurisdição, mas tem origem sobretudo em sua formação contemplativo humana, que realça o seu intuito não só técnico – que transborda de seus conhecimentos, como também o objetivo de propiciar o maior acesso ao jurisdicionado, trazendo uma visão pragmática da prática jurídico processual nos juizados, sem se afastar da verdade absoluta contida nas normas do direito público, com resultados na praticidade das soluções, de forma objetiva e simples, como remédio para a necessária celeridade. Como magistrada que é, na essência intelectiva e na alma, aquela que revela inegável capacidade de operar o conhecimento através de construções lógicas e esta que traduz uma profunda preocupação com o aperfeiçoamento da jurisdição em favor da pessoa humana em suas mais justas reivindicações.

A preocupação é de juristas e de cidadãs. O livro, portanto, não nasceu por acaso. Surgiu das necessidades cotidianas no trabalho pelas autoras, de suas reflexões, de seu crescimento profissional e nos presenteiam com este que, espero, seja o primeiro de outros que virão enriquecer nossos conhecimentos.

Vanessa Verdolim Hudson Andrade

AGRADECIMENTOS

Nosso agradecimento especial ao nobre Desembargador Dr. Caetano Levi Lopes, que do seu extenso currículo destacamos ser Mestre em Direito Civil pela Faculdade de Direito da Universidade Federal de Minas Gerais - UFMG – 2002, Doutorando em Filosofia do Direito pela UFMG, professor catedrático nas Faculdades de Direito Milton Campos/MG, instrutor e orientador na Escola Judicial Desembargador Edésio Fernandes do Tribunal de Justiça de Minas Gerais – EJEF/TJMG e atual Coordenador Pedagógico da Escola Nacional da Magistratura - ENM. É componente da 2ª Câmara Cível do Tribunal de Justiça do Estado de Minas Gerais – TJMG, afeta ao Direito Público, e Presidente da Câmara de Uniformização de Jurisprudência dos Juizados Especiais do TJMG. Exemplo de inteligência ímpar e dedicação a nos enriquecer de conhecimento e servir de exemplo, incansável atuante, considerado referência, que nos agraciou com a revisão deste livro.

À ilustre Desembargadora aposentada Dra. Vanessa Verdolim Hudson, de admirável currículo, do qual realçamos possuir Curso de Especialização em Direito da Medicina pela Universidade de Coimbra – 2015. Foi Vice-Corregedora-Geral de Justiça, Juíza Orientadora do Juizado Informal de Pequenas Causas e Presidente da Turma Recursal do Juizado Especial Cível da Comarca de Belo Horizonte/MG. Atuou na segunda instância nas Câmaras Cíveis de Direito Privado e de Direito Público do TJMG. Gratas pelo apoio e dedicação em fazer o prefácio deste livro, o que nos orgulha sobremaneira, vindo de uma magistrada tão distinta e de intelecto diferenciado, que nos enobrece com cursos perante a EJEF/TJMG, em especial sobre Direito Sanitário e Direito do Consumidor.

Ao culto jurista Dr. Ricardo Arnaldo Malheiros Fiuza, escritor acadêmico e professor de Teoria Geral do Estado e de Direito Constitucional da Faculdade de Direito Milton Campos/MG a magistrada autora agradece pela carinhosa acolhida na conceituada Editora Del Rey.

Agradecimentos conjuntos àqueles que contribuíram para nossos estudos e atuação prática especificamente nos Juizados Especiais Cíveis e da Fazenda Pública: aos Drs. Desembargadores José Fernandes Filho, Márcio Idalmo, Luiz Carlos de Azevedo Correa Jr., Vicente de Oliveira Silva, Vanessa Verdolim e Renato Dresch, dentre outros afetos às temáticas. Ao Juiz de Direito Dr. Marcelo Rodrigues Fioravante, então coordenador dos Juizados Especiais da Capital, hoje ilustre Diretor do Foro da Comarca de Belo Horizonte/MG, que de maneira indene confiou à magistrada autora a tarefa de atuar no Juizado fazendário quando da abertura da competência no ano de 2015.

Dra. Maria Flávia Albergaria Costa, magistrada admirável, sua generosidade sem precedentes e apoio seguro foram essenciais para a promoção das teses construídas e registradas neste manual. Muito obrigada!

Nossa sincera gratidão a todos os operadores do Direito e magistrados dos Juizados Especiais Cíveis, da Vara Comum da Fazenda Pública Estadual, Municipal e de Feitos Tributários, da Infância e Juventude, além da Turma Recursal Exclusiva da Capital, Betim e Contagem/MG, pelas diversas reuniões sobre o rito dos Juizados da Fazenda Pública e porque nos munem cotidianamente de importante material instrutivo mediante questionamentos, sugestões e decisões.

Faz-se presente em nosso reconhecimento a Escrivã-chefe de Secretaria da 16ª Unidade Jurisdicional da Fazenda Pública de Belo Horizonte/MG, Sílvia Mara Almeida de Sousa, e sua equipe de funcionários, pelo apoio sem par na gestão cartorária e na condução da exaustiva jornada fazendária em sede de rito sumaríssimo.

Pela autora Karina Veloso Gangana Tanure, os agradecimentos pessoais a Deus, ao marido Rodrigo, junto a quem se faz mais forte, e aos filhos Heitor e Matheus, os quais oportunizaram o tempo necessário para o enfrentamento, com tranquilidade, das questões práticas vividas nos Juizados Especiais e desenvolvimento das teses para este livro. Agradeço ao meu pai, o aguerrido advogado Dr. Élcio Gangana Ferraz, exemplo de atuação produtiva e atualizada na área jurídica e que me encorajou a iniciar este projeto. À minha mãe, Irene Veloso Gangana, modelo de busca incessante de conhecimentos e pela presença neste livro. A todos os meus familiares, com destaque à tia Iara Vieira Veloso Pinheiro, que auxiliou a concretizar a edição desta obra.

Aos amigos adquiridos durante a vida pessoal e profissional, apoios certos e engrandecedores, meu carinho e gratidão de sempre!

Estendem-se os agradecimentos da autora Karina Gangana aos magistrados de primeiro contato na atuação do Direito, nos idos dos anos 2000, ainda como estagiária: Desembargador Dr. Francisco Figueiredo e juízes de direito Dra. Angelique Ribeiro de Souza, Dra. Aldina de Carvalho Soares e Dr. Antônio Carlos Braga. Aos magistrados com quem tive o privilégio de conviver e aprender, que já atuaram e ainda operam nos Juizados Especiais, dedicando-se incansavelmente e em exemplo, por acreditarem na justiça célere, mas cujos nomes não seria possível aqui declinar, sob pena de não serem suficientes as linhas reservadas, mas que sabem, cada um de per si, o quão contribuíram e a gratidão especial que lhes dedico. À minha assessora Elaine Reis de Oliveira Lopes, obrigada pela garra e fidelidade. Às grandes referências para meu ingresso na carreira pública da magistratura, afetos da cidade de São Francisco/MG, o nobre Procurador de Justiça do MPMG Dr. Jarbas Soares Jr., os honrados Desembargadores do TJMG Dr. Luiz Carlos Gomes da Mata, Dra. Karin Liliane de Lima Emmerich e Mendonça e Dr. Renato Martins Jacob e, ainda, ao Dr. Antônio Fabrício de Matos Gonçalves, atual Presidente da OAB/MG, com quem tive o prazer de fazer o primeiro estágio no Direito, meus sinceros agradecimentos.

A coautora Lívia Teixeira de Paula dedica esta obra à sua mãe Luzia Teixeira de Paula, professora, exemplo de vida, alegria e humildade; à sua avó Maria da Conceição Nadu Teixeira, que a ensinou o caminho da fé e de quem muito se orgulha; à Francisca Teixeira, sua professora de língua portuguesa dos ensinos fundamental e médio, a quem deve a profissão que exerce; à professora Marlene Librelon Machado, eterna incentivadora; à Dra. Patrícia Santos Firmo, magistrada em quem se inspira no exercício do serviço público; à Dra. Mariana de Lima Andrade, que a engrandece com a confiança da assessoria e a auxilia nos desafios diários; às magistradas Dra. Denise Lucio Tavela e Dra. Ana Cristina Ribeiro Guimarães, amigas de todos os momentos e à Dra. Karina Gangana, magistrada estudiosa, que a honrou com a oportunidade de estar neste trabalho e, por fim, a todos que colaboraram para que chegassem ao leitor as ideias deste livro.

Não poderíamos deixar de acenar, ao final, a admiração que temos uma pela outra, sempre a nos incentivar.

CARTA AO LEITOR

Prezado leitor,

Com satisfação lhes trazemos esta obra, cuja elaboração foi motivada pelo entusiasmo diante das indagações que fomos instadas a transpor durante nossa atuação como magistrada e assessora jurídica junto ao novel Juizado Especial da Fazenda Pública da Comarca de Belo Horizonte/MG.

No exercício de nossas funções, percebemos as inúmeras dúvidas surgidas, e que ainda se multiplicam. A inserção de matérias relativas à Fazenda Pública ao sistema dos Juizados Especiais Cíveis, que regulava apenas a resolução de litígios concernentes ao direito privado, trouxe para a competência do rito sumaríssimo as lides intensas e envoltas de direito público, instauradas entre o particular e os Estados Membros, Distrito Federal, Territórios e Municípios.

Desde o início dos Juizados Especiais da Fazenda Pública, no segundo semestre do ano de 2012, vimos em Belo Horizonte divergências de entendimentos sobre competência, interpretação da Lei 12.153/09 em conjunto com a Lei 9099/95 e o Código de Processo Civil - CPC, aplicação de normas subsidiárias, dentre outros assuntos cujos temas ainda estão longe de serem pacificados.

Concluiu-se, do contato direto com o tema, pela necessidade de mudança na mentalidade dos operadores do direito fazendário, para que se pudesse chegar a um entendimento alinhado sobre a prática forense especializada e célere, eis que acompanhada de dificuldades de adaptação à diversidade de posicionamentos jamais aplicados na esfera da Fazenda Pública. Era o juízo fazendário apinhado de rigores, mas agora se encontra atingido pela lógica da sistemática dos Juizados Especiais simples e informais, afastando-se, assim, ao nosso ver de modo salutar, da prática processual civil comum.

Salienta-se que a transferência de competências entre as Varas Comuns da Fazenda Pública e os Juizados Especiais vem ocorrendo de maneira gradativa.

Em Minas Gerais, num primeiro momento dos Juizados Fazendários (entre final de 2012 e meados de 2015), quando a coautora Lívia de Paula laborou como assessora jurídica das magistradas até então responsáveis em Belo Horizonte/MG, observaram-se os limites materiais permitidos pela Lei 12.153/2009, com a edição da Resolução 700 do TJMG, de 13.06.2012. Num segundo instante, a partir de 23.06.2015, foi ampliada a competência, com as ressalva das vedações legais e sistemáticas, quando da cooperação da magistrada autora Karina V. Gangana Tanure e atuação dos demais colegas que passaram atuar nos Juizados Especiais da Fazenda Pública.

Ao jurisdicionado, ainda sem norte definido exatamente pela ausência de familiarização com as matérias fazendárias ajustadas ao procedimento sumaríssimo, houve larga disponibilidade de diálogo com os magistrados e servidores neste momento inicial. Nasceu a necessidade de prolação de despachos saneadores orientadores nos feitos, pelo princípio da cooperação.

As decisões formuladas, sugeridas neste livro, tiveram como escopo o estudo conjunto das Leis nº 12.153/2009, nº 9.099/95, nº 10.259/2001, do CPC e demais normas atinentes, sempre à luz da Constituição da República Federativa do Brasil de 1988 – CRFB/88. Buscou-se, nas situações apresentadas, a conservação infringível do rito especial para a matéria fazendária recebida nos Juizados Especiais, em respeito ao artigo 98, I da Carta Magna, que delimitou a competência apenas para causas de menor complexidade, mediante procedimento oral e sumaríssimo.

O paradigma da manutenção hígida do procedimento sumaríssimo nos Juizados Especiais da Fazenda Pública norteia o desejo vivo de se construir uma justiça célere especializada, não menos sólida e eficaz, atendendo-se aos anseios constitucionais verdadeiros e afastando-se eventuais ameaças de se perder por imbróglios ritualísticos e de se confundi-lo com o rito ordinário.

Ressaltam-se as inúmeras trocas de conhecimentos entre os magistrados atuantes nos ritos comum e especiais, servidores, desembargadores e juízes das Turmas Recursais, além dos demais interessados no direito público abrangido pelo sistema dos Juizados Especiais. Destacam-se, dentre estes, os advogados militantes, os defensores públicos, os membros do Ministério Público Estadual, os representantes dos sindicatos de servidores e aposentados dos entes públicos, suas autarquias, fundações e empresas públicas, além dos procuradores do Estado e do Município e seus respectivos agentes políticos, o que se mostrou de suma importância para que fosse possível alinhavar de modo harmônico as competências, ao menos para um norteamento inicial em Minas Gerais.

Inobstante as estratégias jurisdicionais e de gestão adotadas, dos Juizados Especiais da Fazenda Pública ainda minam surpresas, o que, com efeito, nos exige cautela e cooperação mútuas a todo momento.

O ainda escasso material existente para consultas e estudos, mas valoroso, aliado à carência de decisões pacificadas sobre assuntos relacionados ao tema, já que a Lei 12.153/09 é relativamente recente e bem sucinta, tornam ainda mais árdua a atuação dos magistrados, advogados, defensores públicos, promotores de justiça, procuradores, serventuários e operadores do direito.

Encorajadas pelos enfrentamentos intrínsecos à nova situação processual e pelo recebimento de questionamentos por colegas magistrados e servidores, procuramos estudar a matéria e, com vigilância, pincelamos sobre os tópicos que provocaram maiores dúvidas, com foco na prática, a despeito de exaustão teórica.

Pedimos vênia para os posicionamentos diversos que, com efeito, contribuem sobremaneira para a pacificação dos temas propostos ou até mesmo para mudanças de teses que sejam necessárias após o decurso da aplicabilidade prática primeva quanto às questões aqui tratadas.

Assim, trazemos-lhe o resultado de nosso trabalho até então realizado, certas de que ainda haverá muito a ser feito, com a expectativa de que possa servir, ao menos neste momento de eclosão inicial de abertura de competência, como mais um instrumento para auxiliar os interessados e, principalmente para abrirmos oportunidades de discutirmos questões pontuais polêmicas surgidas da prática cotidiana forense nos Juizados Especiais da Fazenda Pública.

As autoras

1
INTRODUÇÃO

Os Juizados Especiais da Fazenda Pública estaduais foram introduzidos no sistema judiciário em observância à determinação contida no artigo 98, I, da Constituição da República Federativa do Brasil – CRFB/88, pela Lei nº 12.153/2009, publicada em 23 de dezembro de 2009, com entrada em vigor 6 meses após sua publicação oficial, ou seja, a partir de 23 de junho de 2010.

A Lei nº 12.153/2009 definiu que os Tribunais de Justiça dos Estados teriam o prazo de 2 anos para implantarem os Juizados Especiais da Fazenda Pública. A matéria fazendária na esfera federal de Justiça já estava abarcada pelo rito sumaríssimo, através da Lei nº 10.259, de 12.06.2001.

Nos termos do disposto no artigo 1º e seu parágrafo único da Lei nº 12.153/2009, os Juizados Especiais da Fazenda Pública "*....são órgãos da justiça comum e integram o Sistema dos Juizados Especiais....*", sistema este composto pelos Juizados Especiais Cíveis e Criminais, além da Fazenda Pública, no âmbito dos Estados, Municípios, Distrito Federal e Territórios.

O mencionado diploma legal (Lei nº 12.153/2009), que possui somente 28 artigos, inseriu no sistema dos Juizados Especiais estaduais novidades apenas quanto a normas de competência e particularidades diversas das previsões da Lei nº 9.099/1995, uma vez que afetas exclusivamente às demandas propostas por particulares em face da Fazenda Pública.

Como consequência da inclusão no polo passivo da lide dos entes federativos Estado, Distrito Federal e Município, suas autarquias, fundações e empresas públicas, a resolução dos conflitos perante os Juizados Especiais Cíveis, antes reguladas por normas de direito privado, deverá agora ser norteada também por regras relativas ao direito público.

A implantação dos Juizados Especiais da Fazenda Pública representa importante instrumento de otimização do Poder Judiciário, facilitando o acesso da justiça ao jurisdicionado para as demandas de menor complexidade, possibilitando-se, assim, a celeridade na solução das lides, em razão da simplificação do rito. Nos mesmos moldes da Lei nº 9.099/1995, a Lei nº 12.153/2009 tornou possível a propositura de ações judiciais por particulares independentemente da assistência de advogado, diretamente no Setor de Atermação do Tribunal, abrangendo, neste caso, pretensões decorrentes de violações de direitos de valores monetariamente baixos ou mesmo relativamente a obrigações sem valores pré-definidos, mas relevante para aquele que se entende lesado em seus direitos.

Por conseguinte, vem ocorrendo a efetiva transferência de grande parte das demandas das Varas Comuns da Fazenda Pública Estadual, Municipal e de Feitos Tributários, que possuem número elevado de ações, para os Juizados Especiais da Fazenda Pública, relativamente aos feitos insertos na competência prevista pela Lei nº 12.153/2009 e pela sistemática dos Juizados Especiais Cíveis, cuja norma de regência geral é a Lei especial nº 9.099/95.

Além disso, não se pode olvidar que os Juizados Especiais da Fazenda Pública já vêm recebendo, e cada vez mais receberão, uma considerável demanda reprimida antes não levada à Justiça Comum Fazendária, em virtude dos custos e morosidade.

Neste ponto, exige-se um maior conhecimento sobre a nova legislação, sua aplicabilidade e consequências, tanto pelo jurisdicionado e operadores do direito, quanto pelo magistrado, servidores do Tribunal de Justiça, especialmente escrivães, membros da Secretaria, atermadores, conciliadores, além dos juízes leigos onde forem estabelecidos, para que possam prestar o atendimento adequado ao cidadão.

Como ocorrido no final dos anos 1990, quando da implantação dos Juizados Especiais Cíveis e Criminais previstos pela Lei nº 9.099/1995, a criação dos Juizados Especiais da Fazenda Pública impôs um novo desafio ao Judiciário e ao jurisdicionado, uma vez que, além das dificuldades enfrentadas para o efetivo funcionamento, ocasionou quebra de paradigmas decorrentes da legislação até então vigente, no que diz respeito aos litígios contra a Fazenda Pública.

Em todo o país vêm sendo aplicados entendimentos divergentes, desafiando a uniformização de jurisprudências pelas Turmas Recursais Especializadas e pelo Superior Tribunal de Justiça, quando couber.

Há a efetiva colaboração dos magistrados, na intenção de se alcançar a sempre almejada segurança jurídica no tocante à aplicação das leis dos Juizados Especiais Cíveis e da Fazenda Pública. Realizam-se, periodicamente, em âmbito nacional, a elaboração de Enunciados no Fórum Nacional dos Juizados Especiais – FONAJE[1] , tendo o último finalizado em 10 de novembro de 2017, composto por juízes dos Juizados Especiais de todos os Estados da Federação e o Fórum Nacional de Juízes dos Juizados Federais - FONAJEF[2]. Os membros dos Poderes Judiciários estaduais auxiliam também na uniformização de entendimentos como, por exemplo, aqueles vindos dos Encontros dos Juízes dos Juizados Especiais do TJMG – ENJESP[3], com a publicação mais recente pelo VI ENJESP, em 12 de Dezembro de 2017. Encontram-se disponíveis no site do eg. TJMG, estudos sobre a Judicialização da Saúde feitos pelo Tribunal Mineiro, tema importante perante os Juizados Especiais[4] . Pondera-se, por fim, ter havido a elaboração de Enunciados sobre o novo CPC/2015 [5] , na 1ª Jornada de Direito Processual Civil, realizada em agosto de 2017, pelo centro de Estudos Judiciários do Conselho da Justiça Federal em Brasília/DF.

São vultosas as dúvidas em função da extensão de matérias fazendárias e abertura gradativa das competências para os Juizados Especiais da Fazenda Pública aos Estados, Distrito Federal, Municípios, suas autarquias, fundações e empresas públicas, razão pela qual o presente trabalho foi elaborado com a finalidade de colaborar com os interessados, estudiosos e operadores do direito.

Com uma visão posicionada diante da prática cotidiana, primando-se pela harmonia entre as normas que compõem o sistema dos Juizados Especiais vi-

---

1 - Enunciados FONAJE – acesso:. http://www.cnj.jus.br/corregedoriacnj/redescobrindo-os-juizados-especiais/enunciados-fonaje

2 - Enunciados FONAJEF - http://www.cjf.jus.br/cjf/corregedoria-da-justica-federal/corregedoria-geral-da-justica-federal/enunciados-fonajef/lista completa-dos-enunciados-do-fonajef.pdf

3 - Enunciados ENJESP/TJMG: acesso: http://www.tjmg.jus.br/portal-tjmg/institucional/juizados-especiais/confira-os-enunciados-do-vi-enjesp.htm

4 Judicialização da Saúde - TJMG – acesso: http://www.tjmg.jus.br/portal-tjmg/biblioteca/judicializacao-da-saude.htm#.Wk9uRlWnGM8

5 - Enunciados novo CPC/2015 - acesso: https://bd.tjmg.jus.br/jspui/bitstream/tjmg/8608/1/Enunciados%20-%20I%20JORNADA%20DE%20DIREITO%20PROCESSUAL%20CIVIL.pdf

gente no ordenamento, à luz da Constituição da República de 1988, esta obra foi erguida com supedâneo em estudos de obras já existentes, enunciados informativos e jurisprudências, posições de magistrados atuantes, sugerindo-se, ainda, inovações sobre o tema, notadamente quanto às discussões sobre competências, legitimidades, ritos e procedimentos e execução. Não se olvidou de pontuar, outrossim, os entendimentos que vêm sendo adotados pelos Juizados Especiais da Fazenda Pública, bem como aqueles acreditados pela coautora desta obra quando no efetivo exercício da magistratura perante o Juizado Especial da Fazenda Pública.

2
LEGISLAÇÃO INCIDENTE - LEI Nº 12.153/2009 – LEI Nº 9.099/1995 – LEI Nº.10.253/2009 – CÓDIGO DE PROCESSO CIVIL - SUBSIDIARIEDADE

Não obstante a importância da Lei nº 12.153/2009, que implantou no sistema dos Juizados Especiais a possibilidade de se litigar contra a Fazenda Pública estadual, do distrito federal, municipal, suas autarquias, fundações e empresas públicas, observa-se que o fato de possuir apenas 28 artigos certamente exigirá a aplicação de legislação de forma subsidiária, a fim de suprir o que não foi expressamente previsto no texto legal.

As normas advindas da novel legislação são atinentes, via de regra, às definições de competências dos Juizados Especiais da Fazenda Pública, sejam elas competência material, em razão da pessoa ou funcional, apresentando, ainda, algumas especificidades no tocante ao procedimento em face da Fazenda Pública demandada, deixando para a incidência da legislação já em vigor as normas básicas do sistema dos Juizados Especiais e do Código de Processo Civil.

Nesse sentido, prevê o artigo 27 da Lei nº 12.153/2009 que deverá ser aplicado subsidiariamente ao Juizado Especial da Fazenda Pública o disposto no Código de Processo Civil, na Lei nº 9.099/1995 (Juizados Especiais Cíveis e Criminais), além da Lei nº 10.259/2001 (Juizados Especiais Federais).

Percebe-se que os referidos diplomas legais integram um "*conjunto harmônico de normas coordenadas, em interdependência metódica, embora fixada cada uma no seu lugar próprio. De princípios jurídicos mais ou menos gerais deduzem corolários; uns e outros se condicionam e restringem reciprocamente, embora se desenvolvam de modo que constituem elementos autônomos operando em campos diversos*[1]."

---

1 MAXIMILIANO, Carlos. *Hermenêutica e Aplicação do Direito*, Forense, 14.ª Ed, Rio de Janeiro, 1994, p. 128.

Eventuais controvérsias apresentadas na aplicação das leis integrantes dos Juizados Especiais da Fazenda Pública deverão ser dirimidas observando-se as regras de conflitos aparentes de normas, especialmente pelo princípio da especialidade, que dispõe que lei especial prevalecerá sobre a geral.

Assim, em decorrência do mencionado princípio, sempre que a Lei nº 12.153/09 for silente, a Lei nº 9.099/1995, que é especial mas de normas gerais para os Juizados Especiais, deverá ser observada, aplicando-se o CPC apenas subsidiariamente e se não se conflitar com o sistema de rito sumaríssimo.

Neste parâmetro, embora o artigo 27 da Lei nº 12.153/2009 se inicie indicando a aplicação do CPC subsidiariamente aos Juizados Especiais da Fazenda Pública, colocando na sequência a Lei nº 9099/95 e nº 10.259/2001, o raciocínio teleológico e integrado das leis que compõem o sistema dos Juizados Especiais indica esteja equivocada a ordem de disposição na citação das leis no mencionado artigo, a qual, portanto, não deverá ser seguida.

Na verdade, importante mencionar que em um primeiro momento o Código de Processo Civil fora jungido às normas gerais do sistema dos Juizados Especiais, previstas pela Lei nº 9.099/95, apenas excepcionalmente. Sequer houve inicialmente determinação de aplicação subsidiária do CPC na fase cognitiva dos Juizados, nem mesmo nas suas disposições finais, salvo a existência de apenas simples remissões (ex.: artigos 3º, II e 48). A submissão ao Código de Processo Civil subsidiariamente estaria vinculada, para a Lei nº 9.099/95, apenas à execução judicial ou extrajudicial, conforme artigos 52 e 53 da dita lei.

A Lei nº 10.259/2001 em nenhuma oportunidade fez referência ao CPC.

Somente à frente surgiu a Lei dos Juizados Especiais da Fazenda Pública, já no ano de 2009, a qual previu expressamente, além de artigos remissivos ao CPC, a incidência subsidiária deste *códex* geral, em seu artigo 27.

Por fim, para encerrar a controvérsia sobre a aplicação ou não do CPC ao microssistema dos Juizados Especiais, o novo Código de Processo Civil de 2015 legislou sobre o tema. Embora se trate de código de normas gerais, apresentou regras específicas a alterarem as Leis dos Juizados Especiais, respeitando-se, pois, o princípio da especialidade, o que as torna válidas perante os procedimentos especiais existentes, dentre eles, os dos Juizados Especiais.

Observe-se, neste enfoque, que no Livro Complementar do CPC/2015, em suas Disposições Finais e Transitórias, o artigo 1.046, §2º, do CPC de 2015, deixou claro que o geral deverá ter aplicação apenas suplementar aos Juizados Especiais, de procedimentos especiais, senão vejamos:

> Art. 1.046. Ao entrar em vigor este Código, suas disposições se aplicarão desde logo aos processos pendentes, ficando revogada a Lei nº 5.869, de 11 de janeiro de 1973.
> § 2º **Permanecem em vigor as disposições especiais dos procedimentos regulados em outras leis, aos quais se aplicará supletivamente este Código.**

Releva notar que as discussões travadas no Fórum Nacional de Juizados Especiais (FONAJE), logo após a publicação do CPC/2015, em novembro de 2015, ensejaram a edição do Enunciado 161 do FONAJE, que prestigia o princípio da especialidade e conclui que poderá sim o CPC ser aplicado aos Juizados Especiais, desde que relativamente às remissões expressas, de forma subsidiária e supletiva e se houver compatibilidade com os princípios que regem o sistema sumaríssimo:

ENUNCIADO 161 - Considerado o princípio da especialidade, **o CPC/2015 somente terá aplicação ao Sistema dos Juizados Especiais** nos casos de expressa e específica remissão ou na hipótese de compatibilidade com os critérios previstos no art. 2º da Lei 9.099/95 (XXXVIII Encontro – Belo Horizonte-MG- 2015).

A Lei nº 10.259/2001, por ser concernente aos Juizados Especiais Federais, terá aplicação subsidiária e direta ao Juizado Especial da Fazenda Pública prioritariamente ao CPC, em razão de sua especialidade, no que for compatível.

A respeito do tema, destaca-se o entendimento do ilustre juiz de direito e doutrinador Érick Linhares, doutor em Relações Internacionais e Pós-doutorando em Direitos Humanos:

> Vê-se, portanto, que nos Juizados da Fazenda Pública o aplicador da norma não poderá ficar em dúvida quanto à incidência, respectivamente, das Leis 9.099 e 10.259, normas subsidiárias diretas, em hipótese de omissão verificada na Lei 12.153. Vale dizer, não poderá aplicar subsidiariamente o Código de Processo Civil, norma indireta, sem antes examinar de forma

exaustiva todos os termos das normas subsidiárias diretas para solucionar questões processuais.[2]

Por outro lado, conquanto ambas as Leis nº 9.099/1995 e nº 10.259/2001 sejam de aplicação direta, na omissão da Lei nº 12.153/2009, aquela deverá ser buscada primeiramente, uma vez que a Lei nº 9.099/1995 orienta como um todo o sistema dos Juizados Especiais estaduais.

Como a Lei nº 12.153/09 é relativamente recente, os entendimentos jurisprudenciais ainda estão se consolidando. No entanto, a maioria tende a observar o princípio da especialidade, preferindo, como dito, a subsidiariedade direta em primeiro lugar os preceitos da Lei nº 9.099/95, firmadora das bases dos Juizados Especiais Cíveis e Criminais, que é norma especial em relação ao procedimento comum, mas de regras gerais no tocante à sistemática dos Juizados Especiais da Justiça estadual.

Por fim, abaixo o primeiro Enunciado do FONAJE em relação aos Juizados Especiais da Fazenda Pública, qual seja:

> ENUNCIADO 01 – Aplicam-se aos Juizados Especiais da Fazenda Pública, no que couber, os Enunciados dos Juizados Especiais Cíveis (XXIX Encontro – Bonito/MS).

---

2 LINHARES, Erick. *Sistema dos juizados especiais: críticas e reflexos práticos*. Revista Jus Navigandi, Teresina, ano 17, n. 3450, 11 dez. 2012. Disponível em: <http://jus.com.br/artigos/23212>. Acesso em: 12 set. 2015.

3
COMPETÊNCIA

3.1 REGRAS GERAIS - COMPETÊNCIA NOS JUIZADOS ESPECIAIS DA FAZENDA PÚBLICA

A competência, em todas as suas espécies, na seara dos Juizados Especiais da Fazenda Pública, é o tema que traz maior indagação e novidades, razão pela qual lhe será dispensado relevo.

Inicialmente, mister destacar que a competência dos Juizados Especiais encontra-se estabelecida tanto na Constituição da República de 1988, quanto nas leis federais e normas estaduais e municipais.

Toda a estrutura da legislação infraconstitucional de criação dos Juizados Especiais, são, basicamente, orientadas por balizas constitucionais, que estabelecem as competências dos Juizados em razão da menor complexidade, mediante procedimento oral e sumaríssimo, com prioridade para conciliação, julgamento e execução, senão vejamos:

> Art. 98. A União, no Distrito Federal e nos Territórios, e os Estados criarão:
>
> I - **juizados** especiais, providos por juízes togados, ou togados e leigos, **competentes para a conciliação, o julgamento e a execução de causas cíveis de menor complexidade** e infrações penais de menor potencial ofensivo, **mediante os procedimentos oral e sumariíssimo**, permitidos, nas hipóteses previstas em lei, a transação e o julgamento de recursos por turmas de juízes de primeiro grau;
>
> (...)
>
> § 1º Lei federal disporá sobre a criação de juizados especiais no âmbito da Justiça Federal. (Renumerado pela Emenda Constitucional nº 45, de 2004).

Violar as regras atinentes à menor complexidade e aos princípios e normas que definem o rito sumaríssimo seria violar a própria Carta Magna da nossa República.

Forçoso concluir, pois, que a competência dos Juizados Especiais, definida constitucionalmente, não se afere apenas em virtude do teto limite legal para valores de causas (40 salários mínimos para os Juizados Especiais Cíveis e 60 salários mínimos para os Juizados da Fazenda Pública), mas também por todas as outras normas e princípios que regem o rito sumaríssimo, previsto constitucionalmente para os Juizados Especiais.

Deverão ser observadas as demais normas que delimitam a mencionada competência, de maneira integrada e simultânea, sob pena de, por vias transversas, serem processadas causas complexas, em prejuízo à natureza sumaríssima do próprio sistema, a tumultuar o andamento do feito e gerar delongas desnecessárias, contrariamente aos critérios da oralidade, simplicidade, informalidade, celeridade e economia processual previstos no artigo 2º da Lei nº 9.099/95, que é norma especial, mas, repita-se, de regra gerais para o microssistema do rito sumaríssimo.

Destarte, todas as normas relativas ao rito sumaríssimo serão aferidas simultaneamente, respeitando-se apenas as ressalvas expressas em lei.

Observe-se, como exemplos, os seguintes temas normatizados, a serem considerados em conjunto, a fim de comporem uma conclusão única pela competência ou não dos Juizados Especiais especificamente para aquela causa, a saber: natureza das matérias aviadas, atos processuais e procedimentos especiais incompatíveis, teto de valor da causa com e sem assistência de advogados, partes dos polos da ação, necessidade de perícia formal a afastar o procedimento ou de mero exame técnico cabível, dentre outras limitações.

Ressalte-se a imprescindibilidade de que as normas do sistema sumaríssimo sejam respeitadas, sob pena de tornar letra morta as regras expressamente estabelecidas, à míngua de invalidade das suas leis de regência, que estão em pleno vigor.

Neste cenário, por certo que discussões doutrinárias e jurisprudenciais no tocante a eventuais lacunas, seja na Lei nº 9.099/095, seja na própria Lei nº 12.153/2009, merecem atenção, notadamente no sentido de uniformizar entendimentos e evitar inseguranças jurídicas, notadamente no sentido de manter hígido o sistema.

Não há que se falar, pois, em interpretações extensivas quando a lei é clara ao especificar limitações para a capacidade processual perante os Juizados

Especiais, especialmente por não haver declaração de inconstitucionalidade dos artigos que venham a ser eventualmente desconsiderados injustamente, evitando-se, pois, que pereçam, tal como já vem ocorrendo em inúmeros Juizados Especiais.

O emitente Corregedor Nacional de Justiça, Ministro João Otávio de Noronha, na abertura do FONAJE realizado em novembro de 2016, manifestou-se de maneira louvável no sentido de que caberá ao Judiciário conferir aos Juizados a eficácia que se espera, consoante manchete abaixo:

> A proposta original da Lei n. 9.099 encontra-se totalmente desviada. Quando a lei foi criada, pensou-se em algo que fosse leve, ágil, desburocratizado e informal. Entretanto, estamos com juizados relativamente pesados, com audiências iniciais demorando de seis meses a um ano, decisões de dez, 12 laudas, quando não deveriam passar de uma"
> **Reflexão final - O ministro concluiu pedindo aos juízes que refletissem e mudassem atitudes sem esperar determinações dos Tribunais de Justiça e do CNJ. "Os senhores são soberanos no juizado, incorporem o espírito da simplicidade, da celeridade, que vocês se tornarão grandes juízes. Esse é o mais social de todos os ramos da Justiça", finalizou Noronha.** [1]

3.1.1 Competência Absoluta dos Juizados Especiais da Fazenda Pública – Competência nas Comarcas sem a instalação de Unidade Jurisdicional própria - Varas Fazendárias x Juizados Especiais

Antes mesmo de qualquer ilação a respeito da competência material e territorial relativas à Lei nº 12.153/2009, importante destacar que aos Juizados Especiais da Fazenda Pública compete o julgamento de ações propostas em desfavor de entes públicos.

Tratando-se de pretensões contra a Fazenda Pública, observadas as restrições de matéria e valor da causa, a ação deverá ser ajuizada nos Juizados Especiais da Fazenda Pública, pois a Lei nº 12.153/2009, em seu artigo 2º, §4º, dispôs ser absoluta a competência da mencionada lei, inovando o Sistema dos Juizados Especiais neste sentido, já que a competência para os demais Juizados Especiais Cíveis é facultativa ao demandante em face das Varas Comuns.

1 http://www.cnj.jus.br/noticias/cnj/83932-corregedor-nacional-defende-o-fim-daburocracia-nos-juizados-especiais

No tocante às Comarcas em que não haja Juizado Especial da Fazenda Pública devidamente instalado, o FONAJE – Fórum Nacional de Juizados Especiais orienta que as ações devam ser distribuídas junto às Varas Comuns que abarquem a competência para a Fazenda Pública, embora respeitando-se o rito estabelecido na Lei nº 12.153/2009, senão vejamos:

> Enunciado 09 FONAJE – Nas Comarcas onde não houver Juizado Especial da Fazenda Pública ou juizados adjuntos instalados, as ações serão propostas perante as Varas comuns que detêm competência para processar os feitos de interesse da Fazenda Pública ou perante aquelas designadas pelo Tribunal de Justiça, observando-se o procedimento previsto na Lei 12.153/2009 (XXXII Encontro – Armação de Búzios/RJ- 2012).

No XVIII FONAJE, realizado em Belo Horizonte entre 25 e 27 de novembro de 2015, muito se debateu a respeito.

A discussão aberta fundamentou-se nos artigos 20 e 21 do Provimento nº 22/2012 do Conselho Nacional de Justiça, que "*Define medidas de aprimoramento relacionadas ao Sistema dos Juizados Especiais e dá nova redação ao Provimento nº 7, de 7 de maio de 2010*", que sustenta o teor do Enunciado 09 do FONAJE, ao assim dispor:

> Art. 20. Os Tribunais de Justiça, enquanto não instalados Juizados da Fazenda Pública autônomos ou adjuntos, designarão, **dentre as Varas da Fazenda Pública existentes**, as que atenderão as demandas de competência dos Juizados Especiais da Fazenda Pública, observado o disposto nos artigos 22 e 23 da mesma Lei e o art. 14 da Lei n. 9.099/1995.
>
> Art. 21. Nas comarcas onde não houver Vara da Fazenda Pública, a designação recairá sobre Vara diversa, que deverá observar, fundamentadamente, critérios objetivos, evitando-se congestionamento.
>
> § 1º Os processos da competência da Lei n. 12.153/2009, distribuídos após a sua vigência, ainda que tramitem junto a Vara Comum, observarão o rito especial.
>
> § 2º Os Juizados Especiais da Fazenda Pública que funcionarem como unidades autônomas deverão adotar o processo eletrônico desde a sua instalação, salvo justificativa expressa em sentido diverso e que deverá ser instruída com projeto para a implementação do processo eletrônico.

Apenas a título de informações, diferentemente, em Minas Gerais, por somente haver Juizado Especial da Fazenda Pública instalado até então na Capital, não obstante o eg. Tribunal de Justiça tenha mantido as distribuições perante as Varas da Fazenda Pública ou Cíveis comuns no interior do Estado desde a vigência da Lei nº 12.153/2009 até junho de 2015, expediu, após o fim da vigência da Resolução 700/2012 (artigo 1º), em julho de 2015, o Ofício Circular 05/2015 aos juízos, determinando a distribuição de novas ações, de competência dos Juizados Especiais da Fazenda Pública, junto aos juízes dos Juizados Especiais Cíveis em geral.

3.2 COMPETÊNCIA TERRITORIAL NOS JUIZADOS ESPECIAIS DA FAZENDA PÚBLICA

3.2.1 Considerações relevantes

Na ausência de disposição específica na Lei nº 12.153/2009 a respeito da competência territorial para os Juizados Especiais da Fazenda Pública, deverão ser aplicadas subsidiariamente outras normas, consoante já amplamente tratado no Capítulo 2. Primeiramente, a Lei nº 9.099/1995, com incidência do CPC apenas quando aquele diploma legal não for cabível.

A regra de competência territorial para o sistema dos Juizados Especiais, estabelecida no artigo 4º da Lei nº 9099/95 é a de que, nas ações de direito pessoal e nas fundadas em direito real sobre bens móveis, a propositura deverá ocorrer no domicílio do réu. Corresponde, na íntegra, ao disposto no artigo 46 do CPC/2015.

Não obstante, especificamente quanto ao sistema dos Juizados Especiais, o legislador previu, no artigo 4º da Lei nº 9.099/95, regras particulares:

> Art. 4º É competente, para as causas previstas nesta Lei, o Juizado do foro:
> - <u>do domicílio do réu</u> ou, <u>a critério do autor</u>, do local onde aquele exerça atividades profissionais ou econômicas ou mantenha estabelecimento, filial, agência, sucursal ou escritório;
> - do lugar onde a obrigação deva ser satisfeita;
> - do domicílio do autor ou do local do ato ou fato, nas ações para reparação de dano de qualquer natureza.
>
> Parágrafo único. Em qualquer hipótese, poderá a ação ser proposta no foro previsto no inciso I deste artigo. (negrito nosso)

De leitura atenta do artigo transcrito temos que, além de estabelecer a competência territorial geral de foro do domicílio do réu, ou do lugar onde a obrigação deva ser satisfeita, bem como o foro do domicílio do autor ou do local do ato ou fato nas ações de reparação de dano de qualquer natureza, a legislação especial previu opção ao autor de escolha do foro de domicílio do réu, em qualquer Comarca onde exerça atividades profissionais ou econômicas ou mantenha estabelecimento, filial, agência, sucursal ou escritório.

Grande celeuma se instalou quando da aplicabilidade prática da opção conferida pelo inciso I do artigo 4º da Lei nº 9.099/95 mencionado. Esta opção foi também prevista no artigo 52 do CPC/2015, que possui redação semelhante.

Relativamente ao foro optativo aos demandantes, considerando que a lei deixa a critério do autor a escolha de qualquer dos foros para propositura das ações, magistrados começaram a perceber abusos no exercício desta faculdade. Verificou-se que, comumente, os autores elegiam foros diversos daqueles em que o réu exercia suas atividades profissionais e se relacionava diretamente com estes cidadãos e acumulava as provas necessárias ao juízo.

Inicialmente, em Minas Gerais, os citados abusos foram constatados nos Juizados Especiais Cíveis, quanto aos famosos casos públicos e notórios das ações de indenizações para recebimento do Seguro DPVAT, uma vez que as partes autoras, residentes em comarcas de interior, distribuíam ações tanto em sua comarca de domicílio quanto em qualquer outra Comarca que possuísse agência ou filial do Banco-segurador demandado, logrando êxito em umas e perdendo total ou parcialmente em outras ou até mesmo logrando êxito em todas as ações.

Adiante, observaram-se escolhas despropositadas pelo foro de Belo Horizonte, por exemplo, nas ações de relações de consumo, em que pese se prestigiar o foro do domicílio do autor (artigo 101 do Código de Defesa do Consumidor), passando alguns julgadores a extinguir os feitos por incompetência territorial, eis que precedentes jurisprudenciais dos Tribunais de Justiça de Minas Gerais e do STJ apontavam entendimento pela competência absoluta para o foro do domicílio do autor, por se tratar de matéria de ordem pública.

Traz-se à baila o caso específico em que houve um grande vazamento de água no final do ano de 2011, de responsabilidade da Copasa (Companhia de Saneamento Básico de Minas Gerais), por cerca de 40 (quarenta) dias, no Município de Vespasiano, causando danos de ordem material e moral a inúmeros moradores. Alguns demandantes, embora residentes em Vespasiano/MG, propuseram ações em Belo Horizonte, em que pese existir agência da

Copasa naquela Comarca. Foi alegado em defesa que especificamente a residência pertencente à parte autora não teria sido atingida pelo evento danoso. Na tentativa de proferir julgamento de mérito, observou-se com atenção os endereços, contudo, a magistrada, coautora desta obra, sentiu dificuldades em solucionar o litígio de maneira justa, já que não era a juíza daquela localidade a permitir conhecimento simples sobre limites das ruas e locais atingidos, ou seja, não era a juíza natural para a causa, vindo, ao final, a extinguir o feito, por incompetência territorial [2].

Passado a um outro momento, a magistrada coautora, designada para atuar perante o Juizado Especial da Fazenda Pública e já atenta àquela realidade, encontrou novo óbice no tocante à competência territorial ético-processual. Destaca-se, como exemplo, um caso em que a parte autora, residente na Comarca de Rio Casca/MG, na tentativa de obter um medicamento a ser fornecido pelo SUS, pela via judicial, propôs duas ações em face do Estado de Minas Gerais. A primeira, na sua Comarca de Rio Casca/MG, tendo lhe sido denegada a liminar. Já a segunda, junto ao Juizado Especial da Fazenda Pública de Belo Horizonte/MG, por meio da qual obteve a concessão da liminar, *inaudita altera pars*, somente tendo o juízo conhecimento da litispendência quando da apresentação de defesa pelo réu.[3]

O mesmo ocorreu mais recentemente com demandante que propôs ação pretendendo ingresso em concurso público, na sua Comarca de domicílio Uberaba, mas teve seu processo extinto sem resolução do mérito, por necessidade de perícia. Contudo, simultaneamente à apresentação de Agravo de Instrumento, desconsiderou a litispendência e acionou novamente o Poder Judiciário, agora na Comarca de Belo Horizonte, a fim de tentar obter exatamente a mesma pretensão judicial, escolhendo indevidamente o juízo[4].

Destaca-se situação esdrúxula de escolha de juízos, provocando decisões judiciais contraditórias para o mesmo caso concreto, não havendo óbices na citação destes exemplos, em virtude do princípio da publicidade dos processos judiciais, inexistindo, para eles, sigilo legal.

---

2 Processo n. 9040030.58.2013.813.0024

3 Processo nº. 9023544.27.2015.813.0024

4 Processo nº. 9057141.50.2016.813.0024

Observam-se, agora no sentido de demonstrar o quão importante é o respeito ao princípio do juiz natural, casos em que partes autoras, domiciliadas em Comarcas distantes da Capital, tais como Montes Claros/MG, Mariana/MG, dentre outras, propõem ações perante o Juizado Especial de Belo Horizonte, pugnando por desmatamento de áreas e exploração de minérios, carvão, plantios o que, por certo, envolverão matérias de direito ambiental, propriedade imóvel e direitos de exploração de maior conhecimento ao caso concreto pelo magistrado que vive naquele local, verdadeiro juiz natural para a causa.

Por outra vertente, as partes residentes em outras Comarcas, mesmo tendo o réu estabelecimento no local do domicílio do autor, abarrotaram os Juizados Especiais de Belo Horizonte, a pretexto de buscarem a celeridade esperada, causando, pelo revés, mais morosidade nos Juizados da Capital, em detrimento do julgamento justo pelo magistrado mais próximo dos fatos e das provas, dificultando-se, ainda, a defesa.

Ora, não pode ser outra a única conclusão possível de se extrair das ocorrências apontadas, senão a de que a utilização sem limites da facultatividade os critérios previstos no artigo 4º, I da Lei nº 9.099/95 viola o princípio constitucional do juiz natural.

A disposição contida no artigo 52 do novo CPC/2015 tem levado magistrados a aceitarem a propositura de ações na Capital, independentemente da análise das outras formas de competência previstas em lei. Entretanto, o raciocínio, relativamente à norma também infraconstitucional prevista no CPC, de redação semelhante ao inciso I do artigo 4º da Lei 9.099/95, deverá ser o mesmo apresentado para a aplicação do foro optativo, desde que dentro dos parâmetros constitucionais e a resguardar padrões ético-processuais. Ademais, trata-se de norma processual geral, que não se aplica aos Juizados Especiais por haver, no sistema destes, norma especial a respeito.

Domiciliado o autor, portanto, em comarca do interior, local dos atos e fatos praticados e onde a obrigação deverá ser cumprida e, existindo naquele lugar estabelecimento, sede ou sucursal do Estado réu, será lá o foro territorialmente competente, em respeito ao Princípio Constitucional do Juiz Natural e demais normas de competência envoltas na causa.

3.2.2 Incompetência Territorial nos Juizados da Fazenda Pública - Particularidades

A - Foro do domicilio do réu Estado – Capital ou local onde possua órgão, posto, agência ou estabelecimento

Paradigma que vem sendo superado, em sede de Juizados Especiais da Fazenda Pública, é o de que o foro da Capital do Estado seria sempre o competente para os feitos propostos em face do citado ente federado, o que, com efeito, não é.

Primeiramente, imperioso ressaltar que o inciso I do artigo 4 º da Lei nº 9.099/95, primeira parte, confirma a competência geral do foro do domicílio do réu. Já o artigo 46 do CPC/2015 (antigo art. 94 do CPC/73), informa da mesma maneira que a regra de competência para o processo civil será a Comarca do foro do domicílio do réu.

Por domicílio do Estado réu, entende-se como a Capital do Estado, mas também, igualmente, os outros tantos locais em que a pessoa jurídica possua estabelecimento, nos termos do §1º do artigo 75 do Código Civil de 2012:

> Art. 75. Quanto às pessoas jurídicas, o domicílio é:
> I - da União, o Distrito Federal;
> II - **dos Estados e Territórios, as respectivas capitais**;
> III - do Município, o lugar onde funcione a administração municipal;
> IV - das demais pessoas jurídicas, o lugar onde funcionarem as respectivas diretorias e administrações, ou onde elegerem domicílio especial no seu estatuto ou atos constitutivos.
> § **1º** Tendo a pessoa jurídica diversos estabelecimentos em lugares diferentes, **cada um deles será considerado domicílio para os atos nele praticados.**
> § 2º Se a administração, ou diretoria, tiver a sede no estrangeiro, haver-se-á por domicílio da pessoa jurídica, no tocante às obrigações contraídas por cada uma das suas agências, o lugar do estabelecimento, sito no Brasil, a que ela corresponder.

Ressalta-se que o Código Civil de 2002, que define a matéria acerca de domicílio, em momento algum conferiu mais peso ao foro da Capital do que aos demais foros em que existam estabelecimentos da parte ré pessoa jurídica.

Seguindo exatamente a linha de diversidade de foros do Código Civil de 2002, a segunda parte do inciso I do artigo 4º da nº Lei nº 9.099/95 demonstra a existência de diversos foros competentes em face dos réus, considerando-se domicílio onde possua atuação, ao estabelecer que será competente o foro do Juizado "*....do local onde aquele exerça atividades profissionais ou econômicas ou mantenha estabelecimento, filial, agência, sucursal ou escritório*".

A parte final da segunda metade do recente artigo 52 do CPC/2015 fala da mesma maneira, sem prestígio a qualquer dos foros, destacando-se que poderão ser os "*.... de domicílio do autor, de ocorrência do ato ou fato que originou a demanda, no de situação da coisa ou na capital do respectivo ente federado.*"

Ou seja, possuindo a parte ré órgão ou estabelecimento seu na Comarca, local onde ocorrem os fatos trazidos ao juízo ou de situação da coisa, será lá também considerado o seu domicílio, o que, com efeito, confirma que não será apenas o foro da Capital do Estado o único competente para causas em face do Estado como Fazenda Pública.

Tratando-se de Fazenda Pública estadual, do distrito federal e municipal como réus, suas autarquias, fundações e empresas públicas, observar-se-á que, embora os Estados tenham sede em sua Capital, conforme entendimento assentado, não possuem foro privilegiado, podendo ser demandados no local onde ocorreram os fatos que deram origem ao ajuizamento da ação. Assim, sendo a ação proposta contra o Estado e Município em litisconsórcio, em regra deverá ser ajuizada na comarca à qual este último pertença.

De suma importância considerar as regras de domicílio necessário previstas no artigo 76 do CPC/2015, aplicáveis aos Juizados Especiais Cíveis e da Fazenda Pública, à míngua de qualquer norma a respeito nas suas leis de regência, a saber:

> Art. 76. Têm domicílio necessário o incapaz, o servidor público, o militar, o marítimo e o preso.
> Parágrafo único. O domicílio do incapaz é o do seu representante ou assistente; o do servidor público, o lugar em que exercer permanentemente suas funções; o do militar, onde servir, e, sendo da Marinha ou da Aeronáutica, a sede do comando a que se encontrar imediatamente subordinado; o do marítimo, onde o navio estiver matriculado; e o do preso, o lugar em que cumprir a sentença.

Exatamente em virtude do entendimento, já está pacificado no Superior Tribunal de Justiça não haver privilégios aos Estados, não sendo exigido que as ações em face dos mesmos sejam propostas em suas Capitais, uma vez que se deve respeito às demais regras de competências legalmente estabelecidas, seja em razão da pessoa, seja no tocante à competência territorial.

Nesse sentido, vejamos a decisão do STJ:

> CONFLITO NEGATIVO DE COMPETÊNCIA - AÇÃO DE INDENIZAÇÃO MOVIDA CONTRA UNIDADE DA FEDERAÇÃO - INCOMPETÊNCIA RELATIVA DECLARADA DE OFÍCIO – IMPOSSIBILIDADE - SÚMULA 33/STJ.
>
> **O STJ firmou entendimento de que o Estado-Membro não possui foro privilegiado, estando submetido às regras de competência *ratione locci* previstas no art. 100, IV e V, do CPC. Precedentes.**
>
> Relativa a competência territorial, a declaração de incompetência não pode ser feita de ofício, incidindo o enunciado 33 da súmula deste Tribunal.
>
> Agravo regimental não provido. (AgRg no CC 110.242/RJ, Rel. Ministra ELIANA CALMON, PRIMEIRA SEÇÃO, julgado em 12/05/2010, DJe 21/05/2010)

Destaque-se que essa orientação foi também adotada pelo Tribunal de Justiça do Estado de Minas Gerais, consoante ementa abaixo transcrita:

> EMENTA: APELAÇÃO CÍVEL - AÇÃO DE OBRIGAÇÃO DE FAZER C/C INDENIZAÇÃO POR DANOS - INSTITUIÇÃO EDUCACIONAL INTEGRANTE DA ADMINISTRAÇÃO INDIRETA DE OUTRO ESTADO-MEMBRO - COMPETÊNCIA JURISDICIONAL - PRESTAÇÃO DE SERVIÇOS EDUCACIONAIS - RELAÇÃO DE CONSUMO CURSO DE GRADUAÇÃO - DEMORA DA PRESTADORA NA DISPONIBILIZAÇÃO DE MEIOS NECESSÁRIOS À MINISTRAÇÃO DE DISCIPLINA - FALHA NÃO JUSTIFICADA - ATRASO NA CONCLUSÃO DO CURSO - ATO ILÍCITO - PREJUÍZO EXTRAPATRIMONIAL - VALOR DA INDENIZAÇÃO - CRITÉRIOS DE FIXAÇÃO.
>
> **O Estado-Membro e as entidades integrantes da sua Administração direta ou indireta não possuem foro privilegiado, estando submetidos às regras de competência ratione locci, previstas no Código de Processo Civil**. - Nos termos do Código de Defesa do Consumidor, o Contrato de Prestação de Serviços Educacionais traduz relação de consumo. - Envolvida relação de consumo, o Princípio da facilitação da defesa e o direito de acesso aos Órgãos Judiciários (CDC - art. 6º, VII e VIII), derivados do Princípio Constitucional do Acesso à Justiça (CF - art. 5º, XXXV), facultam a propositura da Ação no local do domicílio do Consumidor (CDC - art. 101, I).
>
> -O reconhecimento da obrigação de indenizar pressupõe a existência de conduta antijurídica, que tenha produzido dano, e a relação de causalidade entre o ato ilegal e o prejuízo. - A falta não justificada da Instituição

> Educacional, quanto à disponibilização dos meios necessários ao cumprimento de disciplina integrante da grade curricular de Curso Superior, e o conseqüente atraso para sua conclusão pelos discentes aptos, caracterizam atos ilícitos determinantes da obrigação de indenizar. - A obtenção dos títulos de graduação representa objetivo primordial dos alunos, por lhes propiciar a habilitação legal para a atuação técnico-profissional, além de outros benefícios de ordem pessoal. - O injustificado atraso para a conclusão do Bacharelado, em decorrência de conduta omissiva da Instituição de Ensino, representa causa de frustração e angústia dos discentes, por acarretar, no período respectivo, a impossibilidade de fruição das prerrogativas e benefícios profissionais buscados com a matrícula e frequência ao Curso, sendo devida a reparação por dano moral. - No arbitramento do valor da indenização por dano moral devem ser observados os critérios de moderação, proporcionalidade e razoabilidade em sintonia com o ato ilícito e suas repercussões.
>
> (TJMG. Apelação Cível 1.0024.10.308206-1/001, Relator Des. Roberto Vasconcellos. Julgado em 26.05.2015. Publicado em 01.06.2015) negrito e grifo nosso

Noutro giro, *a par* de tais considerações, importante acrescentar que alguns fatos se enquadram no artigo 100, IV, *d* do CPC de 1.973, substituído integralmente pelo artigo 53, III, *d* do CPC de 2015, que determina que será competente o foro do lugar onde a obrigação deva ser satisfeita, para a ação em que se lhe exigir o cumprimento, competência esta repetida no artigo 4º da Lei nº 9.099/94, em seu inciso II.

O mesmo fundamento se aplica às autarquias e fundações estatais, a saber:

> AGRAVO DE INSTRUMENTO - **AUTARQUIA ESTADUAL** - CUMPRIMENTO DE OBRIGAÇÃO - COMPETÊNCIA - ARTIGO 100, IV, d, CPC - ESPECIALIDADE. Nas causas em que a **autarquia estadual esteja sendo demandada para cumprimento de obrigação, é competente o lugar onde esta deverá ser satisfeita, dada a especialidade contida no artigo 100, inciso IV, alínea d' do CPC**, que afasta a aplicação da regra geral contida no art. 94 do citado diploma legal. (TJ-MG, AGRAVO n. 1.0701.04.080654-2/001, Relator Des. EDILSON FERNANDES, Data de Julgamento: 01/02/2005)

Essa foi a orientação definida pelo Superior Tribunal de Justiça, no Conflito de Competência nº 55270, em 30/04/2007:

> Ementa: **CONFLITO DE COMPETÊNCIA**. AÇÃO DE INDENIZAÇÃO DE DANOS MORAIS E MATERIAIS. DENUNCIAÇÃO DA LIDE AO ESTADO DO PARÁ. **REGRA DEFINIDORA DE COMPETÊNCIA DO**

ART. 100 , V , A, DO CPC , QUE PREVALECE SOBRE AS DEMAIS, GENÉRICAS. AUSÊNCIA DE FORO PRIVILEGIADO PARA ESTADO-MEMBRO. SÚMULA 206/STJ. COMPETÊNCIA DO JUÍZO DO LOCAL DO ATO OU FATO QUE ORIGINOU O DANO. 1. Trata-se de conflito em que se discute a competência para exame de ação de indenização por danos morais e materiais, em que o Estado do Pará foi denunciado à lide pela empresa demandada. 2. Nos termos do art. 109 do Código de Processo Civil , "o juiz da causa principal é também competente para a reconvenção, a ação declaratória incidente, as ações de garantia e outras que respeitam ao terceiro interveniente". Assim, o mesmo juízo que examinar a ação de indenização proposta deve ter competência para examinar o incidente da denunciação da lide. **3. Conforme preceitua o art. 100 , V , a , do CPC , para** a ação de reparação de dano é competente o **foro do lugar do ato ou fato, tratando-se de regra definidora de competência territorial especial em relação às demais, genéricas. 4. O Exmo. Sr. Ministro Ruy Rosado de Aguiar, ao relatar o REsp 89.642/SP, bem tratou do assunto, consignando que "a regra do artigo 100 , V , a , do CPC , é norma específica em relação às dos artigos 94 e 100 , inciso IV , a , do mesmo diploma, e sobre estas deve prevalecer. Enquanto as duas** últimas definem o foro em razão da pessoa do réu, determinando que a **ação seja em regra proposta no seu domicílio, ou, sendo pessoa jurídica, no lugar onde está a sua sede, já o disposto no artigo 100, V, a, considera a natureza do direito que origina a ação, e estabelece que a ação de reparação de dano - não importa contra quem venha a ser promovida (pessoa física ou jurídica com domicílio ou sede em outro lugar) - tem por foro o lugar onde ocorreu o fato" (4ª Turma, DJ de 26.8.1996)**. 5. Por outro lado, o art. 125, § 1º, da Constituição Federal, determina que a competência da Justiça Estadual será definida por norma de organização judiciária local, nao havendo, portanto, previsão de foro privilegiado para os Estados-Membros. Outra não é a orientação firmada neste Pretório (REsp 193.725/SC, 2ª Turma, Rel. Min. João Otávio de Noronha, DJ de 16.5.2005; REsp 161.622/SP, 2ª Turma, Rel. Min. Franciulli Netto, DJ de 7.4.2003). **6. Ressalte-se ainda, o teor da Súmula 206/STJ, no sentido de que "a existência de vara privativa, instituída por lei estadual, não altera a competência territorial resultante das leis de processo". 7. Desse modo, considerando a inexistência de foro privilegiado do Estado-Membro, bem como a prevalência da regra territorial prevista no art. 100, V, a, do CPC, não há óbice a que o juízo do local do ato ou fato causador do dano examine, caso julgada procedente a ação, o incidente de denunciação da lide. 8. Conflito conhecido para declarar a competência do Juízo de Direito da 2ª Vara Cível de Coronel Fabriciano/MG, o suscitado, para apreciar o feito** (STJ; CC 55270 PA 2005/0154591-8; Relator(a) Ministra DENISE ARRUDA, julgamento em 28/03/2007; S1 - PRIMEIRA SEÇÃO, publicação DJ 30.04.2007 p. 261) – negrito e grifo nosso

Inexistem dúvidas de que a propositura das demandas contra o Estado apenas na Capital em nada favorece à parte autora que reside em outro município, principalmente no tocante à facilitação na produção de provas e à necessidade de seu comparecimento pessoal aos Juizados Especiais (artigo 9º da Lei nº 9.099/1995), o que a coloca em evidente inferioridade processual em relação à parte ré, fazendo-a se deslocar desnecessariamente para outra Comarca, com desgastes de tempo e dinheiro, sob pena de extinção por contumácia e condenação ao pagamento das custas processuais, caso não se faça presente às audiências.

Por outro lado, deve-se aferir se naquela Comarca há sede de atendimento pelo Estado, suas Autarquias e Fundações à parte autora.

No caso de Minas Gerais, temos como exemplos as Gerências Regionais das Secretarias Estaduais de Saúde e Educação do Governo do Estado Minas Gerais, os Detrans, os postos de atendimento do IPSEMG, escolas, hospitais, presídios penitenciários, batalhões regionais de polícia, dentre outros, todos estabelecidos em cidades diversas da Capital, evidenciando que há órgão do Estado naquela localidade, correspondendo ao próprio ente público Estado de Minas Gerais na municipalidade, o mesmo valendo para suas autarquias.

Se há estabelecimento do Estado na localidade, há domicílio do ente estatal na Comarca respectiva (artigo 75 do CC/2002) e, passando-se a conjugar com o mesmo domicílio do autor (seja em sua residência, seja necessário do local da prestação de serviços do servidor público), ou com o local dos atos e fatos ocorridos ou a serem satisfeitos, não há como superar que o juiz natural para a causa, que terá mais adjacência com o feito, suas provas, leis e costumes, será o daquela comarca e não de uma estranha, somente por ser a Capital do Estado.

Ressalte-se que em Minas Gerais as Procuradorias dos Estados já se encontram regionalizadas, de modo a atender a todas as Comarcas.

Avulta-se, portanto, o **princípio constitucional do juiz natura**l, decorrente do artigo 93, XIII da Constituição da República Federativa do Brasil, que orienta a definição de competência para o feito em atenção à proximidade do julgador com os fatos e as partes, eis que de fundamental importância para o escorreito julgamento das demandas judiciais, visando a adequada produção e valoração probatórias.

Diante de todas essas considerações, **inexistindo direitos absolutos**, inarredável concluir que a faculdade conferida ao autor pela 2º parte do inciso

I do artigo 4º da Lei nº 9.099/1995 deverá se dar em consonância com uma *interpretação conforme a Constituição*, ante aos demais preceitos legais e constitucionais acima expostos, com a opção orientada, dentre todos os locais onde o Estado exerça sua atividade, ao do foro do Município cuja competência territorial foi amplamente definida por outras matérias.

Aclare-se que o entendimento ora defendido sobre a incompetência territorial da Comarca estranha aos fatos possui escopo no direcionamento ético do jurisdicionado, uma vez que a abertura totalmente desregrada ao cidadão, de foro optativo, sem um norteador de constitucionalidade e legalidade, poderá ensejar abusos de direito, tais como as situações exemplificadas no Capítulo 3.2.1.

Este direcionamento pode evitar, ainda, violação do princípio da ampla defesa e possibilitar indevidamente a ocorrência de litispendência, coisa julgada, dentre outros empecilhos processuais ao prosseguimento da ação.

Acresçam-se aos argumentos acima que o elevado número de ajuizamentos envolvendo fatos ocorridos em outra localidade, por autores e réus que possuem domicílio ou estabelecimento fora das capitais, certamente ensejará, como já vem ensejando, dificuldades na apuração probatória e gastos em demasia pelo Poder Público, gerando, lado outro, evidentes prejuízos aos jurisdicionados e causando atraso na prestação jurisdicional em desfavor da coletividade local.

A dificuldade de defesa e morosidade ao feito cresce quando as ações são propostas em foro diverso daquele em que o autor domicilie e esteja submetido aos atos da Administração Pública.

Primeiramente, porque esta deverá oficiar aos órgãos públicos estabelecidos na localidade diversa para tentar entender o ocorrido e para apresentarem sua defesa e, segundo, porque a expedição de inúmeras cartas precatórias para intimações aos autores, para oitivas de testemunhas que residam em local diverso tumultuarão e tornarão mais lento o processo, considerando que o artigo 6º da Lei nº 12.153/09 dos Juizados da Fazenda Pública assim dispõe: "*Art. 6º- Quanto às citações e intimações, aplicam-se as disposições contidas na Lei 5.869, de 11 de janeiro de 1973 – Código de Processo Civil.*" Sobre tema semelhante, veja a jurisprudência abaixo:

> EMENTA: AGRAVO DE INSTRUMENTO - CAUTELAR - EXIBIÇÃO DE DOCUMENTOS - CDC - **COMPETÊNCIA TERRITORIAL - DECLINAÇÃO DE OFÍCIO - POSSIBILIDADE - ACÚMULO DE DE-**

> **MANDAS EM** DETERMINADAS COMARCAS. **1**. A distribuição da competência, **mesmo a territorial, deve visar à efetivação do princípio do juiz natural.** 2. O simples fato de a competência territorial ser relativa não constitui motivo bastante para o ajuizamento de ações em domicílio estranho ao domicílio do consumidor, preterindo, até, o foro do local da celebração do pacto. (TJMG, Ag. Instrum. Cv 1.0024.13.115045-0/001, Rel. Des. Guilherme Luciano Baeta Nunes, DJe: 25.07.2013).

Importante relembrar que a competência absoluta dos Juizados Especiais da Fazenda Pública será vista apenas dentro da Comarca competente, ante as Varas comuns da Fazenda Pública e demais Justiças também especializadas, não havendo qualquer disposição legal a torná-lo unicamente competente para todo o Estado quando instalado apenas nas Capitais. As Comarcas do interior devem absorver as causas correspondentes de competência dos Juizados Especiais, seja pelas Varas Cíveis Comuns ou da Fazenda Pública ou mesmo pelos próprios Juizados Especiais Cíveis da localidade, até instalação de Juizado Especial da Fazenda Pública local (Vide Capítulo 3.1.1).

A Turma Recursal de Jurisdição Exclusiva das Comarcas de Belo Horizonte, Betim e Contagem - Minas Gerais, com competência exercida até maio de 2017, manteve unanimemente as extinções dos feitos por incompetência territorial ajuizados perante os Juizados Especiais da Fazenda Pública da Capital, se outras circunstâncias indicassem que o juiz natural seria de Comarca diversa daquela e que o processamento do feito na Capital ensejaria dificuldades, tropeços no rito e delonga no processo:

> EMENTA: Ação declaratória de nulidade de ato administrativo – extinção do processo por incompetência territorial – preliminar que se confunde com o mérito – sentença mantida por seus próprios fundamentos. ACÓRDÃO: Negaram provimento ao recurso de ARMINDA MARIA SOBRINHO, à unanimidade, nos termos do voto do(a) juiz(íza) relator(a). (TJMG. Recurso Inominado 9049319.10.2016.813.0024. Julgado e publicado em 19.07.2016)

Os juízes que passaram a compor a Turma Recursal de Belo Horizonte, Betim e Contagem - MG, a partir de maio de 2017, por outro lado, vêm apresentando entendimento divergente entre si, diante da nova redação do artigo 52 do CPC/2015, o que destaca ainda mais a polêmica que envolve o tema.

A respeito da dúvida surgida, relembre-se, inicialmente, que a incidência do CPC sobre o rito especial é residual e supletiva à Lei nº 9.099/95, que será aplicada aos Juizados Especiais da Fazenda Pública na omissão da Lei nº 12.153/2009. Assim, o artigo 52 do CPC/2015 não incidirá para regrar a competência territorial em nenhum dos Juizados Especiais, por haver norma expressa nas leis de regência do sistema dos Juizados Especiais sobre o tema (artigo 4º da Lei nº 9.099/95), sob pena de violação ao princípio da especialidade (Vide Capítulo 2).

Ainda que assim não seja entendido, para aqueles que defendem que o artigo 52 do CPC/2015 se trata de norma especificamente direcionada à Fazenda Pública e, portanto, aplicável aos Juizados Especiais fazendários na omissão da Lei 12.153/2009, tem-se que, a nosso modesto entender, a mesma limitação constitucional deverá incidir sobre a opção apresentada pelo códex geral processual.

Trata-se o artigo 52 do CPC/2015 de norma infraconstitucional que apresenta redação parecida com a do artigo 4º, I da Lei 9.099/95 já citada, contendo, portanto, alargamento demasiado ao autor da ação judicial para escolha de foro, já amplamente refutado neste Capítulo, senão vejamos:

> Art. 52. É competente o foro de domicílio do réu para as causas em que seja autor Estado ou o Distrito Federal.
>
> Parágrafo único. Se Estado ou o Distrito Federal for o demandado**, a ação poderá ser proposta** no foro de domicílio do autor, no de ocorrência do ato ou fato que originou a demanda, no de situação da coisa ou na capital do respectivo ente federado.

O artigo 52 do CPC/2015 foi editado no mesmo sentido da escolha indistinta pelo autor do foro competente, sem determinar observância ao princípio constitucional do juiz natural e demais regras de competência em razão da simplicidade e celeridade do rito sumaríssimo, do domicílio necessário ou *ratione locci* a serem consideradas, que deverão ser analisadas em conjunto, a evitar prejuízos para a defesa, litispendência, coisa julgada, dentre outros preceitos atinentes às regras e ética processuais.

Assim, residindo a parte autora em município atendido por Comarca, local onde haja instalação de órgão estatal que mais próximo está dos fatos e atos ocorridos naquela localidade ou onde deverá ser satisfeita a obrigação, impertinente a propositura de ação contra o Estado em comarcas totalmente estranhas à lide, tais como as das Capitais ou quaisquer outras que tenham a pessoa jurídica estatal estabelecimento, mas em nada se vinculam ao caso concreto, sob pena, especialmente, de clara violação ao princípio constitucional do juiz natural.

Neste sentido é o que as Turmas Recursais de São Paulo também vêm decidindo, como se depreende da transcrição contida no voto proferido pela Ministra Carmem Lúcia, em ARE 725411/SP, julgado em 18.12.2012, publicado em 01.02.2013 PAULO:

> AGRAVO EM RECURSO EXTRAORDINÁRIO. PROCESSO CIVIL. JUIZADO ESPECIAL. COMPETÊNCIA. AUSÊNCIA DE PREQUESTIONAMENTO DE DISPOSITIVO CONSTITUCIONAL SUPOSTAMENTE CONTRARIADO: INCIDÊNCIA DAS SÚMULAS 282 E 356 DO SUPREMO TRIBUNAL FEDERAL. AGRAVO AO QUAL SE NEGA SEGUIMENTO.
>
> Relatório 1. Agravo nos autos principais contra decisão que inadmitiu recurso extraordinário interposto com base no art. 102, inc. III, alínea a, da Constituição da República. 2. O recurso extraordinário foi interposto contra o seguinte **julgado da 3ª Turma Fazenda Pública do Colégio Recursal de São Paulo: "COMPETÊNCIA. Autora que reside no município de Lorena. Regra específica do JEFAP que permite a análise ex officio da competência territorial nos termos do art. 51, III da Lei n. 9.099/95. Inexistência de necessidade que os autos sejam distribuídos na Capital, onde a recorrida possui sua sede, visto que em Lorena é possível tramitar com ação sob o rito específico do FEFAP. Proximidade da Vara em comarca do interior do Estado, não se justifica propositura da ação na Capital circunstância que pode causar colapso nas Varas dos JEFAPs da capital com retardamento da prestação jurisdicional. Ausência de foro privilegiado na Comarca da Capital ou em outra qualquer para a Fazenda Pública. Extinção sem julgamento do mérito. Sentença confirmada. Recurso não provido**" (fl. 48). Não foram opostos embargos de declaração. 3. A decisão agravada teve como fundamentos para a inadmissibilidade do recurso extraordinário a incidência das Súmulas n. 282, 283 e 356 do Supremo Tribunal Federal (fls. 114122). 4. No recurso extraordinário, a Agravante alega que a Turma Recursal teria contrariado os arts. 5º, inc. XXXV e XXXVI, e 40, § 8º, da Constituição da República. Sustenta que: "Não poderia a MM Juíza de Direito da 2ª Vara do Juizado Especial da Fazenda Pública da Capital declinar, de ofício, de sua competência utilizando-se, para tanto, critério de natureza territorial. (...) A gratificação em comento (GTE, instituída pela lei complr n. 874/00) está sendo paga indistintamente a todos os servidores integrantes da secretaria da educação, em efetivo exercício, tendo portanto o caráter geral que implica na sua obrigatória extensão aos inativos" (fl. 60-70). Apreciada a matéria trazida na espécie, DECIDO. 5. O art. 544 do Código de Processo Civil, com as alterações da

Lei n. 12.322/2010, estabelece que o agravo contra decisão que não admite recurso extraordinário processa-se nos autos desse recurso, ou seja, sem a necessidade da formação de instrumento. Sendo este o caso, analisam-se, inicialmente, os argumentos expostos no agravo, de cuja decisão se terá, então, se for o caso, exame do recurso extraordinário. 6. Consta da sentença, cujos fundamentos foram mantidos pela Turma Recursal: "Consoante é cediço, a incompetência territorial pode ser reconhecida de ofício, no sistema de juizados especiais cíveis (enunciado 89 do FONAJE). Ademais, a Lei 12.153/2009 determina que a competência dos Juizados Especiais da Fazenda Pública é absoluta (em razão do juízo), questões atinentes a tal tema podem e devem ser reconhecida ex officio, pelo magistrado. Nesse diapasão, destaque-se que a Fazenda Pública não tem foro privilegiado na comarca da capital ou em outra qualquer, vale dizer, goza de foro privativo apenas nas comarcas em que existam varas especializadas da Fazenda Pública, nas quais a competência territorial é fixada pelas regras processuais pertinentes. (...) Tem-se que os autores, não domiciliados na capital, devem ajuizar a ação no foro de sua residência, até porque imaginar o contrário implicaria evidente afronta aos princípios constitucionais que preconizam a celeridade e eficácia da jurisdição,assim como violação ao princípio da razoabilidade, mormente no âmbito dos juizados especiais, na medida em que se tornaria inviável a manutenção do adequado funcionamento de tais juizados (que têm por norte a garantia da rápida tramitação de causas não complexas, promovendo a justiça com eficiência para os jurisdicionados) se fosse facultado ao autor promover o andamento do feito no foro de sua escolha, bastando mencionar que existem na capital somente duas varas do juizado da fazenda pública. Diante do exposto, e pelo mais que dos autos consta, indefiro a inicial, e julgo extinto o processo sem análise do mérito nos termos do artigo 51, III, da Lei 9.099/95" (fls. 26-28). 7. Os arts. 5º, inc. XXXV e XXXVI, e 40, § 8º, da Constituição da República, suscitados no recurso extraordinário, não foram objeto de debate e decisão prévios no Tribunal de origem, tampouco foram opostos embargos de declaração com a finalidade de comprovar ter havido, no momento processual próprio, o prequestionamento. Incidem na espécie vertente as Súmulas n. 282 e 356 do Supremo Tribunal Federal. Nesse sentido: "EMBARGOS DE DECLARAÇÃO NO AGRAVO DE INSTRUMENTO. CONVERSÃO EM AGRAVO REGIMENTAL. PROCESSUAL CIVIL. AUSÊNCIA DE PREQUESTIONAMENTO. INCIDÊNCIA DAS SÚMULAS 282 E 356 DO SUPREMO TRIBUNAL FEDERAL. AGRAVO REGIMENTAL AO QUAL SE NEGA PROVIMENTO. A matéria constitucional contida no recurso extraordinário não foi objeto de debate e exame prévios no Tribunal a quo. Tampouco foram opostos embargos de declaração, o que não viabiliza o extraordinário, por ausência do necessário prequestionamento" (AI 631.961-ED, de minha relatoria, Primeira Turma, DJe 15.5.2009). Nada há, pois, a prover quanto às alegações da Agravante. 8. Pelo exposto, nego se-

> guimento ao agravo (art. 544, § 4º, inc. II, alínea a, do Código de Processo Civil e art. 21, § 1º, do Regimento Interno do Supremo Tribunal Federal). Publique-se. Brasília, 18 de dezembro de 2012.Ministra CÁRMEN LÚCIA Relatora. grifo nosso.

B - Conhecimento de ofício pelo magistrado – rompimento de paradigmas

Embora essencial ao escorreito processamento e julgamento dos feitos pelo juízo competente para a causa, o reconhecimento da incompetência territorial nos Juizados Especiais, para matérias afetas à Fazenda Pública, traz diversos rompimentos de paradigmas.

Vigorou durante anos e anos para militantes dos litígios contra a Fazenda Pública a prorrogação de competência, já que, para as varas de jurisdição comum ordinárias, trata-se de matéria de incompetência relativa, a ser arguida pela parte ré, sob pena de preclusão e prorrogação da competência, incidindo-se as regras do CPC.

Como o Estado réu normalmente não arguia a incompetência territorial, as causas acabavam sendo processadas junto às Varas Fazendárias comuns escolhidas pelas partes autoras.

Não obstante, embora qualificada pela doutrina como sendo de natureza relativa, a incompetência territorial deve ser reconhecida de ofício no âmbito dos Juizados Especiais, que possui regras especiais em face daquelas gerais previstas no Código de Processo Civil, a saber:

> Seção XIV
>
> Da Extinção do Processo Sem Julgamento do Mérito
>
> Art. 51. **Extingue-se o processo**, além dos casos previstos em lei:
>
> (....)
>
> **III - quando for reconhecida a incompetência territorial;**
>
> (....)
>
> § 1º A extinção do processo **independerá, em qualquer hipótese, de prévia intimação pessoal das partes.**

De leitura do artigo e parágrafo transcritos, verifica-se que em sede de Juizados Especiais, a lei determina de maneira imperativa que o magistrado deverá extinguir o feito, sem resolução do mérito, por incompetência territorial, independentemente da provocação das partes, tornando-a nos Juizados Especiais, para muitos, uma exceção à relatividade da incompetência como regra geral do Código de Processo Civil

Valorizam-se os critérios da celeridade, economia processual e simplicidade previstos no artigo 2º da Lei nº 9.099/1995.

Nesse sentido é o entendimento pacificado pelo Enunciado nº 89 do Fórum Nacional dos Juizados Especiais - FONAJE, segundo o qual "*A incompetência territorial pode ser reconhecida de ofício no sistema de juizados especiais cíveis*".

Importante pontuar, por fim, que ainda não há entendimento pacificado quanto à extinção *ex officio* por incompetência territorial de ações ajuizadas contra os Estados-membros fora do domicílio da parte autora quando em violação ao princípio do juiz natural e aos princípios dos Juizados Especiais.

A nosso modesto entender, o reconhecimento de ofício da incompetência territorial aplica-se, inclusive, para os Juizados Especiais da Fazenda Pública, que, na ausência de normas a respeito, segue a regra contida no artigo 51, III da Lei nº 9.099/95, a qual, por ser especial, estanca a discussão e determina a extinção do processo, pela incompetência territorial, nos termos dos mais atualizados entendimentos (Vide Capítulo 3.2.2 – A).

3.3 COMPETÊNCIA MATERIAL

3.3.1 Breve introdução – Lei nº 12.153/2009

A competência dos Juizados Especiais da Fazenda Pública encontra-se disposta no artigo 2º e seus parágrafos da Lei nº 12.153/09, ao estabelecer o limite máximo do valor da causa para todas as demandas em geral, excepcionando-se quais matérias não poderão ser ajuizadas perante o foro especial.

Ou seja, o raciocínio inicial seria o de que, abaixo de 60 (sessenta) salários mínimos e não se tratando dos temas vedados pelo § 1º do artigo 2º da Lei nº 12.153/2009, os Juizados Especiais da Fazenda Pública seriam competentes para o feito em face de Estados, Municípios, Distrito Federal, suas autarquias e fundações.

Entretanto, não poderemos parar por aí, sob pena de ignorarmos demais regras e princípios que compõem o sistema dos Juizados Especiais.

Deparamo-nos, com frequência, com outros óbices existentes, já reconhecidos na doutrina e jurisprudência quanto ao sistema dos Juizados Especiais, mas ainda não totalmente observados pelos juristas, tais como a exigência de apresentação inicial de cálculos para aferir a incidência do teto legal, limitações em razão da pessoa do demandante e do demandado, incompatibilidades de ritos, complexidades, dentre outros a serem explorados adiante.

3.3.2 - Competência em razão da matéria litigiosa

A - Regra – Lei nº 12.153/2009

A Lei nº 12.153/09, no seu artigo 2º, §1º, estabeleceu, de maneira excludente, as causas que não serão da competência dos Juizados Especiais da Fazenda Pública, assim elencando:

> Artigo 2º : É de competência dos Juizados Especiais da Fazenda Pública processar, conciliar e julgar causas cíveis de interesse dos Estados, do Distrito Federal, dos Territórios e dos Municípios, até o valor de 60 (sessenta) salários mínimos.
>
> § 1º **Não se incluem na competência do Juizado Especial da Fazenda Pública:**
>
> **I – as** ações de mandado de segurança, de desapropriação, de divisão e demarcação, populares, por improbidade administrativa, execuções fiscais e as demandas sobre direitos ou interesses difusos e coletivos;
>
> – as causas sobre bens imóveis dos Estados, Distrito Federal, Territórios e Municípios, autarquias e fundações públicas a eles vinculadas;
>
> **– as causas que tenham como objeto a impugnação da pena de demissão imposta a servidores públicos civis ou sanções disciplinares aplicadas a militares.**

O rol de exclusões da competência dos Juizados Especiais da Fazenda Pública se apresenta de duas maneiras: a primeira, pela denominação de certas ações de ritos especiais (inciso I do §1º do artigo 2º da Lei nº 12.153/09), a indicar que as matérias tratadas em suas causas de pedir, seja de direito líquido e certo, seja de desapropriação, divisão e demarcação de terras, ações populares e de ações que versem sobre improbidade administrativa, além das execuções fiscais e ações coletivas não poderão tramitar junto aos Juizados Especiais fazendários.

A segunda forma de excluir materialmente ações em sede de Juizados Especiais, contida nos incisos II e III do §1º do artigo 2º da Lei nº 12.153/09, refere-se diretamente às naturezas das causas, sobre bens imóveis pertencentes aos entes públicos e àquelas "*...que tenham como objeto a impugnação da pena de demissão imposta a servidores públicos civis ou sanções disciplinares aplicadas a militares.*"

As exclusões podem levar a um raciocício estanque e equivocado, no sentido de que os Juizados Especiais da Fazenda Pública seriam competentes para todas as causa cujo valor da causa não ultrapasse 60 (sessenta) salários mínimos e que não tenham sido afastadas pelo dispositivo legal acima mencionado (§ 1º do artigo 2º da Lei nº 12.153/2009) ou em legislações distintas específicas (ex. Resolução 700/2012TJMG), o que, contudo, não pode ser aceito, a despeito das demais regras de competência existentes nos Juizados Especiais, sob pena de inconstitucionalidade.

A idéia mencionada deve ser, com efeito, observada, para análise apenas inicial da competência dos Juizados fazendários. Contudo, deverá seguir adiante e observar, outrossim, as normas de competência atinentes à sistemática dos Juizados especiais, em semelhança ao teor do inciso I do §1º do artigo 2º da Lei nº 12.153/09, que servem como exemplos, já que apresentam ritos e especificidades incompatíveis com os Juizados.

Deverá a competência, portanto, ser aferida como um todo, respeitando-se as vedações contidas nas Leis, seja pelo valor da causa ou em razão da matéria litigiosa, seja em razão da pessoa, da natureza da causa, da incompatibilidade com o rito especial, tudo dentro dos critérios previstos no artigo 2º da Lei nº 9.099/95, inerentes ao procedimento sumaríssimo e à menor complexidade constitucionalmente delimitadores das causas em sede de Juizados Especiais (Vide Capítulo 3).

B - Limitação temporária da competência nos Juizados Fazendários - Resolução 700/2012 no TJMG.

A fim de possibilitar a instalação dos Juizados Especiais da Fazenda Pública, a Lei nº 12.153/2009, em vigor a partir de 23.06.2010, em seu artigo 23 permitiu que os Tribunais de Justiça do país pudessem limitar a competência por até 5 (cinco) anos, a partir da vigência da mencionada Lei Federal (23.06.2010), ou seja, seria amplamente seguida a partir de 23 de junho de 2015.

Depreende-se dessa possibilidade que nos primeiros anos após a vigência da Lei nº 12.153/2009 a competência dos Juizados Especiais da Fazenda Pública não foi uniforme no território nacional, já que alguns Estados exerceram a limitação da competência, mas outros não. Todavia, todos tiveram que se nortear pelas disposições do artigo 2º do referido diploma legal, que define o limite do valor máximo para as causas e a competência material.

Com fulcro no dispositivo legal mencionado, alguns Estados da Federação, através de leis ou resoluções dos seus Tribunais de Justiça, limitaram a competência da Lei nº 12.153/2009, estabelecendo normas de implantação e restrições sobre matérias e valor da causa por certo período nos Juizados Especiais da Fazenda Pública.

Têm-se como exemplos, o Estado de Alagoas, que publicou a Lei nº 7.519/2013 e o Tribunal de Justiça do Estado do Mato Grosso, que editou a Resolução 004/2014/TP, além do Estado de Minas Gerais, que publicou a Resolução 700/2012.

O Tribunal de Justiça do Estado de Minas Gerais, pela Resolução 700/2012, limitou a competência dos Juizados Especiais da Fazenda Pública até 22 de junho de 2015, último dia do prazo de 5 anos a contar da vigência da Lei nº 12.153/90, nos seguintes termos:

> Resolução 700/2012 - TJMG
>
> Art. 8º - A competência dos Juizados Especiais da Fazenda Pública, na Justiça do Estado de Minas Gerais, <u>ficará limitada</u> às causas no valor máximo de <u>quarenta salários mínimos</u>, relativas a:
>
> - multas e outras penalidades decorrentes de infrações de trânsito;
>
> - transferência de propriedade de veículos automotores terrestres;
>
> - imposto sobre serviços de qualquer natureza (ISSQN);
>
> - imposto sobre operações relativas à circulação de mercadorias e sobre prestação de serviços (ICMS);
>
> - imposto sobre propriedade predial e territorial urbana (IPTU);VI - fornecimento de medicamentos e outros <u>insumos</u> de interesse para a saúde humana, excluídos cirurgias e transporte de pacientes.

Destaque-se que além da especificação das matérias, o TJMG limitou o teto máximo para o ajuizamento das ações em 40 salários mínimos. Assim, durante a vigência da Resolução, não deveria ser observado o teto previsto na Lei nº 12.153/09 de 60 salários mínimos.

As matérias de maior ocorrência neste período inicial foram as ações relativas à judicialização da saúde e ações referentes às autuações por infrações administrativas de trânsito e suas penalidades de multas, pontuações e suspensões do direito de dirigir.

A partir de 23 de junho de 2015, quando da abertura da competência decorrente diretamente do texto do artigo 23 da Lei nº 12.153/2009, as ações mais comuns propostas em sede de Juizado Especial da Fazenda Pública da Comarca de Belo Horizonte/MG têm sido, além daquelas duas mencionadas, que se mantiveram, as ações relativas a servidores públicos buscando promoções e progressões, reposicionamentos na carreira, adicionais noturnos e revisão de bases de cálculo para adicionais de insalubridades e outros afetos às carreiras; ações de professores pedindo diferenças pelo piso salarial nacional e pretensões advindas da inconstitucionalidade da Lei Complementar nº 100/MG; FGTS para contratados temporários; ações previdenciárias em geral por descontos indevidos; aposentadorias e inclusão de verbas na base de cálculo, pensões por morte, cômputo de tempo de serviço e questionamentos sobre a própria contribuição; concursos públicos e acessos às carreiras públicas, notadamente da Polícia Militar, Corpo de Bombeiros Militar, professores, área de saúde; discussões sobre IPTU, ITBI, IPVA e Taxa de Coleta de Resíduos Sólidos, além de indenizações por danos morais e materiais decorrentes da responsabilidade civil da Administração Pública.

Certamente, o alargamento de competências demanda novas pesquisas, estudos e discussões doutrinárias e jurisprudenciais, até que os entendimentos sejam assentados.

3.3.3 Competência em razão do valor da causa

A - Regra Geral sobre valor da causa certo

Nos Juizados Especiais da Fazenda Pública poderão ser ajuizadas ações com valores de causas apurados em até 60 salários mínimos, nos termos do artigo 2º, *caput* da Lei nº 12.153/2009, norma esta especial para os juizados fazendários e que não alterou a limitação dos Juizados Especiais Cíveis, de 40 salários mínimos[5].

Apenas a título de esclarecimentos, "*na aferição do valor da causa, deve-se levar em conta o valor do salário mínimo em vigor na data da propositura de ação (Enunciado 15 FONAJEF)*".

Na ausência de disposição das leis especiais que conformam os Juizados Especiais sobre conceitos e especificações sobre os valores a serem dados às causas, buscam-se as orientações na lei processual geral - CPC, desde que compatíveis com o sistema dos Juizados Especiais.

Neste sentido, como pelo antigo CPC o valor da causa para discussão judicial sobre os contratos era o valor do contrato (artigo 259, V CPC/73), dificultando o acesso do jurisdicionado aos Juizados Especiais quando pretendiam discutir apenas particularidades contratuais de valores menores, o Enunciado 39 do FONAJE - Fórum Nacional dos Juizados Especiais dispôs que: "*Em observância ao art. 2º da Lei nº 9.099/1995, o valor da causa corresponderá à pretensão econômica objeto do pedido*". Entenderam os juízes do país que esta seria a decisão mais justa e equânime e que atenderia aos fins sociais da lei, no tocante à facilitação do acesso do jurisdicionado ao sistema sumaríssimo (artigo 6º da Lei nº 9.099/95). O CPC de 2015 positivou o entendimento contido neste Enunciado, na parte final do seu artigo 292, II, uma vez que a parte controvertida do contrato pode, agora, ser legalmente considerada como valor da causa, a refletir o valor pretendido economicamente pelo contratante.

A par de tais considerações iniciais, inconteste, por ser expresso no texto da lei, deva ser atribuído à causa valor certo, ainda que não se possa apurar no momento da propositura da ação o valor discutido, ou não possuam valores identificáveis relacionados à demanda.

> CPC/2015 - Art. 291. **A toda causa será atribuído um <u>valor certo</u>**, ainda que não tenha conteúdo econômico imediatamente aferível. (substituiu o art. 258 do CPC/1973)

---

5 - Enunciado 133 FONAJE – O valor de alçada de 60 salários mínimos previsto no artigo 2º da Lei 12.153/09, não se aplica aos Juizados Especiais Cíveis, cujo limite permanece em 40 salários mínimos (XXVII Encontro – Palmas/TO).

Com base na determinação do artigo 291 do CPC/15, o códex processualista geral estabeleceu em seu artigo 292 quais serão os valores das causas certos para diversas situações jurídicas litigiosas, inclusive para aquelas que apresentem prestações futuras, senão vejamos:

> Art. 292. O valor da causa constará da petição inicial ou da reconvenção e **será:** (substituiu o art. 259 do CPC/1973)
>
> - na ação de cobrança de dívida, a soma monetariamente corrigida do principal, dos juros de mora vencidos e de outras penalidades, se houver, **até a data de propositura da ação**; (substituiu o art. 259, I, do CPC/1973)
>
> - na ação que tiver por objeto a existência, a validade, o cumprimento, a modificação, a resolução a resilição ou a rescisão de ato jurídico**, o valor do ato ou o de sua parte controvertida**. (substituiu o art. 259, V, do CPC/1973)
>
> - na ação de alimentos, a soma de 12 (doze) prestações mensais pedidas pelo autor. (substituiu o art. 259 V, I, do CPC/1973)
>
> IV- na ação de divisão, demarcação e de reivindicação, o valor de avaliação da área ou do bem objeto do pedido. (substituiu o art. 259, VII, do CPC/1973) V- na ação indenizatória, inclusive fundamentada em dano moral, o valor pretendido.
>
> **na ação em que há cumulação de pedidos, a quantia correspondente à soma dos valores de todos eles.** (substituiu o art. 259, II, do CPC/1973)
>
> na ação em que os pedidos são alternativos, o de maior valor. (substituiu o art. 259, III, do CPC/1973)
>
> na ação em que houver pedido subsidiário, o valor do pedido principal. (substituiu o art. 259, IV, do CPC/1973)
>
> §1º- Quando se pedirem prestações vencidas e vincendas, considerar-se-á o valor de umas e outras. (substituiu uma parte do art. 260, do CPC/1973)
>
> §2º- **O valor das prestações vincendas** será igual a uma prestação anual, se a obrigação for por tempo indeterminado ou por tempo superior a 1 (um) ano, e, se por tempo inferior, será igual à soma das prestações. (substituiu uma parte do art. 260, do CPC/1973)

Portanto, a prática corriqueira da Justiça Comum de o demandante somente apresentar valor de causa para fins de alçada somente valerá para as demandas que não demonstrem valores monetários relacionados, como, por exemplo, a exibição de um documento não relacionado a proveito econômico.

Não será possível inserir valores escolhidos aleatoriamente pelas partes e seus advogados naquelas situações que se apresentem passíveis de definição de valor certo, incluindo ações de obrigações de fazer que possuam valores aferíveis até mesmo por meio de orçamentos.

Este raciocínio se dá especialmente em sede de Juizados Especiais, eis que não se afigura razoável e adequada a apresentação de valor de causa aleatório para meros fins de alçada sumaríssima, notadamente porque deverá ser observado o valor da causa certo como parâmetro para a propositura de demandas perante os Juizados Especiais, cuja incompetência será absoluta para os Juizados Fazendários, caso ultrapasse o valor máximo permitido para os Juizados.

Necessário salientar serem antigos os preceitos atinentes ao valor da causa, tendo os artigos 258 e seguintes do CPC de 1973 sido substituídos pelos artigos 291 e seguintes do CPC de 2015, como normas gerais, de aplicabilidade ao Juizado Especial da Fazenda Pública por ausência de previsão específica na legislação que conforma o sistema dos Juizados Especiais, sendo com estes compatíveis.

A correta valoração da causa é de crucial importância para se aferir a competência ou não do juízo sumaríssimo, em razão do teto legal de 60 salários mínimos, motivo pelo qual os magistrados atuantes na seara fazendária, seja nas Varas comuns para evitar declínios indevidos, seja nos Juizados Especiais, deverão dar maior atenção ao mencionado requisito da peça de ingresso, para firmarem sua competência corretamente.

Poderão determinar os magistrados, de ofício, em saneamento, que a parte autora promova a correta valoração da causa, nos termos do § 3º do artigo 292 do CPC/2015, a saber:

> Art. 292, § 3º O juiz corrigirá, de ofício e por arbitramento, o valor da causa quando verificar que não corresponde ao conteúdo patrimonial em discussão ou ao proveito econômico perseguido pelo autor, caso em que se procederá ao recolhimento das custas correspondentes.

Até mesmo para as causas em que se pretendem indenizações por danos morais a serem arbitrados pelo juiz, antes objetos de discussões que levavam à aceitação de valor simbólico para a causa de até R$ 1,00, teve a tese contrária de definição específica absorvida pelo artigo 292 do CPC/2015, no sentido de que a parte autora deverá fixar o valor pretendido.

Registre-se ainda haver quem entenda não ser imprescindível que o autor atribua valor para causas de responsabilidade civil por danos morais, eis que o importe indenizatório ficará ao encargo do julgador, razão pela qual mostrar-se-ia inócuo perante os Juizados Especiais Cíveis, já que a escolha pelo procedimento indicaria renúncia tácita ao excedente ao teto de 40 salários mínimos:

> ENUNCIADO 170 FONAJE - No Sistema dos Juizados Especiais, não se aplica o disposto no inc. V do art. 292 do CPC/2015 especificamente quanto ao pedido de dano moral; caso o autor opte por atribuir um valor específico, este deverá ser computado conjuntamente com o valor da pretensão do dano material para efeito de alçada e pagamentode custas (XLI Encontro - Porto Velho-RO).

Para entendimentos ainda mais adstritos à competência dos Juizados Especiais da Fazenda Pública, na hipótese de não ser possível conferir à causa valor certo por dificuldades impostas pela situação fática apresentada, o recente Enunciado 10 do ENJESP/TJMG estabeleceu que:

> "Enunciado 10 ENJESP/TJMG: O Juizado Especial da Fazenda Pública é incompetente para julgar causas que envolvam internação de pacientes em UTI, por não ser possível precisar a repercussão financeira da circunstância. (VI ENJESP – 2017)".

Pontua-se apenas que, em regra, é possível aferir o valor de um dia de internação em UTI, notadamente em hospitais privados, tratando-se de comprovação a ser apresentada pela parte autora no início da demanda. Trata-se de obrigação a ser prestada por prazo indeterminado, deverá seguir as regras próprias (artigos artigo 2º, §2º, da Lei nº 12.153/09 c/c artigo 292, § 1º do CPC/2015) , multiplicando-se o valor da diária por 30 dias e, deste saldo mensal, multiplicar por 12 vezes. Em regra, apura-se superação do teto limite de 60 (sessenta) salários mínimos para a competência dos Juizados Especiais Fazendários. Não apresentando a parte atora valor certo para este tipo de causa, a fim de afastar a provável incompetência dos Juizados da Fazenda Pública, importante a utilização da intelecção do Enunciado 10 do ENJESP publicado em dezembro de 2017, acima transcrito.

Os juízes mineiros definiram, ainda, que não admitirão estimativas desprovidas de fundamentos, ainda mais em sede de Juizados Especiais, que exigem a prolação de sentença líquida , através do Enunciado 2 da Fazenda Pública do ENJESP: "*Não se pode admitir valor da causa por estimativa no Juizado Especial da Fazenda Pública, por ser vedado pedido ilíquido. (IV ENJESP - 2012)*" – grifo nosso

Acerca do pedido, conclui-se que, além de haver obrigatoriedade na valoração certa da causa, o pedido deverá ser também certo e determinado. Ressalvam-se os pedidos genéricos, permitidos tanto pelo CPC/2015 (§ 1º do artigo 324) quanto pela Lei nº 9.099/95 (artigo 14, § 2º), tema este mais aprofundado no Capítulo 4.1.1 - A.

B - Valor da causa na cumulação subjetiva e objetiva nos Juizados Especiais

Mister registrar haver posição divergente acerca da cumulação subjetiva e objetiva nas causas perante os Juizados Especiais, relativamente ao cômputo para o valor da causa

Menciona-se, por oportuno, o Enunciado 18 do Fórum Nacional de Juizados Especiais Federais – FONAJEF que, *"no caso de litisconsorte ativo, o valor da causa, para fins de fixação de competência deve ser calculado por autor"*.

Já o Enunciado 02 do mesmo Fórum, para os Juizados da Fazenda Pública, que assim dispõe:

> ENUNCIADO 02 - FONAJE – É cabível, nos Juizados Especiais da Fazenda Pública, o litisconsórcio ativo, ficando definido, para fins de fixação da competência, **o valor individualmente considerado de até 60 salários mínimos** (XXIX Encontro – Bonito/MS - maio de 2011).

O Artigo 15 da Lei nº 9.099/95 permite a cumulação objetiva, mas os limita ao valor teto dos Juizados Especiais:

> Art. 15. Os pedidos mencionados no art. 3º desta Lei poderão ser alternativos ou **cumulados; nesta última hipótese, desde que conexos e a soma não ultrapasse o limite fixado naquele dispositivo.**

Para alguns magistrados, o artigo 15 transcrito é claro ao vedar a cumulação entre pedidos conexos que ultrapassem o limite dos Juizados Especiais (40 ou 60 salários mínimos), razão pela qual discordam do teor dos Enunciados 02 da Fazenda e 18 dos Juizados Cíveis acima mencionados.

O litisconsórcio ativo, que se refere à acumulação entre partes autoras na ação, as quais possuem valores individualmente considerados, ensejam a cumulação objetiva dos seus pedidos conexos numa ação judicial proposta. A nosso ver, a somatória destes pedidos cumulados em uma única demanda de competência dos Juizados Especiais (artigo 3º da Lei nº 9.099/95), entretanto, não poderá superar o limite fixado para os Juizados Especiais, por expressa vedação do artigo 15 da Lei nº 9.099/95, com ou sem litisconsórcio ativo, eis que não houve ressalvas no artigo da lei.

Aceitar sem fronteiras a pluralidade de partes ativas, para a maioria da doutrina apenas facultativa, computando-se os valores de cada causa separadamente dentro dos tetos dos Juizados e permitindo-se somar tais valores sem limites, poderia ensejar o processamento de causas de altíssimos valores em sede de Juizados Especiais, o que foge aos fins sociais da Lei nº 9.099/95 (artigo 6º) e aos critérios norteadores do rito especial (artigo 2º). Observe-se que este artigo visa exatamente tornar mais céleres e simples as demandas, já que todas as partes e pedidos geram intimações, produções probatórias e demais atos processuais próprios, a causar tumulto processual não quisto nesta seara sumaríssima.

O legislador limitou no artigo 15 da Lei nº 9.099/95 as demandas aos valores dos pedidos somados propositadamente. Pensar o contrário levaria a crer pela desnecessidade da existência do mencionado artigo, não havendo, todavia, "*letra morta na lei*".

C - Prestações por prazo indeterminado – Parcelas vencidas e vincendas – Fórmula de cálculo do valor da causa (Prestações vencidas + 12 vezes as vincendas = Total < 60 Sal. Min)

As causas que apresentem pretensões a recebimento de prestações futuras e prazo indeterminado, embora sem valor específico aferível no momento da propositura da ação, não deixam de ter valores certos a serem indicados no momento da distribuição, conforme determina o artigo 291 do CPC/2015.

Em regra, o valor da causa para prestações vincendas, por prazo determinado menor que 1 ano, será a somatória delas e, por prazo indeterminado ou superior a 1 ano, será igual a uma prestação anual. Vejamos os exemplos contidos no artigo 292 do CPC/2015:

> Art. 292. O valor da causa constará da petição inicial ou da reconvenção e será:
>
> I - na ação de cobrança de dívida, a soma monetariamente corrigida do principal, dos juros de mora vencidos e de outras penalidades, se houver, **até a data de propositura da ação**;
>
> (....)

> § 1º **Quando se pedirem prestações vencidas e vincendas, considerar-se-á o valor de umas e outras.**
>
> § 2º O valor das prestações vincendas será igual a uma prestação anual, se a obrigação for por tempo indeterminado ou por tempo superior a 1 (um) ano, e, se por tempo inferior, será igual à soma das prestações.

Havendo prestações vencidas e vincendas como objeto do litígio, deverão ser elas somadas (§ 1º do artigo 292, CPC/2015).

Relembre-se que o cálculo do valor da causa para prestações já vencidas poderá considerar apenas as prestações que tenham se vencido até a data da propositura da ação. Aquelas que venham a vencer durante o curso do feito, terão o valor da causa conforme determinado pelo § 2º do artigo 292 do CPC/2015. Após, somar-se-ão ambos os valores.

Nos Juizados Especiais da Fazenda Pública o teor da normatização processualista geral foi repetido, mas de modo mais simplificado, no § 2º do artigo 2º da Lei nº 12.153/2009, que definiu o valor da causa para prestações vincendas por prazo indeterminado como sendo a soma de 12 (doze) parcelas, somando-se estas às eventuais parcelas vencidas:

> Art. 2º É de competência dos Juizados Especiais da Fazenda Pública processar, conciliar e julgar causas cíveis de interesse dos Estados, do Distrito Federal, dos Territórios e dos Municípios, até o valor de 60 (sessenta) salários mínimos.
>
> § 2º Quando a pretensão versar sobre obrigações vincendas, para fins de competência do Juizado Especial, **a soma de 12 (doze) parcelas vincendas e de eventuais parcelas vencidas não poderá exceder o valor referido no caput deste artigo.**

Tomando-se como exemplo o Estado de Minas Gerais, desde a instalação dos Juizados fazendários até a presente data, as ações de saúde são as mais ajuizadas, muitas delas pretendendo fornecimento de medicamentos por prazo indeterminado. Mais recentemente, as ações propostas por servidores públicos e aposentados ganharam relevo, por meio das quais almejam-se verbas e direitos pretéritos e futuros (ex: adicionais noturnos; revisão de base de cálculo de adicional insalubridade já reconhecida; diferenças de piso salarial de professor, etc.).

Enquadram-se estas demandas perfeitamente na exigência de definição de valores certos para as causas perante os Juizados Especiais da Fazenda Pública (§ 2º do artigo 2º da Lei nº 12.153/2009).

Os pedidos iniciais deverão respeitar o teto limite previsto na Lei nº 12.153/09 para as causas aviadas nos Juizados Especiais da Fazenda Pública (60 salários mínimos), não sendo possível fracioná-los, seja perante o referido juízo sumaríssimo, seja pelas vias ordinárias, se a situação fática única apontar para a necessidade da prestação para a mesma conjuntura fático-jurídica. Caso ultrapasse o valor limite da causa, o processo deverá ser extinto sem resolução do mérito (artigo 51, II da nº 9.099/95), por violação à regra do teto dos Juizados, que consiste em uma das balizas para definir os processos de menor complexidade a tramitarem no sistema sumaríssimo.

A legislação de regência prevê que a opção pelo procedimento especial enseja a renúncia ao valor excedente (artigo 3º, § 3º da Lei nº 9.099/95), mas, não sendo o caso de possibilidade de renúncia, superado o teto, a competência será das Varas comuns fazendárias, que por certo prestarão a jurisdição de maneira mais justa à parte que necessita de prestações continuadas, por prazo indeterminado.

Ressalte-se que, em se tratando de pedido por prazo indeterminado, a mesma regra deverá ser aplicada, o que não destoa da parte final do artigo 292, §2º, do CPC (antigo artigo 260 do CPC/73), uma vez que o valor da causa corresponderá ao pretendido em um ano, ou seja, o valor das prestações multiplicadas por 12 (doze).

Destarte, embora as partes acostumadas às Varas comuns de Fazenda Pública, onde formulavam pedidos genéricos e com valores de causas em descompasso com as normas, deixando a apuração de valores para a liquidação da sentença, fase esta que poderia perdurar por anos, o cálculo dos valores certos das causas (artigo 291 do CPC/2015), em sede de Juizados Especiais, deverá se dar ainda na peça de ingresso, para se respeitar o teto limite, bem como para viabilizar a prolação de sentença líquida. Assim, a liquidação de eventuais pedidos genéricos deverá ocorrer durante o curso do feito até a prolação da sentença (parágrafo único do artigo 38 da Lei nº 9.099/95), a se ajustar às exigências do sistema sumaríssimo (artigo 52, I da Lei nº 9.099/95).

Deverá a parte autora especificar seu pedido inicial certo (artigo 322 e 324 do CPC/2015) e apresentar os cálculos dos valores de suas causas que entender fazer *jus* desde o início do período até a data da propositura da ação, para lhes conferir valor certo (artigos 291 e 292, I do CPC, respectivamente), por simples cálculos aritméticos, de modo a não ensejar complexidade por necessidade de perícia contábil.

Os simples cálculos aritméticos dispensam a fase própria de liquidação da sentença, mesmo que eventualmente seja proferida condenação em quantia ilíquida, tal como permite o § 2º do artigo 509 do CPC/2015, parágrafo este aplicável aos Juizados Especiais por remissão específica pelo caput do artigo 52 da Lei nº 9.099/95 e por ser compatível com o rito sumaríssimo (artigo 52, II):

> Art. 509. Quando a sentença condenar ao pagamento de quantia ilíquida, proceder-se-á à sua liquidação, a requerimento do credor ou do devedor:
>
> (....)
>
> § 2º Quando a apuração do valor depender apenas de **cálculo aritmético, o credor poderá promover, desde logo, o cumprimento da sentença**. (grifo e negrito nosso)

Ao ajustar o valor da causa relativa a pedido genérico de obrigação de pagar ou fazer, a parte autora observará os artigos 2º, § 2º da Lei nº 12.153/2009 c/c artigo 292, §§ 1º e 2º do CPC/2015, somando-se o total das prestações vencidas mais 12 vezes o valor da última prestação para as vincendas, cujo saldo final deverá permanecer dentro da competência dos Juizados Especiais da Fazenda Pública, no limite de 60 salários mínimos.

Como exemplo, temos a parte autora que sofre de mal à sua saúde e necessita de medicamentos de custo mensal de R$ 5.000,00, por tempo indeterminado, enquanto se fizer necessário o tratamento almejado. O valor da causa, para as prestações vincendas indeterminadas será de 12 vezes o valor mensal, num total de R$ 60.000,00, que ultrapassaria o teto de 60 salários mínimos, num total de R$56.220,00 em 2017 e de R$ 57.240,00 em 2018, eis que publicado no D.O.U de 30.12.2017 o valor de R$ 954,00 como salário mínimo para 2018.

Observe-se que o valor da causa certo, que estabeleça 12 vezes o valor mensal pretendido, relativamente a prestações por prazo indeterminado, não será alterado para fins de modificação da competência se, ao final da ação, passado período maior de 1 ano, por exemplo, perceba-se que a somatória das prestações que se venceram durante o curso do feito tenha superado o cálculo inicial. O valor da causa estabelecido pela lei para as prestações por prazo indeterminado já considera a ausência de previsão de término da prestação e não se alterará, mesmo que eventual sentença líquida condene a pagamento maior do que o calculado.

Caso a prestação indeterminada à saúde pretendida mensalmente for de, por exemplo, R$ 4.000,00, o valor da causa legal será de 12 x R$ 4.000,00, num total de R$ 48.000,00 e observará o teto dos Juizados fazendários, sendo de sua competência, mesmo que ao final, quando da prolação da sentença ou seu respectivo cumprimento, ultrapasse 1 ano de fornecimento da prestação continuada e por prazo indeterminado, superando 60 salários mínimos.

Ainda exemplificando, formulado pedido de pagamento pelo Estado de certa verba a policial militar vencidas e vincendas, em que a parte autora apresente como prestações pretéritas dentro do prazo prescricional o valor total já somado de R$ 3.000,00 até a data da propositura da ação e a este valor de causa acresça as pretensões futuras, representadas como 12 vezes o importe mensal inicialmente pretendido de R$ 200,00 (R$ 2.400,00) enquanto perdurar a situação jurídica ensejadora do pagamento, nos termos da lei, os valores somados perfaz um importe total de R$ 5.400,00, como valor da causa certo, consoante estabelecido por lei. A competência será do Juizado Especial da Fazenda Pú blica, sendo que o valor da condenação poderá ser diverso, eis que serão apurados, até a sentença, todos os valores devidos que se venceram entre a data da propositura da ação e o fim da fase cognitiva, sem alterar a competência do rito sumaríssimo.

Portanto, poderá a parte autora ressalvar-se quanto à apuração líquida de valores que surjam durante o curso do feito, cujos cálculos simples também deverão ser apresentados até a data da audiência uma (conciliação, instrução e julgamento), a fim de confirmar os valores das parcelas que se liquidaram durante o tramite processual.

A audiência, de atos concentrados, será a oportunidade em que será dada vista ao réu acerca do valor apurado apresentado pela parte autora, sob pena de preclusão, nos termos do parágrafo único do artigo 29 da Lei nº 9.099/95.

D - Despacho Saneador - evitar complexidade – Valor não definido inicialmente para a causa - Exibição de Documentos no juízo próprio

O Código de Processo Civil de 2015 adotou expressamente o entendimento de que o juiz poderá determinar a correção do valor da causa de ofício (artigo 292, § 3º do CPC/2015), requisito processual este que já era analisado preliminarmente pelo magistrado do Juizado Especial, exatamente em atenção ao teto limite previsto legalmente, definidor de competência ou incompetência, até mesmo absoluta para os Juizados fazendários.

Nas ações propostas em face da Fazenda Pública, quando sem valor da causa definido corretamente, necessário despachar a inicial determinando a sua emenda, para apresentação dos cálculos e correção do valor da causa.

Alguns litigantes, sem compreenderem muito a sistemática dos Juizados Especiais, podem questionar a decisão por entenderem, apenas em um primeiro momento, pela complexidade dos cálculos ou mesmo pela necessidade de apresentação de documentos em posse dos réus.

Sendo necessária a apresentação prévia de documentos, a parte autora deve estar ciente de que deverá primeiramente formular pedido administrativo no exercício de seu direito de petição, de informação, *habeas data* , podendo até mesmo buscar via sites disponibilizados pelos entes públicos seus holerites, por exemplo.

Insta salientar que em sede de Juizados Especiais da Fazenda Pública somente são aceitas as tutelas antecipadas e cautelares que sejam incidentais e de urgência.

São apenas estas as tutelas provisórias compatíveis com o rito sumaríssimo, consoante limitação trazida pelo artigo 3º da Lei de Fazenda Pública (12.153/2009), não sendo cabíveis as tutelas de evidência, nem as antecedentes. Além de a lei especial exigir a urgência, há evidente incompatibilidade de ritos entre o procedimento previsto nos artigos 303 e 305 do CPC/2015 de tutelas antecedentes com aquele rito simples e célere do sistema dos Juizados Especiais (vide Capítulo 4.2 adiante).

Assim, a tutela cautelar antecedente de exibição de documentos, por exemplo, de rito especial próprio previsto no artigo 305 do CPC/2015, é incompatível com o rito dos Juizados Especiais da Fazenda Pública, que não se mostra, portanto, competente, já que a Constituição da República limitou aos Juizados apenas as causas que possam respeitar o procedimento oral e sumaríssimo (artigo 98, I da CRFB/88).

Os demandantes deverão se ater à sistemática do rito sumaríssimo como um todo (Leis nº 9.099/95 e Lei nº 12.153/2009), notadamente no tocante à delimitação adequada dos pedidos e do valor da causa (artigo 2º da Lei nº 12.153/2009), prolação de sentenças líquidas (artigo 38 da Lei nº 9.099/95) e utilização de meros cálculos aritméticos para liquidação simples, sob pena de se imprimir, indevidamente, rito ordinário às vias especiais.

E- Impugnação ao valor da causa

Conforme sistemática de concentração dos atos processuais já prevista para o sistema dos Juizados Especiais, o CPC/2015 definiu a impugnação ao valor da causa como preliminar de contestação (artigo 293).

A decisão a respeito poderá ser, como prevê o artigo 29 da Lei nº 9.099/95, proferida de imediato, a fim de que se reconheça com a maior brevidade a competência ou não do Juizado Especial para a causa ou poderá ser prolatada na sentença, em sede de rito sumaríssimo eis que os atos são todos concentrados, senão vejamos:

> Art. 29. Serão decididos de plano todos os incidentes que possam interferir no regular prosseguimento da audiência. As demais questões serão decididas na sentença.
>
> Parágrafo único. Sobre os documentos apresentados por uma das partes, manifestar-se-á imediatamente a parte contrária, sem interrupção da audiência.

3.4 COMPETÊNCIA EM RAZÃO DA PESSOA

3.4.1 Considerações iniciais

A capacidade de figurar como parte ativa ou passiva perante os Juizados Especiais em geral enseja discussões desde o advento da Lei nº 9.099/1995, persistindo algumas controvérsias mesmo após mais 20 anos de sua publicação.

A Lei nº 12.153/2009, estabeleceu em seu artigo 5º quem poderá ser parte autora ou ré nos Juizados Especiais da Fazenda Pública.

Elaborada cerca de 14 anos após a publicação da Lei nº 9.099/95, a Lei dos Juizados Especiais da Fazenda Pública tentou ser mais pontual no tocante à capacidade processual nos Juizados, a legitimidade das partes perante o rito sumaríssimo, exatamente em virtude das constantes discussões já existentes. Contudo, acabou não abrangendo todos os questionamentos, omitindo-se em diversos pontos, cujos enfrentamentos tornam-se necessários para o exercício cotidiano da atividade jurisdicional, o que diuturnamente passa-se a fazer.

Certo é que, para o deslinde das questões apresentadas, o raciocínio procedimental deverá se dar, relembre-se, com o seguinte foco, já explorado no Capitulo 2 anterior sobre a "Legislação Incidente": o que a Lei nº 12.153/2009 previu expressamente, de maneira positiva ou negativa, será válido e aplicável. No que nada dispuser, incidirão subsidiaria e diretamente, em primeiro lugar, as normas previstas na Lei nº 9.099/1995, que é lei especial, mas de regras gerais para o sistema dos Juizados Especiais, no qual o Juizado especial da Fazenda Pública se insere. Na sequência, buscar-se-á a solução processual na Lei dos Juizados Especiais Federais (Lei nº 10.259/2001). Por fim, de maneira supletiva e indireta na fase de conhecimento, observar-se-á o Código de Processo Civil, cujas normas serão consideradas apenas no se mostre em consonância com os ditames e princípios do rito sumaríssimo constitucionalmente previsto (artigo 98, I da CRFB/88). Pontua-se que na execução dos Juizados Especiais, haverá aplicação do CPC de forma subsidiária direta nas execuções de sentenças (artigo 52 da Lei nº 9.099/95) e remissiva direta para as execuções de títulos executivos extrajudiciais (artigo 53 da Lei nº 9.099/95), tudo no que for harmônico com o procedimento especial.

3.4.2 *"Jus postulandi"* (Direito de postular)

O *jus postulandi*, princípio correlato à prática processual, corresponde à faculdade atribuída a alguém de ajuizar ações perante o Judiciário. Em regra, a referida capacidade é atribuída somente aos advogados, conforme se depreende ao artigo 133 da CRFB/88. Todavia, o ordenamento jurídico brasileiro prevê exceções dentre as quais se encontram o "*habeas corpus*", as ações trabalhistas e as pertinentes ao sistema dos Juizados Especiais.

Relativamente aos Juizados Especiais da Fazenda Pública, diante do silêncio da Lei nº 12.153/09 a respeito da capacidade postulatória do cidadão, sem auxílio de advogado, deverá ser observada a regra disposta na Lei nº 9.099/09, ou seja, deverá haver assistência de advogado à parte autora para causas acima de 20 salários mínimos.

Não se mostra teleológica, portanto, a interpretação de que as partes poderiam litigar sem advogado em qualquer valor de causa até o teto de 60 salários mínimos nos Juizados Especiais da Fazenda Pública.

A uma, porque a ausência da expressa definição sobre conceitos e atos processuais e procedimentais na Lei nº 12.153/2009 não significa, por si só, em autorização para compreensão do rito livre de norma processualista a respeito do tema. Não se pode esquecer que a lei dos Juizados Especiais da Fazenda Pública possui apenas 28 artigos, insuficientes, portanto, para estabelecer um procedimento sumaríssimo específico, a exigir a aplicação subsidiária de outras leis processuais, sob pena de absoluta ausência de parâmetros processuais nos Juizados Especiais fazendários, com violação do princípio da segurança jurídica.

Assim, em virtude da ausência de limite expresso na Lei nº 12.153/2009 para litigância pessoal pelo cidadão, deve ser buscada a norma mais próxima, conforme determina o artigo 27 da mencionada lei, incidindo, portanto, na hipótese, o artigo 9º da Lei nº 9.099/95[6].

A fim de suprir a lacuna mencionada a Lei nº 9.099/95 incidirá com todas as suas nuances, a qual somente permite o *jus postulandi* para a parte, sem assistência de advogados, para causas abaixo de 20 salários mínimos (artigo 9º). Não se aplica, aqui, o CPC a exigir advogados para todas as causas e de quaisquer valores, diante do suprimento primevo da lacuna pela Lei 9.099/95.

Entendemos, com base nos argumentos acima, que poderá a parte autora demandar em juízo nos Juizados Especiais da Fazenda Pública, independentemente de advogado, através do Setor de Atermação do Poder Judiciário local,

---

6 Art. 9º Nas causas de valor até vinte salários mínimos, as partes comparecerão pessoalmente, podendo ser assistidas por advogado; nas de valor superior, a assistência é obrigatória.

§ 1º Sendo facultativa a assistência, se uma das partes comparecer assistida por advogado, ou se o réu for pessoa jurídica ou firma individual, terá a outra parte, se quiser, assistência judiciária prestada por órgão instituído junto ao Juizado Especial, na forma da lei local.

nas causas cujos valores não excedam a 20 salários mínimos. Superado esse valor, será exigida a assistência de advogado, razão pela qual, na realização das atermações, deverá ser observado o valor da causa e o mencionado limite para que a parte possa ajuizar a ação *de per si*.

Não custa lembrar o dever do magistrado de advertir a parte, desacompanhada de advogado, quando a demanda se apresentar com nuances técnico processuais e de direito material mais complexas, nos termos do § 2º do artigo 9º da Lei nº 9.099/95, a indicar a " *conveniência do patrocínio por advogado, quando a causa o recomendar*."

Pontua-se que, nos Juizados Especiais fazendários, apesar da opção de capacidade postulatória pela própria parte nas causas abaixo de 20 salários mínimos, dentre elas aquelas de obrigações de fazer sem valores vinculáveis, sugere-se sempre o acompanhamento do causídico. Isto, pois as ações em direito público apresentam em regra um complexo de leis a serem analisadas, desde a Constituição da República, passando pelas leis complementares e ordinárias, decretos e resoluções, nas esferas federais, estaduais, municipais, das autarquias, fundações e empresas públicas. Estas últimas, muitas vezes, deverão ser apresentadas pela parte ao magistrado, conforme orienta o artigo 376 do CPC/2015. Isso tudo, fora as várias questões procedimentais dos Juizados Especiais da Fazenda Pública, que ora se estudam.

3.4.3 Capacidade processual nos Juizados Especiais da Fazenda Pública - quem poderá ser parte

A- Regra – Rol Taxativo do artigo 5º da Lei nº 12.153/2009

A compreensão sobre quem pode litigar perante os Juizados Especiais da Fazenda Pública compondo os polos da ação tem, assim como a competência, grande importância para o operador do direito em geral.

A capacidade processual, como aptidão de uma pessoa para ser parte, aqui em juízo sumaríssimo, isto é, de ser sujeito de direitos e obrigações na relação processual de rito especial, como pressuposto de validade subjetiva, não se confunde com a legitimidade de parte, que é condição da ação, ligada, mesmo que indiretamente, ao mérito da demanda.

O artigo 70 do CPC/2015 preceitua que " *Toda pessoa que se encontre no exercício de seus direitos tem capacidade para estar em juízo*.". Ao incapaz, haverá representação e ao réu preso revel e ao revel citado por edital, será nomeado curador especial (artigos 71 e 72 do CPC/2015).

A legitimidade para postular em juízo é exigida com condição da ação, juntamente como interesse de agir perante o Poder Judiciário (artigo 17 do CPC/2015), restando assim delineado :

> CPC/2015
>
> Art. 18. **Ninguém poderá pleitear direito alheio em nome próprio**, salvo quando autorizado pelo ordenamento jurídico.
>
> Parágrafo único. Havendo **substituição processual**, o substituído poderá intervir como assistente litisconsorcial.
>
> Art. 19. O interesse do autor pode limitar-se à declaração:
>
> I - da existência, da inexistência ou do modo de ser de uma relação jurídica;
>
> II - da autenticidade ou da falsidade de documento.
>
> Art. 20. É admissível a ação meramente declaratória, ainda que tenha ocorrido a violação do direito.

A regra da capacidade processual de estar em juízo, desde que possua legitimidade para pleitear ou se defender quanto ao direito supostamente violado, foi restringida para o rito sumaríssimo.

Nos Juizados Especiais Cíveis, a capacidade processual foi destinada aos legitimados ativos que se insiram nos incisos do § 1º do artigo 8º da Lei nº 9.099/95 e, para ambos os pólos da ação, foi vedada àqueles referidos no *caput* do mesmo artigo.

A Lei nº 12.153/2015 definiu os legitimados ativos e passivos com capacidade processual nos Juizados Especiais da Fazenda Pública, os quais foram descritos no artigo 5º da Lei nº 12.153/09, a seguir transcrito:

> Art. 5º **Podem ser partes** no Juizado Especial da Fazenda Pública:
>
> I – **como autores**, as pessoas físicas e as microempresas e empresas de pequeno porte, assim definidas na Lei Complementar nº 123, de 14 de dezembro de 2006;
>
> II – **como réus**, os Estados, o Distrito Federal, os Territórios e os Municípios, bem como autarquias, fundações e empresas públicas a eles vinculadas.

Sobreleva-se que a Lei dos Juizados Especiais da Fazenda Pública se valeu de seus pouquíssimos artigos apenas para delimitar o que seria diferente e próprio para seus feitos, de maneira quase similar à Lei nº 10.259/2001, buscando na Lei nº 9.099/95 os complementos necessários.

Assim, tornou-se majoritária tese de que o rol definido na Lei nº 12.153/2009 é taxativo, delimitando com precisão quem poderá ser parte autora ou ré perante os Juizados Especiais da Fazenda Pública, ou seja, se não estiverem na lista, não poderão ser partes.

O entendimento atualizado pela taxatividade do rol descrito pela Lei nº 12.153/09 é majoritário dentre os magistrados, razão pela qual acabou sendo inserido no Enunciado nº08 do FONAJE, relativo aos Juizados Especiais da Fazenda Pública, eis que assim dispõe:

> ENUNCIADO 08 - De acordo com a decisão proferida pela 3ª Seção do Superior Tribunal de Justiça no Conflito de Competência 35.420, e considerando que **o inciso II do art. 5º da Lei 12.153/09 é taxativo** e não inclui ente da Administração Federal entre os legitimados passivos, não cabe, no Juizado Especial da Fazenda Pública ou no Juizado Estadual Cível, ação contra a União, suas empresas públicas e autarquias, nem contra o INSS (XXXII Encontro - Armação de Búzios/RJ- dezembro de 2012). Negrito nosso

O eg. TJMG, no Conflito de Competência 10000140048869000, publicado em 13.06.2014, também decidiu pelo rol taxativo:

> Ementa: CONFLITO DE COMPETÊNCIA - AÇÃO DE FORNECIMENTO DE MEDICAMENTOS AJUIZADA PELO MINISTÉRIO PÚBLICO - ART. 2, § 1º, INCISO I E ART. 5º DA LEI Nº. 12.153 /09 - CONFLITO ACOLHIDO.
>
> Não é competência do Juizado Especial da Fazenda Pública processar e julgar ações nas quais o Ministério Público figure no polo ativo da relação processual, conforme o **rol taxativo estabelecido pelo art. 5º, da Lei nº 12.153 /2009**. Ademais, não compete aos Juizados Especiais da Fazenda Pública o julgamento de demandas sobre direitos ou interesses difusos e coletivos. (grifei) (TJMG. Processo Conflito de Competência 1.0000.14.004886-9/000. Relator Des. Edilson Fernandes. 6ª Câmara Cível. Julgado em 06.06.2014. Publicado em 13.06.2014)

Destarte, o interessado não abrangido pelo mencionado rol não poderá litigar perante os Juizados Especiais da Fazenda Pública, ressalvados eventuais litisconsórcios passivos necessários, cuja competência poderá ser atraída pela absoluta do Juizado da Fazenda, tema este que será devidamente explorado adiante.

Conclui-se, portanto, que não poderão ser incluídos no rol de capacitados processuais ativos e passivos ante os Juizados Especiais da Fazenda Pública as pessoas jurídicas privadas que não sejam microempresas, nem empresas de pequeno porte como autoras, ou mesmo as sociedades de economia mista e entes públicos federais como réus.

Maior celeuma se apresenta no tocante aos entes despersonalizados.

Com efeito, não foram inseridas no aludido rol do artigo 5º da Lei nº 12.153/2009 como possibilidade de serem partes autoras ou rés, sendo que, a nosso ver, portanto, não poderiam figurar nos polos das ações propostas nos Juizados Especiais da Fazenda Pública (vide item F deste Capítulo).

Contudo, há quem defenda que, como não se enquadram naquelas pessoas vedadas legalmente pelo artigo 8º, *caput* da Lei nº 9.099/95, poderiam sim ser partes autoras e/ou rés no Sistema dos Juizados Especiais, tema este que tem provocado discussões e decisões não uniformes desde a entrada em vigor da Lei nº 9.099/95.

Temos, como exemplos de aplicação da Lei nº 9.099/95, quando ausente na Lei nº 12.153/2009 e estando com esta harmônica, algumas restrições compatíveis previstas nos artigos 3º, *caput* do 8º, artigo 9º da Lei nº 9.099/95 as definições de prazos, obrigatoriedades de audiência de conciliação, concentração dos atos processuais em audiência, revelia gerando preclusões por ausência da parte ré em audiência e não apenas pela ausência de contestação, impossibilidade de intervenção de terceiros, extinção do feito por contumácia por não comparecimento do autor em audiência, e demais motivos de extinção relacionados no artigo 51 da Lei nº 9.099/95, que terão aplicação em virtude das regras gerais da Lei nº 9.099/95 e não do CPC.

B - Possibilidades e vedações – Legislação aplicável

Igualmente ao artigo 5º, I da Lei dos Juizados Especiais da Fazenda Pública acima transcrito, a Lei nº 9.099/1995 definiu no § 1º do seu artigo 8º as pessoas que poderiam ser partes autoras nos feitos pelo rito sumaríssimo.

> Artigo 8º.
>
> § 1º **Somente serão admitidas a propor ação perante o Juizado Especial:** *(Redação dada pela Lei nº 12.126, de 2009)*

> - as pessoas físicas **capazes**, excluídos os cessionários de direito de pessoas jurídicas; *(Incluído pela Lei nº 12.126, de 2009)*
>
> - as pessoas enquadradas como microempreendedores individuais, micro-empresas e empresas de pequeno porte na forma da Lei Complementar nº 123, de 14 de dezembro de 2006; *(Redação dada pela Lei Complementar nº 147, de 2014)*
>
> - as pessoas jurídicas qualificadas como Organização da Sociedade Civil de Interesse Público, nos termos da Lei nº 9.790, de 23 de março de 1999; *(Incluído pela Lei nº 12.126, de 2009)*
>
> - as sociedades de crédito ao microempreendedor, nos termos do art. 1º da Lei nº 10.194, de 14 de fevereiro de 2001. *(Incluído pela Lei nº 12.126, de 2009)*
>
> § 2º O maior de dezoito anos poderá ser autor, independentemente de assistência, inclusive para fins de conciliação.

Não houve indicação pela Lei nº 9.099/95 de quem poderia ser parte ré nos Juizados Especiais Cíveis, tal como foi feito pela Lei 12.153/2009, aceitando-se, portanto, possam ser rés todas aquelas pessoas não vedadas pelo *caput* do artigo 8º da Lei nº 9.099/95.

De modo excludente, a citada Lei nº 9.099/1995 apresentou no *caput* do artigo 8º rol especificando claramente quais partes **não poderiam** litigar de maneira nenhuma perante o Juizado Especial Cível, como autores ou réus, a saber:

> Art. 8º **Não poderão ser partes**, no processo instituído por esta Lei, o incapaz, o preso, as pessoas jurídicas de direito público, as empresas públicas da União, a massa falida e o insolvente civil.

A Lei nº 12.153/2009 também apresentou uma relação de legitimados ativos que poderão ser partes nos Juizados Especiais da Fazenda Pública, contudo, o rol de vedações estabelecido pelo *caput* do artigo 8º Lei nº 9.099/95 de fato não foi repetido naquele diploma legal.

E nem precisaria ser, uma vez que o artigo 5º da Lei nº 12.153/2009 foi claro ao estabelecer as restrições, definindo quem poderia ser parte autora e quem poderia ser parte ré, razão pela qual, por exclusão lógica, quem nos incisos I e II não se encontrar, estará afastado do sistema dos Juizados Especiais para causas em face da Fazenda Pública.

Assim, as vedações indicadas pelo artigo 8º Lei nº 9.099/95, somente incidirão para os Juizados Especiais da Fazenda Pública, porque se referem a normas gerais do sistema sumaríssimo, desde que não confrontem com qualquer regra contido na lei específica nº 12.153/2009.

Da mesma maneira que serão observadas as vedações acima mencionadas quanto às partes nos Juizados Especiais, o mesmo ocorrerá com outras regras não menos restritivas, a serem importadas da Lei nº 9.099/95 para os Juizados Especiais da Fazenda Pública, desde que compatíveis com a especialidade fazendária.

Nesse compasso, em regra, dever-se-á observar, quanto à capacidade processual perante os Juizados Especiais da Fazenda Pública, o artigo 5º da Lei nº 12.153/2009, aliadas às restrições que com o artigo 8º da Lei nº 9.099/95 não conflitar.

Importante passar, então, à análise das vedações previstas na Lei especial de regras gerais nº 9.099/95 (artigo 8º), aplicáveis ou não nos Juizados Especiais da Fazenda Pública.

C - Pessoas físicas autoras: ajuizamento de ações pelo incapaz nos Juizados Especiais da Fazenda Pública

O ajuizamento de ação por incapaz perante o Juizado Especial da Fazenda Pública, pela da representação ou da assistência, pelos pais, tutores ou curadores, foi um tema que gerou muita discussão quando da vigência da Lei nº 12.153/2009.

O estranhamento se deu em virtude do já assentado entendimento antigo de que pessoas naturais incapazes não poderiam figurar nos processos dos Juizados Especiais Cíveis, em virtude da limitação contida no artigo 8º da Lei nº 9.099/95, restando saber se esta restrição se estenderia aos Juizados Especiais da Fazenda Pública.

Pontua-se, primeiramente, que a Lei nº 12.153/2009 não vedou expressamente a possibilidade de ajuizamento de ações por incapazes, eis que informou no inciso I do seu artigo 5 que poderão ser partes autoras as pessoas físicas, sem restringir devam ser apenas as capazes, adjetivo este da capacidade que foi retirado do texto da Lei fazendária.

> Art. 5º **<u>Podem</u> ser partes** no Juizado Especial da Fazenda Pública:

> I – **como autores**, **as pessoas físicas** e as microempresas e empresas de pequeno porte, assim definidas na Lei Complementar nº 123, de 14 de dezembro de 2006;

O silêncio eloquente do legislador ao deixar de inserir no inciso I do artigo 5º da Lei nº 12153/2009 a palavra "*capaz*" , que está contida na Lei nº 9.099/95, trazendo para a mesma linha da redação do artigo 6º, I da Lei nº 10.259/2001 dos Juizados Especiais da Fazenda Pública Federal, reforça a tese defendida por muitos julgadores e doutrinadores de que foi exatamente com a finalidade de não deixar dúvidas quanto à intenção do legislador de se aceitar quaisquer pessoas naturais como autoras nos Juizados da Fazenda Púbica, sejam elas capazes ou não, razão pela qual não houve exclusão expressa pela Lei nº 12.153/09.

Para esta tese, não se repetiu, de forma proposital, o termo restritivo relacionado à capacidade civil, inserido no § 1º do artigo 8º da Lei nº 9.099/95, deixando de qualificar a pessoa física que poderia ser parte autora junto aos Juizados Especiais Cíveis da Fazenda Pública estaduais, até mesmo para abarcar grande número de causas previdenciárias envolvendo incapazes, como ocorre nos Juizados Federais.

Não poderia, portanto, haver interpretação restritiva pelo magistrado a limitar direitos de cidadãos, quando a lei assim não o fez expressamente.

Na mesma linha deste entendimento, o ilustre doutrinador Ricardo Cunha Chimenti[7], a exemplo do que já restou pacificado nos Juizados Especiais Federais, entende que deverá ser admitido como autor tanto a pessoa natural capaz quanto a incapaz perante o Juizado Especial da Fazenda Pública, citando-se o artigo 6º, I da Lei nº 10.259/2001, bem como o Enunciado 5 das Turmas Recursais dos Juizados Especiais Federais do Rio de Janeiro e o Enunciado 27 da Turma Recursal do Juizado Especial Federal Previdenciário de São Paulo. Apresenta, ainda, o Enunciado 10 do FONAJEF, a seguir.

> Enunciado nº. 10 - FONAJEF
>
> O incapaz pode ser parte autora nos Juizados Especiais Federais, dando-se-lhe curador especial, se ele não tiver representante constituído.

---

7 CHIMENTI, Ricardo Cunha – *Juizados Especiais da Fazenda Pública – Comentada artigo por artigo* – São Paulo: Saraiva, 2010 – pp. 64/65.

Enfrentando a controvérsia, frente aos inúmeros recursos interpostos, em julho de 2014, o Tribunal de Justiça de Minas Gerais publicou o Segundo Caderno de Uniformização de Jurisprudência, decisão no sentido de que o os Juizados Especiais da Fazenda Pública é sim competente para o julgamento das ações propostas por incapazes:

> FORNECIMENTO DE MEDICAMENTOS. AUTOR INCAPAZ DEVIDAMENTE REPRESENTADO. COMPETÊNCIA DO JUIZADO ESPECIAL DA FAZENDA PÚBLICA.
>
> **O incapaz pode ser autor nos Juizados Especiais da Fazenda Pública, uma vez que a Lei nº 12.153/09 não impõe nenhuma restrição quanto à capacidade ou incapacidade das pessoas físicas, podendo qualquer delas demandar perante os Juizados Especiais, desde que se comprovada à incapacidade, seja devidamente representada ou assistida. A restrição anterior, contida no artigo 8º da Lei nº 9.099/95 não foi reproduzida no novo diploma, sendo incabível conferir interpretação mais restritiva do que determinou a lei.**
>
> CONFLITO DE COMPETÊNCIA Nº 1.0000.13.086711-2/000 - COMARCA DE CARATINGA - SUSCITANTE: JD JUIZADO ESPECIAL COMARCA CARATINGA - SUSCITADO(A): 3ª CÂMARA CÍVEL DO TRIBUNAL DE JUSTIÇA - RELATOR: EXMO. SR. DES. SILAS RODRIGUES VIEIRA – DATA DE JULGAMENTO: 26/02/2104

O entendimento trouxe para os Juizados Especiais da Fazenda Pública estaduais a possibilidade de ajuizamento de ação por pessoa natural em qualquer forma de incapacidade, desde que representados na forma da lei (tutela e curatela), já que seu fundamento reside em ausência de proibição expressa pela Lei nº 12.153/09 e, a *contrário sensu*, pela da permissão colocada por esta nova lei.

Por outro lado, há quem defenda o contrário, tendo como fundamento exatamente a aplicação subsidiária da Lei nº 9.099/95, prevista expressamente pelo artigo 27 da Lei nº 12.153/09. Afirma-se ser aplicável aos Juizados Especiais da Fazenda Pública a proibição expressa contida no artigo 8º daquele diploma legal sobre a impossibilidade de pessoas naturais incapazes serem partes autoras.

Neste sentido, menciona-se a decisão do TJMG, evidenciando-se que inexiste unanimidade:

> EMENTA: CONFLITO NEGATIVO DE COMPETÊNCIA -
>
> AÇÃO COMINATÓRIA - FORNECIMENTO DE INSUMO - **DEMANDA AJUIZADA POR INCAPAZ - JUIZADOS ESPECIAIS DA FAZENDA PÚBLICA - COMPETÊNCIA INEXISTENTE.**

> Conforme preceitua o art. 5º da Lei 12.153/09, conjugado com o §1º do art.8º da Lei nº 9.099/95, os incapazes não se incluem no rol dos legitimados para propor ação perante o Juizado Especial da Fazenda Pública.
>
> **SÚMULA: ACOLHERAM O CONFLITO NEGATIVO DE COMPETÊNCIA, DECLARANDO COMPETENTE O JUÍZO DA VARA DA INFÂNCIA E JUVENTUDE, DA COMARCA DE MURIAÉ (SUSCITADO)** grifo nosso (TJMG. CONFLITO DE COMPETÊNCIA Nº1.0000.15.000.15.0066264/000- 1ª CÂMARA CÍVEL DO TRIBUNAL DE JUSTIÇA DE MINAS GERAIS - RELATOR DES. GERALDO AUGUSTO. JULGADO EM 29.04.2015. PUBLICADO EM 13.05.2015)

Tal como ocorre no Tribunal de Justiça de Minas Gerais, há divergência nos demais Estados da federação, tendo os Tribunais de Justiça do Rio Grande do Sul, de Santa Catarina, Paraná e Distrito Federal [8] também se manifestado pela extensão da proibição contida no artigo 8º da Lei nº 9.099/95 aos Juizados Especiais da Fazenda Pública.

Na unidade jurisdicional dos Juizados Especiais da Fazenda Pública da Comarca de Belo Horizonte vinha sendo, até então, aceito o ajuizamento das ações por incapazes pelos juízes singulares e pela maioria dos magistrados da Turma Recursal Exclusiva, por ter sido entendida como mais adequada a deci-

---

8 **Tribunal de Justiça do Estado do Rio Grande do Sul**:
Conflito de Competência nº 70058667080, Terceira Câmara Cível, Relator: Leonel Pires Ohlweiler, Julgado em 21/02/2014;
Conflito de Competência nº 70056492044, Vigésima Segunda Câmara Cível, Relator: Denise Oliveira Cezar, Julgado em 18/09/2013; e
Conflito de Competência nº 70052123429, Décima Câmara Cível, Relator: Marcelo Cezar Muller, Julgado em 13/12/2012.
Tribunal de Justiça do Estado de Santa Catarina:
Recurso Inominado n° 2013.501640-0, de Joinville, Rel. Des. Maurício Cavallazzi Póvoas, Julgado em 09-12-2013;
Recurso Inominado n° 0702128-20.2012.8.24.0023, da Capital, Rel. Des. Luiz Antônio Zanini Fornerolli, Julgado em 04-04-2013; e
Recurso Inominado n° 0700455-60.2010.8.24.0023, da Capital, Rel. Des. Hélio do Valle Pereira, Julgado em 06-09-2012;
Tribunal de Justiça do Estado do Paraná:
4ª C. Cível em Composição Integral, CC n° 1098730-3, Foro Central da Comarca da Região Metropolitana de Curitiba, Rel.: Maria Aparecida Blanco de Lima, Unânime, Julgados em 10.09.2013.
Tribunal de Justiça do Distrito Federal
Conflito de Competência nº 20140020170670670 DF. Publicado em 11-11-2014
Data de publicação: 11/11/2014

são que confere a eles a possibilidade de se valer da celeridade dos Juizados Especiais da Fazenda Pública. Contudo, recentemente, com a alteração da composição dos magistrados atuantes no primeiro e segundo graus, no Encontro dos Juízes dos Juizados Especiais do TJMG- ENJESP, houve publicação, em 12 de dezembro de 2017, do Enunciado nº 11 para juizados fazendários, que reforçou o teor do Enunciado nº 7 editado no ano de 2012, quando do início das atividades nos Juizados da Fazenda, a saber:

> ENUNCIADO 07 ENJESP – A pessoa física incapaz não pode ser parte autora nos Juizados Especiais da Fazenda Pública, por aplicação dos artigos 5º e 27 da Lei Federal nº 12.153, de 2009, combinados com o artigo 8º da Lei Federal nº 9.099, de 1995. (IV ENJESP – 2012)
>
> ENUNCIADO 1 ENJESP - O incapaz não está legitimado a propor ação perante o Juizado Especial da Fazenda Pública, à luz do art. 8º da Lei nº 9.099/95 combinado com o art. 1º da Lei nº 12.153/09. **(VI ENJESP - 2017)**

Ressalvam-se, apenas, as ações propostas por menores em busca do direito à saúde, o que será adiante explorado (item c.1 deste Capítulo).

A rapidez processual e ausência de recursos adequados não poderão prejudicar a necessária assistência a ser dispensada à criança e ao adolescente em situação de vulnerabilidade da sua saúde, em virtude do princípio da sua máxima proteção, por se caracterizar em ser em pleno desenvolvimento.

O posicionamento pela aceitação de incapazes diante dos Juizados Especiais da Fazenda Pública, adotado neste caderno, foi confirmado pelo Superior Tribunal de Justiça que, em 02.10.2017, ao emitir 16 teses sobre os Juizados Especiais, definiu seja da competência dos Juizados Especiais da Fazenda Pública a defesa de direitos ou interesses difusos e coletivos exercida por meio de ações propostas em substituição processual:

> Tese número 4:
>
> É da competência dos juizados especiais federais e dos juizados especiais da Fazenda Pública a defesa de direitos ou interesses difusos e coletivos exercida por meio de ações propostas individualmente pelos seus titulares ou substitutos processuais. [9]

A respeito da tese número 4 do STJ transcrita, embora concorde com a propositura de ações por incapazes nos Juizados Especiais fazendários, pessoal-

---

9 http://www.stj.jus.br/SCON/jt/toc.jsp

mente, representados por responsáveis legais, tutores ou curadores, importante mencionar que, a nosso modesto entender, não seria possível o ajuizamento de ações pelo Ministério Público como substituto processual, uma vez que não se encontra inserido no rol taxativo de possibilidades previsto no artigo 5º, I da Lei nº 12.153/2009, o que será mais explorado no Capítulo 3.4.4 à frente.

C.1- Ajuizamento de ação pelo menor na judicialização da saúde – Juizados Especiais da Fazenda Pública X Vara da Infância e da Juventude

Inobstante o entendimento de que o incapaz possa ser parte autora nos Juizados Especiais da Fazenda Pública, relativamente aos diversos temas abrangidos pela competência material fazendária permitida, há que se fazer uma ressalva no tocante ao menor que necessita de assistência à saúde.

Embora por alguns juristas a competência para prestação à saúde ao menor seja a dos Juizados Especiais da Fazenda Pública, em razão de o Estado e/ou Município figurarem no polo passivo da lide, há outras regras de competência não menos importantes a serem observadas, a quais não poderão ser simplesmente desconsideradas, eis que de fundo constitucional, quais sejam, a competência em razão da prestação da saúde à pessoa do menor e em razão da função definida pela Lei de Organização Judiciária.

O artigo 148, IV, do Estatuto da Criança e do Adolescente - ECA, que é lei de normas especiais atinentes especificamente aos incapazes menores, não revogada ou derrogada, dispõe que a Justiça da Infância e da Juventude será a competente para conhecer das ações civis fundadas em interesses individuais, difusos ou coletivos afetos à criança e ao adolescente.

Assim, considerando que tanto os Juizados Especiais da Fazenda Pública quanto as Varas da Infância e Juventude são competentes para o processamento e julgamento de causas cíveis de interesse de menores como autores, eventual confronto no tocante à competência, seja em virtude do polo passivo (Estado/Município/DF), seja em razão da matéria e da função, deverá ser dirimido balizando-se por princípios constitucionais e demais regras especiais atinentes à hipótese.

A Constituição da República de 1988 – CRFB/88, em seus artigos 227 a 229, assegura o direto à vida, à saúde, à alimentação e à dignidade à criança e ao adolescente, com absoluta prioridade. O *caput* do § 1º do mencionado artigo 227 da Constituição da República define que "..*o Estado promoverá programas de assistência integral à saúde do menor...*".

Para atender ao comando constitucional, o Estatuto da Criança e do Adolescente - ECA abarcou com veemência o princípio da máxima proteção à criança e ao adolescente, ao orientar que toda atuação estatal e privada em prol do menor deverá considerar sua condição peculiar de pessoa em desenvolvimento, abrindo Capítulo específico dentro do Título "*Dos Direitos Fundamentais*", para regular o direito à vida e à saúde das crianças e dos adolescentes (artigo 8º e ss do ECA).

Seguindo a legislação própria ao tema aqui proposto, temos que os artigos 11 e 12 do ECA assim dispõem:

> Art. 11. É assegurado **atendimento integral à saúde** da criança e do adolescente, por intermédio do **Sistema Único de Saúde**, garantido o acesso universal e igualitário às ações e serviços para promoção, proteção e recuperação da saúde.
>
> ...
>
> §2º – Incumbe ao Poder Público **fornecer gratuitamente àqueles que necessitarem os medicamentos, próteses e outros recursos relativos ao tratamento, habilitação ou reabilitação.**
>
> Art. 12 – O **Sistema** Único **de Saúde** promoverá **programas de assistência médica e odontológica** para a prevenção das enfermidades que ordinariamente afetam a população infantil e campanhas de educação sanitária para pais, educadores e alunos.

Já o artigo 98 do ECA dispõe que as medidas de proteção à criança e ao adolescente são aplicáveis sempre que houver ameaça ou violação de seus direitos.

Observa-se que a prestação de assistência à saúde à criança e ao adolescente exige toda uma estrutura adequada, que siga os preceitos constitucionais e do ECA, seja na esfera judicial ou extrajudicial, sob pena de cairmos na vala comum da judicialização dissoluta da saúde, sem se atentar para as particularidades do indivíduo em desenvolvimento físico, mental e psico-social.

Ressalte-se que em sede de Juizados Especiais não há qualquer disponibilidade de técnicos e profissionais da saúde, nem assistentes sociais que possam auxiliar na árdua tarefa do magistrado atuante nos processos judiciais de saúde ao menor.

São essenciais, ao nosso modesto entender, profissionais e aparato essencial ao deslinde da ação, além de um Ministério Público especializado em atenção ao menor, uma vez que deverá o julgador aferir, em cada caso concreto, se o medicamento ou o insumo, notadamente as próteses e os remédios psiquiátricos, serão de fato indicados àquela criança ou adolescente, individualmente e no contexto social de cada uma, e se terão os resultados esperados consoante medicina baseada em evidências, especificamente para as particularidades daquele menor já adoentado e fragilizado, vulnerável.

Importa notar que, para tanto, dever-se-á levar em conta, repito, a condição de criança e do adolescente ainda em desenvolvimento físico e psicológico, o que, com efeito, poderá ser observado com maior eficiência por uma equipe multidisciplinar, levando a crer, piamente, que a competência para as demandas propostas por menores na busca da prestação à saúde e assistência social deva tramitar perante o juízo especial da Infância e Juventude.

Ademais, acresce-se que o artigo 145 do ECA orienta a criação de varas especializadas e exclusivas da infância e juventude, cuja competência restou definida no inciso IV do artigo 148 do mesmo ECA, já que competente exatamente para conhecer de ações civis, observado o disposto no artigo 209 do ECA.

No caso de Minas Gerais, por fim, o artigo 62 da Lei Complementar 59/2001 (Lei de Organização e Divisão Judiciárias) dispõe que compete ao Juiz da Vara da Infância e da Juventude exercer as atribuições definidas na legislação especial sobre criança e adolescente.

O artigo 208, VII do ECA complementa ao dispor que "*rege-se pelas disposições desta Lei as ações de responsabilidade por ofensa aos direitos assegurados à criança e ao adolescentes, referentes ao não oferecimento ou oferta irregular*", inclusive de ações e servidos de saúde e assistência social (incisos VI e VII).

Nos termos dos argumentos anteriormente despendidos, o Juízo da Infância e Juventude figura-se como competente, para o julgamento de ações de saúde pertinente aos menores, acrescendo-se que, consoante artigo 209 do ECA, possui competência absoluta.

Nesse sentido, vide decisões consubstanciadas e atentas proferidas pelos i. Desembargadores Dra. Vanessa Verdolim e Dr. Renato Dresch, ambos do eg. TJMG, sempre comprometidos com ações relacionadas à judicialização da saúde perante o Tribunal:

EMENTA: **CONFLITO DE COMPETÊNCIA - DIREITO À SAÚDE - MENOR - COMPETENCIA DO JUÍZO DA VARA DA INFANCIA E JUVEN-**

TUDE. - A Lei nº. 8.069/1990 resguardou a possibilidade dos estados criarem varas especializadas e exclusivas da infância e da juventude, competentes para "conhecer de ações civis fundadas em interesses individuais, difusos ou coletivos afetos à criança e ao adolescente" (art. 145 c/c 148, IV). Dessa forma, em se tratando de demanda que verse sobre direito fundamental à vida e à saúde de menor impúbere, deve ser reconhecida a competência do juízo da vara especializada da **Infância** e Juventude para dirimir o feito. (TJMG, Conflito de Competência 1.0000.15.033554-5/000 0335545-02.2015.8.13.0000 (1), Des.(a) Vanessa Verdolim Hudson Andrade, **Data de Julgamento:** 14/07/2015 **Data da publicação da súmula:** 24/07/2015)

E ainda,

EMENTA: DIREITO À SAÚDE - DIREITO SOCIAL - ESGOTAMENTO DO OBJETO DA AÇÃO - NULIDADE - INOCORRÊNCIA - **TRANSTORNO DE DÉFICIT DE ATENÇÃO E HIPERATIVIDADE E TRANSTORNO**

OPOSITOR DE DESAFIO - NECESSIDADE DE MEDICAMENTOS ESPECÍFICOS - TUTELA ANTECIPADA - REQUISITOS NÃO DEMONS-

TRADOS. 1. A vedação da concessão da tutela antecipada, contida na Lei nº 8.437/92 e na Lei nº 9.494/97, deve ser excepcionada nos casos em que a não concessão da medida antecipatória importar na prejudicialidade da própria demanda. 2. A antecipação de tutela consiste na concessão imediata da pretensão deduzida pela parte na petição inicial, mas para tanto é imprescindível que haja prova inequívoca capaz de convencer da verossimilhança da alegação e, além disso, que haja fundado receio de dano irreparável ou de difícil reparação. 3. **A saúde constitui um direito social, tratando-se de direito de todos e dever do Estado que deve garantir o acesso universal e igualitário, em atenção à diretriz do atendimento integral à saúde (CF, art. 196 e 198). Em geral, deverá ser privilegiado o tratamento fornecido pelo SUS em detrimento de opção diversa escolhida pelo paciente, sempre que não for comprovada a ineficácia ou a impropriedade da política de saúde existente**. (TJMG,, Agravo de Instrumento 1.0105.14.040901-9/001, Relator(a): Des.(a) Renato Dresch, Data de Julgamento: 23/09/2015 Data da publicação da súmula: 29/09/2015)

Pedindo vênia aos respeitosos posicionamentos em contrário, diante dos inúmeros conflitos já existentes em todo país, e independentemente da discussão acerca da aplicação do impedimento previsto no artigo 8º da Lei nº 9.099/95 aos os Juizados Especiais da Fazenda Pública para ajuizamento de ação por incapaz, nos apresenta como essencial que o Tribunal de Justiça de cada Estado defina pela competência da Vara da Infância e Juventude para as ações de prestação à saúde e assistência à criança e ao adolescente.

Em Minas Gerais isso já ocorreu, confirmando o entendimento ora defendido.

O Tribunal de Justiça do Estado de Minas Gerais publicou no DJe de 29/06/2016, Edição nº: 115/2016, pp. 11/12, a RESOLUÇÃO 829/2016, que "*Dispõe sobre o estabelecimento de competência prioritária para processar e julgar ações que tenham por objeto o direito à saúde pública e à saúde suplementar em todas as Comarcas integradas por mais de uma Vara Cível, de Fazenda Pública ou da Infância e da Juventude.*"

Nos artigos 1º e 5º da mencionada Resolução 829/2016/TJMG há clara definição da competência absoluta da Vara da Infância e Juventude, "*....para os feitos que envolvam o acesso de crianças e adolescentes às ações e serviços de saúde*", a saber:

> Resolução 829/2016 - TJMG
>
> Art. 1º A competência prioritária para conhecer e processar as novas ações sobre saúde pública ou suplementar será exercida nos termos desta Resolução, **ressalvada a competência absoluta dos juízos investidos da competência das Varas da Infância e da Juventude para os feitos que envolvam o acesso de crianças e adolescentes às ações e serviços de saúde.**
>
> (...)
>
> Art. 5º A competência prioritária para conhecer e processar as novas ações que dizem respeito ao direito à saúde pública e à saúde suplementar de criança ou adolescente será exercida, **nas comarcas onde houver mais de uma vara de competência da Infância e da Juventude**, pelo Juiz da 2ª Vara, com a devida compensação, na mesma proporção, da distribuição de novos feitos que envolvam matéria distinta.

Contudo, a recentíssima Lei Complementar nº 146, de 9 de Janeiro de 2018, alterou a LC 59/2001, sobre a organização e divisão judiciárias do Estado de Minas Gerais, modificando o seu artigo 59, para definir como competente o juiz da vara da fazenda pública processar e julgar causas em que intervenham, como autor, réu, assistente ou opoente o Estado, Municípios, suas autarquias, empresas públicas e fundações. Somente ressalvou a competência dos Juizados

Especiais Cíveis e da Fazenda Pública, nada mencionando sobre o Juízo especial da Infância e Juventude, as pessoas jurídicas mencionadas figurarão como partes para as demandas previstas pelo ECA.

Entretanto, na mesma linha de raciocínio, à luz da Constituição da República de 1988, a Lei Complementar não poderia ignorar a competência especializada das Varas da Infância e da Juventude, por se tratar de criança e adolescente em desenvolvimento e submetida a situação de risco à sua saúde, por exemplo.

E, por certo, não o fez. Isto, pois a alteração legislativa mencionada em nada modificou o teor do artigo 62 da mesma LC 59/2001, que dispôs competir ao juízo da infância e da juventude exercer as atribuições definidas no ECA.

Diante de tais considerações, forçoso concluir, com razão, que o juízo competente para causas que envolvam o acesso de crianças e adolescentes às ações e serviços de saúde será o da Justiça da Infância e da Juventude, haja vista o interesse do juízo em resguardar um julgamento justo ao menor.

D - Capacidade processual do preso nos Juizados Especiais

A Lei nº 9.099/95, da mesma forma que não admite ajuizamento de ação por incapaz ao restringir a propositura de ações somente às pessoas naturais capazes, veda ainda expressamente em seu artigo 8º a presença de preso como parte nos Juizados Especiais Cíveis, seja como autor ou réu.

Da mesma maneira como aconteceu com o incapaz, a Lei nº 12.153/09 não impediu expressamente em seu texto o preso como parte nos Juizados Especiais da Fazenda Pública, surgindo a indagação no sentido de se poder ou não figurar como parte nos feitos do juízo sumaríssimo fazendário.

Quanto ao incapaz, a solução mais plausível, para os adeptos da possibilidade de ser autora no Juizado Especial da Fazenda Pública, é a de que a ausência do adjetivo capaz, na da redação do artigo 5º, I da Lei nº 12.153/2009 não restringiu o incapaz, ao contrário do que fora vedado expressamente na Lei nº 9.099/95. Tem-se que a limitação ao incapaz contida no *caput* do artigo 8º da Lei nº 9.099/95 não estaria em harmonia com a especialidade da Lei do Juizado Especial fazendário, que constou como possível apenas a pessoa natural, sem restringir, propositadamente para esta corrente, se capaz ou incapaz.

No tocante ao preso, com efeito, trata-se de pessoa natural capaz, em que pese tenha sido expressamente vedado para os Juizados Especiais Cíveis (artigo 8º, *caput* da Lei nº 9.099/95).

Importante saber, então, se o preso pode ser parte nos Juizados Especiais da Fazenda Pública, diante da ausência de normatização na Lei nº 12.153/2009.

Na ausência de previsão na Lei nº 12.153/2009, buscar-se-ão, primeiramente, as regras gerais da Lei nº 9.099/95, desde que compatíveis entre si.

Na hipótese, a nosso modesto entender, a vedação de o preso ser parte nos Juizados Especiais pode perfeitamente ser estendida aos Juizados Especiais da Fazenda Pública. A restrição legal prevista no *caput* do artigo 8º da Lei nº 9.099/95 não entra em confronto com nenhuma outra regra expressa na Lei nº 12.153/2009, que restou silente absolutamente a respeito do preso, ao contrário do que ocorreu com a incapacidade das pessoas naturais com autoras, permitida aos Juizados da Fazenda Pública estaduais. Apresentou-se esta última possibilidade como uma exceção evidente, diante da ausência propositada da restrição ao capaz e similitude da redação do artigo 5º, I da Lei nº 12.153/2009 com a Lei dos Juizados da Fazenda Pública Federal, em larga coerência no tocante ao processo sumaríssimo em face das Fazendas Públicas.

Há pouquíssima manifestação a respeito do tema pelos doutrinadores, dentre os quais destaca-se a opinião de Oscar Valente Cardoso, que entende pela capacidade de o preso de ser parte no Juizados Especiais da Fazenda Pública [10].Conquanto a fundamentação acerca da possibilidade de ajuizamento de ação por incapaz em sede dos Juizados Especiais da Fazenda Pública também possa, para alguns juristas, ser utilizada para a viabilidade ao preso, já que a Lei nº 12.153/09 não vedou expressamente, não se vê como plausível o vínculo direto estabelecido para as duas regras, e ainda não há posicionamento do Superior Tribunal de Justiça a respeito do assunto.

Em que pese a posição do mencionado autor Oscar Valente Cardoso, que traça uma interpretação estritamente linear com aquela conferida ao incapaz, no sentido de que, na ausência de vedação legal expressa pela Lei nº

---

10 *CARDOSO, Oscar Valente. Juizados Especiais da Fazenda Pública: comentários à Lei 12.153/2009. São Paulo: Dialética, 2010, p. 91 e 92.*

12.153/2009[11], seriam admitidos também os presos como partes, assim como os incapazes, tem-se, com a respeitosa vênia, seja possível um entendimento cindível para as duas hipóteses.

Há para as pessoas naturais, capazes e incapazes, exceções quanto a capacidade processual nos Juizados Especiais. Como exemplo, as ações pretendendo a assistência à saúde às crianças e adolescentes (Vide 3.4.3 – C.1) e, agora, ao preso.

Na mesma baliza excepcional de aplicabilidade da regra compatível, primando-se por princípios constitucionais da razoabilidade, proporcionalidade, e pela busca da mais adequada prestação jurisdicional, com a correta aplicabilidade do processo em benefício de todas as partes, diante de um processo civil cooperativo entre todos os figurantes processuais, forçoso concluir não seja indicado que o preso seja parte nos Juizados Especiais da Fazenda Pública.

Posiciona-se Alexandre Freitas Câmara[12], de maneira prática e adequada, ao defender que a exclusão do preso nos Juizados Especiais é justificada por dificuldades ínsitas ao rito sumaríssimo, dentre elas a de comparecer à audiência, o que deve ser considerado para os Juizados da Fazenda Pública:

> "Em segundo lugar, **não podem ser partes, nem no polo ativo nem no polo passivo da demanda, os presos.** Pouco importa a razão ou a natureza da prisão. Aquele que está preso simplesmente não pode ser parte nos Juizados Especiais Cíveis. Também aqui não é difícil entender as razões da proibição. **No processo que tramita perante um Juizado Especial Cível a presença pessoal da parte nas audiências é obrigatória. Ora, sendo assim, nos processos em que uma das partes estivesse presa, seria preciso permitir que a mesma fosse levada ao Juizado Especial Cível, a fim de participar da audiência. Ora, isso implicaria a necessidade de criação de um esquema de segurança que não se justifica, máxime para causa de pequeno valor ou de pequena complexidade.** Sendo assim, os presos não podem participar dos processos regidos pelos Estatuto dos Juizados Especiais Cíveis. (CÂMARA, 2008, p. 56)

Inviável, ainda, a propositura da ação fazendária pelo preso por via de Atermação. Deixará ele de acompanhar pessoalmente o seu processo e de apresentar ao juízo peças, provas e petições próprias, causando dificuldades

---

11 *CARDOSO, Oscar Valente. Juizados Especiais da Fazenda Pública: comentários à Lei*

12 CÂMARA, Alexandre Freitas. *Juizados Especiais Civeis Estaduais e Federais: uma abordagem crítica.* 4ª ed. Rio de Janeiro: Lumen Juris, 2008, p.56.

de cumprimentos de diligências, comparecimentos pessoais, realização de acordos, primados pelo sistema dos juizados especiais, exigindo-se, inclusive, escolta armada para transporte. Ademais, há uma interação mais dificultosa entre a parte presa e seu advogado, prejudicando o atendimento aos comandos judiciais proferidos com a presteza e efetividade que se espera para as demandas do rito especial, já que não se conferem prazos diferenciados a nenhuma das partes, nem mesmo à Fazenda Pública.

Assim, em decorrência das diversas implicações que demandariam a litigância pelo preso, não tem sido aceita a presença do recluso como parte perante os Juizados Especiais da Fazenda Pública, para muitos magistrados, sendo este também o entendimento das autoras, que consideram que posicionamento diverso prejudicaria a prestação jurisdicional célere e eficaz, tornando-a ainda mais morosa, dispendiosa e de difícil solução prática.

Relativamente à figura do preso no polo passivo, destaca-se que o entendimento também deve ser pela impossibilidade, seja por não se incluir no rol taxativo previsto no artigo 5º, II, da Lei nº 12.153/09, seja pelos entraves processuais que culminariam em infringência aos princípios da simplicidade, oralidade e especialmente ao da celeridade que regem o sistema dos Juizados Especiais.

Destaque-se que, ainda que haja litisconsórcio passivo necessário do preso com quaisquer das pessoas descritas no artigo 5º, II, da Lei nº 12.153/09, a ação também não poderia prosseguir nos Juizados Especiais da Fazenda Pública em função de entraves processuais como o deslocamento, escolta, dentre outros acima mencionados e a necessidade de nomeação de curador especial prevista no artigo 8º, II do CPC/73, ressaltando-se que a referida condição não foi mantida pelo CPC que exige a curadoria especial apenas em caso de preso revel. Dificuldades esses que violariam os princípios básicos e norteadores dos Juizados Especiais, conforme dito anteriormente.

Importante relembrar que não há posicionamento definido nos tribunais estaduais, tampouco houve manifestação do Superior Tribunal de Justiça a respeito do tema.

E - Pessoas jurídicas nos Juizados Especiais da Fazenda Pública: Microempresário individual, M.E. e E.P.P

As pessoas jurídicas foram autorizadas a figurarem como partes, autoras ou rés, perante os Juizados Especiais, com ressalvas.

Conforme § 1 º do Artigo 8º da Lei nº 9.099/95, "*são admitidas a propor ação perante o Juizado Especial*" os empresários individuais microempresários, as microempresas, as empresas de pequeno porte, além das Organizaçoes da Sociedade Civil de Interesse Público, as sociedades de crédito ao microempreendedor (incisos II, III e IV). Como rés, serão aceitas todas as pessoas, físicas e jurídicas, que tenham sido excluídas no *caput* do artigo 8º da Lei nº 9.099/95, o que inclui, inclusive, sociedades de economia mista, desde que privadas, perante os Juizados Cíveis.

A Lei nº 12.126/2009, ao alterar o § 1º do artigo 8º da Lei nº 9.099/95, em vigor na data de sua publicação (17.12.2009), inseriu como legitimados ativos com capacidade processual perante os Juizados Cíveis a OSCIP e as sociedades de crédito ao microempreendedor, deixou de inserir no rol expressamente as empresas de pequeno porte – EPP.

Passou-se então a se discutir, durante certo período, se as EPP´s poderiam ser autoras perante os Juizados Especiais Cíveis.

Os magistrados mineiros entenderam ter havido um equívoco, notadamente porque a Lei Complementar 126 manteve a previsão das EPPs para os Juizados Cíveis.

Nos Juizados Especiais da Fazenda Pública nem houve questionamento a respeito da possibilidade ou não de EPPs como autoras. Isto, pois dias depois da publicação da Lei nº 12.126/2009, em 22 de Dezembro de 2009 foi editada a Lei dos Juizados Especiais da Fazenda Pública (Lei nº 12.153/2009), que previu as EPPs com capacidade processual nos rito sumaríssimo fazendário.

Editou-se, assim, o Enunciado 12 do ENJESP/TJMG:

> ENUNCIADO 12 ENJESP/TJMG- As empresas de pequeno porte continuam autorizadas a propor ações no Sistema dos Juizados Especiais, mesmo após a vigência da Lei Federal nº 12.126, de 16 de dezembro de 2009. (III ENJESP - 2010)

Poucos anos após houve nova alteração do § 1º do artigo 8º da Lei nº 9.099/95, através da Lei Complementar 147/2014, que reinseriu as empresas de pequeno porte no rol de legitimados ativos perante os Juizados Cíveis, especificando o inciso I que: *"as pessoas enquadradas como microempreendedores individuais, micro-empresas e empresas de pequeno porte na forma da Lei Complementar nº 123, de 14 de dezembro de 2006;*

Nos Juizados Especiais da Fazenda Pública, há restrições às previsões da Lei nº 9.099/95.

No rol do artigo 5º da Lei nº 12.153/2009, somente há permissão de ser parte autora perante o juízo fazendário sumaríssimo as pessoas naturais, as microempresas e as empresas de pequeno porte, estas últimas definidas pela LC 123/2006. Não permitiu que a OSCIP e a sociedade de crédito ao microempreendedor seja parte ativa (vide item E.1 deste Capítulo a seguir).

O inciso II do mencionado artigo 5º delimitou que apenas as pessoas jurídicas de direito público Estado, Distrito Federal, Territórios e Municípios, bem como suas autarquias, fundações e empresas públicas sejam rés nos Juizados Especiais da Fazenda Pública. Ressalvam-se hipóteses de litisconsórcio passivo necessário (Vide Capítulo 3.4.5 – B.2).

A pessoa jurídica poderá ser representada por preposto, cabendo-lhe apresentar pedido contraposto na contestação, como será visto nos Capítulos adiante.

Importante colacionar, aqui, o seguinte Enunciados 146 do FONAJE:

> ENUNCIADO 146 – FONAJE – A pessoa jurídica que exerça atividade de factoring e de gestão de créditos e ativos financeiros, excetuando as entidades descritas no art. 8º, § 1º, inciso IV, da Lei nº 9.099/95, não será admitida a propor ação perante o Sistema dos Juizados Especiais (art. 3º, § 4º, VIII, da Lei Complementar nº 123, de 14 de dezembro de 2006) (XXIX Encontro – Bonito/MS).

E.1 - Capacidade processual ativa da OSCIP e da Sociedade de Crédito ao Microempreendedor perante os Juizados Especiais da Fazenda Pública

A Lei nº 12.126/2009 inseriu no rol de capacitados processuais nos Juizados Especiais Cíveis do § 1º do artigo 8º da Lei nº 9.099/95, as Organizações da Sociedade Civil de Interesse Público - OSCIP e às Sociedades de Crédito ao Microempreendedor – SCM, artigo este que anteriormente apenas previa como legitimados ativos pessoas jurídicas as microempresas - ME e as empresas de pequeno porte - EPP.

A OSCIP foi regulamentada pela Lei nº 9.790 de 23.03.1999. Decorre de um título fornecido pelo Ministério da Justiça a determinada organização civil, com a finalidade de facilitar parcerias e convênios com todos os níveis de governo e órgãos públicos.

Já as Sociedades de Crédito ao Microemprendedor são regidas pela Lei nº 10.194, de 14.02.2001, dependem de autorização do Banco Central e têm por objeto a concessão de financiamentos a pessoas naturais, microempresas e empresas de pequeno porte, equiparando-se às instituições financeiras.

A OSCIP e as Sociedades de Crédito ao Microempreendedor foram incluídas no artigo 8º, §1º, da Lei nº 9.099/95 como partes que poderão ajuizar ações em sede dos Juizados Especiais Cíveis.

A Lei nº 12.153/09, norma posterior no tempo e especial em relação à Lei nº 9.099/95, apresentou em seu artigo 5º rol taxativo para legitimados ativos e passivos possíveis perante os Juizados Especiais, nele não se inserido as mencionadas entidades.

Não será possível, portanto, em nosso entendimento, que a OSCIP ou as Sociedades de Crédito ao Microempreendedor sejam partes autoras ou rés nos Juizados Especiais da Fazenda Pública.

E.2 - Sociedade de Economia Mista como parte ré nos Juizados Especiais Cíveis e da Fazenda Pública

Conforme estudos apresentados no item E do Capítulo 3.4.3 acima, as Sociedades de Economia Mista não poderão ser partes autoras no sistema dos Juizados Especiais, por não se enquadrarem, em sua maioria maciça, aos requisitos das microempresas e empresas de pequeno porte, estas sim, admitidas a proporem ações perante ambos os Juizados Especiais, Cíveis (§ 1º do artigo 8º da Lei nº 9.099/95) e da Fazenda Pública (artigo 5º, I da Lei nº 12.153/2009).

Cediço, ainda, que perante os Juizados Especiais Cíveis são legitimados passíveis de serem rés, uma vez que o caput do artigo 8º da Lei nº 9.099/95, que excluiu quais os legitimados não teriam capacidade processual nem ativa nem passiva nos Juizados Cíveis, não inserindo, dentre eles, as sociedades de economia mista - S.E.M.

Assim, poderão figurar com rés perante os Juizados Especiais Cíveis, por exemplo, o Banco do Brasil S.A. , a CEMIG e a COPASA, em Minas Gerais, dentre outras pessoas jurídicas privadas, classificadas como S.E.M.

Nos Juizados Especiais da Fazenda Pública há, contudo, previsão diferenciada para os legitimados com capacidade processual passiva. Não houve artigo apresentando rol de excluídos, mas sim, positivou-se no inciso II do artigo 5º da Lei nº 12.153/2009 quais pessoas jurídicas poderiam figurar positivamente como réus nos Juizados fazendários. Abrangeu-se apenas as de direito público, excluídas dos Juizados Cíveis expressamente pelo *caput* do artigo 8º da Lei nº 9.099/95, não prevendo a Lei dos Juizados Especiais da Fazenda Pública, portanto, possam as sociedades de economia mista neles figurarem como rés.

Durante a instalação e implantação dos Juizados Especiais da Fazenda Pública, ainda relacionado ao assunto sobre o rol taxativo do artigo 5º, II, da Lei nº 12.153/09, este tema trouxe, e ainda tem trazido, muita discussão, ocasionando vários declínios de competência e suscitação de conflitos.

Os entendimentos em todo país divergem.

A primeira tese, minoritária, mas forte, aceita a sociedade de economia mista no pólo passivo da lide perante os Juizados Especiais da Fazenda Pública. Posicionam-se assim em virtude da natureza da sociedade de economia mista, eis que compõe a Administração Pública Indireta, além do silêncio da Lei nº 12.153/09, quando não vedou legitimados passivos. Ou seja, embora tenha o artigo 5º, II tenha elencado, um por um, dos legitimados com capacidade processual passiva perante os Juizados fazendários, por não vedar expressamente as sociedades de economia mista, poderiam ser elas partes passivas nos feitos, já que possuem, indiretamente, relação com o direito público.

Foi proferido acórdão no TJMG, em Agravo de Instrumento interposto após o declínio de competência para os Juizados Especiais da Fazenda Pública, de ação proposta contra sociedade de economia mista BHTRANS, que discutia regularidade de multa e outras penalidades administrativas de trânsito, confirmando a competência do referido Juizado Fazendário para o julgamento da lide:

> EMENTA: AGRAVO INTERNO - AGRAVO DE INSTRUMENTO - DECISÃO MONOCRÁTICA QUE DECLINOU COMPETÊNCIA PARA JUIZADO FAZENDA PÚBLICA - MULTAS - TRÂNSITO - BHTRANS - POSSIBILIDADE. - Resume-se o recurso do recorrente a alegar que a BHTRANS, sociedade de economia mista, não pode ser parte no Juizado Especial da Fazenda Pública, contudo, entendo não merecer guarida a irresignação do agravante. - O decisum objurgado está satisfatoriamente fundamentado no convencimento desta Relatora e em consonância com a jurisprudência deste Eg. TJMG, que entende ser o Juizado Especial da Fazenda Pública o órgão competente para julgamento de causas relativas a multas e outras penalidades decorrentes de infrações de trânsito. - Negado provimento ao recurso.
> (TJMG. Processo nº 1.0024.14.088356-2/002. Relator Des. Heloísa Combat. Julgado em 22.01.2015. Publicado em 23.01.2015)

A fim de dirimir as divergências no tocante ao cabimento ou não da sociedade de economia mista no polo passivo dos Juizados Especiais da Fazenda Pública, está tramitando na Câmara de Deputados o Projeto Lei nº 2.899/2011[13], que altera o artigo 5º, II da Lei nº 12.153, para nele acrescentar as mencionadas pessoas jurídicas de direito privado, S.E.M., componentes da Administração Pública Indireta.

A existência do projeto de lei mencionado pretende colocar "pá de cal" na tese contrária, no sentido de que as ações propostas contra as sociedades de economia mista não podem ser, em regra, ajuizadas nos Juizados Especiais da Fazenda Pública, já que não integram o rol disposto no artigo 5º, II, da Lei nº 12.153/09, tese esta defendida neste manual.

Ressalvam-se, por evidente, as causas em que houver litisconsórcio passivo unitário ou necessário entre a sociedade de economia mista e o ente público, suas autarquias, fundações e empresas públicas com capacidade processual passiva, o que, com efeito, atrai para o julgamento conjunto em face de ambos pelo magistrado dos Juizados Especiais da Fazenda Pública, melhor explorado adiante (Vide Capítulo 3.4.5 – B.2).

---

13 A íntegra do Projeto de Lei 2899/2011, consta do Anexo II deste trabalho.
- Para acompanhar a tramitação do Projeto Lei 2899/2011, basta acessar o site: http://www.camara.gov.br/proposicoesWeb/fichadetramitacao?idProposicao=530644

Neste sentido, as Turmas Recursais do Distrito Federal e TJDF vêm decidindo, como se depreende da transcrição contida no voto proferido pela Ministra Carmem Lúcia, em RE 729.129/DF, publicado em 19.04.2013[14]:

> "CONFLITO DE COMPETÊNCIA. SUSCITANTE. JUÍZO DE DIREITO DO 2° JUIZADO ESPECIAL DA FAZENDA
>
> PÚBLICA DO DF. SUSCITADO. JUÍZO DE DIREITO DA 3ª VARA DA FAZENDA PÚBLICA DO DF. BANCO DE BRASÍLIA S/A - BRB. SOCIEDADE
>
> DE ECONOMIA MISTA. LEI N°12.153/09. CONFLITO JULGADO PROCEDENTE. 1. O Banco de Brasília S/A- BRB qualifica-se como sociedade de economia mista, componente da Administração Indireta do DF. 2. As causas com valor inferior a 60 (sessenta) salários mínimos propostas em desfavor de sociedade de economia mista integrante da Administração Pública Indireta do Distrito Federal não se enquadram no âmbito da competência do Juizado Especial Fazendário, remanescendo, portanto, na alçada do juízo fazendário comum, como disposto no art. 26-1, da Lei 11.697/2008 (Lei de Organização Judiciária do Distrito Federal e dos Territórios) na parte não derrogada pelo art. 5°, 11, da Lei n°12.153/09. 3. Conflito conhecido para declarar a competência do juízo suscitado. Os embargos de declaração opostos pela Agravante foram rejeitados". (Decisão proferida no processo de origem 20120020034554)

Todavia, deve-se observar que a manutenção do primeiro entendimento atrairia indevidamente para competência dos Juizados Especiais da Fazenda Pública, independentemente de litisconsórcio necessário, todas as ações ajuizadas contra instituições que atuam em regra na esfera privada e até mesmo de relações de consumo, como o Banco do Brasil, cujas ações há anos tramitam perante os Juizados Especiais da Fazenda Pública, assim como todas as lides em que no polo passivo tiverem empresas com a mesma natureza jurídica privada, o que, por certo, não é o sentido buscado pela Lei nº 12.153/2009.

Destaca-se a lição trazida pelo juiz e doutrinador Ricardo Cunha Chimenti[15], sobre a competência dos Juizados Cíveis:

> As sociedades de economia mista (da União, dos Estados, do DF e dos Municípios), as concessionárias e as permissionárias de serviços públicos continuam sob a esfera dos Juizados comuns (por opção do autor) quando

---

14 http://www.stf.jus.br/portal/processo/verProcessoAndamento.asp?incidente=4350067

15 CHIMENTI, Ricardo Cunha. *Juizados Especiais da Fazenda Pública - Comentada artigo por artigo.* São Paulo: Saraiva, p 69.

no polo passivo das demandas, desde que o autor não tenha optado pela Justiça Comum.

F - Capacidade processual das pessoas judiciárias, sem personalidade jurídica

F.1 - Breve introdução

Quando do surgimento da Lei nº 12.153/2009, várias indagações brotaram no tocante à competência em razão da pessoa, notadamente quanto àquelas pessoas judiciárias, que, embora despersonalizadas, poderiam ser partes nas ações judiciais, tais como o condomínio e o espólio.

Relativamente às mencionadas pessoas judiciárias, muito alvoroço ocorreu desde os idos da implantação dos Juizados Especiais Cíveis, pela Lei nº 9.099, de 1995.

Relembre-se que o artigo 8º da Lei nº 9.099/95 definiu quem poderia ser parte autora nos Juizados Cíveis, identificando-se as pessoas naturais capazes e jurídicas (microempresas e empresas de pequeno porte e mais atualmente a OSCIP e as sociedades de crédito como postulantes). Como réus, o caput do artigo 8º da Lei nº 9.099/95 excluiu expressamente quem não poderia figurar como autores ou réus (ex. o incapaz, o preso, a massa falida, o insolvente civil e as pessoas jurídicas de direito público), cabendo, ao menos em tese, aos demais não excluídos a capacidade processual passiva.

A lei especial de regras gerais para o sistema dos Juizados Especiais (Lei nº 9.099/95) não legislou sobre os entes despersonalizados. Como não se enquadram eles nem como pessoas naturais, nem jurídicas previstas nas leis, surgiram três correntes sobre a possibilidade de tais legitimados figurarem como autores ou réus perante os Juizados Cíveis:

Para a primeira corrente, há a possibilidade de o ente despersonalizado ser parte autora e ré nos Juizados Cíveis, por absoluta omissão da lei, devendo os Juizados especiais abranger todos os interessados em causa de menor complexidade. Outros, ao revés, entendem que as pessoas judiciárias não poderão ser partes perante os Juizados Especiais de quaisquer naturezas, não abarcadas pelas leis especiais de regência intencionalmente, porque incompatíveis com os critérios da celeridade, simplicidade, informalidade e demais regras do procedimento sumaríssimo. Já uma terceira corrente, atualmente majoritária, surgiu no sentido de que a omissão legislativa somente pode viabilizar a capacidade passiva do ente despersonalizado nos Juizados Cíveis, eis que não excluído expressamente pelo *caput* do artigo 8º da Lei nº 9.099/95, restando vedado como parte ativa, já que não inserido no rol de possibilidades previsto no § 1º do mesmo artigo.

As demais leis componentes deste microssistema de procedimento sumaríssimo (Lei nº 10.259/2001 e Lei nº 12.153/2009), mesmo posteriores à Lei nº 9.099/95, nada dispuseram acerca da capacidade processual daqueles interessados, que podem ser partes em processos judiciais (pessoas judiciárias), mas não possuem personalidade jurídica, não sendo, ainda, pessoas naturais.

Das dúvidas erigidas desde a Lei nº 9.099/95 sobre o tema, a Lei dos Juizados Especiais da Fazenda Pública (Lei nº 12.153/2009), que é posterior, as enfrentou em parte. Apresentou rol taxativo de legitimados ativos e passivos que poderão ser partes no Juizado fazendário, permanecendo, entretanto, questionamentos no que se refere às pessoas judiciárias.

Nesse ponto, houve uma forte divergência doutrinária e jurisprudencial.

A primeira corrente, similar àquela acima mencionada para os Juizados Cíveis, defende que sim, seria possível que as referidas pessoas judiciárias pudessem figurar como partes autoras ou rés nos feitos perante os Juizados Especiais fazendários, uma vez que não há vedação expressa.

Já a corrente contrária sustenta, a nosso modesto entender mais adequadamente, pela impossibilidade absoluta de o ente despersonalizado ser parte autora ou ré nos Juizados fazendários. É que o artigo 5º, incisos I e II da Lei nº 12.153/2009 informaram claramente quais pessoas poderiam propor as ações ou ser partes rés nos Juizados Especiais da Fazenda Pública estaduais, apresentando rol taxativo (vide Capítulo 3.4.3 – A). Ou seja, somente poderão ser partes no procedimento sumaríssimo da fazenda pública as pessoas naturais e as pessoas jurídicas de direito privado microempresas e empresas de pequeno porte, além das pessoas jurídicas de direito público Estado, DF, Municípios, suas autarquias, fundações e empresas públicas. Os entes fictícios não são enquadrados como nenhuma delas.

Por outro lado, cabe aqui uma reflexão particular, considerando-se o longínquo período de contato prático perante o sistema dos Juizados Especiais.

A análise da pertinência da aceitabilidade de entes despersonalizados, como o condomínio, o espólio e a massa falida, como partes perante os Juizados Especiais da Fazenda Pública deverá se dar, além das ponderações sobre vedações ou permissões de capacidade processual, também com fulcro na conjuntura de razoabilidade e máxima efetividade do processo, buscando-se sempre os fins das leis especiais e função social que o sistema dos Juizados visa resguardar (artigo 5º da Lei nº 9.099/95), sem prejuízo da celeridade e demais critérios ínsitos ao procedimento sumaríssimo, previsto constitucionalmente para reger os Juizados Especiais (artigo 98, I CRFB/88).

No tocante à perseguida interpretação harmônica do sistema dos Juizados Especiais, com influência no Juizados Especiais da Fazenda Pública, defende-se que as pessoas judiciárias dificultam o processamento e o julgamento das demandas, notadamente o condomínio, o espólio e a massa falida.

De uma interpretação integrada e teleológica, tem-se que a conduta omissiva do legislador no tocante ao condomínio e ao espólio, que se repetiu na Lei nº 9.099/95, que se repetiu na Lei nº 12.153/2009, apesar de diversas discussões durante anos sem qualquer alteração legislativa a respeito do ente despersonalizado, nos leva à conclusão de que o legislador não o quis trazer para o sistema dos Juizados Especiais Cíveis ou da Fazenda Pública, exatamente em face das peculiaridades que apresentam em sua constituição e minudências no tocante aos seus bens, direitos e interessados envolvidos, os quais poderão, com efeito, apresentar divergências, com litígios entre os representados.

Pondera-se, outrossim, seja incabível a intervenção de terceiros se algum dos interessados, sucessores ou condôminos discordar da conduta do representante, inventariante ou síndico nesta esfera de juízo sumaríssimo (artigo 10 da Lei nº 9.099/95), a elidir indevidamente seu direito de defesa.

É ainda pertinente sempre o patrocínio da causa por advogado face às inúmeras questões técnico-jurídicas que poderão surgir envolvendo estas pessoas judiciárias, incutindo dificuldades ao cidadão postulante, mesmo em causas abaixo de 20 salários mínimos, no tocante a documentações, provas, teses jurídicas processuais e de direito material envolvidas nas lides. Todavia, admitida como possível parte perante os Juizados Especiais, não poderá ser exigido do espólio ou condomínio, por exemplo, a assistência obrigatória de advogado.

Passa-se, então, a pontuar questões atintes às pessoas judiciárias ora mencionadas, em sede de Juizados Especiais (condomínio, espólio e massa falida).

F.2 - Condomínio

Ainda hoje, em sede de Juizados Especiais Cíveis há divergências de posicionamentos, pois alguns magistrados aceitam o condomínio como parte ativa e passiva, outros apenas como parte passiva e outros, ainda, não as aceitam em nenhum dos pólos da ação (vide item F.1 acima).

A respeito, foi emitido o seguinte Enunciado do FONAJE:

> "ENUNCIADO 9 FONAJE – O condomínio residencial poderá propor ação no Juizado Especial, nas hipóteses do art. 275, inciso II, item b, do Código de Processo Civil."

Os adeptos da tese inserida neste Enunciado 09 argumenta-se que, como o artigo 3º, II da Lei nº 9.099/95 prevê a competência para causas cíveis, consideradas aquelas *"... enumeradas no art. 275, inciso II, do Código de Processo Civil"*, não haveria como afastar a competência dos Juizados Cíveis para a cobrança, pelo condomínio, de valores devidos por seus condôminos.

Apenas a título de esclarecimentos, as causas elencadas para procedimento sumário no artigo 275 do antigo Código de Processo Civil de 1.973 permanecem vigentes até a edição de lei específica a abarca-las, conforme determinou o artigo 1.063 do CPC/2015.

Prosseguindo, outros juízes, a nosso ver de maneira mais acertada, fazem uma interpretação integrada das leis envolvidas no tema, compreendendo que as causas enumeradas no artigo 275, II do CPC/73 somente serão processadas perante os Juizados Especiais se compatíveis com as demais normas cogentes previstas na própria Lei nº 9.099/95 e nas dos demais Juizados especializados (Fazenda Pública federal e estadual).

Ou seja, como as Leis nº 9.099/95 (art. 8º, § 1º, I), nº 10.259/2001 (art. 6º, I) e nº 12.153/2009 (art. 5º, I) são explícitas ao permitirem apenas a pessoa física ou jurídica ME e EPP (além de OSCIP e SCM para Juizados Cíveis) como parte ativa, não haveria motivos para se aceitar o condomínio como autor nos feitos do sistema sumaríssimo, cabendo a aplicação do inciso II do artigo 275 do CPC/73 apenas para as demais causas nele citadas, fora aquelas referentes ás cobranças de dívidas pelos condomínios, que estariam, portanto, excluídas por incompatibilidade entre a norma processual geral e a específica, em prestígio ao princípio da especialidade.

Assim, esta corrente, adotada em sua maioria e pela coautora magistrada, não aceita o condomínio como parte autora nos feitos em trâmite nos Juizados Especiais Cíveis e da Fazenda Pública.

A rejeição deste ente despersonalizado nos processos perante os Juizados Especiais da Fazenda Pública foi estendida ao polo passivo, porque não está também o condomínio inserido no rol taxativo do artigo 5º, inciso II da Lei nº 12.153/2009, não sendo o réu ente público, suas autarquias, fundações ou empresas públicas.

O condomínio, nos moldes das razões acima expostas, não poderá ser parte nos Juizados Especiais da Fazenda Pública, seja como autores ou como réus, ressalvadas, no último caso, eventual litisconsórcio passivo necessário ou unitário do condomínio com os legitimados com capacidade processual passiva

O retrato da divergência jurisprudencial apontada está no julgado do TJDFT abaixo transcrito, que lançou informativo em seu sítio eletrônico, posicionando-se pela impossibilidade de o condomínio figurar como autor os Juizados Especiais da Fazenda Pública:[16]

> CONDOMÍNIO – COMPETÊNCIA DO JUIZADO FAZENDÁRIO
>
> Ao apreciar conflito negativo de competência provocado por Juizado Especial da Fazenda Pública em face de Vara da Fazenda Pública, cujo objeto era o julgamento de ação movida por condomínio edilício em desfavor da CAESB, a Câmara declarou competente o juízo suscitado. Segundo a Relatoria, o Juízo suscitante defende que o condomínio não se insere no rol taxativo do art. 5º da Lei 12.153/2009, por seu turno, o Juízo Fazendário entendeu que a Lei, ao dispor sobre os Juizados Especiais da Fazenda Pública, definiu sua competência absoluta limitada ao valor da causa. Nesse contexto, o Julgador lembrou que somente serão admitidas a propor ação perante o Juizado Especial da Fazenda Pública as pessoas físicas, microempresas e empresas de pequeno porte (art. 5º, inciso I, da Lei 12.153/2009). Com efeito, o Desembargador explicou que **o condomínio, apesar de possuir capacidade postulatória ativa e passiva, não tem personalidade jurídica e, por isso, não pode figurar no polo ativo das demandas dos**

16 http://www.tjdft.jus.br/institucional/jurisprudencia/informativos/2013/informativo-dejurisprudencia-no-253/condominio-2013-competencia-do-juizado-fazendario

> **Juizados Especiais. Para os Magistrados, trata-se de regra de competência funcional, em que é vedada a interpretação ampliativa do alcance da norma. Dessa forma, a despeito de o valor da causa ser inferior a sessenta salários-mínimos, o Colegiado declarou a competência da Vara de Fazenda Pública para processar e julgar a ação ajuizada pelo condomínio** (TJDF; Acórdão n.649038, 20120020264194CCP, Relator: TEÓFILO CAETANO, 1ª Câmara Cível, Data de Julgamento: 21/01/2013, Publicado no DJE: 30/01/2013. Pág.: 198.) grifo nosso

Não obstante, a vigência do CPC/2015 vem reacendendo a discussão, até mesmo dentre aqueles que antes eram firmes em não aceitar o condomínio como autor nos feitos em sede de Juizados Especiais, eis que o seu artigo 1.063, localizado no "*Livro Complementar – Disposições Finais e Transitórias*", assim dispôs:

> CPC/2015
>
> Art.1.063 – Até a edição de lei específica, **os juizados especiais cíveis previstos na Lei 9099, de 26 de setembro de 1995, continuam competentes** para processamento e julgamento das causas previstas no art. 275, inciso II da Lei 5.869, de 11 de janeiro de 1973.

Há um novo entendimento no sentido de que o artigo 1.063 do CPC/2015 veio confirmar que os Juizados Especiais Cíveis sempre foram competentes para as ações em que o condomínio figure como demandante, eis que estão inseridos no artigo 275, II, *b* do CPC/1973, referente às causas, de qualquer valor "..*para a cobrança ao condômino de quaisquer quantias devidas ao condomínio*".

Entretanto, a posição acima colocada, de interpretação teleológica e integrada entre os artigos e a lei, se apresenta como mais adequada, em nada sendo modificada com o artigo 1.063 do CPC/2015.

Os artigos que conformam o sistema dos Juizados Especiais, a nosso entender, deverão estar em plena harmonia, razão pela qual as causas do artigo 275, II poderão sim tramitar perante os Juizados Especiais Cíveis, desde que respeitem as demais regras previstas, dentre elas, tratar-se a parte autora apenas de pessoa natural, microempresa ou empresa de pequeno porte, dentre outras expressamente previstas nas leis de regência nº 9.099/95 e 12.153/2009.

Ressalte-se que o artigo 1.063 do CPC/2015 não mencionou especificamente o condomínio, razão pela qual a interpretação anterior permanece, de modo a se aceitar as ações previstas em todas as alíneas do antigo inciso II do artigo 275 do CPC/73, ressalvadas aquelas em evidente confronto com as demais regras especiais da Lei 9.099/95, tais como a ausência de inserção do condomínio no rol de legitimados ativos capazes de proporem ações perante os Juizados Especiais.

A divergência ainda latente entre os posicionamentos sobre o cabimento do condomínio como autor nos Juizados Especiais Cíveis está estampada no texto do Enunciado nº 111 do FONAJE, que assim dispôs:

> ENUNCIADO 111 - O condomínio, **se admitido como autor**, deve ser representado em audiência pelo síndico, ressalvado o disposto no § 2º do art. 1.348 do Código Civil (nova redação - XXI Encontro - Vitória/ES).

Há, frise-se, incompatibilidades envolvendo as causas de cobranças condominiais, já que envolvem interesse da coletividade dos condôminos, que poderão discordar entre si e da atuação do síndico, embora lhes seja vedado pelo rito sumaríssimo sua intervenção no feito com terceiro, a afastar do legítimo interessado seu direito de defesa.

Interpretação similar ao condomínio deverá ser dada ao espólio.

F.3- Espólio

Não sendo o espólio pessoa natural, nem jurídica privada ou pública prevista como possível autor ou réu pelas leis especiais que compõem os Juizados Especiais, em que pese possuam personalidade judiciária, não poderão, a nosso entender, figurar em ações judiciais perante os Juizados Especiais da Fazenda Pública, uma vez que não estão inseridos dentre aquelas pessoas previstas no rol taxativo do artigo 5º, I e II da Lei nº 12.153/2012, ressalvado o litisconsórcio passivo necessário.

Esta é a conclusão que se apresenta mais adequada, na mesma linha do que restou defendido para o condomínio.

A Lei nº 12.153/2009 estabelece em seu artigo 2.º seja de competência dos Juizados Especiais da Fazenda Pública processar, conciliar e julgar causas cíveis **de interesse** dos Estados, do Distrito Federal, dos Territórios e dos Municípios, o que torna mais robusto o entendimento de que o rol definido na do artigo 5º da mencionada lei é taxativo, não podendo ser nele incluídas outras pessoas nele não previstas, nem mesmo as pessoas judiciárias sem personalidade jurídica, como o espólio.

Observe-se que, como já apontado, o artigo 5º da Lei nº 12.153/2009 não inseriu o espólio no seu rol taxativo de capacitados processuais ativos (inciso I) e passivos (inciso II) perante os Juizados Especiais da Fazenda Pública, de maneira proposital.

A citada legislação surgiu após longa e vasta discussão a respeito do enquadramento deste ente despersonalizado (espólio) no artigo 8º da Lei nº 9.099, de 1995, que nada sobre ele havia mencionado. Contudo, nem mesmo depois de anos e anos de celeuma houve sua inserção no rol dos legitimados ativos ou passivos para os Juizados da Fazenda Pública, cuja lei de regência surgiu cerca de 14 anos depois (Lei nº 12.153, de 2009).

Entretanto, importante trazer à baila o posicionamento divergente, não menos intenso para os Juizados Cíveis. Para estes juristas, o espólio até poderá ser parte nos feitos perante Juizados Cíveis, todavia, não para os da Fazenda Pública que não o indicou expressamente em seu rol de possibilidades do artigo 5º da Lei nº. 12.153/2009.

Enunciado nº. 82 do FONAJEF preceitua que "*O espólio pode ser parte autora nos juizados especiais cíveis federais*"

O Enunciado 148 do FONAJE prevê a possibilidade de litigância pelo espólio em sede dos Juizados: -"*Inexistindo interesse de incapazes, o Espólio pode ser parte nos Juizados Especiais Cíveis*".

Este enunciado foi muito adotado naquelas causas em que, durante o curso do feito, a parte que figurava na demanda veio a falecer, ensejando, portanto, a substituição processual pelo espólio, para os adeptos da corrente que os aceita.

Entretanto, para os dissidentes que não aceitam o espólio, não se valem do Enunciado 148 do FONAJE nem mesmo durante o curso do processo, em virtude da interpretação literal do artigo 51, V e VI da Lei nº 9.099/95, que determina, no caso de morte da parte, a habilitação dos seus sucessores, cada um de *per si*, e não do espólio, desde que nenhum deles incorra em quaisquer das vedações legais previstas para os juizados cíveis (ex. preso, etc...)

É esse o entendimento que se pode extrair da leitura a *contrário sensu* do artigo 51, incisos V e VI da Lei nº 9.099/1995, o qual apresentou redação muito clara ao determinar a extinção do processos quando o autor ou réu falecerem durante o curso do feito e não houver habilitação e citação dos seus sucessores, sem prever nada sobre espólio:

> Artigo 51. Extingue-se o processo, além dos casos previstos em lei:
>
> (...)
>
> – quando, falecido o autor, a habilitação depender de sentença ou não se der no prazo de 30 dias;
>
> – quando, falecido o réu, o autor não promover a **citação dos sucessores** no prazo de 30 dias da ciência do fato.
>
> (...)

Nos Juizados Especiais da Fazenda Pública, vedada a possibilidade de o espólio ser parte ativa ou passiva, por não estar incluso no rol taxativo legal, há, com efeito, a permissão legislativa de as pessoas naturais autoras, que estão abrangidas pelo artigo 5º, I da Lei nº 12.153/2009, quando falecidas durante o curso do feito, serem substituídas por seus sucessores, cada um de per si, eis que plenamente aplicável aos Juizados Especiais da Fazenda Pública a regra geral contida no artigo 51, V e VI, da Lei nº 9.099/95.

Vê-se, por outro lado, várias nuances envolvendo interesses do espólio, as quais se conflitam com os princípios dos Juizados Especiais. A parte autora terá por incumbência demonstrar de maneira inconteste que o direito envolvido no litígio encontra-se informado no processo de inventário ou de arrolamento sumário. Referido documento afigura-se essencial para a propositura da ação (artigo 320 do CPC), porquanto visa demonstrar a existência fática do espólio e de sua capacidade de ser parte no tocante ao direito subjetivo pleiteado, perante o juízo comum. Deverá, ainda, a parte autora apresentar decisão do juízo atrativo do inventário acerca da matéria em apreço, a fim de se aferir se aquele magistrado entendeu a lide apresentada como sendo de alta indagação, a justificar a propositura da demanda em juízo diverso (artigo 986 do CPC/1973 repetido integralmente pelo art. 615 do CPC/2015), ou se já adotou qualquer providência para dirimir a questão litigiosa, incorrendo em litispendência.

Aclare-se, ademais, que parte postulante também necessitará apresentar certidão atualizada da nomeação do inventariante, a fim de se apurar se houve ou não revogação, além de certidão do estágio atual do processo, uma vez que, encerrado ou não processado o inventário, não haverá mais a figura do inventariante a representar o espólio, restando, portanto, ilegítimo em sua representatividade aos demais sucessores a partir de então.

Nesse contexto problemático para as ações envolvendo espólio, que poderá apresentar sucessor que discorde da atuação do inventariante, embora não possa intervir no processo, frise-se que, ao nosso modesto entender, o legislador do sistema dos Juizados Especiais não o incluiu de maneira intencional nos artigos 8º da Lei nº 9.099/95 e no artigo 5º, I e II da Lei nº 12.153/2009.

Compartilhamos com os leitores que em um levantamento realizado nos Juizados Especiais da Fazenda Pública da Comarca de Belo Horizonte em maio de 2015, de cerca de 50 ações envolvendo espólio, embora na louvável tentativa de proferir julgamento de mérito, quase 80% foram extintas sem resolução do mérito, exatamente por inviabilidades e dificuldades procedimentais, além de despreparo das partes sem advogados.

Assim, a adoção da tese ora exposta, de não aceitação do espólio como parte nos feitos perante os Juizados Especiais da Fazenda Pública se justifica sobremaneira, a fim de viabilizar, desde o início, que a parte interessada busque seu direito perante a via processual que lhe atenderá adequadamente, evitando-se, pois, desgastes de tempo e trabalho.

Dessa forma, embora não haja unanimidade de entendimento e não tenha havido manifestação do Superior Tribunal de Justiça, figura-se como melhor opção, o respeito às competências definidas expressamente nas leis.

Por fim, insta ponderar que, em regra não haverá a incidência de litisconsórcio passivo necessário entre o espólio e o Estado, não sendo a mera conexão, em litisconsórcio facultativo, motivo a prorrogar competência absoluta.

Conclui-se , por fim, que se ocorrer a hipótese do artigo 114 do CPC/2015(antigo art. 47 do CPC/1973), o Juizado Especial da Fazenda Púbica será, para uma corrente, competente para a causa envolvendo o espólio (Enunciado 148 FONAJE) ou, outra, apenas as pessoas físicas sucessores do falecido, nos temos do artigo 51, IV e V da Lei nº 9.099/95, aplicável aos Juizados fazendários, à míngua de norma própria em contrário.

F.4 - Massa Falida

Nada sendo disposto pela Lei nº 12.153/2009 em contrário, aplica-se aos Juizados Especiais da Fazenda Pública a vedação prevista no *caput* do artigo 8º da Lei nº 9.099/95, que veda a possibilidade de a massa falida, ente despersonalizado, ser parte no rito sumaríssimo dos Juizados Especiais.

Nos Juizados Especiais da Fazenda Pública, além de não estar elencada taxativamente pelo artigo 5º, I e II da Lei nº 12.153/2009, não sendo considerada pessoa natural ou jurídica, possui particularidades que vão de encontro à sistemática célere e simples dos Juizados Especiais, tais como: a complexidade do processo de falência, que inclui arrecadação de bens e créditos do falido; a competência do juízo da falência como juízo universal (artigo 76 da Lei nº 11.101/2005), com *vis atrativa*.

G- Insolvente Civil

O *caput* do artigo 8º da Lei nº 9.099/95 excluiu expressamente o insolvente civil do rol de legitimados ativos e passivos perante os Juizados Especiais Cíveis, embora .

Nada sendo disposto pela Lei nº 12.153/2009, aplica-se aos Juizados Especiais da Fazenda Pública a vedação prevista no *caput* do artigo 8º da Lei nº 9.099/95, que veda a possibilidade de o insolvente civil ser parte no rito sumaríssimo dos Juizados Especiais.

O artigo proibitivo reconhece a complexidade do processo de insolvência, a necessidade de se aferir os efeitos da sentença declaratória proferida, as dificuldades no tocante à arrecadação de bens do devedor insolvente e o juízo universal, o que coloca em evidente descompasso com o rito célere, simples e informal que permeia os Juizados Especiais.

3.4.4 O Ministério Público nos Juizados Especiais da Fazenda Pública

A - Intervenção

Desde a criação dos Juizados Especiais Cíveis há a previsão de possibilidade de intervenção do Ministério Público, nos casos previstos em Lei (artigo 11 da Lei nº 9.099/95).

A intervenção do Ministério Público, decorrente da Constituição da República de 1988 (artigos 127 a 130), está especificada nos artigos 178 e 179 do Código de Processo Civil/2015.

> Art. 178. O Ministério Público será intimado para, no prazo de 30 (trinta) dias, intervir como fiscal da ordem jurídica nas hipóteses previstas em lei ou na Constituição Federal e nos **processos que envolvam:**

- interesse público ou social;
- interesse de incapaz;

[*V. arts. 693 a 699, relacionados*]

III – litígios coletivos pela posse de terra rural ou urbana.

Parágrafo único. A participação da Fazenda Pública não configura, por si só, hipótese de intervenção do Ministério Público.

Assim, proposta a ação por incapaz, representado ou assistido, o Ministério Público deverá ser cientificado para o exercício da intervenção.

Destaque-se que a intervenção do Ministério Público nem sempre acontecerá nas causas de interesse da Fazenda Pública, nos termos do parágrafo único do artigo 178 do CPC/2015, sempre que não se verificar direito público ou indisponível em litígio.

Deverá o Ministério Público, ainda, promover ações civis públicas, para proteção do patrimônio público e social, do meio ambiente e de outros interesses difusos e coletivos (artigo 129, III da CRFB/88), atuando, neste caso, como substituto processual, nos termos da parte final do artigo 18 do CPC/2015.

B -Substituto processual em ações de saúde.

Fervilha em todo país a discussão acerca da possibilidade de o Ministério Público ser parte perante os Juizados Especiais da Fazenda Pública, em legitimidade extraordinária (segunda parte do artigo 18 e seu parágrafo único do CPC/2015).

Grande divergência instaurou-se quanto ao ingresso pelo Ministério Público de ações relativas à saúde, especialmente concernentes aos menores, idosos e enfermos em demandas individuais, como substituto processual, uma vez que os artigos 127 e 129 da CRFB/88 dispõem que ao *parquet* incumbe a defesa dos direitos sociais e individuais indisponíveis, possuindo legitimidade para ações civis (§ 1º do artigo 129 CRFB/88).

Inicialmente, no tocante aos Juizados Especiais Cíveis em geral, os adeptos da tese que negam a possibilidade de propositura de ações pelo Ministério Público afirmam que, além de não ser o órgão ministerial pessoa natural capaz, microempresa, empresa de pequeno porte ou outras inseridas no parágrafo único do artigo 8º da Lei nº 9.099/95, acrescentam que deverá prevalecer uma interpretação sistêmica, em similitude ao que se assentou no sentido de que em sede dos Juizados Especiais Cíveis não será cabível a representação, não sendo possível, portanto, o ajuizamento de ação pelo Ministério Público em nome de outrem.

Importante destacar que a atuação do *parquet*, consoante o tema ora tratado, não se trata de representação, onde o representante atua em nome da pessoa representada, mas sim de substituição, também chamada de legitimidade extraordinária ou anômala, na qual o Ministério Público irá a juízo postular em nome próprio direito alheio, em regra da criança, do adolescente e do idoso.

Mesmo sendo, em tese, possível a propositura de ações por incapazes junto aos Juizados Especiais da Fazenda Pública, ressalvados os menores com pretensões de assistência à saúde (vide Capítulo 3.4.3 - C.1), com efeito, o Ministério Público também não figura como legitimado ativo apto a propor ações perante os Juizados Especiais da Fazenda Pública.

Não se encontra o órgão ministerial elencado no rol taxativo do artigo 5°, I, da Lei n° 12.153/09, razão pela qual, para parte dos juristas, não poderá atuar como substituto processual no rito sumaríssimo fazendário, devendo figurar como legitimado ativo apenas diante da Justiça Comum.

Assim, refuta-se, a nosso entender de maneira mais técnica e adstrita ao Juizados Especiais, a tese contrária, que defende que o Ministério Público poderá ser parte autora nos Juizados Especiais da Fazenda Pública, em virtude do silêncio na Lei n° 12.153/09 a respeito do tema.

Isto, pois a Lei dos Juizados Especiais da Fazenda Pública foi clara ao afastar, por exclusão lógica, aqueles que não figurem como possibilidades expressas definidas para serem partes autoras pela no inciso I do seu artigo 5°. Ademais, observe-se que, além de não ter sido o Ministério Público previsto com capacidade processual ativa e passiva nos Juizados Especiais da Fazenda Pública (artigo 5° da Lei n° 12.153/2009), somente houve previsão expressa de sua atuação como interveniente (artigo 11 da Lei n° 9.099/95), restando vedada a propositura, perante os Juizados fazendários, de ações civis públicas, seja para defesa de direitos difusos, dentre eles os individuais homogêneos, seja de direitos coletivos (Artigo 2°, § 1°, inciso I da Lei n° 12.152/2009), ações estas que demandam rito próprio.

É este o entendimento adotado pela maioria dos magistrados do País, conforme exposto pelo Enunciado 139 do FONAJE:

> ENUNCIADO 139 (substitui o Enunciado 32) – A exclusão da competência do Sistema dos Juizados Especiais quanto às demandas sobre direitos ou interesses difusos ou coletivos, dentre eles os individuais homogêneos, aplica-se tanto para as demandas individuais de natureza multitudinária quanto para as ações coletivas. Se, no exercício de suas funções, os juízes e tribunais tiverem conhecimento de fatos que possam ensejar a propositura da ação civil coletiva, remeterão peças ao Ministério Público e/ou à Defensoria Pública para as providências cabíveis (Alterado no XXXVI Encontro – Belém/PA).

Para a corrente contrária, a incumbência constitucional da defesa dos direitos sociais e individuais conferida ao Ministério Público e a legitimidade da parte detentora do direito que será postulado perante o Juizado Especial respaldam a fundamentação dos defensores da possibilidade da substituição processual nos Juizados Especiais da Fazenda Pública, entendimento este adotado pela Primeira Turma do Superior Tribunal de Justiça:

> ADMINISTRATIVO E PROCESSUAL CIVIL. RECURSO ESPECIAL. AÇÃO DE FORNECIMENTO DE MEDICAMENTOS/TRATAMENTO MÉDICO. DIREITO DIFUSO, DEFENDIDO INDIVIDUALMENTE. COMPETÊNCIA DOS JUIZADOS ESPECIAIS FEDERAIS.
>
> 1. Recurso especial no qual se discute se as ações de fornecimento de medicamentos/tratamento médico, ajuizadas pelo Ministério Público em substituição processual de cidadão idoso enfermo, podem ser julgadas pelos Juizados Especiais da Fazenda Pública.
>
> 2. Não há óbice para que os Juizados Especiais procedam ao julgamento de ação que visa o fornecimento de medicamentos/tratamento médico, quando o Ministério Público atua como substituto processual de cidadão idoso enfermo.
>
> 3. Embora o direito à saúde se insira no gênero dos direitos difusos, sua defesa pode-se dar tanto por meio de ações coletivas, como individuais; e a intenção do legislador federal foi de excluir da competência dos Juizados Especiais a defesa coletiva do direito à saúde, e não a defesa individual.
>
> 4. Recurso especial não provido.
>
> Acórdão
>
> Vistos, relatados e discutidos os autos em que são partes as acima indicadas, acordam os Ministros da PRIMEIRA Turma do Superior Tribunal de Justiça A Turma, por unanimidade, negou provimento ao recurso especial, nos termos do voto do Sr. Ministro Relator. Os Srs. Ministros Sérgio

> Kukina, Ari Pargendler, Arnaldo Esteves Lima e Napoleão Nunes Maia Filho (Presidente) votaram com o Sr. Ministro Relator. (STJ. Resp 1409706/MG. Relator Min. Benedito Gonçalves. T1- Primeira Turma. Julgado em 07.11.2013. Publicado em 21.11.2013)

O Tribunal de Justiça do Estado de Minas Gerais vem adotando, majoritariamente, os precedentes do STJ, admitindo o Ministério Público como substituto processual perante o Juizado Especial da Fazenda Pública, senão vejamos:

> EMENTA: APELAÇÃO CÍVEL - **AÇÃO CIVIL PÚBLICA** - FORNECIMENTO DE MEDICAMENTOS E OUTROS INSUMOS DE INTERESSE PARA SAÚDE HUMANA - DISTRIBUIÇÃO NA VIGÊNCIA DA PORTARIA Nº 700/2012 - VALOR DA CAUSA INFERIOR A 40 (QUARENTA) SALÁRIOS MÍNIMOS - COMPETÊNCIA DE JULGAMENTO - TURMA RECURSAL
>
> DO SISTEMA DO JUIZADO ESPECIAL - MINISTÉRIO PÚBLICO - ATUAÇÃO NO JUIZADO - LEGITIMIDADE. Os recursos das ações ajuizadas na vigência da Resolução nº 700 de 2012, que versem sobre fornecimento de medicamentos e outros insumos de interesse para a saúde humana (salvo as que visem realização cirurgia ou transporte de pacientes) e cujo valor da causa não ultrapasse 40 (quarenta) salários mínimos, são de competência de uma das Turmas Recursais dos Juizados Especiais. **O Ministério Público possui legitimidade para atuar como parte no Juizado Especial da Fazenda Pública, por atuar como substituto processual da parte (precedentes do Superior Tribunal de Justiça).** (TJMG. Processo 1.0231.14.042817-9/001. Relatora Des. Ângela de Lourdes Rodrigues. Julgado em 04.08.2016. Publicado em 17.08.2016)

Relativamente ao julgado, entretanto, importante apenas pontuar que o artigo 2º, §1º, I da Lei nº 12.153/09 exclui da competência Juizados Especiais da Fazenda Pública as demandas sobre direitos ou interesses difusos e coletivos, propostas, em regra, por meio de ações civis públicas.

Assim, para os adeptos ao entendimento que aceita a substituição processual pelo Ministério Público perante os Juizados Especiais da Fazenda Pública, o *parquet* deveria atuar em ação individual, para pretensão de direitos indisponíveis, consoante interpretação conjunta entre o *caput* do artigo 127 e o parágrafo primeiro do artigo 129, ambos da CRFB/88, a saber:

> Art. 127. O Ministério Público é instituição permanente, essencial à função jurisdicional do Estado, **incumbindo-lhe a defesa** da ordem jurídica, do regime democrático e **dos interesses sociais e individuais indisponíveis.**
> Art. 129. São funções institucionais do Ministério Público:

> (...)
>
> II - zelar pelo efetivo respeito dos Poderes Públicos e dos serviços de relevância pública aos direitos assegurados nesta Constituição, promovendo as medidas necessárias a sua garantia;
>
> (...)
>
> § 1º A legitimação do Ministério Público para as ações civis previstas neste artigo não impede a de terceiros, nas mesmas hipóteses, segundo o disposto nesta Constituição e na lei.

Relativamente à observação apontada acima, vejamos o que o Tribunal de Justiça do Estado de Minas Gerais vem evoluindo, a fim de nos proporcionar maior reflexão:

> EMENTA: AGRAVO DE INSTRUMENTO - AÇÃO CIVIL PÚBLICA - DIREITO À SAÚDE - SERVIDOR **PÚBLICO** ESTADUAL - INSTITUTO DE PREVIDÊNCIA DOS SERVIDORES DO ESTADO DE MINAS GERAIS - IPSEMG - REALIZAÇÃO DE PROCEDIMENTO CIRÚRGICO - RESPONSABILIDADE DA AUTARQUIA.
>
> **O Ministério Público, a par da expressa previsão legal (inciso I, do artigo 5º, da Lei nº 12.153/09), não se inclui no rol dos legitimados a demandarem nos Juizados Especiais da Fazenda Pública, mantendo, nesse caso, a competência residual da Justiça Comum para processamento e julgamento da respectiva ação.** - O direito à saúde é um direito público subjetivo, ao qual o paciente maior e capaz pode dispor livremente; - O Ministério Público não detém legitimidade para propor ação individual na defesa de interesses disponíveis; **- A legitimidade do Ministério público na propositura de ações individuais como substituto processual reserva-se aos direitos indisponíveis.** V . V .
>
> Em se tratando de ação de interesse da Fazenda Pública ajuizada após o dia 22 de junho de 2015, por pessoa física, objetivando serviço de saúde, cujo valor da causa não ultrapasse o limite de sessenta salários mínimos estabelecido em lei, então não alterado de ofício ou impugnado pela parte contrária, torna-se manifesta a competência da Unidade Jurisdicional do Juizado Especial para processar e julgar o feito, conforme disposto na Lei Federal nº 12.153/2009; - Considerando que a Resolução nº 700/2012 perdeu sua eficácia tão-somente quanto à limitação da competência dos Juizados Especiais da Fazenda Pública, por força do art. 23, da Lei nº 12.153/2009, compete ao Juizado Especial existente na Comarca, na ausência daqueles Juizados, o processamento e julgamento do feito de origem, a teor do que dispõe o art. 2º, da supracitada Resolução; **- A exceção à competência dos Juizados Especiais da Fazenda Pública prevista no art. 2º, § 1º, I, da Lei nº 12.153/2009 se refere apenas às ações coletivas para tutelar direitos individuais homogêneos, e não às ações propos-**

> **tas individualmente pelo próprios titulares;** - A declaração de incompetência absoluta importa apenas a anulação dos atos decisórios e na remessa dos autos ao juiz competente (CPC/73, art. 313, §2º); - Em razão da unidade jurisdicional adotada pelo Brasil, os atos decisões proferidos por juiz absolutamente incompetente mantém a sua eficácia até que sejam anulados pelo Juízo competente, garantindo-se assim a celeridade, a efetividade e a economia processual;
>
> **O fato do Ministério Público atuar como substituto processual daquele que irá se beneficiar dos efeitos do provimento jurisdicional não lhe retira a característica de ser, para todos os fins, parte ativa no processo e, pois, titular da ação. - O Ministério Público é constitucionalmente dotado de pertinência processual subjetiva para, no cumprimento de suas relevantes funções institucionais (artigos 127 e 129, ambos da CF/88), agir em defesa de direito individual indisponível, ainda que em benefício de pessoa singularizada.** - O Supremo Tribunal Federal e o Superior Tribunal de Justiça, em pronunciamentos uníssonos, já se manifestaram quanto à legitimidade do Ministério Público para ajuizar ação visando compelir o Estado a fornecer medicamento indispensável à promoção da saúde de pessoa individualizada. (Processo: Agravo de Instrumento-1.0702.15.080813-8/001, **Relator(a):** Des.(a) Ana Paula Caixeta, **Data de Julgamento:** 15/09/0016, **Data da publicação da súmula:** 20/09/2016)

Não obstante existam posicionamentos contrários à possibilidade de substituição processual pelo Ministério Público, o Superior Tribunal de Justiça, em 02.10.2017, ao emitir 16 teses sobre os Juizados Especiais, ratificou as decisões que vinha proferindo, especificadamente na tese número 4 [17]:

> É da competência dos juizados especiais federais e dos juizados especiais da Fazenda Pública a defesa de direitos ou interesses difusos e coletivos exercida por meio de ações propostas individualmente pelos seus titulares ou substitutos processuais.

A tese transcrita veio dar maior abertura da possibilidade de atuação do Ministério Público como parte autora nos Juizados Especiais da Fazenda Pública, em que pese dela discordemos tecnicamente.

Frise-se que não está o Ministério Público inserido no rol taxativo do inciso I do artigo 5º da Lei 12.153/2009, sendo certo que não possui capacidade processual ativa perante os Juizados Especiais da Fazenda Pública, devendo

---

17 http://www.stj.jus.br/SCON/jt/toc.jsp

atuar apenas como fiscal da Lei no rito sumaríssimo cível fazendário. Abrir a interpretação restritiva feita para o Ministério Público poderia fragilizar o sistema sumaríssimo, a sugerir possibilidades de abertura, também, para pessoas até então não aceitas, por estarem fora do rol dos capacitados processuais previstos nas leis dos Juizados Especiais, seja como autores ou réus, tais como a sociedade de economia mista, já aceita pelos Juizados Cíveis, e os entes despersonalizados.

Entretanto, compreende-se a aceitação pelo Superior Tribunal de Justiça e por alguns magistrados adeptos da tese de possibilidade de substituição processual pelo Ministério Público nos Juizados Especiais da Fazenda Pública, sendo louvável a intenção de viabilizar a proteção de direitos de idosos e menores, notadamente nos Municípios em que não há Defensoria Pública instalada e atuante, transformando-se a substituição processual como um importante meio a auxiliar os necessitados na busca de seus direitos em ações de interesses individuais.

Relembre-se que, mesmo que se aceite o Ministério Público como substituto processual nos Juizados fazendários, não poderão atuar para defesa das crianças e adolescentes em vulnerabilidade, na busca dos direitos à saúde e educação, uma vez que a competência constitucional e absoluta pertence aos Juízos das Varas da Infância e Juventude (vide Capítulo 3.4.3 – C.1).

Importante mencionar que ainda não há um posicionamento pacificado, cabendo colacionar aqui o entendimento de magistrados mineiros, exarado através do Enunciado nº 9 do ENJESP para a matéria fazendária, de ausência de capacidade processual do legitimado extraordinário perante os Juizados Especiais da Fazenda Pública, senão vejamos:

> Enunciado 9 ENJESP - **Não cabe Ação Civil Pública em sede de Juizado Especial da Fazenda Pública por ausência de legitimidade dos titulares do direito de açao** e por se tratar de procedimento especial incompatível com os princípios norteadores da Lei Federal nº 9.099, de 1995. (IV ENJESP – 2012)

3.4.5 LITISCONSÓRCIOS NOS JUIZADOS ESPECIAIS DA FAZENDA PÚBLICA

A- Introdução

Assim como ocorre nos Juizados Especiais Cíveis e Criminais, nos Juizados Especiais da Fazenda Pública poderá haver o litisconsórcio, ativo ou passivo, uma vez que, conforme entendimento já assentado, a pluralidade de partes não infringe, via de regra, os princípios da simplicidade, oralidade e celeridade que regem os Juizados.

Excepciona-se o litisconsórcio multitudinário, eis que dificulta a defesa e o julgamento da demanda, violando-se, assim, os critérios previstos no artigo 2º da Lei nº 9.099/95. (artito 113, § 1º do CPC/2015)

Deverão ser, outrossim, atendidos os requisitos previstos no artigo 113 do CPC/2015 para a pluralidade subjetiva nos feitos, a saber:

> Art. 113. Duas ou mais pessoas podem litigar, no mesmo processo, em conjunto, ativa ou passivamente, quando:
>
> I - entre elas houver comunhão de direitos ou de obrigações relativamente à lide;
>
> II - entre as causas houver conexão pelo objeto ou pela causa de pedir;
>
> III- ocorrer afinidade de questões por um ponto comum de fato ou de direito.

No caso de litisconsórcio ativo, acerca do valor da causa, o FONAJE - Fórum Nacional dos Juizados Especiais emitiu Enunciado estabelecendo que o limite para o ajuizamento das ações em sede dos Juizados Especiais da Fazenda Pública deverá ser individualmente apurado:

> ENUNCIADO 02 – É cabível, nos Juizados Especiais da Fazenda Pública, o litisconsórcio ativo, ficando definido, para fins de fixação da competência, o valor individualmente considerado de até 60 salários mínimos.

Alguns magistrados discordam, porque fora dos parâmetros de celeridade, pois poderia tornar a demanda extensa e conturbada, além de em muitas vezes apresentar viés de verdadeira ação coletiva, embora proposta individualmente numa única ação judicial, cuja liquidação para prolação da sentença encontraria dificuldades consideráveis.

Os valores das causas deveriam ser somados de cada litisconsorte ativo, para fins de se aferir a competência em razão do limite do teto do Juizado Especial para a ação como um todo, discordando-se, pois, da somatória diferenciada do valor da causa, como já explorado no Capítulo 3.3.3 - B.

Neste particular, afigura-se como decisão mais acertada definir-se pela soma das causas para todos os litisconsortes ativos, de modo a não ultrapassar o teto do Juizado, podendo liminar, inclusive dentre esses, eventual litisconsórcio multitudinário, sendo plenamente possível a propositura de ações distintas para cada um.

No tocante aos autores casados, para ações tributárias relativas a bens imóveis tais como ITBI, IPTU, dentre outras, salienta-se que poderá ser parte apenas aquele que consta como proprietário do imóvel. Em caso de o bem ser registrado em nome do casal ou mesmo insistindo os cônjuges na propositura conjunta da ação, deverão juntar aos autos certidão de casamento atualizada, que contenha o regime de bens.

B - Litisconsórcio Passivo

B.1 - Litisconsórcio Passivo Facultativo

Possível, em sede de Juizados Especiais, o litisconsórcio entre réus, desde que haja entre eles comunhão de obrigações que derivem do mesmo fundamento de fato ou de direito relativamente à lide e/ou que entre as causas exista conexão pelo objeto, pela causa de pedir ou por afinidade de questões por um ponto comum de fato ou de direito.

De início, cumpre ressaltar que as regras sobre conexão entre ações e julgamento conjunto (artigos 54 a 63 do CPC/2015) devem respeitar as competências absolutas definidas pelas leis em vigor, não sendo fundamentos para prorrogação de competências indevidamente, eis que apenas a competência relativa pode ser modificada pela conexão (artigo 54 do CPC/2015)

Nesse aspecto, em virtude do rol taxativo do artigo 5º, II da Lei nº 12.153/2009, evidente que o litisconsórcio passivo facultativo somente poderá se dar relativamente a réus inseridos naquele rol, como, por exemplo, entre Estado, DF, Município do Estado, suas autarquias, fundações e empresas públicas.

Importante posicionar aqui, que na hipótese de litisconsórcio passivo facultativo não há que se falar em aceitação da composição do polo passivo de entes estatais em conjunto optativo com pessoa física, jurídica privada, sociedade de economia mista ou entes de direito público de outros Estados da Federação ou federais, eis que não se encontram no rol do artigo 5º, II da Lei nº 12153/2009.

Mister ponderar que em decorrência do princípio do pacto federativo, em regra, um Estado-membro não estará sujeito à jurisdição de outro Estado-Membro, ressalvada a situação de litisconsórcio passivo necessário ou unitário.

Isto, pois os Juizados Especiais da Fazenda Pública de um Estado não possuem competência para processar e julgar ações propostas em face de entes públicos de outros Estados da Federação, suas autarquias e fundações, notadamente quando inexistente litisconsórcio passivo necessário.

A composição, a organização e a competência dos Tribunais de Justiça são regidas pela Constituição da República, pela Lei Orgânica da Magistratura Nacional, pelas leis estaduais e pelo respectivo regimento interno (LOMAN, artigo 16).

Deve-se dar eficácia ao princípio do juiz natural, previsto no artigo 93, XIII da CRFB/88:

> Art. 93. Lei complementar, de iniciativa do Supremo Tribunal Federal, disporá sobre o Estatuto da Magistratura, observados os seguintes **princípios**:
>
> XIII o número de juízes na unidade jurisdicional será proporcional à efetiva demanda judicial e à respectiva população;

O artigo 95 da LOMAN deixa claro que "*Os Estados organizarão **a sua Justiça** com observância o disposto na Constituição federal e na presente Lei.*"

O artigo 113 da Constituição do Estado de Minas Gerais dispõe que: "***O Juiz de Direito exerce a jurisdição comum estadual de primeiro grau** e integra a carreira da magistratura nas comarcas e juízos e com a competência que a Lei de Organização e Divisão Judiciárias determinar*".

Já o artigo 59 da Lei de Organização Judiciária de Minas Gerais (LC 59/2001) orienta que:

> Art. 59. Compete a Juiz de Vara de Fazenda Pública e Autarquias processar e julgar causas cíveis em que intervenham, como autor, réu, assistente ou opoente, **o Estado, os Municípios, suas autarquias, as empresas públicas, as sociedades de economia mista e as fundações de direito público** e, onde não houver vara da Justiça Federal, as decorrentes do § 3º do art. 109 da Constituição Federal, respeitada a competência de foro estabelecida na lei processual. (grifo nosso)

Se pudesse o Poder Judiciário do Estado de Minas Gerais impor uma obrigação a um outro Estado, violar-se-ia a autonomia do ente federado, salvo, repito, se houver um litisconsórcio passivo necessário entre os entes públicos, o que justificaria o exercício da jurisdição, existente para cada magistrado, em todo território nacional.

Forçoso reconhecer que, em um primeiro momento, tem-se uma incompetência funcional e em razão da matéria, portanto, absolutas, em relação a entes federativos distintos em litisconsórcio passivo facultativo, sendo mister relembrar que a simples conexão não tem o condão de prorrogar competência absoluta ou atrair pessoa jurídica para juízo incompetente.

Reconhecendo a incompetência absoluta do Estado de Minas Gerais para processar e julgar autarquia pública de Estado membro diverso, colaciona-se o acórdão correspondente à Apelação Cível número 0330.08.010393-1/001, emitido pelo TJMG em 15/01/2013:

> EMENTA: RECURSO DE APELAÇÃO - PARTE RÉ/APELANTE - AUTARQUIA E ESTADO PERTENCENTES À OUTRA UNIDADE DA FEDERAÇÃO - DER (DEPARTAMENTO DE ESTRADAS E RODAGENS) E ESTADO DE SÃO PAULO - COMPETÊNCIA DECLINADA DE OFÍCIO - INCOMPETÊNCIA DO PODER JUDICIÁRIO DO ESTADO DE MINAS
>
> GERAIS. **1.- Na ação originária figuram como parte ré autarquia estadual (Departamento de Estradas e Rodagens de São Paulo - DER) e o Estado de São Paulo, tanto a Autarquia como o Estado pertencem à outra unidade da federação e não ao Estado de Minas Gerais.2-- Dessa forma, nos termos dos arts. 40, 41 e 75, inciso II do Código Civil devido a clareza solar da redação do último art., que dispensa comentários, à evidência que a competência não é da Justiça Minas Gerais, mas de uma das varas da fazenda estadual do Estado de São Paulo.3- Precedentes jurisprudenciais.**
>
> (TJMG. Apelação Cível. Relator Des. Guilherme Luciano Baeta Nunes. Julgado em 15.01.2013. Publicado em 18.01.2013)

B.2 - Litisconsórcio Passivo Necessário ou Unitário - entre o ente público e pessoa excluída do rol do artigo 5º, II da Lei nº 12.153/2009 - competência absoluta atrativa aos Juizados Especiais da Fazenda Pública - excepcionalidade

Discute-se, por outro lado, se houver litisconsórcio passivo necessário ou unitário, ainda que a pessoa jurídica seja estranha ao rol previsto no artigo 5º, II, da Lei nº 12.153/09 e à competência funcional de outros Estados, seria o caso de processamento da ação em sede dos Juizados Especiais da Fazenda Pública estaduais.

O CPC/2015 contém artigos explicativos a respeito do litisconsórcio unitário e necessário:

> Art. 114. **O litisconsórcio será necessário** por disposição de lei ou quando, pela natureza da relação jurídica controvertida, a eficácia da sentença depender da citação de todos que devam ser litisconsortes.
>
> Art. 115. A sentença de mérito, quando proferida sem a integração do contraditório, será:
>
> I - nula, se a decisão deveria ser uniforme em relação a todos que deveriam ter integrado o processo;
>
> II - ineficaz, nos outros casos, apenas para os que não foram citados.
>
> Parágrafo único. Nos casos de litisconsórcio passivo necessário, o juiz determinará ao autor que requeira a citação de todos que devam ser litisconsortes, dentro do prazo que assinar, sob pena de extinção do processo.
>
> Art. 116. O **litisconsórcio será unitário** quando, pela natureza da relação jurídica, o juiz tiver de decidir o mérito de modo uniforme para todos os litisconsortes.

Neste contexto, há duas teses no tocante à competência para julgamento pelos Juizados Especiais da Fazenda Pública, na hipótese de figurarem dois ou mais réus de naturezas distintas no polo passivo da lide, tais como, por exemplo, o ente público e uma pessoa natural ou jurídica privada fora do rol do artigo 5º, II da Lei nº 12.153/2009.

A primeira tese, a nosso ver mais adequada, se dá no sentido de que os litisconsórcios unitários e necessário com o ente público atraem para a competência para os Juizados Especiais da Fazenda Pública, excepcionalmente, o julgamento em face da pessoa física ou jurídica não inserida no rol do artigo

5º, II, da Lei nº 12.153/09, seguindo a linha de Oscar Valente Cardoso[18], que assim defende:

> "Diante do que foi visto, caso haja pessoa estranha ao rol do art. 5º, I, da Lei 12.153/09, só deve ser admitido nos Juizados Especiais da Fazenda Pública o litisconsórcio necessário (simples ou unitário), nos polos ativo e passivo."

A segunda tese não admite o litisconsórcio passivo de qualquer espécie (facultativo, necessário ou unitário) nos Juizados Especiais da Fazenda Pública. Defendem os adeptos que o não enquadramento da pessoa, natural ou jurídica, no rol taxativo do inciso II do artigo 5º da Lei nº 12.153/2009 significaria que a competência não seria do Juizado Fazendário, mas sim, da Justiça Comum, devendo a lide, em face de entes público em conjunto com privados, seja processa pelo juízo ordinário.

Não foi ainda elaborado ainda qualquer enunciado no Fórum Nacional dos Juizados Especiais – FONAJE. Todavia, nos Juizados Especiais Federais há Enunciado que revela, com razão, adesão à tese que entende possível o julgamento perante os Juizados fazendários, quando houver litisconsórcio necessário ou unitário, senão vejamos:

> Enunciado nº. 21 As pessoas físicas, jurídicas, de direito privado ou de direito público estadual ou municipal podem figurar no pólo passivo, no caso de litisconsórcio necessário.

Após diversos julgados pelas Turmas Recursais em Minas Gerais, firmou-se pela competência absoluta atrativa entre o Estado, Município e a BHTrans, esta última sociedade de economia mista fora do rol do artigo 5º, II da Lei nº 12153/2009, para casos de impugnação a autos de infrações de trânsito – AIT e respectivas punições aplicadas pela BHTrans compõem a somatória de pontos a motivar a instauração de processo administrativo para a suspensão do direito de dirigir. A questionada punição era aplicada pela sociedade de economia mista BHTrans, quem inseria a pontuação nos registros do Detran/MG, mas a responsabilidade pela baixa no sistema público seria apenas do Estado.

O mesmo se deu no tocante ao Estado e a pessoa natural ré, quando se pede o lançamento, pelo ente público, de comunicação de venda de veículo em desfavor da pessoa física adquirente. São interessados diretos e atingidos pela

---

18 *CARDOSO, Oscar Valente. Juizados Especiais da Fazenda Pública: comentários à Lei 12.153/2009. São Paulo: Dialética, 2010, p. 119.*

decisão judicial tanto o Estado, que deveria registrar a comunicação de venda em caso de recusa, quanto a pessoa natural que será considerada compradora do bem móvel, para fins públicos.

A partir do mês de junho de 2015 foi o entendimento adotado pelos Juizados Especiais da Fazenda Pública da Comarca de Belo Horizonte, que passou a admitir, como única exceção ao mencionado rol taxativo, a hipótese de litisconsórcio passivo necessário.

Há casos, contudo, em que não há litisconsórcio passivo unitário ou necessário, mas que a decisão de um processo proposto pelo mesmo autor influenciaria na do outro, poderá o magistrado suspender sua demanda até o julgamento da outra, caso entenda pertinente, sem ter que juntar os feitos em um único juízo.

C - Litisconsórcio Multitudinário

Plenamente possível a cumulação subjetiva nas ações perante os Juizados da Fazenda Pública, desde que atendidos os requisitos legais e principiológicos, conforme exposto no item B acima, deste Capítulo 3.4.5.

Contudo, tratando-se de sistemática especial, de rito sumaríssimo, algumas questões deverão ser observadas, com raciocínio diferente do que antes ocorria nas varas ordinárias da Fazenda, visando evitar, pois, o litisconsórcio multitudinário, a entravar o curso célere do feito perante o juizado especial.

> CPC/2015 Art. 113
>
> § 1º O juiz poderá limitar o litisconsórcio facultativo quanto ao número de litigantes na fase de conhecimento, na liquidação de sentença ou na execução, quando este comprometer a rápida solução do litígio ou dificultar a defesa ou o cumprimento da sentença.

O § 1º do artigos 113, dispõe que:

> **O juiz poderá limitar o litisconsórcio facultativo** quanto ao número de litigantes na fase de conhecimento, liquidação de sentença ou na execução, **quando este comprometer a rápida solução do litígio ou dificultar a defesa ou o cumprimento da sentença.**

Esclarece o artigo transcrito que a limitação do litisconsórcio facultativo poderá ocorrer *"...na fase de conhecimento, na liquidação de sentença ou na execução..."*, o que, com efeito, já vinha ocorrendo nos foros em todo País.

C.1 - Litisconsórcio <u>ativo</u> multitudinário

Nas Varas comuns de competência fazendária, como muitas demandas eram repetitivas, apresentando apenas lide sobre matérias de direito, sem controvérsia fática, era comum e desejado que se propusessem poucas ações, cada uma com muitos autores em situações semelhantes, deixando para o momento posterior à sentença, da fase específica de liquidação da sentença, por arbitramento, por artigos, ou até mesmo por meros cálculos, o debruçar da apuração de cada direito concedido em fase cognitiva, atinente particularmente a cada parte, inclusive mediante exibição incidental de documentos. Tal liquidação alongava-se, muitas vezes, por anos e anos.

Não obstante, em sede de Juizados Especiais, importante relembrar a inexistência da fase processual de liquidação de sentença, sendo admitida apenas a liquidação por meros cálculos aritméticos (incisos I e II do artigo 52 da Lei nº 9.099/95 c/c artigo 509, § 2º do CPC/2015).

A petição inicial nos Juizados Especiais deverá apresentar pedido certo e determinado sempre que possível, delimitar o valor da causa apresentando cálculos correspondentes. O direito deverá ser liquidado ainda na fase cognitiva, viabilizando-se a prolação de sentença individualizada e líquida para cada uma das partes e respectivos direitos, se assim for entendido.

Não se admite a prolação de sentença ilíquida, ainda que genérico o pedido (artigo 38, parágrafo único da Lei nº 9.099/95).

Destarte, diante destas peculiaridades do sistema dos Juizados Especiais como um todo, um primeiro pensamento a respeito indica que o litisconsórcio multitudinário apresentado no polo ativo da lide poderá dificultar a rápida solução do litígio, bem como a defesa dos requerentes, eis que deverão ser apurados os direitos de cada um previamente (ex: quinquênios, biênios, gratificações, históricos funcionais distintos, adicionais, processos administrativos individuais etc.,) e impugnados em contestação especificamente.

Assim, o tumulto que poderá causar com o acúmulo de partes e pedidos diversos não torna justificável a propositura de uma única ação para as diversas pretensões inerentes a pessoas distintas em sede de Juizados Especiais, que não possuem fase de liquidação de sentença e devem ser céleres e simples.

Relembre-se que a justificação da Justiça comum fazendária de pertinência de uma única ação judicial para vários autores e seus direitos se funda na possibilidade de prolação de sentença ilíquida, sendo importante, ainda, para evitar maiores despesas e custas processuais. Tais fundamentos, entretanto, não se sustentam nos Juizados Especiais da Fazenda Pública, que exigem sentença líquida, não prevê fase de liquidação especial e não exige, em regra, o pagamento de custas e honorários, ao menos no 1º grau.

Por outro lado, configurada a natureza de ação coletiva, os Juizados Especiais da Fazenda Pública não seriam competentes, por expressa vedação legal (artigo 2º da Lei nº 12.153/2009).

Em despacho inicial, poderá o magistrado intimar a parte autora, por meio de seu patrono, para que venha a cindir as ações para cada parte auotra a compor o polo ativo da demanda, podendo manter naquele feito apenas uma, duas ou quantas lides subjetivas e objetivas entenda não produzir prejuízos à defesa, a um julgamento justo e à celeridade, simplicidade e economia processual.

Cediço ainda que a distribuição de cada uma das ações poderá ser livre e não por dependência, já que se referem a situações jurídicas distintas e iniciais sem extinção de processo, sendo que os pedidos formulados e as causas de pedir, embora semelhantes, não são idênticos e a conexão, facultativa ao magistrado.

C.2 - Litisconsórcio passivo multitudinário

No mesmo sentido de se evitar tumultos processuais, deverá ser observada a pertinência da pluralidade de partes no polo passivo da lide em sede de Juizados Especiais.

Apresenta-se interessante inserir como réus todos os interessados no feito, notadamente porque não há intervenção de terceiros em sede de Juizados Especiais, consoante vedação do artigo 10 da Lei nº 9.099/95.

Não obstante, a cumulação subjetiva passiva pode ocorrer de maneira impertinente, tumultuando o processo e dificultando as defesas.

Como exemplos, muitos foram os casos em que a parte autora propôs a ação judicial pugnando pela nulidade de várias infrações de trânsito isoladas ou que compuseram mais de um processo administrativo para a suspensão de seu direito de dirigir em face de diversos réus(ex. Estado-Detran como órgão estatal; DER, Municípios diversos autuaores; BHTrans, etc.), sem necessidade de julgamento conjunto em relação a todos os processos administrativos.

Cada pedido de nulidade de autuação exigirá análise da regularidade e consistência de cada auto de infração de trânsito - AIT lavrado, da legalidade das notificações das autuações, das notificações das penalidades, além da regularidade no processo administrativo respectivo. Assim, inserir em uma única ação diversos pedidos em face de réus distintos, relativos a fatos e infrações que isoladamente não se comunicam entre si, e que demandarão as provas pertinentes, demonstra que o litisconsórcio multitudinário apresentado, sendo facultativo, atrapalhará a rápida solução do litígio, bem como a defesa dos demandados.

Assim, com fulcro nos critérios da simplicidade e celeridade previstos nos artigos 2º da Lei nº 9.099/1995, o mais acertado será limitar o litisconsórcio passivo facultativo, de acordo com os réus autuadores e penalizadores que figurem num mesmo processo administrativo. Para tanto, a parte autora deverá indicar no polo passivo os réus autuadores, além do Estado que será o responsável pelo processo administrativo e pelos registros das pontuações no Detran, devendo ainda apresentar apenas as documentações essenciais à propositura de cada demanda.

As outras ações independentes, relativas a AIT isolado ou aos demais processos administrativos serão distribuídas livremente e não por dependência, porquanto, como dito, referem-se a autuações de infrações distintas, com processos administrativos e portarias também diferentes, demonstrando que os pedidos formulados, embora semelhantes, não são idênticos, inexistindo influências importantes de um para o outro, eis que relacionados a causas de pedir também estranhas umas às outras.

3.4.6 Intervenção de terceiros

Não caberá, em sede de Juizados Especiais, qualquer forma de intervenção de terceiros, nos termos da proibição contida no artigo 10 da Lei nº 9.099/95, que é norma especial, mas de geral para o sistema dos Juizados Especiais.

Inexiste controvérsia quanto à incidência desta restrição aos Juizados Especiais Fazendários, uma vez que a Lei nº 12.13/2009 nada dispôs a respeito, sendo a regra da Lei dos Juizados Cíveis compatível com o procedimento sumaríssimo para a Fazenda Pública.

3.4.7 Desconsideração da personalidade jurídica nos Juizados Especiais da Fazenda Pública - Possibilidade

Prevista no artigo 50 do Código Civil de 2002 e no artigo 28 da Lei 8.078/90, a desconsideração da personalidade jurídica veio resguardar o credor que, encontrando dificuldades em concretizar seus direitos em face da pessoa jurídica, direciona a satisfação de sua pretensão aos bens e direitos dos sócios, os quais muitas vezes se valem da forma societária para mascarar e dificultar o cumprimento das obrigações da sociedade.

Destaque-se que a Lei nº 8.078, de 1990 dedicou uma seção à desconsideração da personalidade jurídica, assim como ampliou consideravelmente as possibilidades da sua ocorrência, quando previu que poderá ser declarada pelo juiz sempre que a pessoa jurídica for obstáculo ao ressarcimento do consumidor.

> Código de Defesa do Consumidor - Seção V- Art. 28
>
> O juiz poderá desconsiderar a personalidade jurídica da sociedade quando, em detrimento do consumidor, houver abuso de direito, excesso de poder, infração da lei, fato ou ato ilícito ou violação de estatutos ou contrato social. A desconsideração também será efetiva quando houver falência, estado de insolvência, encerramento ou inatividade da pessoa jurídica provocados por má administração.
>
> (...)
>
> §5º Também poderá ser desconsiderada a pessoa jurídica sempre que sua personalidade for, de alguma forma, obstáculo ao ressarcimento de prejuízos causados aos consumidores.

O artigo 50 do Código Civil de 2002 assim dispôs:

> Em caso de abuso de abuso da personalidade jurídica, caracterizado pelo desvio de finalidade, ou pela confusão patrimonial, pode o juiz decidir, a requerimento da parte, ou do Ministério Público quando lhe couber intervir n processo, que os efeitos de certas e determinadas relações e obrigações sejam estendidos a bens particulares dos administradores ou sócios da pessoa jurídica.

Não obstante o Código de Defesa do Consumidor preveja maior número de hipóteses em que a desconsideração poderá ser declarada pelo juiz, em ambos os códigos o objetivo foi o de evitar que os administradores e sócios da pessoa jurídica lesassem direito de terceiros e permanecessem protegidos pela sociedade.

Observados os legitimados passivos dispostos no artigo 5º, II da Lei 12.153/90, em princípio não seria cabível a desconsideração da personalidade jurídica em sede de Juizados Especiais da Fazenda Pública, por se tratar de entes públicos.

No entanto, adotado o entendimento de ser aceito o litisconsórcio passivo necessário ou unitário entre os entes públicos e as pessoas jurídicas privadas, com atração da competência para o Juizado da Fazenda Pública, por ser absoluta para a pessoa jurídica de direito público, haverá a possibilidade de desconsideração da personalidade jurídica daquelas pessoas jurídicas privadas.

Visando colocar fim às dúvidas relativas ao trâmite procedimental para a declaração da desconsideração da personalidade jurídica, o CPC/2015 dispôs um capítulo específico ao respectivo incidente (artigos 133 a 137).

O artigo 1.062 do CPC/2015, na intenção de atalhar controvérsias, normatizou expressamente que o incidente aplica-se aos Juizados Especiais.

Nos termos dos artigos 133 ao 137 do CPC/2015, a desconsideração da personalidade jurídica poderá ser instaurada através de incidente, a pedido, em qualquer fase do processo ou requerida na petição inicial.

Poderá também ser requerida a desconsideração inversa, que seguirá o mesmo rito (§ 2º do artigo 133 do CPC/2015), quando a parte pretender atingir patrimônio de pessoa jurídica, na hipótese em que a pessoa física demandada devedora seja o sócio, observados os requisitos legais. Destaque-se que neste último caso o CPC/2015 positivou entendimento jurisprudencial amplamente adotado.

A desconsideração deverá ser requerida pela parte ou pelo Ministério Público, conforme artigo 133, restando claro que não poderá se iniciar de ofício.

Poderá o incidente ser instaurado em todas as fases do processo de conhecimento, cumprimento de sentença ou execução extrajudicial, conforme artigo 134 *caput* do CPC/2015, salvo se for requerido na petição inicial.

O artigo 134, §2º do CPC/2015, evidencia que, sendo a desconsideração da personalidade jurídica requerida na peça de ingresso, o sócio ou sócios deverão ser citados para responderem, cuja defesa deverá ser feita, portanto, tanto para a desconsideração quanto para os termos da ação .

> Art. 134
> (...)
> §2º Dispensa-se a instauração do incidente se desconsideração da personalidade jurídica for requerida na petição inicial, hipótese em que será citado o sócio ou a pessoa jurídica.

As defesas acerca da desconsideração da personalidade jurídica e sobre o pleito da demanda principal, no caso de requerimento formulado na peça exordial, deverão constar da mesma contestação, já que não instaurado incidente, devendo a sentença decidir, preliminarmente, sobre a desconsideração e, em seguida sobre o mérito da ação.

Frise-se que o trâmite acima mencionado, com dispensa de incidente e da suspensão do processo (§ 3º do artigo 134), apenas deverá ser observado quando a desconsideração for requerida em petição inicial, uma vez que nas demais fases do processo deverá ser instaurado. A respeito do tema leciona Guilherme Rizzo:

> "Não será necessária a instauração do incidente, logicamente, quando o pedido de desconsideração da personalidade jurídica for realizado na própria petição inicial, hipótese em que o sócio (ou a pessoa jurídica, na desconsideração inversa) será citado como parte já de início. **Neste caso, tampouco há falar em suspensão do processo, uma vez que a desconsideração da personalidade jurídica já integra seu objeto original.**"[19]

19 AMARAL, Guilherme Rizzo. *Comentários às alterações do novo CPC*. São Paulo: Editora Revista dos Tribunais, 2015. p. 210

Deferida a instauração do incidente requerido durante o curso do processo, o artigo 134 do CPC/2015 determina a suspensão do feito (§ 3º), com imediata distribuição (§ 1º), devendo haver o apensamento à ação principal, consoante regras de distribuição por dependência previstas no artigo 286 do CPC/2015.

Neste sentido vem sendo decidido pelo TJMG:

> EMENTA: AGRAVO DE INSTRUMENTO. INCIDENTE DE DESCONSIDERAÇÃO DA PERSONALIDADE JURÍDICA. AUTOS APARTADOS E PROCEDIMENTO PRÓPRIO. PREENCHIMENTO DOS REQUESITOS PARA INSTAURAÇÃO DO PROCEDIMENTO. O novo CPC é claro no sentido da necessidade da instauração do incidente de desconsideração da personalidade jurídica em autos apartados, confirmando-se isso pelo disposto no §1º do art.134, que determina a comunicação ao distribuidor e pelo §2º do mesmo artigo que explicita a hipótese de dispensa de instauração do incidente quando o pedido desconsideração da personalidade jurídica acontece na petição inicial. Em uma análise perfunctória das alegações da parte agravante, o pedido de desconsideração da personalidade jurídica resta balizado por alegações que teoricamente se amoldam nos requisitos exigidos pela lei, devendo o incidente ser processado de acordo com o procedimento previsto pelo art.133 e seguintes do CPC. (TJMG. Processo: Agravo de Instrumento - Cv. 1.0016.16.013842-2/001 - 0127352-11.2017.8.13.000 (1). Relator Des. Otávio Portes. Julgado em 26.07.2017. Publicado em 04.08.2017)

Citado o sócio ou a pessoa jurídica, esta última no caso de desconsideração inversa, deverão se manifestar em 15 dias, podendo requerer a produção de provas, devendo ser proferida decisão interlocutória em seguida (artigo 136 do CPC/2015).

Aqui, há questões a serem apuradas quanto à incidência deste procedimento aos Juizados especiais. Não obstante a patente intenção do CPC/2015, ao disciplinar o incidente de desconsideração da personalidade jurídica, não foram sanadas todas as dúvidas, uma vez que alguns dos atos processuais previstos pelos artigos 133 a 136 do CPC/2015, de aplicação obrigatória conforme artigo 1.064 do mesmo códex geral, conflitam com o rito sumaríssimo.

Inicialmente, importante relembrar que, solicitada a desconsideração durante o curso do processo em trâmite perante nos Juizados, e não na peça de ingresso, deverá ser instaurado incidente, o que, contudo, foi em um momento inicial rejeitado por magistrados dos Juizados Especiais, que não concordaram com estes incidentes.

Entretanto, observou-se que a decisão proferida em fase cognitiva não desafiava, em sede de Juizados Especiais, qualquer recurso, o que poderia ensejar em prejuízos para os sócios. Muitos julgadores acabavam proferindo decisões de desconsideração da personalidade jurídica apenas na fase de execução dos Juizados, quando já processada a pessoa jurídica devedora na fase cognitiva, de modo a preservar o direito de defesa dos sócios por meio dos embargos executivos.

Todavia, veio o artigo 1.062 do CPC/2015 esclarecer que o rito do incidente será aplicado aos Juizados Especiais. Portanto, o pedido de desconsideração da personalidade jurídica poderia ser formulado ainda na fase de conhecimento, mesmo após iniciada a demanda, neste caso, instaurando-se o respectivo incidente, que suspende o feito e prevê defesa no prazo de 15 dias.

Concluída a instrução ou sendo esta dispensada, conforme artigo 136 do CPC/2015, deverá ser proferida decisão de acolhimento ou não da desconsideração da personalidade jurídica, que se classifica como decisão interlocutória.

Exsurge, daí, outra polêmica nos Juizados Especiais.

As leis do sistema sumaríssimo não admitem Agravos de Instrumento de decisões interlocutórias, ressalvadas apenas as tutelas provisórias de urgência nos Juizados da Fazenda Pública, o que confrontaria com a disposição do artigo 1.062 do CPC/2015, que determina a aplicação do rito do incidente aos Juizados Especiais.

Três entendimentos estão ainda latentes: O primeiro sustenta que os magistrados devem aceitar a interposição do Agravo de Instrumento nos Juizados Especiais para estas decisões interlocutórias de desconsideração da personalidade jurídica, como uma nova exceção ao sistema sumaríssimo nos Juizados Especiais, eis que o CPC/2015 apresentou norma especial neste ponto, aplicável a ambos os Juizados Especiais, Cível e da Fazenda Pública e assim especificou.

Já o segundo entendimento se dá no sentido de que o incidente, decidido através decisão interlocutória, por força de lei (artigo 136 do CPC/2015), não desafiará qualquer recurso, assim como outras decisões interlocutórias que vem sendo proferidas, que são irrecorríveis. Para esta corrente, a sentença, quando proferida, abrangerá todas as questões de direito, incluindo eventual condenação ao sócio decorrente da desconsideração, o que, portanto, poderá ser objeto de Recurso Inominado da sentença da ação principal.

Já o último pensamento se dá no sentido de que, tratando-se de incidente, processado em autos apartados, a decisão final respectiva se enquadraria no conceito de sentença, previsto no § 1º do artigo 203 do CPC/2015, já que põe fim à fase cognitiva deste processo, desafiando, pois, Recurso Inominado.

4
RITOS E PROCEDIMENTOS

A Lei nº 12.153/09 também trouxe algumas inovações no tocante ao rito e aos procedimentos, modificando o previsto na Lei nº 9.099/95.

Como já reforçado, não havendo previsão expressa da Lei nº 12.153/09, deverão ser observados o rito e os procedimentos afetos aos Juizados Especiais Cíveis por comporem por compor o sistema dos Juizados Especiais, e apenas subsidiariamente o CPC.

Vários ditames da Lei nº 9.099/95, por regerem o sistema dos Juizados Especiais, terão aplicação nos Juizados Especiais da Fazenda Pública, destacando-se os princípios e os dispositivos que delineiam a singularidade do referido sistema, destacando-se:

- princípios da oralidade, simplicidade, informalidade, economia processual e celeridade (Lei nº 9.099/95, art. 2º)
- regras de competência territorial (Lei nº 9.099/95, art. 4.º) –Vide Capítulo 3.2
- os requisitos da inicial simplificados (Lei nº 9.099/95, art. 14, § 1.º);
- vedação à intervenção de terceiros (Lei nº 9.099/95, art. 10);
- regras gerais sobre revelia por ausência de comparecimento da parte (Lei nº 9.099/95, art. 20), observadas as peculiaridades inerentes aos réus Fazendários nos Juizados Especiais da Fazenda Pública.
- admissibilidade de decisão por equidade (Lei nº 9.099/95, art. 6.º), desde que respeitadas as prerrogativas do ato administrativo;
- vedação à possibilidade de ação rescisória (Lei nº 9.099/95, art. 59);
- dispensa de relatório na sentença (Lei nº 9.099/95, art. 38);
- vedação à sentença ilíquida (Lei nº 9.099/95, art. 38, par. único);
- regras inerentes aos recursos como, por exemplo, o efeito apenas devolutivo, salvo dano irreparável (Lei nº 9.099/95, art. 43), a obrigatoriedade de

advogado para recorrer (Lei nº 9.099, art. 41 § 2.º), o prazo recursal de dez dias (Lei nº 9.099, art. 42).

Dentre os preceitos dispostos na Lei nº 9.099/95 não aplicáveis aos Juizados da Fazenda Pública encontram-se:

> - o valor da causa limite para o ajuizamento da ação de 40 (quarenta) salários mínimos: nos Juizados Especiais da Fazenda Pública de 60 (sessenta) salários mínimos;
>
> - a capacidade processual prevista como possível no artigo 8º da Lei nº 9.099/95 que não esteja dentre os legitimados previstos no artigo 5º, I e II da Lei nº 12.153/09;
>
> - o prazo para designação de audiência de conciliação de no mínimo 15 (quinze) do ajuizamento da ação: nos Juizados Especiais da Fazenda Pública será após 30 (trinta) dias da citação (art. 7 Lei 12.153/2009);
>
> - impossibilidade de interposição de Agravo de Instrumento de decisão que aprecia o pedido liminar: nos Juizados Especiais da Fazenda Pública este recurso é admitido, em que pese exista discussão acerca do seu cabimento apenas quando do deferimento da liminar ou, também, quando houver seu indeferimento, denominado de Agravo Reverso.

Além dos dispositivos da Lei nº 9.099/95, aplicáveis aos Juizados Especiais de Fazenda Pública acima indicados, relevante mencionar que os enunciados emitidos pelo FONAJE - Fórum Nacional dos Juizados Especiais relativos aos Juizados Cíveis deverão ser observados, conforme orientação trazida pelo Enunciado 01 (Enunciados da Fazenda Pública). Destacam-se dentre eles, os Enunciados 11 e 54 que se referem à incompetência relativa à complexidade da causa[1]

Repita-se, todavia, que as normas trazidas pela Lei nº 9.099/95 são aplicáveis à Lei nº 12.153/09 somente no que não se conflitarem, no entanto, a recíproca não é verdadeira, ou seja, as novidades correspondentes aos Juizados Especiais da Fazenda Pública não são de observância obrigatória nos Juizados Especiais Cíveis.

---

1 ENUNCIADO 11 – As causas de maior complexidade probatória, por imporem dificuldades para assegurar o contraditório e a ampla defesa, afastam a competência do Juizado da Fazenda Pública (XXXII Encontro – Armação de Búzios/RJ).
ENUNCIADO 54 – A menor complexidade da causa para a fixação da competência é aferida pelo objeto da prova e não em face do direito material.

4.1 PEDIDO INICIAL E PEDIDO CONTRAPOSTO

4.1.1 Pedido inicial

Nos Juizados Especiais poderão ser formulados os pedidos por escrito ou oralmente, de forma simples e linguagem de fácil compreensão, conforme permite o artigo 14 e seu § 1º da Lei nº 9.099/95, que abrandaram ao rito sumaríssimo os rigores e requisitos da petição inicial previstos no artigo 319 do CPC/15.

Nos Juizados Especiais Cíveis, conforme definido pela Lei nº 9.099/95, em respeito aos princípios da informalidade e simplicidade, "o *pedido oral será reduzido a escrito pela Secretaria do Juizado, podendo ser utilizado o sistema de fichas ou formulários impressos*" (§ 3º do artigo 14).

Registrado o pedido poder-se-á dar início ao procedimento sumaríssimo, com a designação da sessão conciliatória, independentemente de distribuição e autuação (artigo 16). O registro prévio do pedido poderá ser até mesmo dispensado, nos casos em que as partes litigantes compareçam espontaneamente aos Juizados, devendo ser instaurada de imediato a sessão conciliatória (Artigo 17)

Todavia, conquanto o termo inicial também deva obedecer aos princípios norteadores dos Juizados Especiais descritos no artigo 2º, da Lei nº 9.099/95, especialmente ao da simplicidade, não estando sujeito ao rigor dos requisitos dispostos no artigo 319 do CPC/2015, deve conter no mínimo: a) o nome, a qualificação e o endereço das partes; b) os fatos (a causa de pedir) e os fundamentos, de forma sucinta; c) o objeto (pedido) e seu valor, mesmo que escritos de maneira singela (artigo 14 da Lei nº 9.099/95).

A ação poderá ser ajuizada com assistência de advogado ou atermada, quando abaixo de 20 salários mínimos, diretamente na Secretaria de Comarca, no Setor próprio criado para o referido fim.

Como sabido, grande parte dos ajuizamentos de ações é feita no Setor de Atermação do Juizado Especial. O jurisdicionado apresenta oralmente sua pretensão, que é passada a termo pelo servidor.

Deverão ser observados os preceitos relativos ao valor da causa, específicos para os Juizados Especiais da Fazenda Pública, tema este tratado neste livro (vide Capítulo 3.3.3).

Destaque-se que a elaboração de termo inicial simples, mas que contenha os itens mencionados no parágrafo anterior, especialmente com relação ao pedido corretamente realizado, permitirá o prosseguimento da ação e posterior aferição do mérito pelo magistrado, atingindo ao fim buscado pelo jurisdicionado: a efetiva prestação jurisdicional.

A - Pedidos certos e determinados – exceções para pedidos certos e indeterminados (genéricos) e aplicação nos Juizados Especiais

Quanto à natureza dos pedidos, as normas gerais previstas nos artigos 322 a 324 do CPC/2015 deverão ser aplicadas ao rito sumaríssimo, ante à inexistência de previsão específica nas leis do sistema dos Juizados Especiais.

Neste cenário, observe-se que não só o valor da causa deverá ser certo, como também, o pedido. É o que determina o artigo 322 do CPC/2015:

> Art. 322. **O pedido deve ser <u>certo</u>.**
>
> § 1º Compreendem-se no principal os juros legais, a correção monetária e as verbas de sucumbência, inclusive os honorários advocatícios.
>
> § 2º A interpretação do pedido considerará o conjunto da postulação e observará o princípio da boa-fé.

Não houve exceções à exigência de que o pedido inicial seja certo. A legislação processual permitiu, apenas, algumas hipóteses em, embora tenha a parte deixado de registrar seu pedido na peça de ingresso, seja o considerado pela defesa e pelo magistrado na sentença. São os denominados pedidos implícitos, muito aceitos para a incidência de juros e correção monetária. Mesmo nas ações judiciais propostas para cumprimento de obrigações em prestações sucessivas já vencidas, será aceito como pedido implícito aquele relativamente às obrigações que se vençam durante o curso do feito, sem adimplemento do devedor, como se observa do artigo 323 do CPC/2015.

Além de certo o pedido, deverá ser ele, ao mesmo tempo, determinado (*caput* do artigo 334 do CPC/2014).

Caberão, entretanto, para esta última característica, excepcionalidades legais, que permitem a propositura de ações contendo pedidos certos, embora genéricos (indeterminados), senão vejamos:

> *CPC/ 2015*
>
> Art. 324. O pedido deve ser <u>determinado</u>.

> **§ 1º É lícito, porém, formular pedido genérico**:
>
> – nas ações universais, se o autor não puder individuar os bens demandados;
>
> – quando não for possível determinar, desde logo, as consequências do ato ou do fato;
>
> – quando a determinação do objeto ou do valor da condenação depender de ato que deva ser praticado pelo réu.
>
> § 2º O disposto neste artigo aplica-se à reconvenção.
>
> [*V. art. 491, relacionado*]

Acerca do cabimento de pedidos genéricos perante os Juizados Especiais, o § 2º do Artigo 14 da Lei nº 9.099/95 deixou claro: "É lícito formular pedido genérico *quando não for possível determinar, desde logo, a extensão da obrigação*".

Entretanto, embora inicialmente o pedido possa ser genérico, deverá se tornar ele determinado até a prolação da sentença, uma vez que o parágrafo único do artigo 38 da Lei nº 9.099/1995 delimitou que "***não se admitirá sentença condenatória por quantia ilíquida, ainda que genérico o pedido***".

O artigo 2º da Lei nº 12.153/2009 informa que os Juizados da Fazenda Pública integram o Sistema dos Juizados Especiais, razão pela qual os preceitos legais especiais ora mencionados lhes deverão ser aplicados.

Não sendo admitida, pois, a prolação de sentença ilíquida nos Juizados Especiais, Cíveis e da Fazenda Pública, salienta-se a inexistência de previsão da fase processual de liquidação de sentença no rito sumaríssimo.

Foi admita nos Juizados, apenas, a liquidação da sentença por meros cálculos aritméticos, conforme se depreende da leitura integrada dos incisos I e II do artigo 52, incisos I e II da Lei nº 9.099/9:

> Da Execução
>
> Art. 52. A execução da sentença processar-se-á no próprio Juizado, aplicando-se, no que couber, o disposto no Código de Processo Civil, com as seguintes alterações:
>
> I - **as sentenças serão <u>necessariamente líquidas</u>**, contendo a conversão em Bônus do Tesouro Nacional - BTN ou índice equivalente;
>
> **II - <u>os</u>** <u>cálculos</u> de conversão de índices, de honorários, de juros e de **outras parcelas serão efetuados por servidor judicial;**

Ou seja, o pedido inicial deverá ser certo e, sempre que possível, determinado, com valor de causa certo.

Quando inviável a definição precisa de pedido determinado no momento da propositura da ação perante os Juizados Especiais, poderá o pedido inicial ser genérico, mas ao longo do feito deverá se tornar determinado, a fim de se profira sentença líquida (artigo 38 c/c artigo 52, I e II da Lei nº 9.099/95).

4.1.2 Aditamento dos pedidos iniciais nos Juizados Especiais

A respeito do aditamento de pedidos, os artigos 264 e 294 do CPC/73, em vigor quando se iniciaram as discussões a respeito, estabeleciam que, até a citação, poderia haver aditamento de pedidos pelo autor sem anuência do réu. Entre a citação e o saneamento do processo, apenas mediante o consentimento do réu. Após o saneamento processual, não poderia ser modificado o pedido de maneira alguma.

Os referidos artigos foram substituídos pelo artigo 329 do CPC/2015, o qual manteve as regras antes existentes:

> Art. 329. O autor poderá:
>
> I - até a citação, aditar ou alterar o pedido ou a causa de pedir, independentemente de consentimento do réu;
>
> II - até o saneamento do processo, aditar ou alterar o pedido e a causa de pedir, com consentimento do réu, assegurado o contraditório mediante a possibilidade de manifestação deste no prazo mínimo de 15 (quinze) dias, facultado o requerimento de prova suplementar.
>
> Parágrafo único. Aplica-se o disposto neste artigo à reconvenção e à respectiva causa de pedir.

Diante da completa ausência de disposições a respeito nas leis que regem o sistema dos Juizados Especiais, aplica-se o CPC/2015, no que couber.

O aditamento do pedido poderá ser realizado até a audiência, de atos concentrados, ou seja, não incide a previsão do prazo de 15 dias no sistema sumaríssimo, devendo haver a defesa ao aditamento na mesma oportunidade da audiência de atos concentrados.

Atente-se para os princípios da informalidade, economia processual, simplicidade e celeridade que regem os Juizados Especiais, bem como o previsto no artigo 5º da Lei nº 9099/95, que prima pela busca dos fins sociais que a lei visa resguardar.

Neste sentido, o FONAJE emitiu o Enunciado 157, que vem sendo aplicado em larga escala pela maioria dos magistrados, inclusive os da Fazenda Pública, a saber:

> ENUNCIADO 157 – O disposto no artigo 294 do CPC não possui aplicabilidade nos Juizados Especiais Cíveis, o que confere ao autor a **possibilidade de aditar seu pedido até o momento da AIJ** (ou fase instrutória), sendo resguardado ao réu o respectivo direito de defesa (XXX Encontro – São Paulo/SP, novembro de 2011).

Registre-se que muitas vezes foram encontrados em audiências pelos conciliadores e magistrados equívocos nas atermações feitas pelo próprio Tribunal de Justiça, merecendo o devido reparo, sob pena de causar prejuízos à parte que confiou no Judiciário. Observou se que, em diversas ocasiões, o que era externado pela parte autora durante a tentativa conciliatória não se encontrava descrita nos autos como causa de pedir, pedidos ou até mesmo pedidos não pretendidos, sendo que o cidadão poderia ser bem esclarecido ou atécnico a desconhecer das leis processuais e o direito material.

Alia-se a essa situação o fato de que o saneamento processual, em sede de Juizados Especiais, normalmente é feito na audiência de atos concentrados, consoante artigo 29 da Lei nº 9.099/95, uma vez que não há previsão no rito sumaríssimo de que seja feito o despacho inicial saneador. Assim, seria este o momento para corrigir eventuais equívocos, bem como para definir de plano questões prejudiciais a indicar necessidade de emendas \`a inicial, razão pela qual, com razão as limitações aos aditamentos no CPC não poderão prevalecer, *in totum*, em sede de Juizados Especiais, sob pena de prejuízo a um julgamento justo.

Neste ponto, observe-se que o CPC de 2015, diante das dificuldades encontradas para a redação clara das causas de pedir e pedidos nas peças de ingresso, apresentou uma sistemática diferenciada para a análise pelo magistrado dos pedidos, antes interpretados restritivamente (artigo 293 do CPC/73), para estabelecer que "*A interpretação do pedido considerará o conjunto da postulação e observará o princípio da boa-fé*" (§ 2º do artigo 322 do CPC/2015), a viabilizar a aceitação de modificações de eventuais incorreções intelectivas, dentro do princípio da economia processual.

Desde que o aditamento não torne o julgamento complexo e obedeça aos critérios de competência e limites do valor da causa e litisconsórcio não multitudinário, não há impedimento da aplicação do Enunciado 157 acima transcrito aos Juizados Especiais da Fazenda Pública.

Deve-se, pois, permitir que a parte autora adite a causa de pedir ou pedidos até a data da audiência, oportunidade de atos concentrados em que será dada vista à parte contrária para a respectiva defesa, devendo, em caso de prejuízos, ser propiciada ao réu a apresentação de nova contestação e provas para momento posterior, sob pena de infringência ao princípio constitucional da ampla defesa.

4.1.3 Pedido contraposto nos Juizados Especiais da Fazenda Pública

No tocante ao pedido contraposto, importante mencionar que não houve qualquer proibição expressa contida na Lei nº 12.153/09.

Como sabido, o artigo 31 da Lei nº 9.099/95 veda a reconvenção, possibilitando, outrossim, que juntamente com a defesa seja apresentado o pedido contraposto pela parte ré, o que vem sendo amplamente aceito nos Juizados Especiais Cíveis.

Embora não seja habitual a apresentação de pedido contraposto nos Juizados Especiais da Fazenda Pública, tratando-se, pois, de matéria pouco enfrentada, importantes doutrinadores defendem sua possibilidade.

Salientam os estudiosos que assim defendem que deverá ser observado o rito estabelecido pela própria Lei nº 12.153/09 já utilizado para o pedido inicial, não se confundindo com a reconvenção, inadmitida em sede de Juizados Especiais.

Neste sentido, menciona o respeitado jurista Humberto Theodoro Júnior[2] quanto ao cabimento do pedido contraposto, apontando os reflexos executivos de eventual êxito pela Fazenda Pública, que poderia promover o cumprimento de sentença nos próprios autos:

---

2 JUNIOR, Humberto Theodoro. *Os Juizados Especiais da Fazenda Pública* (Lei nº12.153, de 22.12.2009). Disponível em: (http:// *www.ejef.tjmg.jus.br/home/files/publicacoes/palestras/pal022010)*

> A resposta do demandado pode ser, tal como a inicial, formulada por escrito ou por via oral. Nela são admissíveis pedidos contrapostos, independentemente de reconvenção (Lei nº 9.099, art. 17, parágrafo único)." "Se, porém, na ação anulatória de lançamento tributário a Fazenda Pública apresentar, na contestação, pedido contraposto (Lei nº 9.099, art. 31) e sair vitoriosa, terá ela constituído em seu favor título executivo judicial, que obviamente será exequível no próprio Juizado Especial. Não se há de pensar que, in casu, a execução de sentença estaria excluída da competência do Juizado, por força da norma que não permite a execução fiscal dentro de sua competência. É que execução fiscal e execução de sentença são ações completamente distintas, já que aquela se funda em título extrajudicial, dando origem a um contencioso tão amplo como o das ações ordinárias de cobrança, enquanto a última nem mesmo se considera ação distinta da condenatória, não passando de simples fase desta, o que torna reduzidíssimo o campo de impugnação ao cumprimento da condenação judicial (CPC, art. 475-L). Por outro lado é certo, em nosso direito positivo, que, em princípio, o cumprimento da sentença deve efetuar-se perante "o juízo que processou a causa no primeiro grau de jurisdição" (CPC, art. 475-P, nº II).
>
> Uma vez que o Juizado Especial tem competência para julgar o pedido condenatório contraposto pela Fazenda Pública e que nesse julgamento pode advir a condenação do autor, é claro que caberá ao Juizado fazer cumpri-la. É bom lembrar que a jurisdição atribuída aos Juizados Especiais da Fazenda Pública compreende tanto a cognição como a execução, nas causas de sua competência (Lei nº 12.153, art. 1º).

Há quem defenda o não cabimento do pedido contraposto por vários motivos, em virtude do rito célere e simples dos Juizados Especiais da Fazenda Pública.

A primeira ponderação importante encontrada no sentido de não se reconhecer o pedido contraposto para a Fazenda Pública foi retratada pelo seguinte julgado do Tribunal de Justiça do Distrito Federal:

> JUIZADOS ESPECIAIS DA FAZENDA PÚBLICA. ADMINISTRATIVO E PROCESSUAL CIVIL. CEB. INADIMISSIBILIDADE DE PEDIDO CONTRAPOSTO EM SEDE DE JUIZADO ESPECIAL DA FAZENDA PÚBLICA. DECISÃO COM BASE NOS DITAMES DO ART. **5º**, **I**, DA LEI Nº **12.153**/2009. SENTENÇA MANTIDA. NEGADO PROVIMENTO AO RECURSO.
>
> A controvérsia deve ser solucionada sob o prisma da Lei que dispõe sobre os Juizados Especiais da Fazenda Pública no âmbito dos Estados, do Distrito Federal, dos Territórios e dos Municípios, Lei nº12.153/2009. A recorrente, em sede recursal, alega que é possível o pedido contraposto

> em sede de Juizado Especial da Fazenda Púbica de Fazenda Pública, sob o fundamento que o Enunciado nº31 do FONAJE assim dispõe. É inadmissível o pedido contraposto apresentado pela Companhia Energética de Brasília - CEB, em sede de Juizado Especial da Fazenda Pública, eis que vai de encontro ao ditames do art. 5º, I, da Lei 12.153/2009. Ante o exposto, nego provimento ao recurso e mantenho a r. sentença recorrida. Vencida a parte recorrente, deverá arcar com os honorários advocatícios, que fixo em R$300,00 (trezentos reais), nos termos do art. 20, §4º, do Código de Processo Civil.Sem custas processuais acórdão lavrado nos moldes do art. 46 da Lei Federal N. 9.099, de 25 de setembro de 1995. (TJ-DF-Ação Cível do Juizado Especial: ACJ 15776850118070001 DF 00115776-85.2011.807.001)

Verifica-se, aqui, que a decisão acima transcrita respalda-se apenas na não aplicação do pedido contraposto por não estar a Fazenda Pública prevista no rol do artigo 5º, I, da Lei nº 12.153/09 como possível parte autora.

Todavia, a nosso crer, a tese padece de razão, uma vez que no pedido contraposto o seu requerente não se torna autor, eis que não se trata de reconvenção. A natureza é distinta e permanece o pretendente do pedido contraposto como réu, a justificar que o formule em contestação.

A maioria dos pedidos contrapostos são realizados perante os Juizados Especiais Cíveis exatamente pelas empresas de grande porte rés, as quais não podem ajuizar ações perante o rito da Lei nº 9.099/95, assim como a Fazenda Pública, embora tenha quisto o legislador que estas pessoas jurídicas rés pudessem formular pedidos contrapostos, quando da redação do artigo 31 da Lei dos Juizados Especiais.

A referida tese, portanto, por si só não sustentaria a inviabilidade de a Fazenda Pública formular pedido contraposto perante o Juizado Especial.

Deve ainda ser trazido à baila um segundo entendimento, no sentido do não cabimento do pedido contraposto pela Fazenda Pública.

Para esta tese, como a Lei nº 12.153/2009 nada dispôs a respeito do pedido contraposto no âmbito da Fazenda Pública, entende-se que deverá ser observado o que estabelece a literalidade a Lei nº 9.099/95 acerca do tema.

Neste parâmetro, entendem que o instituto do pedido contraposto, em sede de rito sumaríssimo, previsto no artigo 31 da Lei nº 9.099/95, tem aplicabilidade condicionada à observância dos limites fixados no artigo 3º da mesma lei. Todavia, o artigo 3º da Lei nº 9.099/95 veda a possibilidade de pedido contraposto de interesse da Fazenda Pública no âmbito dos Juizados:

> Art. 31. Não se admitirá a reconvenção. É lícito ao réu, na contestação, formular pedido em seu favor, **nos limites do art. 3º desta Lei**, desde que fundado nos mesmos fatos que constituem objeto da controvérsia.
>
> Parágrafo único. O autor poderá responder ao pedido do réu na própria audiência ou requerer a designaçao da nova data, que será desde logo fixada, cientes todos os presentes.
>
> Artigo 3, § 2º Ficam excluídas da competência do Juizado Especial as causas de natureza alimentar, falimentar, **fiscal e de interesse da Fazenda Pública**, e também as relativas a acidentes de trabalho, a resíduos e ao estado e capacidade das pessoas, ainda que de cunho patrimonial.

Assim, para esta tese contrária ao cabimento do pedido contraposto formulado pela Fazenda Pública, o dispositivo que justificaria a formulação de pedido contraposto (artigo 31 da Lei nº 9.099/95) não teria aplicabilidade nos Juizados Especiais da Fazenda Pública, já que restou a Fazenda expressamente excluída.

A mesma *ratio* está presente no Enunciado 12 do FONAJEF, que proíbe que a União formule pedido contraposto no Juizado Especial Federal: "*No Juizado Especial Federal, não é cabível o pedido contraposto formulado pela União Federal, autarquia, fundação ou empresa pública federal.*"

O julgado a seguir se posiciona no sentido da impossibilidade de pedido contraposto formulado por pessoa jurídica de direito público nos Juizados Especiais da Fazenda Pública, a saber:

> JUIZADO ESPECIAL FEDERAL. SEGURODESEMPREGO.
>
> RECEBIMENTO INDEVIDO. PEDIDO CONTRAPOSTO. ILEGITIMIDADE DA UNIÃO.
>
> LEI 9.099/95. LEI 10.259/2001. AFASTADA A DECLARAÇÃO DE PRESCRIÇÃO. 1. Havendo recebimento indevido de seguro desemprego, fica suspensa a concessão de outro benefício pelo prazo de 2 anos. 2. Havendo conflito entre as Leis 9.099/95 e 10.259/2001, não se aplica o instituto do pedido contraposto previsto no art. 31 da primeira, que manda observar os limites de seu art. 3º. 3. **Reconhecida, de ofício, a ilegitimidade da União para formular pedido contraposto nos Juizados Especiais Federais.** (PEDILEF 200235007073116, Rel. Lindoval Marques de Brito, Data da Decisão 11/3/2003).

Ao enfrentar a situação concreta[3], a magistrada autora se posicionou pela ausência de pressupostos processuais de constituição válida e regular do processo quanto ao pedido contraposto formulado pela Fazenda Pública, devendo, portanto, ser extinto o pedido contraposto, sem resolução do mérito, nos moldes do artigo 485, IV, do CPC/2015, eis que formulado por pessoa jurídica de direito público vedada pela legislação de regência (artigo 3º cc artigo 31 da Lei nº 9.099/95).

No âmbito do sistema dos Juizados Especiais dos Estados, inclusive em Minas Gerais, ainda não foi elaborado enunciado a respeito da possibilidade ou não de formulação de pedido contraposto pela Fazenda Pública, matéria que certamente em breve deverá ser enfrentada e ainda sem entendimento pacificado.

4.2 DECISÃO LIMINAR – TUTELAS ANTECIPADAS NOS JUIZADOS ESPECIAIS DA FAZENDA PÚBLICA – LIMITAÇÕES PROCESSUAIS E MATERIAIS

4.2.1 Cabimento nos Juizados Especiais Cíveis e da Fazenda Pública – Tutelas provisórias de urgência incidentais de rito compatível

A Lei nº 9.099/95, que iniciou o sistema dos Juizados Especiais, não previu hipótese de pedido liminar, nem mesmo de qualquer recurso em face de eventual decisão interlocutória a respeito.

Há que se mencionar que alguns juízes, primando pela utilização dos Juizados nos exatos termos em que foram propostos, deixam de analisar pedidos liminares em sede de juízo sumaríssimo cível. Fundamentam no fato de que o feito já tramita de maneira célere e, considerando a ausência de previsão legal para tanto, a parte autora, ao optar pelo rito facultativo dos Juizados Especiais Cíveis, tinha ciência de que não haveria possibilidade de se formular pedidos liminares.

Contudo, diante do crescimento das demandas e em virtude da prevalência de princípios e garantias constitucionais violados para causas de menor

3 Proc. 9003849.87.2015.813.0024.

complexidade, a exigência de intervenção imediata e urgente do Poder Judiciário, sem que se mostrasse motivo suficiente a afastar o rito sumaríssimo, a maioria dos magistrados passou a apreciar pedidos formulados em sede liminar, a despeito de cabimento de recurso próprio e da celeridade.

Nesse ínterim, a Lei nº 12.153, de 2009 trouxe expressamente para os feitos da Justiça estadual especial sumaríssima, as providências cautelares e antecipatórias em sede de fazenda pública.

Entretanto, de leitura atenta do texto do artigo 3º da Lei nº 12.153/2009, o legislador limitou o cabimento, em sede dos Juizados Especiais da Fazenda Pública, apenas das tutelas provisórias de urgência incidentais cautelares (antigas liminares puras) ou antecipadas (tutelas antecipadas) e desde que apresentem ritos compatíveis com o da Lei nº 9.099/95, a saber:

> Art. 3º O juiz poderá, de ofício ou a requerimento das partes, **deferir** quaisquer providências cautelares e antecipatórias **no curso do processo**, **para evitar** **dano de difícil ou de incerta reparação.**

Incabíveis, pois, as tutelas antecipadas e cautelares antecedentes, eis que não abrangidas da legislação especial do artigo 3º da Lei dos Juizados Especiais Fazendários.

O CPC/2015, relembre-se, somente poderá ser utilizado em aplicação supletiva perante os Juizados Especiais, naquilo que as leis especiais atinentes ao sistema dos Juizados Especiais não dispuserem e somente se for compatível com os critérios do artigo 2º da Lei nº 9.099/95, notadamente os da celeridade, economia processual e simplicidade (artigos 1º e 27 da Lei nº 12.153/2009 c/c artigo 1.046, § 2º do CPC/2015).

Certo é que, diante da possibilidade de pedidos urgentes em face da Fazenda Pública, a distribuição de ações perante os Especiais da Fazenda Pública da Comarca de Belo Horizonte, no mês de agosto de 2016, se deu em cerca de 1.290 processos, sendo que em quase sua totalidade houve pedido liminar ou de antecipação de tutela.

A reiteração dos pedidos liminares formulados no ingresso das ações vem causando o mesmo efeito de despacho inicial saneador, uma vez que o magistrado, ao analisá-los, acaba, acertadamente, por verificar a regularidade da petição inicial ou do termo, o que não ocorre com as demais ações propostas sob a égide da Lei nº 9.099/95, já que, em regra, nos processos dos Juizados

Especiais Cíveis o juiz somente terá contato com os autos já em audiência de atos concentrados.

As tutelas de urgência, em sede de Juizados Especiais fazendários, admitem recurso, nos termos do artigo artigo 4º da Lei nº 12.153/2009. Embora também desprovido de nomenclatura específica, vem sendo aceito como agravo de instrumento, eis que a decisão liminar se classifica como decisão interlocutória, o que trouxe também controvérsias, a serem melhor exploradas adiante, no Capítulo próprio aos recursos (Capítulo 4.12.3).

4.2.2 Tutelas Antecedentes – incompatibilidade - não cabimento

As tutelas provisórias antecedentes não encontram guarida no rito dos Juizados Especiais previsto pelas Leis nº 9.099/95 e demais de regência, em virtude da clara incompatibilidade com os procedimentos previstos nos artigos 303 e 305 do CPC/2015.

O sentido é o mesmo daquele objeto do teor da redação do Enunciado 9 do FONAJEF, que assim definiu:

> ENUNCIADO 09 FONAJEF - Além das exceções constantes do p. 1 do artigo 3 da Lei 10.259/2001, **não se incluem na competência dos Juizados Especiais Federais os procedimentos especiais previstos no Código de Processo Civil**, salvo quando possível a adequação ao rito da Lei 10259/2001.

Esse é o entendimento adotado largamente pelos magistrados atuantes nos Juizados Especiais, o que ensejou a edição do Enunciado 163 do FONAJE, de novembro de 2015, já após a vigência no novo CPC/2015, a saber:

> ENUNCIADO 163 FONAJE - **Os procedimentos de tutela de urgência requeridos em caráter antecedente, na forma prevista nos arts. 303 a 310 do CPC/2015, são incompatíveis com o Sistema dos Juizados Especiais** (XXXVIII Encontro – Belo Horizonte-MG - 2015).

Com efeito, a compatibilidade entre CPC e rito sumaríssimo não ocorre com as espécies de tutelas não urgentes ou de ritos diferenciados previstas no CPC/2015.

Neste cenário, em se tratando de cautelar antecedente preparatória, exigiria procedimento especial previsto no artigo 305 do CPC/2015, também incompatível com o rito da Lei nº 9.099/95. Certo, outrossim, possua a parte autora direito de petição e outros meios constitucionalmente garantidos para obter a resposta pretendida. É possível entretanto, que muitas vezes venha a ajustar seu intento ao rito da mencionada Lei.

O próprio CPC/2015, reconhecendo a impossibilidade de cautelares antecedentes nos Juizados Especiais, definiu no § 3º do seu artigo 381, quanto à produção antecipada da prova e justificação, de ações autônomas, que "*a produção antecipada da prova não previne a competência do juízo para a ação que venha a ser proposta.*", permitindo-se uma dissociação entre os autos das tutelas antecedentes e principais a serem distribuídos em comarcas distintas.

O artigo 381, § 3º do CPC/2015 permite que se processe o pedido de tutela antecedente perante o juízo comum. Conclui-se, portanto, que poderá ser nele processado o rito diferenciado sendo possível, após, acionar a tutela principal perante o Juizado Especial.

A tutela cautelar antecedente de exibição de documentos, por exemplo, que exige rito especial próprio previsto no artigo 303 do CPC/2015, é incompatível com o rito do Juizado Espccial da Fazenda Pública, que não se mostra competente. Sendo proposta a tutela antecedente e tornada imutável, não há obrigatoriedade de que a ação principal seja proposta no mesmo foro. Assim, sendo necessária a obtenção prévia de documentos existentes no estabelecimento da parte ré para análise e formação da causa de pedir da ação princi pal posterior, orienta-se que a parte autora formule pedido administrativo no exercício de seu direito de petição (ou promova buscas via sites disponibilizados pelos entes públicos seus holerites), ou, ainda, que ajuíze ação com pedido de tutela cautelar antecedente de exibição de documento da Justiça comum e, após o procedimento específico, que entre com o pedido principal perante o Juizado Especial, se for o caso.

4.2.3 Tutelas de Evidência

As tutelas de evidência foram previstas no artigo 311 do CPC/2015, sendo aquela que poderá ser "*concedida, independentemente da demonstração de perigo de dano ou de risco ao resultado útil do processo*", nas hipóteses previstas nos incisos do mesmo artigo.

Ressalte-se, entretanto, que a parte final do artigo 3º da Lei nº 12.153/2009 deixa claro que somente poderá o juiz deferir a medida de urgência com a finalidade de evitar dano de difícil ou incerta reparação.

Pelo princípio da especialidade, portanto, não serão acolhidas as tutelas de evidência em sede de rito sumaríssimo fazendário, uma vez que dispensam o perigo de dano, requisito previsto no artigo 3º da Lei 12.153/2009.

Por outro lado, o texto contido no parágrafo único do artigo 311, II do CPC/2015 permite que "*...Nas hipóteses dos incisos II e III, o juiz poderá decidir liminarmente.* " , quando:

> Art. 311. (.....)
>
> I - as alegações de fato puderem ser comprovadas apenas documental-mente e houver tese firmada em julgamento de casos repetitivos ou em súmula vinculante;
>
> II - se tratar de pedido reipersecutório fundado em prova documental adequada do contrato de depósito, caso em que será decretada a ordem de entrega do objeto custodiado, sob cominação de multa;
>
> (.....)

Por fim, ressalta-se que o magistrado poderá, na hipótese de recurso repetitivo ou de súmula vinculante, decidir liminarmente sobre o tema, uma vez que já atrelado seu *decidum* ao julgamento, possível, inclusive, o julgamento liminar de improcedência, quando desnecessária fase instrutória, nos termos do artigo 332 do CPC/2015, que segue critério célere e compatível com os Juizados Especiais.

4.2.4 Ações cautelares incidentais – alterações legislativas

O CPC/2015, ao tratar das tutelas provisórias, dispôs que deverão ser processadas nos mesmos autos, seja de maneira antecedente, para posterior imutabilidade da tutela antecipada, seja de modo incidental, permitindo-se a cisão apenas nas hipóteses de foro territorial optativo.

Deixou o CPC, portanto, de abarcar a possibilidade antes existente de ações judiciais a tramitarem por autos próprios, inclusive como cautelares incidentais, as quais se caracterizam, hoje, como meras tutelas de cautelares de urgência incidentais, evitando-se, assim, distribuição e curso distinto da principal, prestigiando-se o princípio do sincretismo processual.

As antigas ações cautelares incidentais eram contrárias aos princípios que regem os Juizados Especiais, tais como a simplicidade, informalidade, celeridade e economia processual, sendo que o artigo 3º da Lei nº 12.153/2009 somente permite a concessão da cautelar incidentalmente, durante o curso do processo.

4.2.5 Tutelas provisórias em direito público – restrições materiais nos Juizados Especiais

As tutelas provisórias de urgência incidentais deverão ser analisadas à luz dos artigos 300 ao 302 CPC/2015, uma vez que passaram a ser aceitas no sistema dos Juizados Especais de maneira expressa, através do artigo 3º da Lei 12.153, como já mencionado.

Deverão as tutelas de urgência, cautelares ou antecipadas, observar a presença dos requisitos simultâneos para sua concessão, quais sejam, a verossimilhança da alegações, a plausibilidade do direito, o perigo de danos irreversíveis ou de difícil reparação na ausência da concessão imediata do provimento liminar. No caso de tutela antecipada, não poderá haver perigo de irreversibilidade do provimento antecipatório. (artigo 300 do CPC/2015)

Relativamente ao direito material em face da Fazenda Pública, objeto de tutela provisória de urgência, verifica-se o artigo 1º da Lei nº 9.494/1997, que "*Disciplina a aplicação da tutela antecipada contra a Fazenda Pública, altera a Lei nº 7.347, de 24 de julho de 1985, e dá outras providências.*", assim delimitou:

> Art. 1º Aplica-se à tutela antecipada prevista nos arts. 273 e 461 do Código de Processo Civil o disposto nos arts. 5º e seu parágrafo único e 7º da Lei nº 4.348, de 26 de junho de 1964, no art. 1º e seu § 4º da Lei nº 5.021, de 9 de junho de 1966, e nos **arts. 1º, 3º e 4º da Lei nº 8.437, de 30 de junho de 1992.**

A Lei nº 12.016/2009 substituiu as Leis nº 4.348/64 e nº 5.021/66, que tratam de mandado de segurança, remédio processual este que, em regra, não se mostra cabível nos Juizados da Fazenda Pública (§ 1º, I do artigo 2º da Lei nº 12153/09), salvo na ausência de recurso previsto par a decisão.

O artigo 1º da Lei nº 8.437/92, que *"dispõe sobre a concessão de medidas cautelares contra atos do Poder Público"*, cria restrições ao cabimento de liminares em face da Fazenda Pública, dentre outras, sempre que as leis de mandado de segurança vedarem, consoante abaixo transcrevo:

> Lei nº 8.437/92
>
> Art. 1º. Não será cabível medida liminar contra atos do Poder Público, no procedimento cautelar ou em quaisquer outras ações de natureza cautelar ou preventiva, toda vez que providência semelhante não puder ser concedida em ações de mandado de segurança, em virtude de vedação legal.
>
> § 1º. Não será cabível, no juízo de primeiro grau, medida cautelar inominada ou a sua liminar, quando impugnado ato de autoridade sujeita, na via de mandado de segurança, à competência originária de tribunal.
>
> § 2º O disposto no parágrafo anterior não se aplica aos processos de ação popular e de ação civil pública.
>
> § 3º Não será cabível medida liminar que esgote, no todo ou em qualquer parte, o objeto da ação.
>
> § 4º Nos casos em que cabível medida liminar, sem prejuízo da comunicação ao dirigente do órgão ou entidade, o respectivo representante judicial dela será imediatamente intimado.
>
> § 5º. Não será cabível medida liminar que defira compensação de créditos tributários ou previdenciários.

Mesmo antes da existência dos Juizados Especiais da Fazenda Pública, já havia discussão acerca do cabimento ou não de liminares e tutelas antecipadas em face dos entes públicos relativamente a temas que atingiriam sobremaneira a Administração Pública quando judicializados, uma vez que o artigo 1º da Lei nº 9.494/97 passou a ter sua constitucionalidade questionada, notadamente porque poderia privilegiar a Fazenda Pública, em detrimento de terceiros com pedidos urgentes, que poderiam sofrer restrições injustamente.

Houve concessão de medida cautelar na ADC 4 pelo STF, que suspendeu liminarmente, com eficácia *ex nunc* e efeito vinculante, até final julgamento da ação, a prolação de qualquer decisão sobre pedido de tutela antecipada, contra a Fazenda Pública, que tinha por pressuposto a constitucionalidade ou inconstitucionalidade do artigo 1º da Lei nº 9.494, de 10.9.97.

O CPC/2015 manteve as restrições existentes no sistema processual civil relativas a liminares e tutelas antecipadas em face da Fazenda Pública para os processos civis em geral, uma vez que em seu artigo 1.059 determina que à tutela provisória requerida contra a Fazenda Pública, aplicar-se-á o disposto nos artigos. 1º a 4º da Lei nº 8.437/92, acima já transcritos e no artigo 7º, § 2º, da Lei nº 12.016/2009, que abaixo se segue:

> Lei nº 12.016/2009
>
> Art. 7º, § 2o Não será concedida medida liminar que tenha por objeto a **compensação de créditos tributários, a entrega de mercadorias e bens provenientes do exterior**, a **reclassificação ou equiparação de servidores públicos e a concessão de aumento ou a extensão de vantagens ou pagamento de qualquer natureza**.

O STF, na Súmula nº 729, entendeu que as restrições à tutela provisória contra a Fazenda Pública não se aplicam às ações previdenciárias.

Quanto à incidências das restrições de direito material apresentadas aos às causas fazendárias em trâmite perante os Juizados Especiais, há uma linha de entendimento que segue as normas atinentes às limitações de liminares em face da Fazenda Pública, contidas na Lei nº 9.494/97 e artigo 1059 do CPC/2015 acima já mencionadas.

Entretanto, entendemos conforme os magistrados que se mantém adstritos apenas à restrição estabelecida no artigo 3º da Lei nº 12 153/2009, no tocante à urgência, por não ter havido vedações materiais expressas.

A redação do artigo 3º da Lei nº 12 153/2009 evitou tanto a discussão estabelecida quando da implantação da Lei nº 9.099/95 no tocante ao cabimento de liminares em sede de Juizados Especiais, quanto os questionamentos existentes há anos sobre a constitucionalidade ou não acerca das vedações materiais dispostas em leis especiais (ex: artigo 1º da Lei nº 9494/97), ao apenas dispor expressamente que poderá deferir tutela antecipada, contra a Fazenda Pública, "*para evitar dano de difícil ou incerta reparação*".

Ou seja, se houver urgência e perigo de causar danos efetivos à parte, não sendo irreversível, será possível conceder ao tutela de urgência, independentemente de se tratar de matéria excluída ou não pelo artigo 1º da Lei nº 9.494/97 e demais nele referidas, sendo as tutelas de urgência as únicas possíveis como tutelas provisórias nos Juizados Especiais da Fazenda Pública (artigo 3º da Lei nº 12.153/2009).

O que se pode extrair acerca das tutelas provisórias é as de urgência são sempre medidas excepcionais. Providências tomadas sem o respaldo dos pressupostos legais podem configurar arbitrariedade e abuso em intolerável, com infração à garantia fundamental do devido processo legal e do contraditório.

O artigo 3º, ao restringir a urgências, acabou de certa forma por resguardar as limitações legais em matéria fazendária, contidas nas Lei nº 9494/97 (artigo 1º e 2-B), Lei nº 8437/92, Lei nº 12.016/2009 e no artigo 1.059 novo CPC/2015, sem, contudo, desprezar eventuais situações urgentes, que possam violar direitos e garantias constitucionais, permitindo-se, neste caso, a concessão da tutela antecipada ou cautelar de urgência.

4.3 CITAÇÃO E INTIMAÇÃO

A Lei nº 12.153/09, em seu artigo 7º, dispôs que a citação deverá ocorrer em até (30) trinta dias antes da audiência de conciliação.

O artigo 6º da Lei nº 12.152/09 esclarece que, para as citações e intimações, deverão ser aplicadas as normas do Código de Processo Civil.

Tratando-se os réus de pessoas jurídicas de direito público, a citação deverá ser, portanto, realizada por mandado, conforme previa o artigo 222, c do CPC/73 e atualmente, o artigo 247, III, do CPC/15, ou pela via eletrônica.

Eletronicamente mostram-se possíveis as citações e intimações, senão vejamos a legislação em vigor a respeito (Lei nº 11.419/2006), que assim dispõe para a Fazenda Pública:

> Art. 6º Observadas as formas e as cautelas do art. 5º desta Lei, **as citações, inclusive da Fazenda Pública**, excetuadas as dos Direitos Processuais Criminal e Infracional, poderão ser feitas por meio eletrônico, desde que a íntegra dos autos seja acessível ao citando.
>
> Art. 7º As cartas precatórias, rogatórias, de ordem e, de um modo geral, todas as comunicações oficiais que transitem entre órgãos do Poder Judiciário, bem como entre os deste e os dos demais Poderes, serão feitas preferentemente por meio eletrônico.

Destaque-se que o questionamento sobre a possibilidade de ocorrência de citação por edital ou por hora certa não há razão de ser quando o pólo passivo da lide for composto por aquelas pessoas previstas no inciso II do artigo 5º da Lei nº 12.153/2009, já que o artigo 6º assim definiu:

> Art. 6º Quanto às citações e intimações, aplicam-se as disposições contidas na Lei nº 5.869, de 11 de janeiro de 1973 – Código de Processo Civil.

Deverá a citação ocorrer pessoalmente à Fazenda Publica, não sendo possível a citação fictícia, seja por edital ou por hora certa em face dos entes públicos.

Por outro lado, para as hipóteses em que se reconheça litisconsórcio passivo necessário ou unitário do ente público com pessoas naturais ou jurídicas privadas, haverá atração do julgamento para o magistrado dos Juizados Especiais da Fazenda Pública, em que pese devam incidir as regras estabelecidas pela Lei nº 9.099/95 em face da pessoa natural ou jurídica privada, eis que nela encontra-se regido o sistema de citações e intimações em face das mesmas.

O artigo 6º da Lei nº 12.153/09 precisa ser aplicado, portanto, em interpretação sistemática, quando houver no pólo passivo da lide pessoas não previstas especificamente como fazendárias, nos Juizados Especiais da Fazenda Pública. Ora, sendo o rol do polo passivo taxativo apenas para aceitar as pessoas jurídicas de direito público como rés, tem-se, portanto, que a citação pelo artigo 6º (CPC) somente terá aplicabilidade em relação à Fazenda Pública.

Quanto à citação editalícia, observa-se a vedação nos Juizados Especiais, uma vez que o § 2º do artigo 19 da Lei nº 9.099/95 determina que *"não se fará citação por edital"*.

Entretanto, não há vedação expressa à citação por hora certa às pessoas naturais e jurídicas privadas, conforme entendimento majoritário dos magistrados, sendo ela espécie de citação a ser feita por oficial de justiça, com dia e hora marcados, embora fictícia (artigo 253 do CPC/2015).

A citação ou intimação eletrônicas previstas pela Lei de Processo Eletrônico n. 11.419/2006 valem como citação ou intimação pessoal, inclusive para a Fazenda Pública, a saber:

> Art. 9º - No processo eletrônico, todas as citações, intimações e notificações, **inclusive da Fazenda Pública**, serão feitas por meio eletrônico, na forma desta Lei.
>
> § 1º - As citações, intimações, notificações e remessas que viabilizem o acesso à íntegra do processo correspondente serão consideradas **vista pessoal do interessado para todos os efeitos legais**.

No tocante às intimações, deverão ser observadas as normas contidas no artigo 19 da Lei nº 9099/95, além dos artigos 269 ao 275 do CPC/2015, no que couber. Destacam-se que o Ministério Público deverá ser intimado pessoalmente.

Tratando-se de processo eletrônico, também deverá ser observada a regra contida no artigo 4º, §2º, da Lei nº 11.419/06:

> A publicação eletrônica na forma deste artigo substitui qualquer outro meio e publicação oficial, para quaisquer efeitos legais, à exceção dos casos que, por lei, exigem intimação ou vista pessoal".

Também deverá ser intimada pessoalmente a Defensoria Pública, em função da prerrogativa contida no artigo 44, I, da Lei Complementar nº 80 de 1994 e art. 5º, §5º, da Lei nº 1.060/50, ainda em vigor.

A obrigatoriedade de intimação pessoal, para parte da jurisprudência, não se estende à pessoa dos procuradores estaduais e municipais, uma vez que a referida prerrogativa limita-se, no casos dos procuradores, apenas aos federais, conforme entendimento jurisprudencial assentado pelo Superior Tribunal de Justiça. Veja-se:

> EMENTA: PROCESSUAL CIVIL. AGRAVO REGIMENTAL NO AGRAVO EM RECURSO ESPECIAL. INTEMPESTIVIDADE DO RECURSO ESPECIAL. CONTAGEM DO PRAZO PARA PROCURADORES ESTADUAIS. AUSÊNCIA DA PRERROGATIVA DE INTIMAÇÃO PESSOAL. PRECEDENTES.
>
> 1. "A prerrogativa da intimação pessoal é conferida somente aos Procuradores Federais, Advogados da União, Procuradores da Fazenda Nacional, Defensores Públicos e membros do Ministério Público, **não se aplicando aos Procuradores Estaduais, do Distrito Federal e dos Municípios**, à exceção dos executivos fiscais, hipótese que não subsume a dos autos." (AgRg no AREsp 59599/ BA, Rel. Min. Regina Helena Costa, Primeira Turma, DJe de 24/3/2015).
>
> 2. Agravo regimental não provido.
>
> ACÓRDÃO: Vistos, relatados e discutidos os autos em que são partes as acima indicadas, acordam os Ministros da PRIMEIRA Turma do Superior Tribunal de Justiça, por unanimidade, negar provimento ao agravo regimental, nos termos do voto do Sr. Ministro Relator. Os Srs. Ministros Sérgio Kukina (Presidente), Regina Helena Costa, Olindo Menezes (Desembargador Convocado do TRF 1ª Região) e Napoleão Nunes Maia Filho votaram com o Sr. Ministro Relator. (STJ. AgRg no AREsp 739785/BA. Rel. Min. Benedito Gonçalves. T1 - Primeira Turma. Julgado em 03.12.2015. Publicado em 14.12.2105)

Estão avançando estudos para intimação através de watsaap, já inclusive iniciadas em algumas comarcas do nosso Estado de Minas Gerais.

Assim, em sede dos Juizados Especiais da Fazenda Pública, onde em regra somente haverá a militância de procuradores estaduais e municipais, autárquicos e fundacionais, em função do rol taxativo do polo passivo previsto na Lei nº 12.153/09, nos termos do entendimento acima transcrito, não haverá intimação pessoal para os referidos procuradores da AGE e das procuradorias municipais.

Por fim, insta salientar esteja em crescimento o entendimento de que, em sede de Juizados Especiais Cíveis, não seria cabível a utilização de Cartas Precatórias, uma vez que o inciso III do artigo 18 da Lei nº 9099/95 foi imperativo ao definir que as citações e intimações por oficial de justiça idependem de carta precatória ou mandado:

> Art. 18. A citação far-se-á:
>
> I - por correspondência, com aviso de recebimento em mão própria;
>
> II - tratando-se de pessoa jurídica ou firma individual, mediante entrega ao encarregado da recepção, que será obrigatoriamente identificado;
>
> III - <u>sendo necessário</u>, por oficial de justiça, <u>independentemente de mandado ou carta precatória.</u>

Neste cenário, o Enunciado 33 do Fórum Nacional de Juízes dos Juizados Especiais orienta a forma pela qual deverá haver a citação ou intimação em juízo distinto, a saber:

> ENUNCIADO 33 – É dispensável a expedição de carta precatória nos Juizados Especiais Cíveis, cumprindo-se os atos nas demais comarcas, mediante via postal, por ofício do Juiz, fax, telefone ou qualquer outro meio idôneo de comunicação.

Ressalva-se, entretanto, as citações dos entes públicos elencados no rol do artigo 5º, II da Lei nº 12.153/2009, eis que o artigo 6º da mesma lei remeta à citação prevista pelo CPC, qual seja, pessoalmente, ou por meio de mandado, carta precatória ou através de citação eletrônica.

Não caberá citação pelo correio quando o citando for pessoa jurídica de direito público (artigo 247 do CPC/2015).

Na 42ª edição do Fórum Nacional de Juizados Especiais (Fonaje), realizada em novembro de 2017, houve a publicação da Carta de Curitiba, a qual apresentou propostas de monções, dentre elas a de número 2, que assim versou:

2. Solicitar aos Tribunais que adotem as providências necessárias no sentido de implementar o disposto no art. 246, §§ 1º e 2º, combinado com o disposto no art. 1.050, ambos do Código de Processo Civil, de modo que, nos processos judiciais eletrônicos, os atos de citação e de intimação dos Estados, do Distrito Federal e dos Municípios, bem como das respectivas entidades da administração indireta, sejam feitas por meio eletrônico.[4]

4.4 PRAZOS

A Lei nº 12.153/09, em observância ao princípio da celeridade que deve reger o processo no sistema dos Juizados Especiais, inovou também quanto aos prazos concedidos à Fazenda Pública.

Nos termos do artigo 188 do CPC/1973, a Fazenda Pública possuía o prazo em quádruplo para contestar e em dobro para recorrer. O novo Código de Processo Civil de 2015 trouxe modificações, prevendo em seu artigo 180 que o prazo deverá ser apenas em dobro. Todavia, ampliou a possibilidade de dobro para todas as manifestações e não apenas para contestação e apresentação de recurso.

As referidas normas, no entanto, não se aplicam aos Juizados Especiais da Fazenda Pública, uma vez que o artigo 7º da Lei nº 12.153/09 dispôs claramente que não haverá prazo diferenciado para a prática de qualquer ato processual pelas pessoas jurídicas de direito público.

Assim, nos processos que tramitarem perante Juizados Especiais da Fazenda Pública, os prazos para os réus serão comuns, sem qualquer privilégio.

Importante destacar que no tocante à Defensoria Pública, estabeleceu-se grande celeuma.

A Defensoria Pública, pugnando pela prerrogativa de prazo em dobro para o referido órgão, argumenta que o artigo 7º da Lei nº 12.153/09 não a atinge: a uma, por ser um órgão e não uma pessoa jurídica de direito público, afastando-se do texto da lei; e a duas, em função de previsão na Lei Complementar 80/94, artigo 44, I, mantida pelo artigo 38 da Lei Complementar da Carreira 132 de 07.10.2009, que lhe confere o prazo em dobro.

4 http://www.amb.com.br/fonaje/?p=843

Por outro lado, os que entendem seja aplicável a restrição de prazo diferenciado à Defensoria Pública sustentam, principalmente, que o prazo em dobro não se coaduna com o princípio da celeridade que deve reger o rito dos Juizados Especiais. Afirmam ainda, que houve a previsão disposta na Lei Complementar 80/94 e 38 da LC 132/09 não se aplicaria no âmbito da Lei nº 12.153/09, que é posterior e especial frente àquela.

Neste sentido se deu o Enunciado 3 do FONAJE - Fórum Nacional dos Juizados Especiais assim dispôs: "*Não há prazo diferenciado para a Defensoria Pública no âmbito dos Juizados Especiais da Fazenda Pública (XXIX Encontro - Bonito/MS- 2011)*".

A norma contida no artigo 7º da Lei nº 12.153/09, que veda o prazo em dobro, foi antes prevista no artigo 9º da Lei nº 10.259/01 para os Juizados Especiais Federais, tendo sido emitido pelo FONAJEF, o Enunciado 53 de teor idêntico ao acima transcrito do FONAJE.

O posicionamento majoritário se dá pela impossibilidade de prazo em dobro à Defensoria Pública, ratificando-se o entendimento do Enunciado 3 da Fazenda Pública do FONAJE, já transcrito, bem como evitando-se violação ao princípio da isonomia entre as partes e demais critérios que nortearam o legislador do artigo 7º da Lei nº 12.153/2009, como a celeridade, simplicidade e economia processual.

Neste sentido, traz-se à baila decisões proferidas em diversos Tribunais do país, na esfera federal, mesmo considerando que a Lei nº 10.259/2001 é anterior:

> DEFENSORIA PÚBLICA. PRAZO SIMPLES. RECURSO INTEMPESTIVO. 1. É intempestivo o recurso interposto fora do prazo legal de 10 (dez) dias, a teor do artigo 9 da Lei 10.259/2001 c/c artigo 42 da Lei 9.099/95. 2. A Defensoria Pública, em se tratando de matéria do Juizado Especial Federal, não goza do benefício do prazo em dobro para a interposição de recursos. 2. Apelo não conhecido.
>
> (Processo 407077200440130, 1ª Turma Recursal - AC, Relator: DAVID WILSON de ABREU PARDO, publicado no DJAC em 17/09/2004)
>
> Devido à prevalência do princípio da isonomia nem mesmo as entidades de Direito Público gozam de prazo privilegiado nos JEFs, não poderia haver uma exceção para a Defensoria Pública. (Processo 407077200440130, 1ª Turma Recursal - AC, Relator: DAVID WILSON de ABREU PARDO, publicado no DJAC em 17/09/2004) Indefiro o pedido de contagem dos

> prazos processuais em dobro requerido pela Defensoria Pública da União, visto que no âmbito dos Juizados Especiais Federais não há essa prerrogativa, em vista do artigo 9º, da Lei n. 10.259/01. O reconhecimento dessa prerrogativa importaria, além de violação ao princípio da isonomia, um aumento do tempo para o deslinde do processo, o que vai de encontro ao princípio da celeridade que norteia o procedimento dos Juizados Especiais. (PEDILEF 200751510032570, Turma Nacional de Uniformização, Relator: JUIZ FEDERAL OTÁVIO HENRIQUE MARTINS PORT, publicado no DJ em 19/08/2009)

> PROCESSUAL CIVIL E PREVIDENCIÁRIO. DEFENSORIA PÚBLICA DA UNIÃO. PRIVILÉGIOS PROCESSUAIS INCOMPATÍVEIS COM O RITO DOS JUIZADOS. PORTARIA DAS TURMAS RECURSAIS/MG. CÔMPUTO DO PRAZO RECURSAL A PARTIR DA CARGA DOS AUTOS. BENEFÍCIO ASSISTENCIAL. VALORES NÃO RECEBIDOS PELO INTERESSADO, FALECIDO APÓS A SENTENÇA. DIREITO DOS SUCESSORES. 1. Diante do conflito de normas que, de um lado, atribuem à Defensoria Pública privilégios processuais (contagem em dobro dos prazos e intimação pessoal), e, de outro, afirmam não haver contagem em dobro dos prazos no âmbito dos Juizados Especiais Federais, resolve-se a controvérsia pelo princípio da especialidade da Lei nº 10.259, de 2001. Nada obstante, porque havia, no caso específico das Turmas Recursais de Minas Gerais, portaria a admitir a contagem do prazo a partir da carga dos autos, é este o critério que há de prevalecer. 2. A despeito do caráter personalíssimo do benefício assistencial, há que se reconhecer a possibilidade de pagamento dos atrasados aos sucessores do demandante falecido no curso do processo. Não se poderia premiar o Estado por uma conduta duplamente censurável: I) por não haver concedido o benefício a quem dele necessitava; e II) por não haver julgado o processo a tempo de propiciar o pagamento dos atrasados ao cidadão inválido. 3. Pedido de Uniformização conhecido e provido. (PEDILEF nº 2006.38.00.748812-7 – rel. Juíza Federal Joana Carolina Lins Pereira - DJU de 30/01/2009 – grifo nosso)

Igualmente, não há que ser aplicada a concessão de prazo em dobro para os litisconsortes com procuradores distintos, consoante Enunciado 164 do FONAJE , o qual infirma que "*O art. 229, caput, do CPC/2015 não se aplica ao Sistema de Juizados Especiais (XXXVIII Encontro – Belo Horizonte-MG - 2015).*"

Por fim, muito se questiona se, após a vigência do CPC/2015, os prazos processuais passariam a ser contados em dias úteis também nos Juizados Especiais ou se seria mantida a contagem simples.

Para muitos magistrados, o prazo deverá ser contado em dias corridos, sob pena de violação aos princípios da celeridade e da economia processual que regem os Juizados Especiais.

Esse é o posicionamento do ilustre Ricardo Cunha Chimenti, juiz de direito do TJSP, que auxiliou na elaboração da Nota Técnica 01/2016, de Março de 2016, do Fórum Nacional de Juizados Especiais.

Houve a edição do Enunciado 165 do FONAJE, no XXXIX Encontro ocorrido em Junho de 2016:

> ENUNCIADO 165 FONAJE - Nos Juizados Especiais Cíveis, todos os prazos serão contados de forma contínua (XXXIX Encontro - Maceió-AL - 2017).

Contudo, para outra corrente, a nosso ver mais acertada, com a devida vênia, o prazo deverá ser contado em dias úteis, à míngua de legislação que fundamente o contrário.

Os adeptos desta tese sustentam que, como nenhuma das leis que compõem o microssistema dos Juizados Especiais regulamentou a forma de contagem de prazos, deverão ser buscadas as regras na legislação mais próxima, que seria o CPC, o qual, atualmente dispõe apenas sobre a contagem em dias úteis, e não a Consolidação das Leis do Trabalho, por ser legislação especial ao Direito trabalhista.

Em que pese a Lei nº 9.099/95 em regra não disponha expressamente que o CPC possua aplicação subsidiária, salvo para as execuções. A Lei nº 12.153/2009 assim estabelece claramente, em seu artigo 27, razão pela qual, nada havendo na legislação do sistema sumaríssimo, incidirão as regras do CPC.

Ademais, no *Livro Complementar* das *Disposições Finais e Transitórias* do CPC/2015 houve publicação de regras especiais que alteraram a Lei nº 9.099/95, tendo sido positivado, no parágrafo 2 do artigo 1.046, que "*Permanecem em vigor as disposições especiais dos procedimentos regulados em outras leis, aos quais se* ***aplicará supletivamente este Código***".

Diante da ausência de lei processual subsidiária adequada que sustente a contagem contínua, não seria possível entender-se pelo curso dos prazos em dias corridos, porque o princípio da celeridade é apenas norteador dos ritos processuais, a conferir validade e eficácia às normas existentes, sendo que, *in casu*, não mais existe a regra da contagem em dias corridos, que, portanto, não se sustenta legal e juridicamente.

4.5 RESPOSTA - ARGUIÇÕES

4.5.1 Introdução

Acerca da resposta do réu em sede de Juizados Especiais Cíveis, importante atentar para as novidades trazidas pela Lei nº 9099/95, a saber:

> Seção X
>
> Da Resposta do Réu
>
> Art. 30. A contestação, **que será oral ou escrita, conterá toda matéria de defesa,** exceto argüição de suspeição ou impedimento do Juiz, que se processará na forma da legislação em vigor.

4.5.2 Momento para a apresentação da defesa nos Juizados Especiais

Nos termos do Código de Processo Civil de 2015, o réu poderá apresentar contestação, na qual deverá alegar toda a matéria de defesa, preliminares de incompetência, arguição de impedimento ou suspeição, dentre outras previstas no artigo 337, assim como poderá, na contestação, propor reconvenção.

As regras do CPC/2015 se coadunaram com o que já ocorria nos Juizados Especiais, incluindo-se os Juizados da Fazenda Pública, onde se permite que na contestação seja alegada toda a matéria de defesa, inclusive exceção de incompetência, impugnação ao valor da causa dentre outras que já eram aventadas em preliminares, exceto arguição de suspeição ou impedimento do Juiz, que se processariam na forma da legislação em vigor (artigo 30 da Lei nº 9.099/95).

Destaque-se que não caberá reconvenção nos Juizados, em função de proibição expressa do artigo 31 da Lei nº 9.099/95, sendo aceito o pedido contraposto, a nosso entender apenas para o Juizado Especial Cível comum. Relembre-se seja controverso o tema quando se trata dos Juizados Especiais da Fazenda Pública, explorado de forma mais detalhada no item 4.1.3, prevalecendo-se até então a não aceitação do pedido contraposto formulado pelos entes públicos, em razão da expressa vedação ao artigo 3º da Lei nº 9099/95.

Todavia, o referido diploma legal foi silente em relação ao momento da apresentação da contestação.

Aconselha-se, pois, que o mandado de citação advirta ao réu acerca do prazo para defesa, a fim de se evitar cerceamento.

Para definição do prazo para contestar, imprescindível uma intepretação teleológica de todas as leis que forma o sistema dos Juizados Especais.

Assim, partindo-se da premissa de que o rito sumaríssimo é regido pela teoria dos atos concentrados, possível concluir que o prazo para a defesa será até a data da audiência una, uma vez que nesta oportunidade serão fornecidos todos os documentos instrutórios, bem como decididas de plano todas questões prejudiciais (artigos 29 c/c 33 da Lei nº 9.099/95), sendo que as manifestações, dentre elas as contestações, poderão ser apresentadas de forma oral (artigo 2º da Lei nº 9.099/95).

Não obtida conciliação e não sendo possível a realização da audiência uma (conciliação, instrução e julgamento), será designada audiência de continuação para a instrução e julgamento para momento posterior (dentro de um dos 15 dias subsequentes – parágrafo único do artigo 27 da Lei nº 9.099/95), podendo a contestação então ser apresentada até a data da segunda audiência .

Assim foi o que restou pacificado, consoante dispõe o Enunciado Cível nº10 do FONAJE- *"A contestação poderá ser apresentada até a audiência de Instrução e Julgamento"*.

Frise-se que, estando a parte ré revel quando da sessão conciliatória, que compõe a audiência una, a oportunidade para a apresentação da defesa preclui, por expressa determinação do artigo 20 da Lei nº 9.099/95. Sobre o tema, vide Capítulo 4.7.

4.5.3 Momento para a juntada de documentos nos Juizados Especiais Cíveis e da Fazenda Pública

A Lei nº 12153/2009 trouxe uma inovação o tocante à produção de prova documental e introduziu uma diferença entre os Juizados Especiais Cíveis e da Fazenda Pública.

Em sede de Juizados Especiais Cíveis, a regra é a de que todas as provas poderão ser apresentadas na audiência una. Havendo desmembramento, com designação de audiência própria em data distinta para a instrução e julgamento, após tentativa frustrada de conciliação, poderão ser nela apresentados todos os documentos existentes, nos termos do artigo 28 da Lei nº 9.099/95, que assim prevê:

> *Na audiência de instrução e julgamento serão ouvidas as partes, **colhida a prova** e, em seguida, proferida a sentença.*

Entretanto, dispõe o artigo 9º da Lei nº 12.153/09:

> Art. 9º A entidade ré deverá fornecer ao Juizado a documentação de que disponha para o esclarecimento da causa, **apresentando-a até a instalação da audiência de conciliação.**

Observe-se que a determinação apresentada pela novel legislação de rito sumaríssimo, a exigir a juntada de documentos pelo ente público ainda na sessão conciliatória, visa conferir celeridade ao processo, estando em plena consonância com os princípios que regem o Sistema dos Juizados Especiais.

Assim, relativamente ao Juizado Especial da Fazenda Pública, sobre o momento para apresentação dos documentos pelos entes públicos, leciona o magistrado Ricardo Cunha Chimenti[5]:

> **A exigência de que a Fazenda Pública apresente os documentos já na primeira audiência é fundada no dever de cooperação para o descobrimento da verdade** (art. 399 do CPC), e justifica a fixação de prazo mínimo de 30 dias entre a citação e a audiência de tentativa de conciliação.

Não apresentados os documentos pela parte ré fazendária na sessão conciliatória, restará precluso seu direito de o fazer. A partir de então, apenas o juízo pode apresentar interesse na juntada posterior de provas pela Fazenda Pública para apuração da verdade, em atenção ao direito indisponível em litígio.

Portanto, havendo a revelia do ente público, suas autarquias, fundações e empresas públicas, decorrente de ausência de procurador na sessão conciliatória, mesmo que se faça presente na audiência instrutória, retomando o feito no estado em que se encontrar, não poderá juntar documentos, consoante vedação do artigo 9º da Lei nº 12.153/09, salvo se de interesse do juízo, restando-lhe, tão somente, a prática dos demais atos processuais que somente poderiam ocorrer naquela audiência, tal como já será explorado no Capítulo 4.7.

---

5 CHIMENTI, Ricardo Cunha. Juizados Especiais da Fazenda Pública: Lei 12.153/2009 comentada artigo por artigo. São Paulo: Saraiva, 2010, p. 85.

4.6 AUDIÊNCIAS

4.6.1 Audiência una (conciliação, instrução e julgamento)

O artigo 7º é a única norma contida na Lei nº 12.153/2009[6] que versa a respeito das audiências nos Juizados Especiais da Fazenda Pública, motivo pelo qual deverão ser observados os demais preceitos trazidos pela Lei nº 9.099/95.

O sistema dos Juizados Especiais estabelece a audiência una, ou seja, em uma única oportunidade será tentada a conciliação e, caso frustrada, iniciar-se-á imediatamente a instrução (artigo 24 cumulado com 27, ambos da Lei nº 9.099.95).

> Art. 24. **Não obtida a conciliação,** as partes poderão optar, de comum acordo, pelo juízo arbitral, na forma prevista nesta Lei.
>
> Art. 27. Não instituído o juízo arbitral, **proceder-se-á imediatamente à audiência de instrução e julgamento,** desde que não resulte prejuízo para a defesa.

Assim, em que pese se denomine no cotidiano forense como audiência de conciliação, trata-se de oportunidade para, além de tratativas, de se realizarem outros atos processuais previstos em lei, incluindo o saneamento processual.

A audiência una poderá ser desmembrada, com realizações em datas distintas da sessão de conciliação e da audiência de instrução e julgamento, consoante se extrai da Lei nº 9.099/95, a seguir:

> Art. 27. (....).
>
> Parágrafo único. Não sendo possível a sua realização imediata, será a audiência designada para um dos quinze dias subseqüentes, cientes, desde logo, as partes e testemunhas eventualmente presentes

Sendo una a audiência, nela todas as questões deverão ser enfrentadas, arguindo-se todas as exceções, apresentando-se contestação escrita ou oral, tendo as partes oportunidade para se manifestarem acerca de documentos e provas juntadas, cálculos e preliminares, sob pena de preclusão.

É essa a dicção trazida da análise conjunta dos artigos 28 e 29 da Lei 9099/95, aplicáveis ao Jesp Fazenda, que assim preceituam:

---

6 Art. 7º Não haverá prazo diferenciado para a prática de qualquer ato processual pelas pessoas jurídicas de direitoa público, inclusive a interposição de recursos, devendo a citação para a audiência de conciliação ser efetuada com antecedência mínima de 30 (trinta) dias

> Art. 28. Na audiência de instrução e julgamento serão ouvidas as partes, colhida a prova e, em seguida, proferida a sentença.
>
> Art. 29. Serão decididos de plano todos os incidentes que possam interferir no regular prosseguimento da audiência. As demais questões serão decididas na sentença.
>
> Parágrafo único. Sobre os documentos apresentados por uma das partes, manifestar-se-á imediatamente a parte contrária, sem interrupção da audiência.

A audiência será ainda o prazo final para apresentação da defesa e das provas, tendo o artigo 9º da Lei nº 12153/2009 deixado expresso que " *A entidade ré deverá fornecer ao Juizado a documentação de que disponha para o esclarecimento da causa, apresentando-a até a instalação da audiência de conciliação.*"

Dessa forma, defende-se, ainda que, para matéria fazendária, a manutenção das audiências, será em virtude do princípio da conciliação, que deverá ser buscado pelos entes públicos e pelas partes, já que permeia os Juizados Especiais, prestigiando-se a celeridade na resolução do feito após saneamento realizado em audiência una, de atos concentrados.

Para o Juizado Especial Cível, o artigo 16 da Lei nº 9099/95 dispõe que, "*Registrado o pedido, independentemente de distribuição e autuação, a Secretaria do Juizado designará a sessão de conciliação, a realizar-se no prazo de quinze dias.*"

Nos Juizados Especiais da Fazenda Pública, exige-se que a citação dos entes públicos, suas autarquias, fundações e empresas públicas deverá ocorrer com antecedência mínima de 30 dias da data designada para a audiência, como exige o artigo 7º da Lei nº 12.153/2009. O prazo para designação da audiência instrutória em continuação, nos Juizados Cíveis, é de 15 dias (parágrafo único do artigo 27 da Lei nº 9.099/95).

4.6.2 Da Conciliação e dos atos concentrados em audiência una

A conciliação entre as partes se configura em uma das principais metas dos Juizados Especiais, conforme previsto no artigo 2º da Lei nº 9.099/95, uma vez que põe fim ao processo com maior rapidez e eficiência, evitando maior dilação probatória e representando a vontade das partes.

Por integrar o sistema dos Juizados Especiais, os Juizados Especiais da Fazenda Pública também deverão buscar, primordialmente, a conciliação:

> Lei 9099/95
>
> Art. 21. Aberta a sessão, o Juiz togado ou leigo esclarecerá as partes presentes sobre as **vantagens da conciliação, mostrando-lhes os riscos e as conseqüências do litígio, especialmente quanto ao disposto no § 3º do art. 3º desta Lei.**

No entanto, apesar de o artigo 8º da Lei nº 12.153/09 atribuir aos representantes judiciais dos réus poderes para conciliar, transigir ou desistir, Estado e Município têm alegado que não há delegação legal para o exercício dos referidos poderes nos Juizados Especiais da Fazenda Pública.

Em regra, os procuradores dos Estados e Municípios alegam não ter sido elaborada lei que os autorize a conciliar, transigir ou desistir, argumentando seja, portanto, inócua a realização da audiência de conciliação, muitas vezes, sequer comparecendo ao ato.

Entretanto, o referido artigo condicionou a conciliação à existência de lei de cada ente da Federação que autorize seu representante a firmar acordo:

> Art. 8º Os representantes judiciais dos réus presentes à audiência poderão conciliar, transigir ou desistir nos processos da competência dos Juizados Especiais, nos termos e nas hipóteses previstas na lei do respectivo ente da Federação.

Todavia, a parte ré se esquece de que em verdade a audiência é una, e não apenas de conciliação.

Assim, de suma importância a presença dos entes públicos nas audiências, uma vez que os atos em rito sumaríssimo são concentrados em audiência una, oportunidade última para saneamento, alegações e provas, tal como previsto nos artigos 2º, 21, 23, 27, 28 e 29, todos da Lei nº 9.099/95, que é norma especial, mas de regras gerais para o sistema dos Juizados Especiais, ao qual os Juizados Especiais da Fazenda Pública integram (artigo 1º da Lei 12.153/2009).

Inexiste determinação legal ou administrativa para que a audiência seja suprimida até que haja a implementação da possibilidade de acordo por parte dos entes públicos. Destarte, as sessões conciliatórias vêm sendo mantidas, normalmente realizadas como unas, realizando-se o saneamento dos processos e corrigindo-se pendências, já que um dos princípios norteadores do sistema dos Juizados Especiais é a busca da conciliação (art. 2º, da Lei nº 9.099/95).

Ademais, pode-se observar que em Minas Gerais, por exemplo, recentemente, os procuradores vêm apresentando propostas de acordos para pagamentos de honorários de advogados dativos, como títulos executivos extrajudiciais. Justificam a legitimidade da proposta em razão de autorização decorrente da natureza do seu cargo, *ex lege*, nos termos da Lei Complementar estadual nº 81, de 24 de agosto de 2004, eis que possuem poderes de representação dos interesses do Estado, inclusive para fins de acordos, dispensando-se, assim, a exigência de qualquer procuração.

Anote-se, ainda, o texto da Resolução/AGE n. 311, de 05/09/2012, abaixo reproduzido, extraído do site www.pge.mg.gov.br:

> "RESOLUÇÃO AGE Nº 311, DE 5 DE SETEMBRO DE 2012.
>
> (Texto Consolidado)
>
> (.....)
>
> **Art. 2º Fica também autorizada a celebração de acordo judicial para pagamento de honorários de advogado nomeado para defender a parte beneficiária de assistência judiciária, inclusive antes do recebimento da citação, desde que sejam atendidos os seguintes requisitos: (nr)**
>
> (Caput do art. 2º com redação dada pelo art. 1º da Resolução AGE nº 368, de 12 de novembro de 2014).
>
> - não exista irregularidade nas certidões apresentadas ou que a irregularida-de esteja sanada;
>
> - haja a observância dos limites de valores estabelecidos na tabela da Ordem dos Advogados do Brasil, Seção de Minas Gerais – OAB/MG, a que se refere o Decreto nº 45.898, de 2012; e
>
> - não haja a incidência de honorários de sucumbência a cargo do Estado.
>
> **Parágrafo único. Fica autorizada a celebração de acordo judicial para pagamento de honorários devidos ao curador especial nomeado em razão da inexistência de órgão da Defensoria instalado na comarca,** observado, no que couber, o disposto nos incisos I a III. (Acresce Parágrafo único com redação dada pelo art. 1º da Resolução AGE nº 34, de 11 de novembro de 2015).
>
> (...)
>
> Art. 4º A autorização concedida por esta Resolução não abrange a dispensa de recurso por fundamento diverso do que dela consta.
>
> (....)

Diante de tais particularidades e apesar de alguns itens da Resolução serem motivos de outras discussões, os acordos firmados têm sido homologados para fins de cumprimento da obrigação exequenda pelo Estado, abrindo-se, outrossim, um conjunto de possibilidades para outras demandas.

Relevante, ainda, a recente instalação da Câmara Técnica de Conciliação da Saúde Pública nos Juizados Especiais da Fazenda Pública da Comarca de Belo Horizonte, iniciada em agosto de 2016, sendo um convênio entre o Município de Belo Horizonte, o Estado de Minas Gerais e o Tribunal de Justiça para tentativas de soluçãos do conflitos envolvendo a judicialização da saúde, extra ou judicialmente, já apresentando resultados.

A busca por meios conciliatórios deve ser incessante.

Destaque-se que a dispensa de audiência de conciliação de forma generalizada aos entes públicos descumpriria meta primordial dos Juizados Especiais, que é a composição das partes, tornando-se em verdadeira Justiça Comum.

Todavia, nos Juizados Especiais Federais, contudo, em função da constante inexistência de acordos pela Fazenda Pública, a fim de agilizar o trâmite processual, muitos juízes suprimiram a audiência de conciliação.

Importante destacar que o presente tema exige o comprometimento dos Poderes Legislativo, Executivo e Judiciário, no intuito de viabilizarem a tão esperada conciliação, para se evitar a desnaturação dos Juizados Especiais.

O Judiciário, nos últimos tempos, elegeu a conciliação como prioridade, conforme se depreende dos vários programas, metas e orientações promovidos pelo CNJ - Conselho Nacional de Justiça.

4.6.3 Regras gerais sobre provas nos Juizados Especiais da Fazenda Pública

O artigo 32 da Lei nº 9.099/95, aplicável aos Juizados Especiais Cíveis e da Fazenda Pública, dispõe que "*Todos os meios de prova moralmente legítimos, ainda que não especificados em lei, são hábeis para provar a veracidade dos fatos alegados pelas partes*."

A - Produção de provas em audiência

Consoante legislação de regência do sistema dos Juizados Especiais, que prestigia a prática de atos processuais de maneira concentrada, "*todas as provas serão produzidas na audiência de instrução e julgamento, ainda que não requeridas previamente, podendo o Juiz limitar ou excluir as que considerar excessivas, impertinentes ou protelatórias.*" (artigo 33 da Lei nº 9.099/95).

A audiência de instrução, rememore-se, é desmembramento da audiência una (de conciliação, instrução e julgamento). É realizada, normalmente, logo em seguida à sessão conciliatória frustrada, no mesmo dia e hora. Poderá, no entanto, haver a cisão da audiência una, com designação da instrução em continuação para uma outra data, quando houver prejuízos para a produção probatória (artigo 27 da Lei nº 9.000/95).

Não se pode olvidar que a parte autora, ao ingressar com a ação, também pode instruí-la com toda documentação que estiver em seu poder, a fim de evitar surpresas à defesa e cisão da audiência por prejuízo à defesa, o que não lhe impede, todavia, de juntar outras provas no momento da audiência.

A possibilidade de juntada de provas em momento posterior ao inicial, ou seja, até a audiência de instrução e julgamento, mesmo não se tratando de documento novo, foi corroborada pelo artigo 28 da Lei nº 9099/95:

> Art. 28 Na audiência de instrução e julgamento serão ouvidas as partes, **colhida a prova** e, em seguida, proferida a sentença",.

Ressalva-se apenas o ente público, réu nos Juizados Especiais da Fazenda Pública, que deverá apresentar ainda na sessão de conciliação todos os documentos que possuir a respeito dos fatos discutidos na lide, mesmo quando realizada audiência una ou se cindida para posterior instrução, como determina o artigo 9º da Lei nº 12.153/2009 (vide Capítulo 4.5.3). Poderá haver, por certo, interesse do juízo em eventual prova apresentada pela parte ré em momento posterior e, tratando-se de direito indisponível, o magistrado a analisará, a fim de formar seu convencimento motivado.

A juntada das provas em audiência por ambas as partes retrata uma particularidade do sistema de atos concentrados existente no procedimento sumaríssimo, não aplicada, em regra, à processualística comum, que exige a produção de todas as provas possíveis pelo autor quando da petição inicial e, pelo réu, na oportunidade da defesa, deixando para momento posterior apenas aquelas antes inviáveis (ex. provas periciais, testemunhais, inspeções judiciais).

Neste contexto, ressalte-se que o legislador, ciente da incompatibilidade entre os ritos do procedimento especial e das tutelas antecedentes, dispôs no § 3º do artigo 381 do CPC/2015 que "*a produção antecipada da prova não previne a competência do juízo para a ação que venha a ser proposta".* Permitiu-se, portanto, que a tutela antecedente se processe perante a Justiça comum, mediante ritos próprios previstos nos artigos 303 e 305 do CPC/2015 e após, sendo o caso, ajuíze a demanda principal perante o Juizados Especial.

A produção antecipada de provas, como ação autônoma prevista pelo artigo 381 do CPC/2015 e que absorveu a antiga ação de justificação (§ 5º), por exemplo, não terá cabimento em sede de Juizados Especiais, pois se trata de tutela cautelar antecedente, que segue rito especial incompatível com os Juizados Especiais, os quais somente admitem as tutelas de urgência incidentais (artigo 3º da Lei nº 12153/2009), conforme explorado no Capítulo 4.2.

B - Testemunhas nos Juizados Especiais

Poderão as partes interessadas indicar até três testemunhas cada uma, as quais comparecerão à audiência espontaneamente, independente de intimação, ou mediante a respectiva intimação, desde que requerida, conforme disposto no artigo 34 da Lei nº 9.099/95.

Há, nesta assentada, divergência no tocante à necessidade de arrolamento das testemunhas, as quais, sem sobras de dúvidas, poderão comparecer levadas pela parte que as arrolou.

A primeira posição vigente por muitos anos entre os magistrados foi a de que não será exigido o arrolamento, em atenção ao que dispõe o artigo 33 da Lei nº 9.099/95, que autoriza a produção de todas as provas em audiência, "*... ainda que não requeridas previamente.*"

Contudo, para outra corrente crescente, que reputamos mais acertada, há necessidade de arrolamento das testemunhas, trazidas pela parte ou intimadas pelo juízo, exigência esta que está no artigo 34 da Lei nº 9.099/95, que previu expressamente uma exceção à regra do artigo 33 da mesma Lei:

> Art. 34. As testemunhas, até o máximo de três para cada parte, comparecerão à audiência de instrução e julgamento **levadas pela parte que as tenha arrolado**, independentemente de intimação, ou mediante esta, **se assim for requerido**.
>
> § 1º O **requerimento** para intimação das testemunhas será apresentado à Secretaria no mínimo cinco dias antes da audiência de instrução e julgamento.

A norma excepcional foi redigida em estrito respeito aos princípios do contraditório, da ampla defesa, bem como da cooperação entre as partes para um processo justo e de boa-fé processual. Destina-se a regra a evitar surpresas não quistas pelo ordenamento jurídico, permitindo que a parte contrária tenha conhecimento da prova com a antecedência necessária para sua defesa, o que se mostra essencial a conferir validade ao depoimento a ser prestado, se de caráter imparcial ou não, já que cabíveis as contraditas apenas quando pertinentes, como nos casos de parentescos próximos e amizades ou inimizades a prejudicar a isenção das declarações.

Outra controvérsia surgiu sobre a promoção da intimação das testemunhas nos Juizados Especiais.

A última parte do *caput* do artigo 34 e seu § 1º da Lei nº 9.099/99 admitem seja a intimação feita pelo juízo nos Juizados Especiais. Todavia, o artigo 455 do novo CPC/2015 atribuiu ao advogado das partes a referida incumbência, estabelecendo a forma e os meios de comprovação das intimações, sob pena de se entender pela desistência da testemunha não intimada:

> Art. 455. **Cabe ao advogado da parte <u>informar ou intimar</u> a testemunha por ele arrolada** do dia, da hora e do local da audiência designada, dispensando-se a intimação do juízo.
>
> § 1º A intimação deverá ser realizada por carta com aviso de recebimento, cumprindo ao advogado juntar aos autos, com antecedência de pelo menos 3 (três) dias da data da audiência, cópia da correspondência de intimação e do comprovante de recebimento.
>
> § 2º A parte pode comprometer-se a levar a testemunha à audiência, independentemente da intimação de que trata o § 1º, presumindo-se, caso a testemunha não compareça, que a parte desistiu de sua inquirição.
>
> § 3º **A inércia na realização da intimação a que se refere o § 1º** importa desistência da inquirição da testemunha.

O CPC de 2015 somente permite a intimação da testemunha, pela via judicial, nas hipóteses previstas no § 4º do seu artigo 455, ou seja, apenas quando frustrada a intimação por Carta AR feita pelo advogado; quando houver necessidade comprovada pela parte ao juiz; quando tratar-se de testemunha que deva ser requisitada (servidor público ou militar) ou que tenha sido arrolada pelo Ministério Público ou pela Defensoria Pública; ou seja testemunha a ser inquirida em sua residência (artigo 454 do CPC/2015).

Em decorrência da novidade legal trazida pelo Código de Processo Civil de 2015, alguns magistrados vêm utilizando-se da transcrita regra em sede de Juizados Especiais, ao menos para as partes assistidas por procuradores, considerando o baixo valor a ser despendido com os Correios.

No entanto, há entendimentos diversos, aos quais nos filiamos, no sentido de que a referida norma não se aplicaria aos Juizados Especiais, uma vez que o artigo 34 e seu §1º da Lei nº 9.099/95 preveem a possibilidade legal de intimação da testemunha pelo juízo, caso requerida, não havendo, ainda, responsabilidade de quaisquer das partes interessadas por despesas processuais no 1º grau, nem mesmo no tocante a eventuais gastos particulares com as intimações por AR.

Para esta tese, os Juizados Especiais da Fazenda Pública estão sujeitos às normas trazidas pela Lei nº 9.099/95 e, não tendo havido qualquer modificação no CPC/2015 a respeito da norma especial da Lei nº 9.099/95 ora mencionada, deverá ser observada esta quando em conflito aparente de normas.

Ademais, utilizar-se do artigo 455 do CPC/2015 apenas para as partes assistidas por procuradores e a Lei nº 9.099/95 para as que litigarem sem a assistência de advogados, a fim de desonerar o Judiciário, além de infringir o princípio da especialidade, poderá se traduzir em violação ao princípio da isonomia.

Não obstante, importante ponderar que, disponibilizando-se o advogado em realizar a intimação das testemunhas, às suas expensas e de maneira voluntária, a agilizar o procedimento, por certo seja cabível a aceitação respectiva, eis que se pode entender como cooperação de sua atuação, bem como em virtude do princípio da economia processual no tocante a atos judiciais e a gastos de dinheiro público, desde que não lhe seja uma imposição.

C - Atos processuais simples e informais

Importante mencionar que as provas a serem produzidas em sede de rito sumaríssimo não poderão tornar a demanda complexa e morosa, sob pena de se afastar a competência absoluta dos Juizados Especiais, tal como já pacificado, inclusive pelo Enunciado 11 do FONAJE para as causas relativas à Fazenda Pública, que assim prevê:

> Enunciado nº 11 : "As causas de maior complexidade probatória, por imporem dificuldades para assegurar o contraditório e a ampla defesa, **afastam a competência do Juizado da Fazenda Pública**"

Rememore-se o entendimento crescente nos Juizados Especiais acerca da aplicabilidade literal do artigo 18, III da Lei nº 9.099/95, que especificou, de forma imperativa, que "*a citação far-se-á: sendo necessário, por oficial de justiça, independentemente de mandado ou carta precatória*". A redação deste artigo tem levado alguns magistrados a sequer aceitar o processamento da causa nos Juizados, quando houver necessidade de oitiva de pessoa que esteja em comarca longícua, mediante carta precatória que, para eles, é incabível nos Juizados Especiais eis que não prevista no artigo 18, exatamente por tornar o processamento formal, complexo e lento, a afastá-lo, respectivamente, dos critérios da informalidade, simplicidade, celeridade e economia processual previstos no artigo 2º da Lei nº 9.099/95 (vide Capítulo 4.3).

Ainda, considerando-se que a perícia formal exige exame pericial com apresentação de quesitos, disponibilidade de peritos imparciais do juízo, além de datas distantes para agendamentos e o necessário acompanhamento por assistentes técnicos de ambas as partes, sob pena de violação à ampla defesa e contraditório, não será cabível em sede de Juizados Especiais, por violar, também, os princípios da informalidade, simplicidade, celeridade e economia processual.

Serão admitas nos Juizados Especiais apenas informações periciais esclarecedoras ao magistrado acerca de situações fáticas já estabelecidas e de exames já realizados ou fáceis, a fim de se atender à possibilidade de prova técnica simples mediante inquirição de técnicos (artigo 35 da Lei nº 9.099/95) ou mera realização de exame técnico com apresentação de laudo (artigo 10 da Lei nº 12.153/2009). A respeito do tema, vide Capítulo 4.9.

4.6.4 Ônus da prova em sede de Fazenda Pública

O ônus da prova caberá ao autor, a fim de que comprove os fatos constitutivos do seu direito e, à parte ré, para demonstrar os fatos impeditivos, extintivos ou modificativos do direito pleiteado (artigo 373 do CPC/2015), restando mantida a teoria estática do ônus da prova, como regra.

Não se pode esquecer, contudo, que a particularidade da matéria fazendária faz com que fatos e atos administrativos gozem de presunção de veracidade, legitimidade e legalidade em favor da Fazenda Pública, razão pela qual o artigo 374, IV do CPC/2015 estabelece que não dependem eles de provas, cabendo a prova contrária, portanto, a quem alegar vícios que os teriam maculado.

A natureza das demandas fazendárias, em sua maioria de interesses indisponíveis, leva hodiernamente o magistrado a atuar de maneira efetiva na busca da verdade real (artigo 370 do CPC/2015), adentrando com maior tranquilidade na teoria dinâmica do ônus da prova (§§ 1º A 3º do artigo 373 do CPC/2015).

Como exemplo, poderá o juiz oficiar entes públicos, por seus responsáveis, para enviar ao feito certidões e processos administrativos relacionados aos fatos, de modo a melhor esclarece-los no feito:

> CPC/2015
>
> Art. 438. O juiz requisitará às repartições públicas, em qualquer tempo ou grau de jurisdição:
>
> – as certidões necessárias à prova das alegações das partes;
>
> – os procedimentos administrativos nas causas em que forem interessados a União, os Estados, o Distrito Federal, os Municípios ou entidades da administração indireta.
>
> § 1º Recebidos os autos, o juiz mandará extrair, no prazo máximo e improrrogável de 1 (um) mês, certidões ou reproduções fotográficas das peças que indicar e das que forem indicadas pelas partes, e, em seguida, devolverá os autos à repartição de origem
>
> § 2º As repartições públicas poderão fornecer todos os documentos em meio eletrônico, conforme disposto em lei, certificando, pelo mesmo meio, que se trata de extrato fiel do que consta em seu banco de dados ou no documento digitalizado.

Quando do saneamento processual, o artigo 357 do CPC/2015 dispõe que, ao organizar o processo para julgamento, poderá o magistrado definir a distribuição do ônus da prova, observado o artigo 373 do CPC/2015, ou seja, deverá aplicar ou a teoria estática, ou a distribuição dinâmica do ônus da prova, que inclui a possibilidade de inversão desse ônus.

Com fulcro no artigo 373, §1º do CPC/2015, poderá ser invertido o ônus da prova, fundamentadamente pelo juiz, quando, "*diante de peculiaridades da causa relacionadas à impossibilidade ou à excessiva dificuldade de cumprir o encargo nos termos do caput ou à maior facilidade de obtenção da prova de fato contrário*", oportunizando-se a sua produção.

E nem se diga haver reservas aos entes públicos. Sustentam alguns procuradores dos entes públicos que a inversão do ônus da prova confronta os princípios de veracidade e legalidade do ato administrativo e que seria vedada a produção de provas contra si mesmo.

Entretanto, advirta-se de que a inversão do ônus probante somente poderá ser feita quando possível a produção da prova, a qual encontra-se em poder do ente público, não sendo possível "*gerar situação em que a desincumbência do encargo pela parte seja impossível ou excessivamente difícil*" (§ 2º do art. 373 do CPC/2015).

Reflete a inversão adequada, por certo, a busca da verdade pelo magistrado, notadamente quando a lide envolver direitos indisponíveis, eis que pretende verificar o estrito respeito e aplicação da lei ao cidadão. A supremacia do interesse público deve prevalecer e o Estado - *lato sensu* – deve prezar por uma lídima e escorreita atuação, devendo se disponibilizar a demonstrar com clareza os fatos ocorridos, os motivos e as formas de seus atos administrativos, não havendo espaços para se considerar que eventual inversão do ônus da prova possa infringir direito de auto-defesa (não produção de provas contra si mesmo), eis que, aqui, prevalece o interesse público.

Por fim, também para os temas fazendários, relembre-se que "*a parte que alegar direito municipal, estadual estrangeiro ou consuetudinário provar-lhe-á o teor e a vigência, se assim o juiz determinar*" (artigo 376 do CPC/2015).

Os magistrados dos Juizados Especiais da Fazenda Pública observam que, assim como nos processos que tramitam sob o rito da Lei nº 9.099/95, também não são competentes para as causas de maior complexidade, dentre as quais aquelas que demandem provas complexas e formais, o que será melhor explorado no Capítulo 4.9 adiante.

4.6.5 Presença das partes em audiência – assistência por advogados

Na ausência de disposição na Lei dos Juizados Especiais da Fazenda Pública, aplicam-se as normas a respeito previstas na Lei nº 9.099/95, de incidência subsidiária e direta, salvo particularidades previstas em contrário.

O sistema dos Juizados Especiais prevê a necessidade de comparecimento pessoal das partes, prestigiando o princípio da pessoalidade, principalmente para o fim de propiciar a tão buscada conciliação.

> Lei 9099/95 - Art. 9º Nas causas de valor até vinte salários mínimos, **as partes comparecerão pessoalmente**, podendo ser assistidas por advogado; nas de valor superior, a assistência é obrigatória.

As dúvidas acerca de possibilidade de dispensa de comparecimento pessoal das parte quando a causa superar 20 salários mínimos já foram pacificadas. Entende-se que a redação do *caput* do artigo 9º determina o comparecimento pessoal em causas de todo valor, uma vez que, ao especificar que a assistência do advogado é obrigatória para as causas de valores maiores, por se referir o artigo à "assistência" e não à representação, acabou por delimitar que a parte deverá estar sempre presente, acompanhada ou não de advogado, conforme o valor da causa.

Foi editado, nesta linha, o Enunciado nº 20 do FONAJE:

> ENUNCIADO 20 FONAJE – O comparecimento pessoal da parte às audiências é obrigatório. A pessoa jurídica poderá ser representada por preposto.

Todavia, há exceções estabelecidas na própria legislação especial ao comparecimento pessoal.

As pessoas jurídicas, autoras ou rés, estarão presentes através de seus microempreendedores individuais e sócios gerentes [7].

Poderão ser as pessoas jurídicas, entretanto, representadas por prepostos, independentemente de vínculo empregatício, desde que munidos de carta de preposição a ser apresentada no ato da audiência, sob pena de contumácia ou revelia:

> Lei 9.099/95 - Art. 9º - § 4º.O réu, sendo pessoa jurídica ou titular de firma individual, poderá ser representado por **preposto credenciado, munido de carta de preposição com poderes para transigir**, sem haver necessidade de vínculo empregatício.

---

7 ENUNCIADO 141 (Substitui o Enunciado 110) FONAJE – A microempresa e a empresa de pequeno porte, quando autoras, devem ser representadas, inclusive em audiência, pelo empresário individual ou pelo sócio dirigente (XXVIII Encontro – Salvador/BA - 2010).

A jurisprudência, prestigiando o princípio maior da conciliação, entendeu por bem abrir uma única exceção à decretação imediata da contumácia ou da revelia da pessoa jurídica que não comparece ao Juizado Especial devidamente representada, tornando-se impossível que se conclua esteja ela, de fato, representada por alguém de sua confiança, quando, por exemplo, envia preposto não munido da carta de preposição, conforme exige a lei (§ 4º do artigo 9º da Lei nº 9.099/95).

A exceção encontra-se nos casos em que haja a possibilidade de acordo entre as partes e venha ele a ser efetivamente concretizado. É uma benesse, estabelecida por ambas as partes envolvidas e aderida pelo juiz, a fim de evitar o julgamento do feito, com ou sem mérito, em consideração à composição amigável e à pacificação social, sendo esta uma decisão que atende aos fins sociais do sistema sumaríssimo e ao bem comum.

As partes, na hipótese, constarão os termos do acordo na ata de audiência e a decisão de homologação, proferida ou não de imediato pelo juiz, dependerá, para sua validade, da juntada ao feito da carta de preposto, no prazo concedido.

> ENUNCIADO 99 (Substitui o Enunciado 42) - O preposto que comparece sem carta de preposição, obriga-se a apresentá-la no prazo que for assinado, **para validade de eventual acordo, sob as penas dos artigos 20 e 51, I, da Lei nº 9099/1995, conforme o caso** (XIX Encontro - Aracaju/SE - 2006,).

O advogado, pela Lei nº 9.099/95, apenas assiste à parte na fase de juízo singular, não a representando, em qualquer valor de causa, consoante se extrai da leitura do artigo 9º da Lei nº 9.099/95. A assistência pelo advogado será facultativa à parte, nas causas abaixo de 20 salários mínimos e, obrigatória, nas causas de valores superiores.

Sempre que necessário, "*o Juiz alertará as partes da conveniência do patrocínio por advogado, quando a causa o recomendar*" (§ 2º do artigo 9º da Lei nº 9.099/95)

Já na fase recursal, a lei especifica a necessidade de representação pelo advogado (§ 2º do artigo 41 da Lei nº 9.099/95) [8], não bastando a mera assistência.

---

8 Lei nº 9.099/95 – *Art. 41* - § 2º No recurso, as partes serão obrigatoriamente representadas por advogado.

Poderá o advogado ser constituído oralmente pela parte durante a audiência, contudo, somente lhe serão conferidos poderes para o foro em geral, sendo certo que os poderes especiais devem constar expressamente no instrumento do mandato (§ 3º do artigo 9º da Lei nº 9.099/95) [9].

Nos Juizados Especiais Cíveis, não se admite a cumulação, pelo advogado, das funções de procurador e preposto, conforme Enunciado 98 do FONAJE:

> ENUNCIADO 98 (Substitui o Enunciado 17) – É vedada a acumulação SIMULTÂNEA das condições de preposto e advogado na mesma pessoa (art. 35, I e 36, II da Lei 8906/1994 combinado com o art. 23 do Código de Ética e Disciplina da OAB) (XIX Encontro – Aracaju/SE, 2006).

No contexto da busca pela pacificação social, admite-se na prática que o advogado, que comparece à audiência sem o acompanhamento da parte a quem assiste, firme acordo efetivo em juízo, afastando-se a decretação da contumácia ou da revelia, desde que possua poderes especiais para transigir, sendo esta mais uma exceção em prestígio à conciliação[10].

Igualmente, poderá o advogado apresentar pedido de desistência no ato da audiência, se houver mandato especial para tanto, o que se aceita porque o mencionado pedido poderia ser feito a qualquer momento nos autos, inclusive antes da audiência. Entretanto, aqui, importante apontar diversas situações em que ocorrem abusos de direito de petição, com litígios à sorte de auferir benefícios indevidamente, o que pode levar ao abrandamento da possibilidade de homologação dos pedidos de desistência em audiência, nos caso de evidente má-fé processual [11], conforme se poderá ver no Capítulo 4.8.

---

9 Enunciado 77 do FONAJE: *"O advogado cujo nome constar do termo de audiência estará habilitado para todos os atos do processo, inclusive para o recurso (XI Encontro – Brasília-DF - 2000).*

10 Enunciado 10 do ENJESP/TJMG- *A parte que não comparecer à audiência sofrerá as penas dos artigos 20 ou 51, I, da Lei nº 9.099, de 1995, respectivamente se réu ou autor,* ***exceto se, representada por advogado com poderes para transigir, for entabulado acordo***. (II ENJESP - 2008).

11 Enunciado 23 do ENJESP/TJMG: *O juiz poderá deixar de homologar o pedido de desistência da ação, ou de decretar a contumácia por ausência da parte na audiência, quando houver indícios de litigância de má-fé ou de existência de lide temerária, podendo, nessas circunstâncias, proferir sentença de mérito.* (VI ENJESP - 2017)

Assim, as pessoas jurídicas deverão enviar às audiências um preposto, devidamente credenciado e um advogado, se o valor da causa exigir a presença deste.

A ausência do advogado às sessões de conciliação, estando presente a parte que o constituiu, seja o autor ou a parte ré portando sua defesa, para a maioria dos magistrados retrata mera irregularidade, independentemente do valor da causa. Além de a lei não se referir a representação, a situação processual surgida não se enquadraria nas hipóteses previstas em leis: não há a revelia, uma vez que houve a juntada da defesa pela própria parte (artigo 344 do CPC/2015), que esteve presente (artigo 20 Lei nº 9.099/95); não há hipótese de contumácia, considerando que a parte autora compareceu pessoalmente (artigo 51, I da Lei nº 9.099/95).

É nesse sentido o ENUNCIADO 36 do FONAJE:

> Enunciado 36 - FONAJE– A assistência obrigatória prevista no art. 9º da Lei 9.099/1995 **tem lugar a partir da fase instrutória**, não se aplicando para a formulação do pedido e a sessão de conciliação.

Há que se registrar a existência de entendimentos diversos no sentido de que, para as causas maiores de 20 salários mínimos, em que a assistência do advogado é obrigatória, sua ausência ensejaria a contumácia ou a revelia.

A regra acerca da mera assistência do advogado para as partes na fase de juízo singular deve ser aplicada aos Juizados Especiais da Fazenda Pública no tocante às pessoas naturais e jurídicas privadas possíveis (artigo 5º), eis que silente a Lei nº 12.153/2009 a respeito.

Contudo, esta orientação não se estende aos entes públicos réus, já que permite expressamente a representação pelo procurador, exigindo sua presença na audiência, conforme a seguir:

> Art. 8º Os **representantes judiciais dos réus presentes à audiência** poderão conciliar, transigir ou desistir nos processos da competência dos Juizados Especiais, nos termos e nas hipóteses previstas na lei do respectivo ente da Federação.

Tratando-se os réus de Município, Estado, Autarquias, Fundações e empresas públicas os procuradores poderão acumular as funções de procuradores e representantes, não sendo aplicável o Enunciado 98 do FONAJE, em virtude de sua incompatibilidade com a especialidade fazendária.

Concluindo-se, ausentes as partes a quaisquer das audiências (audiência una, sessão de conciliação e audiência instrução quando cindida), a legislação especial prevê penalidades, aplicáveis aos Juizados Especiais da Fazenda Pública: a) para o autor, a extinção do feito, sem resolução do mérito, por contumácia, com condenação às custas processuais (artigo 51, I e § 2º da Lei nº 9.099/95) – vide Capítulo 4.6.6 seguinte; e b) para o réu, a revelia (artigo 20 da Lei nº 9.099/95), conforme esmiuçado no Capítulo 4.7.

4.6.6 CONTUMÁCIA - Ausência da parte autora nas audiências dos Juizados Especiais da Fazenda Pública

Ante ao silêncio da Lei nº 12.153/09, deverá ser aplicado aos Juizados Especiais da Fazenda Pública o previsto no artigo 51, I da Lei nº 9.099/95. Ou seja, deixando a parte autora de comparecer à audiência, o processo será extinto, sem resolução do mérito, em respeito ao princípio da pessoalidade dos Juizados Especiais, restando condenada ao pagamento das custas.

Poderá, entretanto, haver isenção das custas ao autor contumaz quando o comprovar que sua ausência à audiência deu-se em decorrência de força maior. É o que dispõe o artigo 51, §2º, da Lei nº 9.099/95 [12].

Ainda que os entes públicos não compareçam à audiência de forma sistemática, sob alegação de inexistência de autorização legal para conciliarem, designado o ato, a parte autora deverá a ele comparecer, sob pena de extinção. A audiência é em regra una, de atos concentrados, probatórios e decisórios em saneamento e será realizada a despeito do comparecimento da outra parte. Neste momento poderão inclusive ser impostas penalidades ao ausente, como a preclusão para impugnação de documentos e produção de provas testemunhais, incidindo ou não o efeito material da revelia conforme entendimento particular do magistrado (vide Capítulo 4.7.2.

Nos Juizados Especiais da Fazenda Pública há a possibilidade de representação apenas dos incapazes pelos seus representantes legais, tutores ou curadores, mas não por advogados, nos termos do *caput* do artigo 9º da Lei nº 9.099/95 (vide Capítulo 4.6.5).

---

12 Lei nº 9.099/95 - Art. 51 - § 2º No caso do inciso I deste artigo, quando comprovar que a ausência decorre de força maior, a parte poderá ser isentada, pelo Juiz, do pagamento das custas.

Os advogados e prepostos das pessoas jurídicas privadas sem carta de preposição poderão, porém, em quaisquer Juizados Especais, Cíveis ou da Fazenda Pública, firmar acordos independentemente do comparecimento da parte assistida, sempre que possuírem poderes especiais para tanto, em prol do princípio da conciliação, evitando-se, assim, a extinção do processo, sem resolução do mérito (vide Capítulo 4.6.5).

4.7 REVELIA NOS JUIZADOS ESPECIAIS DA FAZENDA PÚBLICA 4.7.1

4.7.1 Aspectos gerais

Nos Juizados Especiais em geral houve inovação no tocante à caracterização da revelia.

Além da situação clássica de ausência de contestação (artigo 344 do CPC/2015), no rito sumaríssimo, que prima pela presença pessoal das partes, a legislação especial previu a incidência dos efeitos materiais da revelia para a hipótese de não comparecimento da parte ré às audiências (artigo 20 da Lei nº 9.099/95).

> Art. 20. **Não comparecendo o demandado** à sessão de conciliação ou à audiência de instrução e julgamento, **reputar-se-ão verdadeiros os fatos alegados no pedido inicial**, salvo se o contrário resultar da convicção do Juiz. (negrito e grifo nosso)

O Enunciado 78 do FONAJE assim estabeleceu:

> ENUNCIADO 78 FONAJE – O oferecimento de resposta, oral ou escrita, **não dispensa o comparecimento pessoal da parte**, ensejando, pois, os efeitos da revelia (XI Encontro – Brasília-DF)

Relativamente à presença da parte, entende-se, pois, que a parte ré pessoa natural deverá se apresentar à audiência pessoalmente, não havendo, nos Juizados Cíveis, a possibilidade de os incapazes figurarem como partes.

Admissível, entretanto, nos Juizados Especiais da Fazenda Pública, a representação dos incapazes, quando autores ou quando réus em litisconsórcio necessário com os entes públicos, por seus representantes legais curadores ou tutores, para aqueles que defendem a capacidade de serem partes perante o rito sumaríssimo fazendário (vide Capítulo 3.4.3 – C).

Quando se tratar de pessoa jurídica privada ré, poderá se fazer representar por preposto, devidamente constituído e portando carta de preposição, sob pena de revelia, salvo acordo firmado entre as partes em audiência (vide Capítulo 4.6.5) [13].

Acerca da qualificação do preposto, para fins de revelia, questiona-se se deveria ser uma pessoa relacionada à pessoa jurídica privada ré que representa ou se poderia ser um total estranho à causa. Duas correntes surgiram a respeito: A primeira, que somente aceita seja um funcionário da pessoa jurídica ré, viabilizando-se que possa atuar em prol de acordos e esclarecimentos efetivos dos fatos. Já a segunda, ao final encampada pela Lei nº 12.137, de 2009, que alterou a redação do § 4º do artigo 9º da Lei nº 9.099/95, defende não haver qualquer necessidade de vínculo empregatício, a saber:

> Art. 9º.
> § 4º O réu, sendo pessoa jurídica ou titular de firma individual, poderá ser representado por preposto credenciado, **munido de carta de preposição com poderes para transigir, sem haver necessidade de vínculo empregatício**.

Não se admite, em sede de Juizados Especiais, que seja a pessoa natural ou jurídica, autora ou ré, representadas por advogados, tendo havido disposição expressa no *caput* do artigo 9º da Lei nº 9.099/95 que apenas assistem à parte em fase de juízo monocrático, vedando ainda a OAB a cumulação das funções de advogado e preposto (Enunciado 98 do FONAJE). Excepciona-se, repita-se, quando houver acordo efetivamente firmado durante a audiência entre as partes, oportunidade em que poderá ser homologado em juízo, caso o advogado possua poderes especiais para transigir (Capítulo 4.6.5).

Ressalva-se a Fazenda Pública, uma vez que o artigo 8º Lei nº 12.153/2009 excepcionou expressamente a regra, consoante já explorado no Capítulo 4.6.5, sendo representados por procuradores estaduais, municipais, autárquicos, fundacionais e das empresas públicas, todos, em regra, concursados para esta finalidade.

---

13 ENUNCIADO 99 FONAJE (Substitui o Enunciado 42) – O preposto que comparece sem carta de preposição, obriga-se a apresentá-la no prazo que for assinado, para validade de eventual acordo, sob as penas dos artigos 20 e 51, I, da Lei nº 9099/1995, conforme o caso (XIX Encontro – Aracaju/SE).

A decretação da revelia não se confunde com a aplicação de seus efeitos, quais sejam: a) efeitos processuais (fluência dos prazos e atos processuais sem intimação para o réu que não tenha procurador cadastrado nos autos e preclusão de atos) e b) efeitos materiais, relativamente à presunção de veracidade dos fatos alegados na peça de ingresso, tudo consoante artigos 20 da Lei nº 9.099/95 c/c artigos 344 e 346 do CPC/2015.

4.7.2 Efeitos processuais da revelia no âmbito dos Juizados Especiais da Fazenda Pública

Ocorrida a revelia (ausência da contestação ou da presença pessoal da parte na audiência), inarredável a incidência dos seus efeitos processuais, para as regras gerais de processo civil.

Destacam-se, dentre estes efeitos, a fluência de prazos independentemente de intimação e a preclusão para a prática de atos processuais.

A - Prazos contra o revel

Contar-se-ão ao revel prazos a partir das meras publicações, salvo se estiverem assistidas por advogados, conforme excepcionado no *caput* do artigo 346 do CPC/2015, aplicável aos Juizados Especiais, por inexistir disposições a respeito nas leis de regência dos procedimentos sumaríssimos:

> Art. 346. Os prazos contra o revel **que não tenha patrono nos autos** fluirão da data de publicação do ato decisório no órgão oficial

A respeito da exceção mencionada, apenas registre-se ter havido inovação no XL FONAJE, que assim estabeleceu, que a nosso ver somente deverá ser aplicado na hipótese de ausência de cadastramento de advogado do revel, sob pena de evidente descompasso com a legislação em vigor:

> ENUNCIADO 167 FONAJE - Não se aplica aos Juizados Especiais a necessidade de publicação no Diário Eletrônico quando o réu for revel - art. 346 do CPC (XL Encontro - Brasília-DF).

B – Atuação do revel no processo

O parágrafo único do artigo 346 do CPC/2015 dispõe que " o *revel poderá intervir no processo em qualquer fase, recebendo-o no estado em que se encontrar.* "

Desta disposição, emergem dúvidas de ordem prática cotidiana nos Juizados Especiais, Cíveis e da Fazenda Pública.

A primeira reside na seguinte indagação: embora ausente a parte ré na sessão de conciliação, se o magistrado entender pela necessidade de realização de audiência de instrução e julgamento e a designar, seja em virtude da ausência de convicção sobre a presunção de veracidade das alegações autorais, seja em razão da existência de litisconsorte passivo não revel que necessite de produção de prova específica, poderá a parte revel comparecer à AIJ, praticar quais atos processuais naquele momento instrutório?

A orientação legal decorrente do parágrafo único do artigo 346 é a de que, intervindo o revel no feito, atuará apenas a partir do estado em que se encontrar, podendo praticar apenas os atos que se coadunarem com o momento processual em que estiver.

Nos Juizados Especiais, a audiência de instrução e julgamento é, em regra, o momento de apresentação de todas as provas (art. 28 da Lei nº 9.099/95), salvo a Fazenda Pública, que deverá juntá-las até a sessão conciliatória (vide Capítulo 4.5.3). É, ainda, a oportunidade de juntada da contestação, à míngua de prazo definido pela lei e por se tratar de mera cisão da audiência uma, de atos concentrados (vide Capítulo 4.5.2).

Poderá então a parte ré, em todas as oportunidades da audiência, juntar sua contestação e produzir provas nos Juizados Especiais?

B.1 - Produção de provas pelo revel – CPC x Juizado Especiais

Especificamente no tocante às provas a serem produzidas, comparecendo o revel na audiência de instrução e julgamento, poderá apresentar as provas que poderiam nela serem produzidas, consoante pacificado pela Súmula 231 do STF: "*O revel, em processo civil, pode produzir provas, desde que compareça em tempo oportuno*"(grifo nosso).

Quanto ao "*tempo oportuno*" definido na lei, importante mencionar que, para o processo civil comum atual, as provas produzidas em AIJ deverão ser requeridas previamente na contestação, não havendo mais o momento específico de especificação de provas. Assim, para o revel, que não apresentou defesa, nem rol de provas pretendidas, restarão preclusas, a nosso modesto entender. Assim, somente poderá participar das provas quando estiver em momento oportuno, como, por exemplo, a juntada de provas novas, o acompanhamento dos peritos assistentes nas provas periciais requeridas pelo autor ou pelo juiz, inspeções judiciais, dentre outras necessárias e que venham a ser estabelecidas somente após o saneamento processual pelo juiz, previsto no artigo 357 do CPC/2015.

O CPC/2015 limitou, contudo, a natureza da prova que poderá ser produzida pelo revel neste momento em que retomar o feito e a tempo da prática dos atos necessários à sua produção. Somente deverá ser aceita se for a prova produzida no sentido de se contrapor o que restou afirmado na peça de ingresso, vedando-se, por conseguinte, a prova de alegações inovadoras defensivas pela parte revel.

> Art. 349. Ao réu revel será lícita a produção de **provas contrapostas às alegações do autor**, desde que se faça representar nos autos a tempo de práticas dos atos processuais indispensáveis para essa produção.

Há críticas severas a este artigo 349 do CPC/2015 porque, para muitos processualistas, a possibilidade de o revel produzir provas, mesmo que de maneira limitada, torna inócua a penalidade do efeito material da revelia da confissão ficta.

A par de tais considerações, independentemente da relação da prova a ser produzida pelo revel com os fatos (se apenas os contrapõem ou se apresentam novas alegações desconhecidas), tem-se que, comparecendo o revel em audiência de instrução e julgamento, poderão ser colhidos os depoimentos pessoais da parte autora e da parte ré nos Juizados Especiais, sempre quando de interesse pelo magistrado.

A prova testemunhal somente poderá ser produzida pelo revel que comparecer à audiência de instrução do Juizado Especial se interveio no processo em tempo hábil ao respectivo arrolamento, sendo exigido pelo artigo 34 da Lei nº 9.099/95 que o faça em até 05 dias antes da audiência (vide Capítulo 4.6.3 – B).

Relativamente à prova documental, o CPC/2015 determina a juntada na peça de defesa, somente aceitando novas provas caso surjam em momento posterior ou delas não teve acesso anterior a parte ré, não podendo, portanto, serem juntadas em momento posterior à defesa.

Contudo, para a maioria dos magistrados, mesmo após o advento do artigo 349 do CPC/2015, como nos Juizados Especiais Cíveis poderão ser as provas documentais produzidas a qualquer tempo, inclusive na audiência de instrução e julgamento em continuação (artigo 28 da Lei nº 9.099/95), independentemente de prévio requerimento, aceita-se, em majoritariamente, a juntada pelo revel que compareça de todas as provas que possuir, independentemente de qualquer limitação.

O artigo 349 do CPC/2015 vem sendo observado, ainda de forma insipiente, nos Juizados Especiais, uma vez que a audiência em sede de rito sumaríssimo reflete a prática de atos concentrados, sendo permitida a larga produção probatória e não apenas aquelas contrapostas, ainda que não requeridas previamente (artigo 33 cumulado com 28 da Lei nº 9.099/95), salvo o arrolamento de testemunhas, necessário à preservação da ampla defesa (artigo 34 da Lei nº 9.099/95).

Vem crescendo entre os magistrados dos Juizados, com razão, a aplicação da limitação da prova documental a ser produzida em audiência, que poderá ser apresentada mesmo sem previa indicação, mas deverão restar limitadas apenas àquelas provas contrárias às alegações autorais.

Neste ponto, ressalva-se o revel nos Juizados da Fazenda Pública, que, embora possa apresentar suas testemunhas previamente arroladas no prazo da lei (§ 1º do artigo 34 da Lei nº 9.099/95), não poderá juntar documentos, salvo novos ou de interesse do juiz para a busca da verdade real, diante do direito indisponível em litígio.

É que o artigo 9º da Lei nº 12.153/2009 determina que "*a entidade ré deverá fornecer ao Juizado a documentação de que disponha para o esclarecimento da causa,* ***apresentando-a até a instalação da audiência de conciliação***." Restará em regra, na prática, por preclusão consumativa, inviável a apresentação de novas provas pelo revel ente público, suas autarquias, fundações e empresas públicas, em audiência instrutória de continuação cindida.

B.2 - Juntada de contestação pelo revel nos Juizados Especiais

Outra indagação surgida no tocante à aplicabilidade dos efeitos da revelia em sede de Juizados Especiais pode assim ser resumida: o réu revel que não comparece à audiência de conciliação, poderá apresentar contestação na audiência de instrução e julgamento, oral ou escrita?

Para a resposta, há duas correntes.

A primeira, aceita a juntada da contestação na AIJ pelo revel, uma vez que em sede de Juizados Especiais, poderá ela ser apresentada até a audiência de instrução e julgamento (Enunciado 10 FONAJE) [14].

Assim, tendo sido designada audiência instrutória em continuação à sessão de conciliação, ao réu que retomar o feito no estado em que se encontrar (a audiência de instrução e julgamento) permite-se a apresentação de defesa, inclusive de forma oral, cessando-se, a partir de então, os efeitos materiais da revelia.

Para esta corrente, observe-se que o artigo 20 da Lei nº 9.099/95 determina, de maneira cogente, que os efeitos materiais da revelia deverão ocorrer ou quando ausente a parte ré à sessão de conciliação ou não comparecendo à audiência de instrução e julgamento e aceitar a contestação ensejará em afastamento do efeito da confissão espontânea.

Ou seja, a presunção relativa de veracidade dos fatos alegados na inicial ocorrerá na ausência da parte em qualquer das duas audiências, não havendo vínculo obrigatório entre elas para sua incidência, já que o texto da lei foi claro a torna-las atos independentes entre si, embora interligados, já que decorrentes de cisão da audiência una, em continuação, senão vejamos:

> Art. 20. **Não comparecendo o demandado à sessão de conciliação ou à audiência de instrução e julgamento**, reputar-se-ão verdadeiros os fatos alegados no pedido inicial, salvo se o contrário resultar da convicção do Juiz.

Desta maneira, pelo dispositivo legal, tem-se que o efeito material da revelia já decorre naturalmente da ausência da parte ré na primeira audiência de conciliação, independentemente de o réu comparecer ou não à audiência instrutória em continuação. Incidirá, ainda, quando comparecer na primeira sessão, mas se ausentar na audiência de instrução e julgamento.

Assim, diante do efeito material da revelia já existente desde a sessão conciliatória, por expressa determinação legal (artigo 20 da Lei nº 9.099/95), resta preclusa (preclusão consumativa e lógica) a possibilidade de apresentação posterior de defesa em qualquer momento processual, seja por meio de petição

---

14 ENUNCIADO 10 FONAJE – A contestação poderá ser apresentada até a audiência de Instrução e Julgamento.

nos autos, seja em AIJ, restando ainda inviável a análise pelo magistrado daquela contestação eventualmente juntada aos autos antes da audiência em que o réu quedou-se ausente.

Justifica-se a impossibilidade de aceitação da juntada de defesa pela parte ré revel, ausente na sessão conciliatória, uma vez que, com efeito, a audiência de instrução e julgamento refere-se ao desdobramento da audiência una, por absoluta impossibilidade de produção da prova naquele primeiro momento da sessão conciliatória, sob pena de prejuízos às defesas de ambas as partes. Sendo audiência em continuação, estaria preclusa a juntada da defesa, em virtude da anterior decretação da revelia.

Utilizou-se o legislador o termo "*sessão de conciliação*" de maneira intencional no artigo ora em análise (artigo 20 da Lei nº 9.099/95) exatamente para separá-la da audiência de instrução e julgamento, e, a nosso modesto entender, para definir com precisão que a ausência a ela pela parte ré, independentemen te de ser necessária ou não a designação de audiência instrutória, ensejaria em presunção de veracidade das alegações iniciais.

Para esta teses, entender o contrário seria enterrar a aplicação da primeira parte do artigo 20 da Lei nº 9.099/95, que é lei especial em pleno vigor, sem qualquer declaração de inconstitucionalidade ou ilegalidade que a afaste do ordenamento jurídico. Seria dizer que somente será aplicado o efeito da confissão ficta da revelia se a parte ré se ausentasse exclusivamente da audiência de instrução e julgamento, seja ocorrida de maneira unificada com a conciliação, seja em instante posterior, o que, todavia, não foi redigido no artigo ora em apreço.

4.7.3 Efeitos materiais da revelia nos Juizados Especiais da Fazenda Pública

Tema que suscita bastante dúvida é a incidência dos efeitos materiais da revelia aos Juizados Especiais da Fazenda Pública.

Relembre-se que nos Juizados Cíveis, a presunção de veracidade das alegações fáticas da parte autora poderá ocorrer ou pela não juntada de contestação (artigo 344 do CPC/2015) ou, ainda, pela ausência do comparecimento pessoal da parte ré à sessão conciliatória ou à audiência de instrução e julgamento (artigo 20 da Lei nº 9.099/95), ressalvadas as permissões legais estabelecidas para as pessoas jurídicas.

O artigo 345 do novo CPC/2015 (repetindo o artigo 320, II do CPC/73), dispõe que o efeito da incidência da presunção de veracidade das alegações apresentadas pelo autor decorrente da revelia não será produzido quando:

> Art. 345. A revelia não produz o efeito mencionado no art. 344 se:
>
> I – havendo pluralidade de réus, algum deles contestar a ação;
>
> II – o litígio versar sobre direitos indisponíveis;
>
> III – a petição inicial não estiver acompanhada de instrumento que a lei considere indispensável à prova do ato
>
> IV – as alegações de fato formuladas pelo autor forem inverossímeis ou estiverem em contradição com prova constante dos autos

Não há dúvidas de que os incisos I, II e IV do artigo 345 do CPC/2015 serão aplicados aos Juizados Especiais da Fazenda Pública. Exsurge, entretanto, enorme celeuma acerca da incidência dos efeitos materiais da revelia em face da Fazenda Pública ré nos processos que tramitem perante os Juizados Especiais, notadamente em virtude de se tratar a matéria litigiosa de direitos indisponíveis.

Direitos indisponíveis são aqueles que as partes deles não podem dispor, irrenunciáveis, cabendo aos entes públicos sua gestão, razão pela qual toda a lide em face da Fazenda Pública versaria, em tese, sobre eles.

Assim, para uma 1ª corrente, aos entes públicos réus nos processos em trâmite perante os Juizados Especiais da Fazenda Pública não poderia ser aplicado o principal efeito da revelia, qual seja, a confissão ficta, uma vez que em função da indisponibilidade do direito discutido, da legalidade e legitimidade dos atos administrativos também presumidamente verossímeis, não se poderia considerar verdadeiros os fatos alegados pela parte autora.

Entretanto, há uma segunda tendência no sentido de se aceitar a presunção de veracidade quando ocorrer a revelia dos entes públicos, suas autarquias, fundações e empresas públicas, quando o direito for, em sua essência, disponível, ressaltando tratar-se de mera presunção relativa de veracidade e legalidade ao fato ou ato administrativos.

Sustentam os adeptos desta linha que o legislador, ao inserir a Fazenda Pública no sistema dos Juizados Especiais, possuía conhecimento acerca da particularidade no tocante à novel caracterização da revelia em virtude da ausência da parte na audiência, bem como do efeito direto e imperativo decorrente da determinação do artigo 20 da Lei nº 9.099/95, que se valeu de verbo no infinitivo para reputar verdadeiros os fatos alegados no pedido inicial, a saber:

> Art. 20. **Não comparecendo o demandado** à sessão de conciliação ou à audiência de instrução e julgamento, **reputar-se-ão verdadeiros** os fatos alegados no pedido inicial, salvo se o contrário resultar da convicção do Juiz.

Não obstante, em que pese vigente esta particularidade nos Juizados Especiais, não houve qualquer ressalva na edição da Lei nº 12.153/2009 no sentido de não se aplicar o efeito material da revelia, decorrente do artigo 20 da Lei nº 9.099/95, aos réus fazendários, ciente o legislador de que a norma geral de regência seria a Lei nº 9099/95. Nem o CPC/2015, embora tenha trazido alterações ao rito sumaríssimo em sua parte final, nada dispôs a respeito.

Ademais, no tocante à matéria de direito indisponível tratada, não haveria prejuízos às partes, uma vez que o efeito da revelia há muito vem sendo considerado apenas relativo, não implicando em condenação automática, se desprovido o autor de um mínimo probatório. Essa ressalva veio positivada desde a publicação da Lei nº9.099/95, em seu artigo 20, a qual foi renovada pelo CPC/2015, conforme a seguir transcreve-se:

> Lei 9099/95 - Art. 20. Não comparecendo o demandado à sessão de conciliação ou à audiência de instrução e julgamento, reputar-se-ão verdadeiros os fatos alegados no pedido inicial, **salvo se o contrário resultar da convicção do Juiz.**
>
> *CPC/2015* - Art. 345. **A revelia não produz o efeito** mencionado no art. 344 se:
>
> IV – as alegações de fato formuladas pelo autor forem inverossímeis ou estiverem em contradição com prova constante dos autos.

A fim de conferir aplicabilidade a este entendimento, o artigo CPC/2015 dispôs no Capítulo IX, "*Das Providências Preliminares e do Saneamento*", Seção I, "*Da Não Incidência dos Efeitos da Revelia*", em seu artigo 348:

> Artigo 348. Se o réu não contestar a ação, o juiz, verificando a inocorrência do efeito da revelia previsto no art. 344, ordenará que o autor especifique as provas que pretenda produzir, se ainda não as tiver indicado.

Por outro lado, a veracidade acerca da existência ou não de direito indisponível deve ser de fato cuidada pelo magistrado, uma vez que, mesmo não sendo revel, a confissão fática pela parte ré de direito público que comparece à audiência não poderia considerada (artigo 392 do CPC/2015).

O efeito da presunção de veracidade não gera prejuízos ao direito indisponível discutido, uma vez que caberá ao magistrado valorar as provas em conjunto, num corpo probatório robusto, devendo, no caso de dúvidas, agir de ofício na busca dos esclarecimentos que venham a formar seu convencimento motivado, conforme dispõem os artigos 5º e 6º da Lei nº 9.099/95, corroborado pelo artigo 370 do CPC/2015:

> Lei 9.099/95
>
> Art. 5º O Juiz dirigirá o processo com **liberdade para determinar as provas a serem produzidas, para apreciá-las e para dar especial valor às regras de experiência comum ou técnica.**
>
> Art. 6º O Juiz adotará em cada caso a decisão que reputar mais justa e equânime, atendendo aos fins sociais da lei e às exigências do bem comum.
>
> *CPC/2015*
>
> Art. 370. Caberá ao juiz, de ofício ou a requerimento da parte, determinar as provas necessárias ao julgamento do mérito.
>
> Parágrafo único. O juiz indeferirá, em decisão fundamentada, as diligências inúteis ou meramente protelatórias.

Destaca-se ainda, neste ponto, o artigo 438 do CPC/2015, aplicável aos Juizados Especais Cíveis e Fazendários, à míngua de disposições na legislação específica (Lei 9.099/95 e Lei 12.153/09), encontrando-se, ainda, em total harmonia com os artigos 5º 6º da Lei nº 9.099/95:

> Art. 438. O juiz requisitará às repartições públicas, em qualquer tempo ou grau de jurisdição:
>
> - as certidões necessárias à prova das alegações das partes;
>
> - os procedimentos administrativos nas causas em que forem interessados a União, os Estados, o Distrito Federal, os Municípios ou entidades da administração indireta.
>
> § 1º Recebidos os autos, o juiz mandará extrair, no prazo máximo e improrrogável de 1 (um) mês, certidões ou reproduções fotográficas das peças que indicar e das que forem indicadas pelas partes, e, em seguida, devolverá os autos à repartição de origem.
>
> § 2º As repartições públicas poderão fornecer todos os documentos em meio eletrônico, conforme disposto em lei, certificando, pelo mesmo meio, que se trata de extrato fiel do que consta em seu banco de dados ou no documento digitalizado.

A derradeira argumentação favorável à aplicação do efeito material da revelia aos entes públicos se dá em virtude de recorrente discussão do que se enquadra como direito indisponível.

O Ministério Público vem restringindo significativamente sua atuação, ao exato argumento de que nem todas as causas que tramitam perante o juízo fazendário referem se a direito indisponível, dentre elas, aquelas citadas da Carta de Ipojuca e demais que envolveriam interesses estritamente patrimoniais entre as partes e, portanto, disponíveis pelos interessados, sendo que não será apenas o fato de figurar como réu um ente público que sempre retratará matéria de interesse público.

De se dar atenção para esta tendência, que defende seja possível a incidência dos efeitos da veracidade dos fatos alegados pela parte autora quando inexistente contestação ou ausente o ente público na audiência (revelia), sempre que, inexistindo incoerências pelo demandante, a parte ré, devidamente citada, opte por não contestar, demonstrando total desinteresse em desconstituir as alegações iniciais, desde que corroboradas por documentações legítimas e provas robustas, a convencer o julgador sobre o afastamento da presunção de legalidade, legitimidade e veracidade do ato administrativo contestado ou sobre situação fática que venha a ensejar direitos e obrigações ao cidadão (ex. Responsabilidade Civil).

Neste sentido, juízes mineiros já sumularam o tema por meio do Enunciado 08 do ENJESP/TJMG, que assim definiram:

> Enunciado 8 – Não se operam os efeitos da revelia do ente público em sede de Juizado Especial da Fazenda Pública quando na defesa de interesse público primário. (IV ENJESP – 2012)

4.8 A DESISTÊNCIA NA SISTEMÁTICA DOS JUIZADOS ESPECIAIS

A legislação atinente ao microssistema dos Juizados Especiais nada previu a respeito da desistência dos feitos pelos demandantes.

Assim, cabível o instituto estabelecido no direito processual civil através do CPC, devendo-se, outrossim, haver adaptação das normas processuais comuns às de rito sumaríssimo, a fim de serem preservados os critérios do artigo 2º da Lei 9.099/95.

A extinção do processo sem resolução do mérito é possível mediante a desistência requerida pela parte autora, nos termos do atual artigo 485, VIII do CPC/2015 (antigo artigo 267, VIII do CPC/73).

A desistência poderá ser requerida em qualquer momento pela parte autora ou por meio do seu advogado constituído nos autos que apresente procuração com poderes especiais para tanto, dependendo a decisão judicial que a acolhe ou rejeita do momento processual, a depender deste, da anuência ou não pela parte ré.

Em breve digressão histórica, a legislação processual civil previa que até o término do prazo para contestação o pedido poderia ser homologado pelo magistrado imediatamente, mas que, a partir de então, somente o poderia ser mediante anuência pela parte ré.

Atender-se-ia, assim, ao conclamo daquele réu que já teria sido convocado à lide para apresentar defesa, sob pena de revelia, constituindo advogado para assisti-la e diligenciando a respeito de provas e teses. Deveria este réu, que contestou a ação, então concordar com a extinção do feito sem resolução do mérito por desistência da parte autora, a despeito de eventuais despesas e desgastes pelos quais tenha suportado até aquele momento. entretanto, a parte ré poderia ter o interesse de que o juiz se posicionasse sobre a lide tergiversada, a fim de ver improcedente a demanda e a extinção do feito com resolução do mérito, recusando-se ao pedido de desistência da ação formulado pelo demandante.

A discussão atinente ao tema em sede de Juizados Especiais se instalou quanto ao momento previsto para a possibilidade de homologação do pedido de desistência pelo juiz, independentemente da vontade do demandado, em virtude da diferença entre os prazos de contestação previstos no CPC e na Lei especial nº 9.099/95 (vide Capítulo 4.5.2).

O § 2º do artigo 267 do CPC/73, em vigor quando do desenvolvimento dos entendimentos a respeito, dispunha que, "***decorrido o prazo para a resposta**, o autor não poderá, sem o consentimento do réu, desistir da ação*".

Pelo processo civil comum, o prazo para resposta se dava em 15 dias ou em dobro para a Fazenda Pública, razão pela qual a homologação pelo magistrado de pedido de desistência sem anuência do réu somente poderia ser feita até o término deste prazo.

Contudo, nos Juizados Especiais, como já explanado no Capítulo 4.5.2, restou pacificado que *"A contestação poderá ser apresentada até a audiência de Instrução e Julgamento"* (Enunciado Cível nº10 do FONAJE), última oportunidade para a produção de provas, arguições e defesas, salvo se a parte quedou-se revel por sua ausência na sessão conciliatória anterior (vide Capítulo 4.7.2 - B.1).

Portanto, como a oportunidade para a defesa se dá em regra nos Juizados Especiais até a data da audiência, poderá a parte autora pedir a desistência neste momento da audiência. Prestigiam-se, ademais, os princípios da oralidade e informalidade, já que em muitas ocasiões, após conversas entabuladas quando das tentativas de acordo, os fatos restam esclarecidos, perdendo a parte autora o interesse no prosseguimento do feito, iniciado em sede de rito sumaríssimo para atendimento a seu interesse, de menor complexidade.

Por estas razões, em sede dos Juizados Especiais, inclusive da Fazenda Pública, que segue o raciocínio geral, admite-se a desistência da ação, independentemente da anuência do réu, até a audiência una, ou mesmo quando cindida para a instrução.

Neste sentido, o FONAJE emitiu o Enunciado 90:

> ENUNCIADO 90 – A desistência da ação, **mesmo sem a anuência do réu já citado**, implicará a extinção do processo sem resolução do mérito, ainda que tal ato se dê em audiência de instrução e julgamento, salvo quando houver indícios de litigância de má-fé ou lide temerária (nova redação – XXXVIII Encontro – Belo Horizonte-MG, 2015).

Salienta-se que o Enunciado 90 do FONAJE acima transcrito teve nova redação no tocante à sua parte final, após o encontro ocorrido no final de 2015 em Belo Horizonte/MG, excepcionando a não homologação pelo magistrado do pedido de desistência, quando restarem evidentes indícios de litigância de má-fé ou lide temerária.

A referida ressalva deu-se em virtude de abusos observados. Citem-se, como exemplos, inúmeras ações interpostas nos Juizados Especiais Cíveis da Comarca da Capital mineira, sob alegações de inexistência de negócio jurídico e restrições indevidas de nomes em cadastros de inadimplência, cuja desistência era requerida assim que a parte contrária ré apresentava a contestação contendo o contrato assinado pela própria parte autora, sem vícios. Observou-se, assim, que os advogados e as partes tentavam na sorte, *a par* de ética e justiça, a obtenção de indenizações indevidas, em evidente má-fé e locupletamento injusto, baseadas em fatos inverídicos, contando com a precariedade de defesas em massa pelas partes rés, normalmente grandes empresas e bancos.

Neste sentido, os juízes mineiros formularam o recente Enunciado 23 do ENJESP/TJMG, que assim orienta:

> ENUNCIADO 23 ENJESP/TJMG– O juiz poderá deixar de homologar o pedido de desistência da ação, ou de decretar a contumácia por ausência da parte na audiência, quando houver indícios de litigância de má-fé ou de existência de lide temerária, podendo, nessas circunstâncias, proferir sentença de mérito. (VI ENJESP - 2017)

Passa-se, agora, ao ponto que atualmente suscita maiores conflitos perante os Juizados Especiais, o qual advém da alteração trazida pelo Código de Processo Civil de 2015, a respeito do momento em que se passou a exigir a anuência do réu para a homologação do pedido de desistência.

O artigo 267, §4º do CPC/73, que exigia a anuência do réu para a desistência após o prazo para defesa, foi substituído pelo artigo 485, §4º do CPC/2015, que dispôs que, "***oferecida a contestação***, *o autor não poderá, sem o consentimento do réu, desistir da ação*".

O marco para a possibilidade de homologação pelo juiz do pedido de desistência sem anuência do réu, portanto, foi alterado na norma processual civil geral, somente podendo se dar até a data do oferecimento da contestação, independentemente de encerramento ou não do prazo final para a resposta.

Ou seja, em tese, mesmo que o prazo para a defesa no rito comum seja de 15 dias após a audiência conciliatória frustrada, apresentando a parte ré a contestação em apenas 05 dias, a partir de então teria ela o direito de concordar ou não com eventual pedido de desistência formulado pelo autor.

A mudança mencionada, a nosso ver, não causa impactos no atual entendimento para o sistema dos Juizados Especiais.

É que no procedimento sumaríssimo o oferecimento da contestação em momento anterior à data da audiência não impede que a parte ré possa oferecer resposta complementar em audiência, o que inclusive deverá ser feito diante de eventuais questões prejudiciais, fatos novos e provas apresentadas naquela oportunidade de atos concentrados, mesmo que oralmente.

Por isso mesmo, embora já ocorridos diversos encontros jurídicos do FONAJE, o Enunciado 90 permanece mantido, plenamente aplicável aos Juizados Especiais da Fazenda Pública. A desistência poderá nos Juizados Especiais, Cíveis e da Fazenda Pública, ser homologada pelo magistrado até a audiência de instrução e julgamento, independentemente da anuência da parte ré que já tenha ou não apresentado sua defesa.

4.9 COMPLEXIDADE DA CAUSA - INCOMPETÊNCIA CONSTITUCIONAL DOS JUIZADOS ESPECIAIS

4.9.1 Introdução – exigência constitucional de causas de menor complexidade para os Juizados Especiais

A menor complexidade das demandas foi corolário de criação dos Juizados Especiais, de rito sumaríssimo e procedimento oral, simples e informal, norteamento este que decorreu diretamente da Constituição da República Federativa do Brasil, quando em seu artigo 98, I assim prevê:

> Art. 98. A União, no Distrito Federal e nos Territórios, e os Estados criarão:
>
> I - juizados especiais, providos por juízes togados, ou togados e leigos, <u>competentes para</u> a conciliação, o julgamento e a execução de **causas cíveis de menor complexidade** e infrações penais de menor potencial ofensivo, **mediante os procedimentos oral e sumariíssimo**, permitidos, nas hipóteses previstas em lei, a transação e o julgamento de recursos por turmas de juízes de primeiro grau;

O próprio Código de Processo Civil dispõe sobre a atenção que se deverá dar às competências constitucionalmente definidas, a definir os limites da competência para as causas cíveis:

> Art. 42. As causas cíveis serão processadas e decididas pelo juiz **nos limites de sua competência**, ressalvado às partes o direito de instituir juízo arbitral, na forma da lei.
>
> Art. 44. **Obedecidos os limites estabelecidos pela Constituição Federal**, a competência é determinada pelas normas previstas neste Código ou em **legislação especial**, pelas normas de organização judiciária e, ainda, no que couber, pelas constituições dos Estados.

Necessário destacar que o artigo 1º da Lei nº 12.153/2009 estabelece que os Juizados Especiais da Fazenda Pública integram o sistema dos Juizados Especiais. Reportando-nos à Lei especial nº 9.099/95, de normas gerais para o mencionado sistema, sobrelevam-se os critérios norteadores do rito sumaríssimo, quais sejam:

> Art. 2º **O processo orientar-se-á pelos critérios da oralidade, simplicidade, informalidade, economia processual e celeridade**, buscando, sempre que possível, a conciliação ou a transação.

Assim, a análise acerca da complexidade da prova, em sede de Juizados Especiais, é de suma importância e não poderá ser desconsiderada, sob pena de se proferirem decisões inconstitucionais, com definição inválida de competência. Isto porque, tornada complexa a demanda, resta afastada a competência constitucionalmente definida para processamento e julgamento das causas em sede de rito sumaríssimo.

Nos Juizados Especiais Cíveis, a competência é facultativa, ou seja, poderá a parte autora optar pelo processamento da causa de menor complexidade tanto perante o juízo sumaríssimo quanto na Justiça comum. Escolhido o foro comum, de competência cível ampla, nele deverá permanecer o processamento e julgamento da causa, não podendo o magistrado encaminhar os autos à justiça especializada de rito sumaríssimo.

O Tema nº 1 da Edição 89 do STJ sobre Direito Processual Civil, a respeito dos Juizados Especiais, deixa sem dúvidas que "*O processamento da ação perante o Juizado Especial Estadual é* ***opção do autor, que pode, se preferir, ajuizar sua demanda perante a Justiça Comum.*** "[15]

Entretanto, a recíproca não é verdadeira para a opção livre feita para o ajuizamento das causas perante os Juizados Cíveis. Somente será neles processada se não apresentar qualquer das situações impeditivas contidas no sistema legislativo do rito sumaríssimo. Deste modo, tratando-se de causa de maior complexidade, o juiz do Juizado Especial deverá reconhecer sua incompetência e extinguir o feito, sem resolução do mérito, conforme determina o artigo 51, II da Lei nº 9.099/95.

A escolha pela parte autora pelo juízo comum e, quando possível, pelo sumaríssimo cível, prorroga a competência daquele para quem houve a primeira distribuição, conforme nova regra do artigo 44 do CPC, que deixou de

---

15 http://www.stj.jus.br/SCON/jt/toc.jsp.

prever a necessidade de primeiro despacho pelo juiz [16]. Todavia, mesmo nesta hipótese, poderá haver o reconhecimento de incompetência do Juizado Especial, se a causa se apresentar complexa durante o curso do feito, o que é feito comumente no primeiro contato do juiz com os autos, na audiência de atos una concentrados (conciliação, instrução e julgamento).

Há, no tocante à competência dos Juizados Especiais da Fazenda Pública, diferença manifesta, uma vez que o § 4º do artigo 2º da Lei nº 12.153/2009 estabeleceu que "*No foro onde estiver instalado Juizado Especial da Fazenda Pública, **a sua competência é absoluta**.*"

A parte autora, então, não poderá optar pelo foro comum ou sumaríssimo em matéria fazendária. Deverá observar os requisitos estabelecidos pelas Leis nº 12.153/2009 e nº 9.099/95, harmonizando-os, para fins de, apurados os critérios de definição de competência, seja proposta a demanda perante a justiça comum ou via Juizados Especiais da Fazenda Pública.

Observando os magistrados atuantes em um ou outro foro fazendário que a causa não será de sua competência, terá por obrigação declarar sua incompetência absoluta para o processamento e julgamento da demanda.

Mesmo que a causa seja de valor menor do que 60 salários mínimos, por exemplo, e não se amolde às hipóteses gerais vedadas para o sistema dos Juizados Especiais processuais (ex. partes, rito especial incompatível, etc.,) ou materiais (ex. causas de imóveis, demissões de servidores, mandados de segurança, ações coletivas, dentre outras), não haverá competência absoluta dos Juizados Especiais da Fazenda Pública caso a demanda se apresente complexa, devendo, portanto, ser processada perante a Justiça comum.

Neste sentido é o Enunciado 11 do FONAJE para causas relativas à Fazenda Pública, que assim prevê:

> Enunciado nº 11 : "As causas de maior complexidade probatória, por imporem dificuldades para assegurar o contraditório e a ampla defesa, **afastam a competência do Juizado da Fazenda Pública**"

16 CPC/2015- Art. 43. Determina-se a competência no momento do registro ou da distribuição da peti- ção inicial, sendo irrelevantes as modificações do estado de fato ou de direito ocorridas posteriormente, salvo quando suprimirem órgão judiciário ou alterarem a competência absoluta.

Ao final, conclui-se que, proposta a ação perante o Juizado Especial, seja Cível ou da Fazenda Pública e, apurando-se o magistrado a observância dos demais critérios de competência estabelecidos, dentre eles a suficiência de mero exame técnico simples para solução justa do litígio, não entender pela competência da Justiça Comum, seja em razão da escolha adequada feita pela parte autora para os Juizados, com *perpetuatio jurisdictionis*, seja em virtude da competência absoluta dos Juizados Especiais da Fazenda Pública.

Nestes termos, verificando-se que a realização de mero exame técnico perante o Juizado Especial seria suficiente a dirimir a controvérsia fática, não será possível se declarar incompetente ao argumento de inexistência de peritos gratuitos a atender o juízo sumaríssimo, notadamente em se tratando de matéria fazendária, de competência absoluta do Juizado Especial. Por outro lado, não sendo competente o Juizado Especial, deverá a demanda ser processada e julgada pelo juízo comum, sob pena de nulidade dos atos processuais, diante da incompetência constitucionalmente definida.

Importante haver a identificação, o quanto antes possível, acerca da necessidade de prova pericial formal ou da pertinência de mero exame técnico simples para processamento e julgamento justo da causa, valendo-se do Juizado Especial em seu sentido nato, ou seja, apenas para causas menos complexas.

Segue o apelo feito na Carta de Brasília, resultado do XL FONAJE, realizado em 18 de novembro de 2016 [17]:

> CARTA DE BRASÍLIA - XL FONAJE
>
> Os magistrados dos Juizados Especiais do Brasil, reunidos no XL Encontro do Fórum Nacional de Juizados Especiais - FONAJE, nos dias 16, 17 e 18 de novembro de 2016, em Brasília, Distrito Federal, sob o tema "Os Novos Desafios dos Juizados Especiais", vêm a público para: Reafirmar a necessidade de resgate e aplicação dos critérios informadores do Sistema dos Juizados Especiais (art. 2º da Lei 9.099/1995), combatendo a ordinarização dos procedimentos do Sistema de Juizados Especiais; Exortar os magistrados, notadamente os que passarem a integrar o Sistema de Juizados Especiais e as respectivas Turmas Recursais, para **que apliquem efetivamente os critérios informadores do Sistema (art. 2º da Lei** 9.099/1995); Preconizar aos integrantes das Turmas de Uniformização e de Turmas Recursais que observem a norma contida na segunda parte do art. 46 da Lei

17 FONTE: http://www.tjdft.jus.br/institucional/imprensa/noticias/2016/novembro/xl-fonajee-encerrado-com-divulgacao-da-carta-de-brasilia

9.099/1995, privilegiando o julgamento por súmula; Concitar os Tribunais de Justiça a envidar esforços para que sejam implementadas funcionalidades nos sistemas eletrônicos, com o propósito de assegurar a observância da oralidade nos atos processuais; Conclamar os Tribunais de Justiça que criem mecanismos eficazes de gestão de demandas repetitivas. Brasília, 18 de novembro de 2016.

A - Provas técnicas – distinção necessária entre perícia formal e exame técnico simples informal para definição da competência

Com efeito, a prova técnica é de fato cabível nos Juizados Especiais em geral, incluindo o da Fazenda Pública, mas apenas a simples e não a perícia formal.

Neste parâmetro, deve-se observar, no caso concreto, se a realização de uma prova técnica imparcial será imprescindível para que o magistrado possa dirimir o conflito instaurado de maneira justa.

Acerca da prova pericial, o CPC de 2015 permite sua dispensa, quando necessária, define a possibilidade de que realize de maneira simplificada ou formal:

> Art. 464. A prova pericial consiste em exame, vistoria ou avaliação.
>
> § 1º O juiz indeferirá a perícia quando:
>
> I - a prova do fato não depender de conhecimento especial de técnico;
>
> II - for desnecessária em vista de outras provas produzidas;
>
> III - a verificação for impraticável.
>
> § 2º De ofício ou a requerimento das partes, o juiz poderá, em substituição à perícia, determinar a produção de prova técnica simplificada, quando o ponto controvertido for de menor complexidade.
>
> § 3º A prova técnica simplificada consistirá apenas na inquirição de especialista, pelo juiz, sobre ponto controvertido da causa que demande especial conhecimento científico ou técnico.
>
> (...)
>
> Art. 472. O juiz poderá dispensar prova pericial quando as partes, na inicial e na contestação, apresentarem, sobre as questões de fato, pareceres técnicos ou documentos elucidativos que considerar suficientes.

Destaque-se que a perícia formal em pessoas, coisas, lugares e etc., depende da disponibilidade de peritos, de data para sua realização, de acompanhamento de assistentes técnicos de ambas as partes e deverá atender a quesitos, realizar o pagamento de despesas e atender a todos os prazos e formalidades previstas no CPC/2015 (arts. 473 a 480). São elas, portanto, incompatíveis com os princípios da informalidade, simplicidade, economia processual e celeridade que norteiam o rito sumaríssimo dos Juizados Especiais (artigo 2º da Lei nº 9.099/95).

Restando estampada a necessidade de perícia formal e não de mero exame técnico, será afastada a competência do Juizado Especial.

Poderá, outrossim, ser suficiente apenas uma perícia simples, um mero exame técnico, assim definida pelo § 3º do artigo 464 do CPC/2015:

> § 3º A **prova técnica simplificada** consistirá apenas na inquirição de especialista, pelo juiz, sobre ponto controvertido da causa que demande especial conhecimento científico ou técnico.

Veja-se que na Lei nº 9.099/95, constitucionalmente prevista para causas de menor complexidade e rito sumaríssimo (artigo 98 da CRFB/88), antes mesmo do novo CPC de 2015, igualmente foi permitida apenas a inquirição de técnicos pelo magistrado para esclarecimentos sobre fatos e provas, consoante seu artigo 35, que assim estabelece:

> Ar. 35 Quando a prova do fato exigir, o Juiz poderá inquirir técnicos de sua confiança, permitida às partes a apresentação de parecer técnico".

Deste modo, o magistrado poderá convocar um perito de sua confiança para a audiência e nela o ouvir sobre questões técnicas simples, podendo, para simplificar mais ainda, apenas intimar um perito de sua confiança para emitir um laudo com parecer técnico.

Observe-se que não foi autorizado pela Lei dos Juizados Especiais Cíveis que se realizem exames periciais formais, somente podendo haver, repita-se, informações técnicas esclarecedoras ao magistrado e às partes.

Partindo-se da premissa de que o rito sumaríssimo deverá atender a causas menos complexas, que, pelos §§ 2º e 3º do artigo 464 do CPC/2015 e pelo artigo 35 da Lei nº 9.099/95 prevêem apenas a possibilidade de perícia simplificada, importante observar como restou previsto nas Leis dos Juizados Especiais da Fazenda Pública, Federal e Estadual.

O *caput* do artigo 12 da Lei nº 10.259/2001 e o artigo 10 da Lei nº 12.153/2009 apresentam redação idêntica, no sentido de apenas aceitar o exame técnico, com apresentação de laudos esclarecedores que auxiliem na conciliação ou no julgamento da causa, senão vejamos:

> Para efetuar o **exame técnico** necessário à conciliação ou ao julgamento da causa, o Juiz nomeará pessoa habilitada, que apresentará o laudo até cinco dias antes da audiência, independentemente de intimação das partes.

Entretanto, houve uma diferença entre as mencionadas leis, uma vez que a Lei nº 10.259/2001, relativa aos Juizados Federais, apresentou uma exceção no § 2º do seu artigo 12, ao dispor que "***nas ações previdenciárias*** *e relativas à assistência social, havendo designação de exame, serão as partes intimadas para, em dez dias, apresentar quesitos e indicar assistentes.*"

Mister ressaltar que a Lei nº 12.153/2009, publicada cerca de 8 anos após a lei dos Juizados Federais e nesta espelhada, como se vê da semelhança entre elas, não inseriu qualquer ressalva em seu texto a respeito da perícia formal para causas previdenciárias.

Assim, considerando que a Constituição da República determina o processamento da causa de menor complexidade perante o rito sumaríssimo, definido especialmente pela Lei nº 12.153/2009 para a Fazenda Pública Estadual, do DF e Municipal, e observando-se que não quis o legislador, intencionalmente, repetir a abertura para a pericial formal aoss Juizados Federais, forçoso concluir não possa ser, portanto, aceita qualquer prova complexa pericial em sede de Juizados Especiais da Fazenda Pública, em respeito ao princípio da especialidade.

Não houve qualquer autorização, em momento algum, de perícia formal no artigo 10 da Lei nº 12.153/2009

Por essas razões, importante ter em mente que os institutos da perícia formal e do exame técnico (perícia simplificada) são de fato distintos e que apenas este último será compatível com o sistema dos Juizados Especiais, consoante toda legislação em vigor ora declinada.

Imprescindível trazer, para elucidação, a lição do renomado jurista Humberto Theodoro Júnior, que os diferencia claramente:

> **A prova técnica é admissível no Juizado Especial, quando o exame do fato controvertido a exigir. Não assumirá, porém, a forma de uma perícia, nos moldes habituais do Código de Processo Civil. O perito escolhido pelo Juiz, será convocado para a audiência, onde prestará as**

> **informações solicitadas pelo instrutor da causa (art. 35, caput). Se não for possível solucionar a lide à base de simples esclarecimentos do técnico em audiência, a causa deverá ser considerada complexa. O feito será encerrado no âmbito do Juizado Especial, sem julgamento do mérito, e as partes serão remetidas à justiça comum.** Isto porque os Juizados Especiais, por mandamento constitucional, são destinados apenas a compor 'causas cíveis de menor complexidade.[18]

Leciona Humberto Theodoro Jr. ainda, em artigo jurídico publicado na internet, intitulado "*Os Juizados Especiais da Fazenda Pública (Lei 12.153, de 22.12.2009)*", que:

> A Lei n. 12.153 evita falar em prova pericial, referindo-se apenas a exame técnico por pessoa habilitada e não faz menção à possibilidade de as partes formularem quesitos e indicarem assistentes técnicos. **Certamente o fez para evitar que o procedimento do CPC fosse transplantado para o Juizado Especial da Fazenda Pública, de forma rotineira, o que contraria a índole sumaríssima e informal.** [19]

Acrescentou o mencionado professor que:

> Não se pode, entretanto, em nome do contraditório e da ampla defesa, recusar às partes o direito de quesitos esclarecedores e a apresentação de parecer técnico obtido extrajudicialmente, quando o esclarecimento da verdade o exigir, a exemplo do que a Lei nº 10.259, art. 12, §2º permite, em determinadas hipóteses, nos Juizados Especiais Federais. [20]

Imprescindível, neste contexto, que confiemos o devido respeito às diferenças entre exame técnico, admitido em sede de Juizados Especiais e as perícias formais, estas afastadas em prol da manutenção salutar do rito sumaríssimo e dos critérios que o permeiam, tais como simplicidade, celeridade, economia processual e informalidade (artigo 2º da Lei nº 9.099/95).

Traçado o parâmetro distintivo, deve-se fazer a análise atenta, especificamente do caso concreto, a fim de se apurar se o mero exame técnico será ou não suficiente para dirimir a questão fática litigiosa apontada, eis que os simples exames e esclarecimentos técnicos poderão não bastar para tanto.

---

18 JÚNIOR, Humberto Theodoro. *Curso de Direito Processual Civil*. Rio de Janeiro: Forense, 2000, 31ª ed., v. III, p. 436.

19 JÚNIOR, Humberto Theodoro. *Os Juizados Especiais da Fazenda Pública (Lei 12.153, de 22.12.2009: https://bd.tjmg.jus.br/jspui/bitstream/tjmg/668/1/palTJ-OSJ.pdf*

20 JÚNIOR, Humberto Theodoro. *Os Juizados Especiais da Fazenda Pública (Lei 12.153, de 22.12.2009: https://bd.tjmg.jus.br/jspui/bitstream/tjmg/668/1/palTJ-OSJ.pdf*

A prova pericial complexa não se coaduna com os princípios dos Juizados Especiais (artigo 2º da Lei nº 9.099, de 1995), todos norteadores do sistema especial, sendo que os Juizados Especiais da Fazenda Pública, repita-se, integra o sistema de rito sumaríssimo.

É este o entendimento do eg. TJMG:

> EMENTA: CONFLITO DE COMPETÊNCIA - JUIZADO ESPECIAL CÍVEL - NECESSIDADE DE PRODUÇÃO DE PROVA COMPLEXA - COMPETÊNCIA DO JUÍZO COMUM SUSCITADO.
>
> - **A realização da perícia grafotécnica, que implique na produção de prova fora da audiência, com a apresentação de laudo escrito, enseja o prolongamento da instrução, em descompasso com os princípios da simplicidade, informalidade, economia processual e celeridade, todos norteadores do sistema especial.** (TJMG, Ap Cível/Reex Necessário 1.0145.10.050257-7/003, Relator(a): Des.(a) Valdez Leite Machado, Data de Julgamento: 27/08/2015, Data da publicação da súmula: 04/09/2015)

Aceitar a perícia formal em sede de Juizados Especiais é fadar à falência o procedimento sumaríssimo previsto constitucionalmente, tornando-o ordinário e comum, a despeito de toda da *mens legis e legislatoris* envolvida, a qual se encontra em pleno vigor, não atingida por declaração de inconstitucionalidade, não podendo, pois, ser desconsiderada.

Ora, se o legislador quisesse a perícia formal nos Juizados Especiais, não teria tido o cuidado de editar de maneira diversa do CPC os artigos 35 da Lei nº 9.099/95 e 10 da Lei nº 12.153/2009, com nomenclaturas evidentemente distintivas, a indicar aceitação no rito sumaríssimo apenas de provas técnicas simples.

Por outro lado, salienta-se a existência de processos judiciais em curso perante os Juizados Especiais, contudo, sem condições reais de julgamento justo em virtude da necessidade de prova pericial formal, de viabilidade inexistente nos Juizados Especiais, alongando-se ainda mais a prestação jurisdicional, desnecessariamente.

B - Momento para a definição da competência pela complexidade ou não da prova

A fixação ou não da competência do Juizado Especial com fulcro em entendimento pela necessidade de perícia formal complexa, diante da insuficiência do exame técnico para o caso *sub judice* deverá ser feita pelo magistrado e não por eventual perito em exame técnico, nem mesmo a critério da parte autora ou ré.

Desta forma se a causa se apresentar com evidente complexidade já desde o início, aferida pelo objeto da prova pericial quando do saneamento inicial do feito, deverá ser declinada a competência ou ser extinto o processo (artigo 51, II da Lei nº 9.099/95), segundo o Enunciado 54 do FONAJE, *in verbis*:

> Enunciado 54: "A menor complexidade da causa **para a fixação da competência** é aferida pelo objeto da prova e não em face do direito material".

Em nosso entender, o momento adequado para esta análise da complexidade da demanda deverá ocorrer, sempre que possível, mediante a experiência do magistrado e observação da natureza dos fatos e provas apresentados com a peça de ingresso, ainda no início da ação, sob pena de haver processamento do feito por juiz incompetente, com possibilidade de nulidade de atos processuais e violação à economia processual e celeridade.

Por outro lado, a utilização do procedimento sumaríssimo para o mero processamento dos feitos fora de sua competência até a audiência, com utilização de peritos para exames técnicos que se sabem insuficientes desde a análise da peça de ingresso, por entendimento do julgador, vai de encontro aos princípios processuais e constitucionais, notadamente no tocante à competência e economia processual.

Relevante pontuar que atualmente a tão prezada celeridade do rito encontra-se comprometida pelo crescente aumento das demandas sem a contrapartida de ampliação adequada de estrutura e funcionários, não sendo razoável que perante ele se processem causas fora de sua competência.

Neste cenário, tem-se que o Poder Judiciário deverá sempre priorizar que os feitos tramitem desde o início perante sua via processual adequada, evitando-se, outrossim, que a demanda prossiga em juízo incompetente para a causa.

Neste sentido e o entendimento do eg. TJMG, que abaixo transcrevo:

> EMENTA: **CONFLITO NEGATIVO DE JURISDIÇÃO - JUSTIÇA COMUM E JUIZADO ESPECIAL** - ART. 183 DA LEI Nº 9.279/96 - PROPRIEDADE INDUSTRIAL - **COMPLEXIDADE DA CAUSA - NECESSIDADE DE PERÍCIA TÉCNICA - INCOMPATIBILIDADE COM O CÉLERE E SIMPLIFICADO PROCEDIMENTO ESTABELECIDO PARA O TRÂMITE DAS AÇÕES PERANTE O JUIZADO ESPECIAL**

> - **COMPETÊNCIA DO JUÍZO SUSCITADO**. Diante da complexidade do feito e da necessidade de produção de prova pericial para aferição dos indícios de materialidade do crime previsto no art. 183 da Lei nº 9.279/96, deve ser afastada a aplicabilidade do conceito estabelecido no art. 61 da Lei nº 9.099/95 e declarada a competência da Justiça comum. (TJMG - Processo: Conflito de Jurisdição 1.0000.13.099049-2/000, Relator(a): Des.(a) Márcia Milanez, Data de Julgamento: 08/04/2014 , Data da publicação da súmula: 15/04/2014

E mais,

> EMENTA: AGRAVO DE INSTRUMENTO. REMESSA DOS AUTOS AO JUIZADO ESPECIAL CÍVEL. DEMANDA ANTERIORMENTE PROPOSTA NAQUELE JUÍZO. DESISTÊNCIA. REPROPOSITURA DA AÇÃO NA JUSTIÇA COMUM. IMPOSSIBILIDADE EM REGRA. OFENSA AO PRINCÍPIO DO JUIZ NATURAL. EXCEÇÃO. **NECESSIDADE DE REALIZAÇÃO DE PERÍCIA. INCOMPTÍVEL COM PROCEDIMENTO DO JUÍZADO.** RECURSO PROVIDO.
>
> I - Nas hipóteses previstas no art. 3º, e incisos, da Lei 9.099/95, pode o autor optar pelo rito sumaríssimo da lei especial ou, caso entenda pertinente, eleger o juízo comum, com o procedimento ordinário do Código de Processo Civil. II - O exercício desta opção deve ser realizado antes do ajuizamento da ação. Uma vez feita a escolha pelo Juizado Especial Cível, não pode a parte, após o ajuizamento da demanda, desistir de prosseguir no juízo escolhido a fim de propor novamente a ação perante a justiça comum, sob pena de ofensa ao princípio do juiz natural. **III- Nas hipóteses onde houver necessidade de realização de procedimentos incompatíveis com a legislação dos Juizados Especiais a regra sofrerá excecção, não havendo o que se falar em afronta ao princípio do juiz natural.** III - Agravo de instrumento provido. (TJMG14 - Processo: Agravo de Instrumento-Cv 1.0024.14.136343-2/001 , Relator(a): Des.(a) Vicente de Oliveira Silva, Data de Julgamento: 02/06/2015, Data da publicação da súmula: 26/06/2015)

Com fulcro em tais parâmetros, se o caso em apreço reportar à necessidade de realização de perícia formal, não sendo suficiente o mero exame técnico esclarecedor sobre fatos e provas já coligidas ao feito, ou de simples exames técnicos (ex. laboratoriais, medições de altura, peso, pressão, etc), a matéria apresenta-se complexa a justificar a incompetência do Juizado Especial para o feito.

Recomenda-se, *a par* de todas essas considerações, que se a complexidade probatória não se aviltar de maneira indubitável para o magistrado ainda no início do curso do feito, que então o magistrado do juízo comum ou sumaríssimo a processe por mais tempo suficiente à apuração mais detida, aguardando-se a defesa e as demais provas, a fim de que a análise da competência em razão da complexidade seja feita com a certeza que se espera.

Colaciona-se ao tema o Eunciado 12 do FONAJE sobre Fazenda Pública, que assim esclarece:

> Enunciado 12 FONAJE - Na hipótese de realização de exame técnico previsto no art. 10 da Lei nº 12.153/09, **em persistindo dúvida técnica**, poderá o juiz extinguir o processo pela complexidade da causa (XXXVIII Encontro – Belo Horizonte-MG, 2015).

Evitar-se-á, desta maneira, que os feitos transitem entre os ritos comum e o sumaríssimo de maneira indevida, sendo extintos ou declinados sem o respaldo adequado, com suscitação de conflitos desnecessários e não menos morosos de serem dirimidos, havendo casos até mesmo de se culminar em ausência de jurisdição à parte, de forma despicienda.

A solução jurídica prevista para os Juizados Especiais Cíveis e da Fazenda Pública, quando constatada a complexidade da causa pela necessidade de prova pericial, é a extinção do feito, sem resolução do mérito, por incompatibilidade com o rito sumaríssimo, conforme determina o artigo 51, II da Lei nº 9.099/95. Não é previsto o declínio da competência, notadamente porque o rito simples e informal poderá conflitar com o exigido para a Justiça comum, notadamente o abrandamento dos requisitos da petição inicial (vide Capítulo 4.1), a capacidade postulatória da parte autora em causas de até 20 salários mínimos (Capítulo 3.4.2) e a divergência do procedimento.

Inobstante tais observações, salienta-se que alguns magistrados vinham extinguindo os feitos que tramitavam através de ambos os ritos, sumaríssimo ou ordinário comum, em face da menor ou maior complexidade, dando-se por incompetentes. Houve justificativas, por exemplo, para a extinção feita pelo juízo comum fazendário mineiro, relativamente à incompatibilidade entre os sistemas informatizados do processo eletrônico.

Entretanto, ao ser proposta novamente a ação sob o procedimento contrário, nas duas hipóteses, passou a haver suscitação de conflitos negativos pelo juízo recebedor, quando discordava do entendimento por sua competência.

Contudo, houve questão pontual controversa: algumas câmaras dos Tribunais não aceitaram o processamento do conflito negativo de competências, porque entre um processo ativo e um extinto, já que se refere a mecanismo processual uniformizador apenas para um processo ativo em declínio de competência, o que ensejou muitas discussões.

Ora, se extinto o processo, por exemplo, nos Juizados Especiais da Fazenda Pública por incompetência absoluta, mas o magistrado da Vara Comum fazendária se entendesse também por incompetente, o que fazer, já que não poderia suscitar o conflito entre um processo extinto do juizado e um diverso e ativo da Justiça comum? As partes não poderão restar sem jurisdição.

Na prática, apesar da determinação do artigo 51, I da Lei nº 9.099/95, observou-se ser mais ajustado o declínio da competência entre os juízos do rito sumaríssimo e comum, sempre que a parte esteja assistida por advogado, podendo a petição inicial ser emendada perante o juízo próprio, caso necessário. Para as causas sem a assistência de advogados, caberá à parte sua constituição, a interposição de Recurso Inominado perante a Turma Recursal dos Juizados, para somente após haver o declínio.

Havendo evidente divergência entre os juízes atuantes nos juízos fazendários dos Juizados Especiais ou da Justiça Comum, sugere-se que se declinem as demandas entre um e outro, a fim de viabilizar o recebimento e julgamento dos conflitos suscitados pelos Tribunais e, com isto, de se conferir maior segurança jurídica ao jurisdicionado, que não poderá permanecer sem jurisdição.

C - Peritos para exames técnicos nos Juizados Especiais – pagamentos das despesas – possibilidades e responsabilidades

Constatado pelo magistrado, por decisão expressa, a pertinência da realização de mero exame técnico, ao menos em momento inicial, frise-se, não poderá ser declinada a competência para o foro comum, seja em virtude da escolha pertinente do Juizado ou mesmo em razão da competência absoluta dos Juizados Especiais da Fazenda Pública.

Deverá, portanto, promover ao exame técnico, não sendo a falta de peritos na justiça especializada sumaríssima motivo a afastar sua competência.

Assim, o magistrado necessitará do auxílio de um perito, imparcial, para que possa promover ao julgamento justo do conflito, não sendo possível a dispensa, sob pena de se violar o princípio constitucional do devido processo legal e da busca pela verdade real, notadamente se tratar-se de direito indisponível, de interesse público.

O sistema dos Juizados Especiais dispensa expressamente o pagamento pelas partes das despesas processuais em fase de juízo monocrático de primeira instância, nos termos do artigo 54 da Lei 9099/95: "*O acesso ao Juizado Especial independerá, em primeiro grau de jurisdição, do pagamento de custas, taxas ou despesas.*" .

Há previsão nos Juizados Especiais, de maneira excepcional, para condenação a custas e honorários sucumbenciais nos casos de litigância de má-fé, contumácia, embargos à execução protelatórios, dentre outras (artigos 51, § 2º e 55 da Lei nº 9.099/95).

Definiu-se, ainda, expressamente o pagamento de despesas para a degravação de conteúdo de fita magnética sobre atos processuais praticados perante os Juizados Especiais (artigo 44 da Lei nº 9.099/95), além da cobrança, em segundo grau, de todas as despesas do processo, incluindo aquelas dispensadas em juízo singular (parágrafo único do artigo 54 da Lei nº 9.099/95).

O § 1º do artigo 12 da Lei nº 10.259/2001 previu o pagamento dos honorários do técnico para realização de exame técnico ou de perícia formal para causas previdenciárias nos Juizados Especiais Federais. Entretanto, mesmas disposições não se encontram nem na Lei nº 9.099/95, nem na Lei dos Juizados Especiais da Fazenda Pública estadual (Lei nº 12.153/2009), que sequer deixou de prever, a nosso entender de maneira intencional, qualquer perícia formal para causas previdenciárias, devendo, portanto, seguir as regras da Lei nº 9.099/95 (vide Capítulo 4.9.2).

Em tese, as leis não estabeleceram condições para dispensa legal ao pagamento de despesas em primeira instância aos Juizados Especiais Cíveis e da Fazenda Pública, devendo ser, portanto, válida para todas as partes, indistintamente, autores ou réus, pessoas naturais ou jurídicas, abastadas ou não.

A regra de dispensa do pagamento de custas, honorários e despesas processuais, salvo as exceções aqui apontadas, contudo, não afasta o surgimento de situações que gerem despesas nos processos em curso perante os Juizados Especiais.

É o que ocorre, por exemplo, com a expedição mandados, cartas precatórias, realização dos exames técnicos simples, dentre outros atos processuais, que serão arcados, via de regra, pelo Tribunal de Justiça do Estado.

De leitura seca da lei, no tocante à realização do exame técnico, considerado como perícia simples, por exemplo, não haverá que se falar em cobrança de despesas relativas a eventuais honorários periciais de quaisquer das partes, independentemente da concessão ou não dos benefícios da assistência judiciária gratuita.

Questiona-se, pois, de quem será a responsabilidade pelo pagamento do perito em sede de Juizados Especiais Cíveis e da Fazenda Pública, quando necessário o exame técnico para o julgamento da causa.

O Estado é responsável por cobrir as despesas dos beneficiários da assistência judiciária gratuita, por determinação legal. Contudo, como na primeira instância dos Juizados Especiais não há previsão de despesas para assistidos ou não, poderá o Estado se posicionar pela recusa ao pagamento respectivo, mesmo para beneficiário da gratuidade da Justiça, diante da inexistência de obrigação legal de pagamento das despesas?

Ressalte-se que, dentro desta temática, a solução jurídica não está na incidência do § 3º do artigo 95 do CPC/2015, uma vez retrata hipótese de adiantamento provisório das despesas pelo Estado para o beneficiário da assistência judiciária gratuita, presumindo-se a possibilidade de cobrança posterior da despesa ainda em primeiro grau jurisdicional, caso seja o assistido vencido e cesse sua hipossuficiência econômica (§ 3º do artigo 95 cumulado com § 2º, do artigo 98, ambos do CPC/2015), o que, contudo, não seria possível, em tese, pela sistemática dos Juizados Especiais.

Estabelecida a premissa de que o pagamento do adiantamento da despesa com remuneração do perito será feito pelo responsável, independentemente de vínculo inicial com a assistência judiciária gratuita, deverá ser definida de quem será a mencionada responsabilidade.

Nestes termos, o artigo 25 da Lei nº 12.153/2009 estabelece que *"Competirá aos Tribunais de Justiça <u>prestar</u> o suporte administrativo necessário ao funcionamento dos Juizados Especiais"*

Assim, caberá ao Poder Judiciário arcar com as despesas processuais nos Juizados Especiais, Cíveis e da Fazenda Pública, em primeiro grau.

Isto, pois particularmente perante os Juizados Especiais Federais há norma excepcional prevista para o pagamento dos honorários do perito para exames técnicos, o artigo 12, §1º da Lei nº 10.259/2001 dispôs que deverão ser antecipados à conta do Tribunal federal respectivo, que poderá se ressarcir, mas apenas nos casos em que a entidade pública federal reste vencida na causa. Não há previsão para o ressarcimento em face de pessoas naturais ou jurídicas privadas sucumbentes:

> Lei nº 10.259/2001 - Art. 12
>
> § 1º Os honorários do técnico serão antecipados à conta de verba orçamentária do respectivo Tribunal e, **quando vencida na causa a entidade pública**, seu valor será incluído na ordem de pagamento a ser feita em favor do Tribunal.

Não houve, todavia, disposição semelhante nas Leis dos Juizados Especiais Cíveis e da Fazenda Pública, o que leva à ideia de que não existe uma situação delimitada sobre as responsabilidades pelos pagamentos das despesas periciais em sede de Juizados Especiais estaduais.

À míngua de legislação específica nas Leis nº 9.099/95 e 12.153/2009, deve-se buscar na interpretação sistemática a respeito.

Relativamente aos Juizados Especiais estaduais Cíveis, não será possível o ressarcimento da despesa pelo Estado, já que envolve apenas pessoas naturais e jurídicas privadas, dispensadas do pagamento das custas, salvo se o feito não se encerrar, podendo haver a cobrança de todas as despesas dispensadas na fase recursal no preparo do Recurso se não for beneficiado pela assistência judiciária gratuita, nos termos do parágrafo único do artigo 54 da Lei nº 9.099/95.

Já para os Juizados Especiais da Fazenda Pública, vislumbram-se, a respeito, duas teses sobre responsabilidade pelas despesas periciais, em razão do envolvimento de ente público federado no polo passivo, como sucumbente.

A primeira, no sentido de que não deverá haver qualquer ressarcimento pelo Estado – Poder Executivo - ao Tribunal de Justiça, uma vez que não houve determinação semelhante nas Leis nº 9.099/95 e na Lei nº 12.153/2009, esta última que foi editada em momento posterior e não repetiu propositadamente o § 1º do artigo 12 da Lei nº 10.259/2009, não tendo sido, portanto, a intenção do legislador o ressarcimento pelos cofres públicos gerais do Estado ao Poder Judiciário.

Já a segunda tese se daria no sentido de se ter por plausível a observância da norma prevista no § 1º do artigo 12 da Lei nº 10.259/2009 a ambos os Juizados Especiais. Isto, pois, à míngua de legislação própria a respeito, deve-se buscar nesta lei subsidiária a resolução da questão, conforme determina o artigo 27 da Lei nº 12.153/2009. Além disto, o artigo 95 da Lei nº 9.099/95 determina a criação e instalação dos Juizados Especiais pelos Estados, aqui lido como ente público federado, cujos poderes institucionais se subdividem em três (Judiciário, Executivo e Legislativo), cabendo portanto uma divisão entre os dois primeiros, afetos ao cumprimento da norma, o rateio das despesas periciais. Exatamente neste sentido, o artigo 93 da Lei nº 9.099/95 dispõe que a "*Lei Estadual disporá sobre o Sistema de Juizados Especiais Cíveis e Criminais, sua organização, composição e competência*" e, no caso de Minas Gerais, que deve ser similar a outros Estados, há a Lei Complementar nº 40/MG, de 24.11.1995, que, dispondo sobre o sistema dos Juizados Especiais, estabeleceu em seu artigo 12 a autorização ao Poder Executivo de abertura de crédito adicional para as despesas decorrentes da criação e instalação dos Juizados Especiais nos Estados. Conclui-se, portanto, que deverão ser arcadas as despesas periciais com a verba do Tribunal de Justiça Estadual ao qual o Juizado Especial está vinculado, em que a causa que a exigiu tramite, podendo entretanto, ao final, cobrar da parte sucumbente estatal. Assim, na intenção de atender ao comando legal de dispensa de despesas para ações que tramitem perante os Juizados Especiais da Fazenda Pública, o custeio deverá ser objeto de ajuste entre as Administrações dos Poderes Executivo e Judiciário envolvidos, a fim de se definir sobre qual conta recairá a despesa.

Colaciona-se, a respeito, o Enunciado 52 do FONAJEF, que assim definiu: "É obrigatória a expedição de Requisição de Pequeno Valor - RPV em desfavor do ente público para ressarcimento de despesas periciais quando este for vencido."

Por fim, entendendo-se o Tribunal de Justiça do Estado como responsável inicial por arcar com as despesas ocorridas durante a primeira instância nos Juizados Especiais, importante que se passe às sugestões para que sejam solucionados os impasses práticos criados pela necessidade de nomeação de peritos para exames técnicos.

A primeira proposta que ora se apresenta está na utilização de peritos concursados pelos Tribunais de Justiça e, portanto, imparciais para o atendimento destas demandas. Ressalte-se que dentro das atribuições do cargo deverá estar prevista a de realizar perícias, complexas formais ou simples, para processos judiciais, evitando-se, pois, desvios de funções ou exigências de remunerações complementares.

O sucesso desta hipótese atenderá como um todo aos Juizados Especiais, notadamente por não gerar acréscimos de custos, eis que são servidores públicos concursados que já percebem remunerações pelo efetivo exercício de suas funções, dentre elas, a que ora se pretende, o que afastaria inclusive eventual alegação de ausência de previsão orçamentária.

Necessário, para tanto, que as perícias realizadas pelos peritos judiciais nos processos da Justiça comum, notadamente as referentes à assistência judiciária gratuita, se desloquem, ao menos em parte, para os peritos particulares que façam parte de um banco de peritos destinados aos assistidos gratuitamente (art. 95 do CPC/2015), liberando-se, assim, os peritos judiciais para o atendimento aos Juizados Especiais.

Por outro lado, não havendo disponibilidade de peritos judiciais concursados nas Comarcas, importante buscarmos soluções paliativas, dentre as quais se encontram as nomeações de peritos particulares, estes dativos, a receberem futuramente mediante execução, ou não gratuitos, que deverão receber adiantamento dos honorários pelo Tribunal de Justiça.

Os honorários periciais deverão ser equacionados no âmbito dos Tribunais de Justiça, repita-se, em virtude da dispensa legal ao pagamento de despesas.

A existência de eventuais bancos de peritos dos Tribunais, quando criados para atenderem aos assistidos pela gratuidade da Justiça, seriam uma boa fonte de obtenção de peritos, não podendo, contudo, ser utilizado em todos os seus termos, uma vez que, embora adiantadas as despesas, ao final o sucumbente de primeira instância, seja ele assistido ou não, poderá em algum momento ser cobrado de tais despesas o que, no rito sumaríssimo, não se permite, salvo para quem aplique o § 1º do artigo 12 da Lei nº 10.259/2001 aos Juizados Especiais da Fazenda Pública e na hipótese de recurso por parte não assistida gratuitamente (p. único do artigo 54 da Lei nº 9.099/95).

Os peritos particulares, entretanto, vinham se recusando às nomeações em processos em que havia a concessão de assistência judiciária gratuita, em virtude da regra de dispensa de antecipação de pagamento da remuneração nos Juizados Cíveis e da Fazenda Pública, diante das delongas para o recebimento respectivo, administrativa ou judicialmente, situação esta que elide adesões.

Para abrandar a situação, partes interessadas e voluntariamente, perante os Juizados fazendários, antecipam o pagamento destas despesas, a fim de atrair o perito pelo rápido recebimento.

Há que se mencionar, quanto a tais despesas, seja prudente que os valores cobrados pelos peritos particulares de confiança do juízo permaneçam dentro daqueles estabelecidos pelos Tribunais.

Em Minas Gerais, há a Tabela I do Anexo da Resolução 3185/PR/2015 do TJMG, cujos valores foram definidos para perícias formais complexas, destinadas a peritos cadastrados no Banco de Peritos do Sistema de Assistência Judiciária Gratuita AJG/TJMG. Sugere-se, pois, seja feita uma nova tabela, em valores mais adequados aos exames técnicos, como perícias simplificadas e que exigem menor labor.

Assim, aceitando-se a tese de que seja dever do Estado federado, via Poder Judiciário estadual, custear as despesas periciais nos processos que tramitem perante o rito sumaríssimo dos Juizados Especiais estaduais, Cíveis e da Fazenda Pública, independentemente de cobranças sucumbenciais, deverá ser o Estado oficiado para que, sob as penas da lei, proceda da seguinte maneira:

a) – que indique o perito, judicial ou particular, para as demandas em que não seja parte ré;

b) – que realize o Tribunal de Justiça o pagamento dos honorários do perito particular, destinado ao perito indicado pelo próprio Tribunal para demandas em que não seja parte ou pelo juízo para as que figure como ré, por meio de depósito judicial, sem contudo, que signifique sub-rogação para eventual cobrança posterior ao vencido.

Frise-se, por oportuno, que o descumprimento pelo Tribunal de Justiça, em atuação estritamente administrativa de obediência à ordem judicial de pagamento dos honorários do perito, poderá ensejar em sanções, conforme artigo 378 do CPC/2015 que dispõe que "*Ninguém se exime do dever de colaborar com o Poder Judiciário para o descobrimento da verdade*", nem mesmo o próprio Tribunal de Justiça, sob pena, inclusive, de sequestro via bloqueio Bacenjud, como medida sub-rogatória para o cumprimento da ordem judicial, de viés administrativo, *in casu*, para a busca dos fins sociais da lei (artigo 6º da Lei nº 9.099/95).

Imprescindível pontuar que, havendo interposição de recurso, poderá o Tribunal reaver o valor das despesas adiantadas na primeira instância, uma vez que o parágrafo único do artigo 54 da Lei nº 9.099/95 prevê o pagamento de todas as despesas processuais pelo recorrente que tenha restado vencido e que foram dispensadas em primeiro grau, salvo se beneficiário da assistência judiciária gratuita, a saber:

> Art. 54. O acesso ao Juizado Especial independerá, em primeiro grau de jurisdição, do pagamento de custas, taxas ou despesas.
>
> **Parágrafo único. O preparo do recurso, na forma do § 1º do art. 42 desta Lei, compreenderá todas as despesas processuais, inclusive aquelas dispensadas em primeiro grau de jurisdição, ressalvada a hipótese de assistência judiciária gratuita.**

As regras do CPC/2015, com as ressalvas de impossibilidade de cobrança final ao vencido em primeiro grau, deverão ser aplicadas em sede recursal, porquanto, em segunda instância a sucumbência existe.

Portanto, nos casos em que o Tribunal de Justiça tenha adiantado os honorários periciais para a realização de exame técnico, poderá reaver o valor, devendo restar atento às seguintes considerações na fase recursal, decorrentes do CPC, de aplicação ao Juizado, à míngua de lei especial sobre o tema:

1) Incumbirá à parte recorrente, independentemente de ser ou não o Estado, mas que tenha restado vencida na sentença, o pagamento das despesas de remuneração do perito que foram adiantadas pelo responsável, nos termos do (§ 2º do artigo 82 do CPC/2015, salvo se beneficiário da assistência judiciária gratuita e parágrafo único do artigo 54 da Lei nº 9.099/95).

2) Considerando que na sentença de 1º grau não haverá distribuição proporcional de despesas entre os litisconsortes em parte vencidos ou vencedores, eis que dispensadas em primeira instância, aplicar-se-á o § 2º do artigo 87 do

CPC/2015, sendo que os litisconsortes vencidos na sentença que recorrerem, diversos do Estado, responderão solidariamente pelas despesas antecipadas por aquele;

3) As despesas dos atos processuais requeridos pela Fazenda Estadual, parte ou não no feito, pelo Ministério Público ou pela Defensoria Pública serão de responsabilidade do vencido na sentença (artigo 91 do CPC/2015), quem, portanto, deverá pagar as despesas adiantas pelo Tribunal, se pretender recorrer;

4) Já as despesas dos atos adiados ou de repetição necessária somente deverão ser pagas pela parte recorrente, vencida na sentença, que a eles deu causa (artigo 93 do CPC/2015), salvo o próprio Tribunal;

4.10 SENTENÇAS NOS JUIZADOS ESPECIAIS CÍVEIS E DA FAZENDA PÚBLICA

4.10.1 Aspectos gerais

Em função do silêncio da Lei nº 12.153/09, a sentença e o recurso deverão seguir as determinações contidas nos artigos 38 a 46 da Lei nº 9.099/95, bem como o CPC, na ausência de normas específicas previstas naqueles artigos.

Assim, por exemplo, não caberá sentença ilíquida em sede de Juizados Especais, a qual dispensa o relatório, podendo ser sucinta (artigo 38 da Lei nº 9099/95).

Atente-se para o fato de que o magistrado encontra-se limitado ao teto de valores das causas definidas pelas leis dos Juizados Especais, sendo "*ineficaz a sentença condenatória na parte que exceder a alçada estabelecida nesta Lei.*"(artigo 39 da Lei nº 9099/95).

Reputa-se que há entendimentos, inclusive, que a escolha pela propositura da ação perante o Juizado Especial Cível, de competência facultativa, implicaria na renúncia automática ao excedente do valor do teto de alçada de 40 salários mínimos, nos termos do artigo § 3º do artigo 3º da Lei nº 9099/95, que assim dispõe:

> Art. 3º- § 3º - A opção pelo procedimento previsto nesta Lei importará em renúncia ao crédito excedente ao limite estabelecido neste artigo, excetuada a hipótese de conciliação.

Esta interpretação não seria a mais adequada aos Juizados Especiais da Fazenda Pública, uma vez que aqui se trata de definição de competência absoluta, a indicar a obrigatória transferência do feito que apresente valor de causa superior a 60 salários mínimos para a Vara comum, sendo que eventual renúncia faria com que houvesse escolhas de foro indevidamente, por se tratar de direito indisponível. Para um segundo entendimento, embora não muito expressivo, poderia haver a renúncia expressa ao excedente ao teto de alçada nos Juizados Especiais da Fazenda Pública, desde que possível em razão da natureza da demanda.

Os Juizados Especiais Federais já pacificaram o tema, não aceitando renúncias em virtude da competência absoluta a eles definida, consoante enunciados que seguem abaixo:

> Enunciado nº. 16 FONAJEF - Não há renúncia tácita nos Juizados Especiais Federais para fins de fixação de competência.
>
> Enunciado nº. 17 FONAJEF - Não cabe renúncia sobre parcelas vincendas para fins de fixação de competência nos Juizados Especiais Federais.

Importante, ademais, advertir à parte ré ao final da decisão final de mérito, se vier a ser condenada, de que o não cumprimento voluntário da obrigação estabelecida em sentença, após o trânsito em julgado, ensejará a incidência da multa arbitrada pelo descumprimento das obrigações contidas no dispositivo, independentemente de nova intimação, considerando-se intimado o demandado dessa penalidade quando da intimação da sentença, nos termos do artigo 52, III da Lei nº 9.099, de 1995.

Poderá ser, na sentença, apreciada eventual tutela de urgência, com a finalidade de conferir efeitos de cumprimento imediato ao comando jurisdicional. Isto, pois em que pese a regra dos Juizados Especiais seja a de recebimento do recurso inominado apenas no efeito devolutivo. Existem situações em que poderá haver a concessão excepcional do efeito suspensivo.

Há que se destacar, por fim, possibilidades diferentes do regramento do CPC, que determinam a extinção do feito nos Juizados Especiais, sem resolução do mérito, previstas artigo 51 da Lei nº 9.099/95:

> Seção XIV
>
> Da Extinção do Processo Sem Julgamento do Mérito
>
> Art. 51**. Extingue-se o processo**, além dos casos previstos em lei:

> I - quando o autor deixar de comparecer a qualquer das audiências do pro--cesso;
>
> II - quando inadmissível o procedimento instituído por esta Lei ou seu pros-seguimento, após a conciliação;
>
> III - quando for reconhecida a incompetência territorial;
>
> IV - quando sobrevier qualquer dos impedimentos previstos no art. 8º des-ta Lei;
>
> V - quando, falecido o autor, a habilitação depender de sentença ou não se der no prazo de trinta dias;
>
> VI - quando, falecido o réu, o autor não promover a citação dos sucessores no prazo de trinta dias da ciência do fato.
>
> § 1º A extinção do processo independerá, em qualquer hipótese, de prévia intimação pessoal das partes.
>
> § 2º No caso do inciso I deste artigo, quando comprovar que a ausência decorre de força maior, a parte poderá ser isentada, pelo Juiz, do pagamento das custas.

Relembre-se que, tratando-se de norma imperativa contida no *caput* do artigo 51 da Lei nº 9.099/95, entende-se que a extinção deverá ser realizada pelo magistrado a qualquer tempo, inclusive de ofício, independentemente de prévia intimação das partes, regra esta que não foi excepcionada nem mesmo para a incompetência territorial, como já explorado no Capítulo 3.2.2 acima.

4.10.2 Juízes leigos – condução de audiências e elaboração de projetos de sentença

Os juízes leigos foram inseridos no sistema dos Juizados Especiais pelo artigo 98, I da Constituição da República de 1988.

O trabalho do juiz leigo foi pensado com a finalidade de contribuir com os Juizados Especiais Cíveis, no sentido de conferir maior celeridade aos processos, agilizando pautas de audiências e elaborando projetos de sentenças, sem que isso significasse em perda da qualidade do trabalho peloPoder Judiciário.

Trata-se de uma colaboração técnica qualificada, como auxiliares da Justiça e ingressam, via de regra, mediante de processo seletivo realizado pelos Tribunais, com recrutamento entre advogados. Submetem-se ainda a curso de capacitação, de modo a treiná-los para a entrada em exercício nas atividades de maneira segura e consciente.

Há orientação legal no sentido de que os advogados recrutados para atuarem como juízes leigos possuam certo período de experiência. O artigo 7º da Lei nº 9.099/95 estabelece que os juízes leigos deverão possuir mais de 5 anos de experiência na advocacia. Já o § 1º do Artigo 15 da Lei nº 12.153/2009 (Juizados Especiais da Fazenda Pública) reduziu esse prazo, dispondo que apresentem mais de 2 anos de experiência.

Não ficarão os juízes leigos impedidos de exercer a advocacia. Contudo, não o poderão exercê-la perante os Juizados Especiais no qual atuem, enquanto no desempenho de suas funções, conforme disposto no parágrafo único do artigo 7º da Lei 9.099/95.

Inexiste vedação de que os juízes leigos atuantes nos Juizados Especiais Cíveis atuem perante Juizados Especiais da Fazenda Pública dos demais Estados da federação.

Todavia, em se tratando de juiz leigo atuante perante o Juizado Especial da Fazenda Pública, o § 2º do artigo 15 da Lei nº 12.153/2009 veda o exercício da advocacia pelos leigos em quaisquer Juizados Especiais fazendários do país:

> Art. 15 § 2º Os juízes leigos ficarão impedidos de exercer a advocacia perante **todos os Juizados Especiais da Fazenda Pública instalados em território nacional**, enquanto no desempenho de suas funções.

Dentre as principais características dos juízes leigos, destacam-se, pois, possuírem acúmulo de conhecimentos jurídicos técnico-processuais e de mérito, apresentando, embora advogados, um perfil de imparcialidade para a prolação de projetos de sentenças em diversos contextos, desde a esfera cível até o direito público, nos Juizados Especiais Cíveis e da Fazenda Pública. Demonstram interesse os leigos, em sua maioria, em futuramente seguir a carreira da magistratura, ou mesmo outras públicas e que exijam ingresso através de concurso público, dentre elas, Ministério Público, Defensoria Pública, AGU, AGE, Cartórios, etc..

Percebem os juízes leigos remuneração para cada atividade exercida, dentro dos critérios estabelecidos por Resoluções dos Tribunais de Justiça.

Relativamente às funções destinadas aos juízes leigos, a legislação previu que a conciliação e a audiência de instrução poderão ser por eles conduzidas, sob a supervisão do juiz togado, o que está disposto nos artigos 21, 22, 37 e

40 da Lei nº 9.099/95, bem como no artigo 15 da Lei nº 12.153/2009, para os Juizados Especiais da Fazenda Pública.

Competirá ao juiz leigo elaborar projeto de sentença, a ser submetido à apreciação do juiz togado, que poderá homologá-la ou proferir outra em substituição, nos termos do artigo 40 da Lei 9.099/95:

> Art. 40. O Juiz leigo que tiver dirigido a instrução proferirá sua decisão e imediatamente a submeterá ao Juiz togado, que poderá homologá-la, proferir outra em substituição ou, antes de se manifestar, determinar a realização de atos probatórios indispensáveis.

Poderão os juízes leigos exercer suas funções nos Juizados Especiais de natureza cível, comum ou da Fazenda Pública, não o podendo, entretanto, perante os Juizados Especiais Criminais, apesar da disposição do artigo 60 da Lei nº 9.099/95, em razão da matéria e da competência penal do magistrado togado, sob pena de nulidade, por inconstitucionalidade.

Em alguns Estados os leigos já atuam há tempos, como ocorre no Rio Grande do Sul e Rio de Janeiro. Em Minas Gerais, ingressaram em Março de 2016, auxiliando nos Juizados Especiais da Fazenda Pública, em virtude do número crescente das demandas, e nos Juizados Especiais Cíveis, com experiência positiva para a maioria dos magistrados togados, dentre eles a subscritora deste manual.

É de suma importância que haja uma interlocução saudável entre o leigo e o juiz togado, a fim de que possam trabalhar em conjunto, buscando resultados práticos que atendam às necessidades da Comarca.

Por certo que os juízes leigos passam por um treinamento no Tribunal de Justiça, mas torna-se imprescindível que o magistrado togado, a quem esteja vinculado, oriente quanto à condução das audiências, notadamente de instrução e julgamento, sendo que o projeto de sentença deverá seguir, por certo, o entendimento do magistrado, uma vez que caberá a ele homologá-lo.

Entretanto, vem ocorrendo desistências pelos próprios juízes leigos. Alegam que as remunerações são baixas e que, portanto, não seria compensador, uma vez que são muitos projetos de sentenças elaborados, de toda a sorte, simples ou mais complexas, notadamente no tocante ao direito envolvido nas demandas em face da Fazenda Pública, despendendo muito tempo de dedicação, para contrapartida remuneratória insuficiente. Para muitos, vem sendo então necessário que recorram à advocacia como meio principal de trabalho, prejudicando, por conseguinte, a quantidade dos projetos elaborados.

Com efeito, trata-se de situação a ser pensada, eis que coloca em risco toda a expectativa depositada no auxílio dos juízes leigos ao Poder Judiciário e ao jurisdicionado.

4.11 DESPESAS PROCESSUAIS, CUSTAS E HONORÁRIOS ADVOCATÍCIOS NOS JUIZADOS ESPECIAIS DA FAZENDA PÚBLICA

4.11.1 Introdução

A sistemática de cobrança de despesas, custas e honorários advocatícios no sistema dos Juizados Especiais é distinta daquela prevista para os processos em trâmite perante o foro comum.

Isto, pois, independentemente de concessão ou não de assistência judiciária gratuita a qualquer das partes, restou estabelecido pela legislação em vigor uma diferença no tocante às respectivas cobranças entre a fase de juízo monocrático, onde prevalece a dispensa e perante as Turmas Recursais, quando serão exigidos os pagamentos respectivos.

4.11.2 Dispensas em primeiro grau como regra e suas ressalvas

A – Despesas e custas em juízo singular

Em primeiro grau, o artigo 54 da Lei nº 9.099/95 dispensa expressamente o pagamento das despesas ao assim estabelecer: "*O acesso ao Juizado Especial* ***independerá, em primeiro grau de jurisdição,*** *do pagamento de* <u>*custas*</u>, <u>*taxas*</u> *ou* <u>*despesas*</u>" , salvo as despesas de transcrição de gravação magnética de atos processuais (artigo 44 da Lei nº 9.099/95)

Restou pacificado pelo Enunciado 44 do FONAJE que:

> Enunciado 44 do FONAJE – No âmbito dos Juizados Especiais, não são devidas despesas para efeito do cumprimento de diligências, inclusive, quando da expedição de cartas precatórias.

O artigo 84 do CPC/2015 define que " a*s despesas abrangem as* <u>*custas dos atos do processo*</u>*, a indenização de viagem, a remuneração do assistente técnico e a diária de testemunha.*"

Assim, embora as custas sejam uma espécie de despesa, foram tratadas separadamente pelo artigo 54 e em diversos outros momentos na Lei dos Juizados Especiais.

A Lei estadual nº 14.939/2003 de Minas Gerais assim conceitua as custas:

> **Art. 4º** Custas são despesas com atos judiciais praticados em razão de ofício, especificados nas tabelas constantes no Anexo desta Lei, e referem-se ao registro, à expedição, ao preparo e ao arquivamento de feitos. (Artigo vetado pelo Governado, no entanto, mantido pela Assembleia Legislativa em 29/4/2004.)

Neste contexto, observe-se que o artigo 55 da Lei nº 9.099/95 determina a isenção ao vencido da condenação nas custas e honorários de advogado na sentença de primeiro grau.

Há duas ressalvas que permitem a condenação das custas na sentença dos Juizados Especiais.

A primeira, nos casos de litigância de má-fé (artigo 55, caput, primeira parte, in fine, da Lei nº 9.099/95) e, ainda, na hipótese de ausência da parte autora à audiência – contumácia, o que decorre da interpretação extraída do § 2º do artigo 51 da Lei nº 9099/95, que ora se transcreve:

> Art. 51. Extingue-se o processo, além dos casos previstos em lei:
>
> I - quando o autor deixar de comparecer a qualquer das audiências do processo;
>
> § 2º No caso do inciso I deste artigo, quando comprovar que a ausência decorre de força maior, a parte poderá ser isentada, pelo Juiz, do pagamento das custas.

Já na fase de execução, que igualmente corre em primeiro grau, não serão cobradas as custas (parágrafo único do artigo 55 da Lei nº 9.099/95), em regra. Excepcionam-se as possibilidades de condenação nas custas, novamente, na hipótese de litigância de má-fé, além de quando restarem improcedentes os embargos do devedor ou se tratar de execução de sentença que tenha sido objeto de recurso improvido do devedor.

As ressalvas apresentadas, que permitem a condenação do vencido às custas, não se aplicam, porém, à Fazenda Pública.

Não estão os entes públicos sujeitos ao recolhimento das custas, tendo em vista o artigo artigo 4° da Lei nº 9.289/96, reproduzido pelo artigo 10 da Lei estadual mineira nº 14.939/2003, a saber:

> **Art. 10** - São isentos do pagamento de custas:
>
> I - a União, o Estado de Minas Gerais e seus Municípios e as respectivas autarquias e fundações;

B – Honorários Advocatícios

A regra, no primeiro grau dos Juizados Especiais, é a de não condenação da parte vencida aos honorários advocatícios sucumbenciais, salvo litigância de má-fé, nos termos do artigo 55 da Lei .9099/95.

Não há, para a Fazenda Pública, qualquer previsão para a dispensa ao pagamento dos honorários advocatícios, caso incorra em má-fé e, assim, se amolde à exceção acima mencionada.

4.11.3 Exigibilidade das despesas, custas e honorários advocatícios na fase recursal

O segundo grau de jurisdição dos Juizados Especiais exige o pagamento das custas, despesas e honorários sucumbenciais, ressalvadas as isenções legais, tais como aos entes públicos e as hipóteses de assistência judiciária gratuita.

Nos Juizados Especiais, somente o recorrente vencido arcará com as custas e honorários advocatícios, sendo essa a leitura que se extrai do texto do artigo 55 da Lei nº 9099/95:

> Art. 55. A sentença de primeiro grau não condenará o vencido em custas e honorários de advogado, ressalvados os casos de litigância de má-fé. **Em segundo grau, o recorrente, vencido, pagará as custas e honorários** de advogado, que serão fixados entre dez por cento e vinte por cento do valor de condenação ou, não havendo condenação, do valor corrigido da causa

Não haverá, portanto, condenação a custas e honorários de advogados para as hipóteses de provimento parcial do recurso.

> Enunciado nº. 97 – FONAJEF - O provimento, ainda que parcial, de recurso inominado afasta a possibilidade de condenação do recorrente ao pagamento de honorários de sucumbência Há, contudo, particularidades a serem pontuadas a respeito.

Existem particulares a serem pontuadas a respeito do tema.

A – Despesas e custas processuais nos recursos

O parágrafo único do artigo 54 da Lei nº 9.099/95 exige que a parte, não beneficiária da assistência judiciária gratuita, faça o preparo para a interposição do recurso, inclusive com o pagamento de todas as despesas eventualmente dispensadas em fase monocrática:

> Art. 54 da Lei 9099/95
>
> Parágrafo único. O preparo do recurso, na forma do § 1º do art. 42 desta Lei, compreenderá todas as despesas processuais, inclusive aquelas dispensadas em primeiro grau de jurisdição, ressalvada a hipótese de assistência judiciária gratuita.

Incluem-se, aqui, a cobrança na fase recursal das custas do processo e todas as outras despesas que restaram dispensadas, tais como gastos com cartas precatórias, remunerações de peritos para exames técnicos simples.

Importante ainda mencionar que, nos Juizados Especiais da Fazenda Pública, ao se permitir a interposição de agravo de instrumento, a Lei nº 12.153/09 acabou por trazer questionamento sobre a incidência das custas e honorários. A interposição de agravo de instrumento em face das decisões de deferimento da liminar ou antecipação de tutela não traz grandes questionamentos. Embora se trate de recurso sujeito a custas ao recorrente vencido, nos termos do artigo 55 da Lei nº 9.099/95, o agravante será sempre um ente público previsto no artigo 5º, II, da Lei nº 12.153/09, portanto, isento do respectivo pagamento (artigo 10 da Lei estadual mineira nº 14.939/2003).

Excepciona-se eventual agravo interposto contra decisão concessiva da liminar por litisconsorte passivo necessário ou unitário com o Estado que não possua natureza de direito púbico, mas sim, privado, quem, portanto não é destinatário da isenção legal, devendo pagar as custas e os honorários, desde que não beneficiado pela assistência judiciária gratuita.

Admitindo-se a interposição do agravo de instrumento contra o indeferimento da tutela de urgência, o agravante será, com efeito, uma pessoa natural ou jurídica privada, eis que parte autora que figura no inciso I do artigo 5º da Lei nº 12.153/2009, devendo, portanto, lhe ser exigido o recolhimento das custas como pressuposto de admissibilidade pela Turma Recursal respectiva, salvo se possuir assistência judiciária gratuita.

B – Honorários advocatícios sucumbenciais nos recursos

Os honorários advocatícios sucumbenciais deverão ser pagos pela parte recorrente vencida, nos termos do artigo 55 da Lei nº 9.099/95, salvo se houver justiça gratuita concedida.

Os entes públicos não estão isentos dos honorários sucumbenciais, à míngua de legislação que assim dispense, devendo ser condenados, portanto, aos respectivos pagamentos das verbas sucumbenciais.

Sobre a obrigação de pagar honorários caso vencida a Fazenda Pública, o FONAJE - Fórum Nacional dos Juizados Especiais emitiu o Enunciado nº 06:

> Enunciado 06 FONAJE - Vencida a Fazenda Pública, quando recorrente, a fixação de honorários advocatícios deve ser estabelecida de acordo com o §4º, do art. 20, do Código de Processo Civil, de forma equitativa pelo juiz.

4.11.4 Honorários sucumbenciais à Defensoria Pública nos Juizados Especiais da Fazenda Pública

Caberá à parte vencida que recorreu o pagamento dos honorários para a Defensoria Pública, que atuou em favor da parte vencedora ex-adversa.

Em se tratando de Município, autarquias, fundações e empresas públicas, não há dúvidas de que seja devido o pagamento dos honorários sucumbenciais à Defensoria Pública, por se tratar de ente público distinto, com personalidade jurídica própria.

Mas, em relação ao Estado, pendem algumas divergências.

Pendem discussões, na fase de execução, sobre a exigibilidade do pagamento de honorários advocatícios pela Fazenda Pública Estadual, quando recorrente vencida e condenada, pela sentença de primeiro grau ou turma recursal, ao pagamento de honorários ao Defensor Público que representou a parte contrária em fase recursal.

Argumenta o Estado que não poderá ser obrigado a pagar tais verbas à Defensoria Pública estadual, eis que seria órgão que lhe pertence, sendo único o cofre público. Sustenta que o tema já está pacificado pelo STJ, por meio da Súmula 421, que assim dispõe:

> SÚMULA 421/STJ - Os honorários advocatícios não são devidos à Defensoria Pública quando ela atua contra pessoa jurídica de direito público à qual pertença.

A Defensoria Pública, ao contrário, entende fazer *jus* aos honorários sucumbenciais, por se considerar instituição autônoma, nos termos do artigo 4º, XXI da Lei Complementar nº 80/94.

A fim de evitar a celeuma, melhor que, deparando-se o Estado com a condenação ao pagamento de honorários sucumbenciais em favor da Defensoria Pública estadual, deverá haver a imediata impugnação, seja por meio de embargos declaratórios, seja pelos demais recursos, antes que a decisão se torne preclusa, mas que o tema seja debatido em juízo em seu momento próprio cognitivo.

Se a sentença condenatória transitar em julgado contendo a condenação mencionada, a obrigação definida judicialmente se conformará em coisa julgada material, dificultando eventuais discussões em fase de execução nos Juizados Especiais da Fazenda Pública, eis que estão limitadas às hipóteses previstas para embargos executivos de títulos judiciais no artigo 52, IX, da Lei nº 9.099/95 (vide Capítulo 5.3).

Quanto à possibilidade de oposição de embargos do devedor pela Fazenda Pública, o entendimento pode se dar no sentido de seu não cabimento, a nosso entender mais adequada.

Isto, pois não haverá que se falar, nesta hipótese, em incidência de causa impeditiva, modificativa ou extintiva da obrigação que tenha surgido supervenientemente ao trânsito em julgado. Eventual instituto da confusão deveria ter sido discutido para o caso específico entre as partes ainda na fase de conhecimento do processo, contudo, não o foi, tendo havido o trânsito em julgado. Ressalta-se, por outro norte, não seja o caso de compensação, porquanto somente o Estado é devedor do orçamento destinado à Defensoria e também dos honorários sucumbenciais para os quais foi condenado em favor da mesma Defensoria Pública.

Observe-se, por fim, que o litígio retrata afronta à Súmula 421 do STJ e entendimentos dos demais Tribunais inferiores a respeito do tema, o que desafiaria o recurso inominado cabível, na fase cognitiva, não se referindo a qualquer inconstitucionalidade declarada pelo STF, a afastar eventual tese de coisa julgada inconstitucional, sem eficácia.

Entretanto, há entendimentos no sentido de que a Súmula 421 do STJ deve prevalecer, mesmo quando arguida a inviabilidade do pagamento pelo Estado já na fase executiva, uma vez que deverá, para esta corrente, haver o respeito ao entendimento já consagrado pelo Superior Tribunal de Justiça, em todas as fases processuais.

4.11.5 Assistência judiciária gratuita nos Juizados

A assistência judiciária poderá ser requerida pela parte, cuja situação econômica não lhe permita pagar as custas do processo e os honorários de advogado, sem prejuízo de seu sustento próprio e de sua família.

O CPC/2015 revogou, por meio do seu artigo 1.072, III, os "arts. 2º, 3º, 4º, 6º, 7º, 11, 12 e 17 da Lei nº 1.060, de 5 de fevereiro de 1950;", passando a dispor a respeito através dos artigos 98 e seguintes do citado diploma legal geral.

Para os Juizados Especiais, dentre eles o da Fazenda Pública, o pedido de assistência judiciária gratuita seguirá as orientações do CPC/2015, em adaptação ao trâmite comum do rito sumaríssimo.

O CPC/2015, no mesmo sentido, estabeleceu em seu artigo 99 que "*O pedido de gratuidade da justiça pode ser formulado na petição inicial, na contestação, na petição para ingresso de terceiro no processo ou em recurso*", nos autos do próprio processo, sem suspensão de seu curso (artigo 100 do CPC/2015).

Nos Juizados Especiais, na mesma linha, eventual discordância sobre a concessão do benefício da gratuidade da Justiça deverá ser discutida durante o curso do feito até a audiência de atos concentrados, cuja decisão a respeito será proferida em sentença, nos termos dos artigos 28 e 29 da Lei nº 9.099/95.

Embora o artigo 101 do CPC preveja agravo de instrumento para a decisão interlocutória denegatória da justiça gratuita, nos Juizados Especiais da Fazenda Pública não caberá, à míngua de disposição na lei especial, eis que somente houve previsão para este recurso no caso das tutelas de urgência (artigo 3º da Lei nº 12.153/2009).

Prudente que o magistrado, portanto, ratifique na sentença eventual concessão feita durante o curso do feito, a fim de que possa viabilizar o direito recursal. Para muitos, o indeferimento da gratuidade da Justiça ao vencido nos Juizados Especiais não impede o processamento do recurso inominado, mesmo sem preparo [21].

Ressaltam-se as disposições feitas pelo CPC/2015, a respeito da apreciação, pelo magistrado, do pedido de assistência judiciária gratuita.:

> Art. 99. (...)
>
> § 2º O juiz somente poderá indeferir o pedido se houver nos autos elementos que evidenciem a falta dos pressupostos legais para a concessão de gratuidade, devendo, antes de indeferir o pedido, determinar à parte a comprovação do preenchimento dos referidos pressupostos.
>
> § 3º Presume-se verdadeira a alegação de insuficiência deduzida exclusivamente por pessoa natural.
>
> § 4º A assistência do requerente por advogado particular não impede a concessão de gratuidade da justiça.
>
> § 5º Na hipótese do § 4o, o recurso que verse exclusivamente sobre valor de honorários de sucumbência fixados em favor do advogado de beneficiário estará sujeito a preparo, salvo se o próprio advogado demonstrar que tem direito à gratuidade.
>
> § 6º O direito à gratuidade da justiça é pessoal, não se estendendo a litisconsorte ou a sucessor do beneficiário, salvo requerimento e deferimento expressos.
>
> § 7º Requerida a concessão de gratuidade da justiça em recurso, o recorrente estará dispensado de comprovar o recolhimento do preparo, incumbindo ao relator, neste caso, apreciar o requerimento e, se indeferi-lo, fixar prazo para realização do recolhimento.

Nos termos do artigo 99 do CPC/2015, a simples declaração de hipossuficiência possui apenas presunção de veracidade (§ 3º) , ficando ressalvada a possibilidade de indeferimento, caso o magistrado verifique a existência de indícios de que o litigante possua condições de arcar com os custos processuais (§ 2º), devendo, neste caso, oportunizar à parte a comprovação da sua hipossuficiência, antes da decisão de indeferimento.

A concessão da gratuidade não afasta a responsabilidade do beneficiário, que pode ser cobrado em até 5 anos do trânsito em julgado pelo credor (Art.

---

21 Enunciado 16 ENJESP/TJMG - O pedido de gratuidade de justiça deverá ser apreciado na sentença e o seu indeferimento não impede o processamento do recurso inominado sem preparo. (III ENJESP – 2010)

98, § 3º do CPC/2015), permanecendo a exigibilidade apenas suspensa, enquanto perdurar a situação de "pobreza" no sentido legal.

Interessantes as novas disposições do direito processual acerca da concessão da justiça gratuita parcial. Poderá ela ser concedida apenas para certos atos processuais ou para todos, ou, ainda, para a redução percentual de despesas a serem adiantadas pelo beneficiário, ou para a concessão de parcelamento destas despesas a serem adiantadas:

> Art. 98 do CPC/2015.
>
> § 5º A gratuidade poderá ser concedida em relação a algum ou a todos os atos processuais, ou consistir na redução percentual de despesas processuais que o beneficiário tiver de adiantar no curso do procedimento.
>
> § 6º Conforme o caso, o juiz poderá conceder direito ao parcelamento de despesas processuais que o beneficiário tiver de adiantar no curso do procedimento.

Para alguns julgadores, contudo, o mencionado benefício sequer deveria ser analisado pelo juiz singular em fase cognitiva monocrática nos Juizados Especiais [22].

Entende-se que se refere a procedimento sem previsão, como regra, de pagamento de custas, despesas e honorários em primeira instância de julgamento (artigos 54 da Lei nº 9.099/95), remetendo-se a competência para a decisão sobre a gratuidade da Justiça apenas para a Turma Recursal, se houver recurso.

Não obstante, observa-se que a Lei nº 9099/95 apresenta possibilidades de condenação em custas, despesas e honorários na primeira fase processual, seja por contumácia (§ 2º do artigo 51 da Lei 9099/95), seja em virtude de litigância de má-fé (caput), ou mesmo na fase de execução (parágrafo único do artigo 55 da Lei nº 9099/95), quando houver embargos protelatórios, dentre outros.

Diante de ambas as posições, tem-se como melhor posição, a evitar questionamentos posteriores desnecessários, a análise ainda em primeiro grau do pedido de assistência judiciária gratuita, inclusive a fim de se definir previamente se, na hipótese de necessidade de interposição de recurso inominado, deverá a parte recolher ou não as custas, além de se saber se deverão ser cobradas eventuais despesas excepecionalmente exigíveis ainda em primeiro grau

---

22 Enunciado 19 ENJESP/TJMG - Não cabe ao juiz de primeiro grau apreciar pedido de gratuidade de justiça formulado após a sentença. (IV ENJESP – 2012)

(ex. degravação de fita magnética, litigância de má-fé, embargos do devedor improcedentes, dentre outras poucas possibilidades).

Entretanto, "*a concessão de gratuidade não afasta o dever de o beneficiário pagar, ao final, as multas processuais que lhe sejam impostas*" (art.98, § 4º. do CPC/2015).

Importante destacar, ainda, que, quanto à contumácia do autor, o entendimento se dá no sentido de que a condenação ao pagamento das custas se trata de penalidade, não afastada por eventual concessão de justiça gratuita, somente podendo ser isenta em hipótese justificada pela parte (artigo 51, § 2º da Lei nº 9.099/95)

Não havendo a apreciação pelo juiz do pedido de assistência judiciária gratuita formulado pela parte em primeiro grau e, não embargada a sentença pela omissão, surgem algumas dúvidas práticas quanto à apresentação de recurso inominado, que abaixo citamos:

1ª) – quando o autor renovar o pedido de gratuidade em fase recursal:

O § 7º do artigo 99 do CPC/2015 permite que o recurso inominado seja interposto sem o preparo e o Relator, se indeferi-lo, fixará prazo para o recolhimento que poderá ser o de 48 horas nos Juizados Especiais (art. 99, § 7º c//c art. 42, § 1º da Lei nº 9.099/95)

2º) – quando o autor não renovar o pedido de gratuidade da justiça em fase recursal, embora já o tenha feito na inicial, sem apreciação.

Desta hipótese, poderá decorrer outras duas situações práticas:

2.1 – Por se entender como o competente para análise destes pedidos em sede de Juizados em virtude de dispensa em primeiro grau das custas, o Relator analisará o pedido de justiça gratuita. Indeferindo--o, baixará o feito para o respectivo preparo, em 48 horas (art. 99, § 7º c//c art. 42, § 1º da Lei nº 9.099/95)

2.2 – Se o relator do recurso entender que seria dever do magistrado *a quo* a análise do pedido de justiça gratuita formulado na primeira instância, em virtude da possibilidade de condenação a custas e honorários em caráter excepcional, poderá decidir de duas maneiras:

a) entender como deserto o recurso aviado sem o respectivo preparo, uma vez que deveria ter a parte autora embargado de declaração a sentença omissa, com a finalidade de ver analisado seu pedido de justiça gratuita ainda em primeiro grau;

b) conceder a assistência judiciária gratuita, apenas para o ato de recebimento do recurso, nos termos do § 5º do artigo 98 do CPC/2015, ao argumento de que, na omissão do magistrado *a quo* sobre o pedido, em contrapartida à autorização para o processamento e julgamento final do feito, a jurisprudência do STJ entende ter havido aceitação tácita, dispensando-se o preparo:

AGRAVO INTERNO NOS EMBARGOS DE DIVERGÊNCIA. RECURSO JULGADO DESERTO. REFORMA DA DECISÃO. PEDIDO DE **ASSISTÊNCIA JUDICIÁRIA GRATUITA FORMULADO NA ORIGEM. AUSÊNCIA DE MANIFESTAÇÃO DO PODER JUDICIÁRIO. DEFERIMENTO TÁCITO. RECONHECIMENTO**. AGRAVO PROVIDO.

Presume-se o deferimento do pedido de assistência judiciária gratuita não expressamente indeferido por decisão fundamentada, inclusive na instância especial.

A ausência de manifestação do Judiciário quanto ao pedido de assistência judiciária gratuita leva à conclusão de seu <u>deferimento tácito</u>, a autorizar a interposição do recurso cabível sem o correspondente preparo.

A omissão do julgador atua em favor da garantia constitucional de acesso à jurisdição e de assistência judiciária gratuita, favorecendo-se a parte que requereu o benefício, presumindo-se o deferimento do pedido de justiça gratuita, mesmo em se tratando de pedido apresentado ou considerado somente no curso do processo, inclusive nesta instância extraordinária.

Agravo interno provido. (STJ, AgRg nos EAREsp 440971 / RS. Órgão julgador: Corte Especial. Relator: Ministro Raul Araújo. Data do julgamento: 03/02/2016. Data da publicação: 17/03/2016.

Neste caso, o relator receberá o recurso inominado em virtude da assistência judiciária gratuita para o ato o que, contudo, não se exime de realizar nova apreciação quando do efetivo julgamento, diante da busca da verdade, para, ao final, haver ou não a condenação ao pagamento das custas e honorários pelo até então beneficiário.

4.12 RECURSOS NOS JUIZADOS ESPECIAIS DA FAZENDA PÚBLICA

4.12.1 Introdução

O artigo 203 do CPC/2015 define que "*os provimentos do juiz consistirão em sentenças, despachos e decisões interlocutórias*".

A sentenças são pronunciamentos judiciais que extinguem a fase de conhecimento e a execução. Já as decisões interlocutórias possuem natureza decisória, desde que não se enquadrem como sentença. Os despachos, por seu turno, são conceituados pelo CPC/2015 como sendo todos os demais pronunciamentos do juiz no processo (§§ 1º a 3º do artigo 203 do CPC/2015)

A propósito, "*dos despachos não cabe recurso*" (artigo 1.001 do CPC/2015). Deverão ser observados, portanto, quais recursos estarão previstos nas leis processuais quando se pretender impugnar a decisão judicial proferida nas duas últimas modalidades mencionadas.

Considerando a especialidade do sistema dos Juizados Especiais e em respeito aos critérios da economia processual e celeridade, tem-se que, via de regra, apenas os recursos previstos nas leis que compõem o rito sumaríssimo serão aceitos.

Haverá, ainda, que se atender às particularidades eventualmente introduzidas pelas Leis dos Juizados Especiais, que se apresentarem de maneira distintiva das regras gerais do Código de Processo Civil. Aplicar-se-á este diploma de regras gerais, entretanto, apenas para complementar as normas sobre recursos previstos pelas Leis dos Juizados Especiais, desde que com elas seja compatível.

De análise atenta das Leis que compõem o sistema dos Juizados Especiais, são previstos como recursos para todos os Juizados, em 1º grau de jurisdição especial, em regra: os embargos declaratórios, destinados ao próprio juiz singular prolator da decisão, o recurso inominado contra a sentença proferida (artigos 41 e 48 da Lei nº 9.099/95) e, nos Juizados da Fazenda Pública, o agravo de instrumento em face de decisão interlocutória que defere tutela de urgência (artigo 4º da Lei nº 12.153/09).

A Lei nº 12.153/09, em observância especial ao princípio da celeridade, inovou ao dispensar o reexame necessário nas causas afetas aos Juizados Especiais da Fazenda Pública Estaduais e Federais (artigo 11 da Lei nº 12.153/2009 e artigo 13 da Lei nº 10.259/2001).

Relativamente aos prazos para os recursos, nos Juizados Especiais que lidam com réus fazendários, restou definido que serão concedidos igualmente para todas as partes, sem privilégios, atendendo-se aos princípios da celeridade e isonomia, senão vejamos o artigo 7º da Lei nº 12.153/2009, com redação repetida da Lei nº 10.259/2001:

> Art. 7º **Não haverá prazo diferenciado para a prática de qualquer ato processual pelas pessoas jurídicas de direito público**, inclusive a interposição de recursos, devendo a citação para a audiência de conciliação ser efetuada com antecedência mínima de 30 (trinta) dias.

Há posição majoritária de que não será concedido prazo diferenciado nem mesmo à Defensoria Pública, uma vez que a legislação dos Juizados Especiais primam pela paridade das armas, sem quaisquer privilégios, sendo norma especial em relação à lei complementar que instituiu o órgão mencionado (vide Capítulo 4.4).[23]

O recurso inominado e o agravo de instrumento serão aviados perante as Turmas Recursais dos Juizados Especiais estaduais e não junto ao Tribunal de Justiça do Estado.

As Turmas Recursais, segunda instância no sistema dos Juizados Especiais, serão compostas por 3 juízes togados de primeira instância, com mandato de 2 anos, vedada a recondução, salvo se inexistirem outros magistrados na sede das Turmas Recursais (artigo 41, § 1º da Lei nº 9.099/95 e artigo 17 da Lei nº 12.153/2009)

Serão elas integradas, preferencialmente, por juízes do sistema dos Juizados Especiais (artigo 17 da Lei nº 12.153/2009).

Para a interposição de recursos perante as Turmas Recursais, as partes serão obrigatoriamente representadas por advogados (§ 2º do artigo 41 da Lei nº 9.099/95) e não apenas assistidas como ocorre na primeira instância.

Consoante *caput* do artigo 1.007 do CPC/2015, de regras gerais recursais, somente será cobrado o preparo mediante exigência da legislação pertinente. Para o recurso inominado, a Lei nº 9.099/95 previu a exigência do preparo,

---

23 Enunciado nº. 53 FONAJE: *Não há prazo em dobro para a Defensoria Pública no âmbito dos Juizados Especiais."*

que inclui o pagamento de todas as despesas do processo, incluindo aquelas dispensadas no 1º grau (artigo 42, § 1º da Lei nº 9.099/95).

Há dispensa de preparo aos entes públicos federados e suas autarquias, que venham a atuar perante os Juizados Especiais da Fazenda Pública:

> CPC/2015 - Art. 1.007. - § 1º São dispensados de preparo, inclusive porte de remessa e de retorno, os recursos interpostos pelo Ministério Público, pela União, pelo Distrito Federal, pelos Estados, pelos Municípios, e respectivas autarquias, **e pelos que gozam de isenção legal**.

Pacífico entre os magistrados não caber recurso adesivo nos Juizados Especiais, à mingua de previsão legal especial que o autorize [24]

O artigo 15 da Lei dos Juizados Especiais Federais e o artigo 21 da Lei dos Juizados Especiais da Fazenda Pública dispuseram, de modo semelhante e expresso que "o *recurso extraordinário, para os efeitos desta Lei, será processado e julgado segundo o estabelecido no art. 19, além da observância das normas do Regimento*."

Aceita-se pela jurisprudência majoritária, eis que de fundo constitucional, a interposição de recurso extraordinário nas demandas que tramitem através dos Juizados Especiais, quando a decisão violar texto ou interpretação da Constituição da República.

Não se afigura, contudo, possível a propositura de recurso especial perante o STJ, cabendo o controle da legalidade do ato impugnado à Turma Recursal, conforme Súmula 203/STJ. Cabível a Reclamação, nos termos da Lei.

Embora não se tratem de recursos, incumbe aqui fazer menção sobre o não cabimento, em sede de Juizados Especiais, das ações rescisórias (artigo 59 da Lei nº 9099/95), não restando vedada pela mencionada lei, porém, a ação anulatória.

A Turma Recursal deverá conhecer e julgar os conflitos de competência apenas entre Juizados Especiais sujeitos à sua jurisdição (vide Enunciado 106 do FONAJEF) [25], cabendo ao Tribunal de Justiça do Estado julgar os conflitos suscitados entre Juizado Especial e Vara Comum do mesmo Estado.

---

24 Enunciado 88 do FONAJE Não cabe recurso adesivo em sede de Juizado Especial, por falta de expressa previsão legal (Aprovado no XV Encontro – Florianópolis/SC, 2015)

25 Enunciado nº. 106 FONAJEF: Cabe à Turma Recursal conhecer e julgar os conflitos de competência apenas entre Juizados Especiais Federais sujeitos a sua jurisdição."

Passa-se, agora, a tecer comentários breves sobre os principais recursos nos Juizados Especiais da Fazenda Pública.

4.12.2 Embargos Declaratórios

Nos Juizados Especiais em geral, há questionamentos acerca do cabimento de recursos em face de decisões interlocutórias, as quais, no sistema processual comum, podem ser impugnadas através de embargos declaratórios e agravo de instrumento.

Maior divergência se encontra no tocante ao cabimento dos embargos declaratórios de decisões interlocutórias.

Conforme disposto no artigo 48 da Lei nº 9.099/95, recentemente alterado pelo artigo 1.064 do CPC/2015, o cabimento dos embargos de declaração se dará contra sentença ou acórdão, nos casos previstos no CPC. Deixou a lei especial de especificar as hipóteses de obscuridade, contradição, omissão ou dúvida, remetendo as matérias relacionadas a este recurso ao CPC.

> Art. 48. Caberão embargos de declaração **contra sentença ou acórdão** nos casos previstos no Código de Processo Civil. (Redação dada pela Lei nº 13.105, de 2015) (Vigência)

Parágrafo único. Os erros materiais podem ser corrigidos de ofício.

Tratando-se de recurso de natureza vinculada, o artigo 1.022 do CPC/2015 indica então quais os motivos que fundamentam os embargos de declaração a serem interpostos, quais sejam:

> Ar. 1.022 Cabem embargos de declaração contra **qualquer decisão** judicial para:
>
> I – esclarecer obscuridade ou eliminar contradição;
>
> II – suprimir omissão de ponto ou questão sobre o qual devia se pronunciar o juiz de ofício ou a requerimento; III – corrigir erro material.
>
> Parágrafo único. Considera-se omissa a decisão que:
>
> I – deixe de se manifestar sobre tese firmada em julgamento de casos repeti-tivos ou em incidente de assunção de competência aplicável ao caso sob julgamento;
>
> II – incorra em qualquer das condutas descritas no art. 489, parágrafo 1.

Note-se que o artigo 1.064 do CPC/2015 não retirou do texto do *caput* do artigo 48 da Lei nº 9.099/95 a limitação, em sede de Juizados, do cabimento de embargos de declaração apenas contra sentenças e acórdãos, contrariamente ao alargamento explícito de cabimento em face de quaisquer decisões judiciais, consoante *caput* no seu novel artigo 1.022.

Assim, a literalidade da lei especial, confirmada pelo CPC/2015, para muitos teria vindo dirimir qualquer dúvida no sentido de que, em sede de Juizados Especiais, não haverá mesmo o cabimento de embargos declaratórios contra decisões interlocutórias e despachos, mas apenas em face de sentenças ou acórdãos.

Por fim, cumpre ainda mencionar que o artigo 1.065 do Código de Processo Civil de 2015 modificou mais uma vez a Lei nº 9.099/95, a respeito dos embargos declaratórios, quando alterou o artigo 50 da dita lei especial para definir o efeito interruptivo aos embargos declaratórios, assim como sempre foi no processo civil comum, não sendo mais meramente suspensivo, tal como antes previsto.

4.12.3- Agravo de Instrumento

No tocante às decisões interlocutórias, que em regra desafiam agravo de instrumento no processo civil comum, não desafiam, em tese, quaisquer recursos perante os Juizados Especiais. Os artigos 41 e 48 da Lei nº 9.099/95 somente previram os embargos de declaração e o recurso inominado em face das sentenças em primeiro grau.

Há, contudo, exceções a serem mencionadas.

Assim, os artigos 4º e 5º da Lei nº 10.259/2001 trouxeram para âmbito dos Juizados Especiais o agravo de instrumento, uma vez que permitiu a interposição de recurso da decisão interlocutória proferida em sede de tutelas antecipadas. O mesmo se deu com os artigos 3º e 4º da Lei nº 12.153/2009.

O agravo de instrumento não é cabível, em regra, nos Juizados Especiais Cíveis. O *decisum* poderá ser impugnado via recurso inominado, eis que todas as decisões deverão compor a sentença no rito sumaríssimo:

> Enunciado nº. 107 do FONAJEF - Fora das hipóteses do artigo 4º da Lei 10.259/2001, **a impugnação de decisões interlocutórias proferidas antes da sentença deverá ser feita no recurso desta** (art. 41 da Lei nº 9.099/95).

De se apontar, neste momento, a existência de tese, ainda insipiente, no sentido de se aceitar agravo de instrumento contra decisão que decide incidente de desconsideração da personalidade jurídica instaurado durante o curso do processo nos Juizados Especiais, Cíveis e da Fazenda Pública (vide Capítulo 3.4.7)

Para o agravo de instrumento, introduzido aos Juizados Especiais da Fazenda Pública, não haverá cobrança de preparo quando interposto pelo ente público que figure como réu destinatário do cumprimento da tutela de urgência concedida, ou pelo Ministério Público.

Em havendo aceitação pelo magistrado do agravo reverso, recurso este aviado por pessoa natural ou jurídica privada não beneficiária de assistência judiciária gratuita contra o indeferimento do pedido liminar, deverá haver o preparo, seguindo-se a previsão se encontra no § 1º do artigo 1.017 do CPC/2015, a ser aplicada diante da ausência absoluta de previsão a respeito nas leis dos Juizados Especiais.

Quanto à matéria que enseja o cabimento do agravo de instrumento no Juizado Especial da Fazenda Pública, vejamos o que diz os artigos 3º e 4º da Lei nº 12.153/2009:

> Art. 3º O juiz poderá, de ofício ou a requerimento das partes, **deferir** quaisquer providências cautelares e antecipatórias no curso do processo, para evitar dano de difícil ou de incerta reparação.
>
> Art. 4º **Exceto nos casos do art. 3º**, somente será admitido recurso contra a sentença.

De interpretação conjugada e literal dos artigos transcritos, para muitos membros das Turmas Recursais, o agravo de instrumento somente será cabível em face de decisões que sejam defiram pedidos liminares, não o sendo, pois, para aquelas que não concedam as tutelas de urgências.

Nos Juizados Especiais Federais houve primeiramente a celeuma relativa ao agravo previsto apenas para as decisões concessivas de providências cautelares e antecipatórias, haja vista que os artigos 3º e 4º da Lei nº 12.153/09 são praticamente a repetição do que está contido nos artigos 4º e 5º da Lei nº 10.259/01.

A solução a respeito do tema nos Juizados Especiais Federais acabou ficando a cargo das Turmas Recursais que, por exemplo, conforme explicita o nobre escritor Ricardo Chimenti, no Rio Janeiro optou-se pela possibilidade de agravo de instrumento contra decisão de deferimento ou de indeferimento. Em São Paulo, entretanto, apenas pelo cabimento do recurso em caso de deferimento.[26]

Para os adeptos da corrente que aceita o recurso contra decisões concessivas ou denegatórias das liminares, a nosso ver mais acertada, a crítica ao entendimento pelo cabimento de agravo exclusivamente em face da decisão que defere a antecipação de tutela está no fato de que se poderia levar a crer que o legislador pretendeu proteger a pessoa jurídica de direito público, contra quem os efeitos da liminar recairá.

Com efeito, a restrição poderia ensejar violação ao princípio da isonomia entre as partes, notadamente porque em sede de Juizados Especiais não houve qualquer privilégio aos entes públicos, como se pode ver da inexistência de prazos diferenciados ou de reexame necessário. Assim, observa-se que a aplicação do artigo merece uma interpretação constitucional isonômica, a fim de respeitar o devido processo legal, bem como os direitos de defesa de ambas as partes e a paridade das armas.

As Turmas Recursais em Minas Gerais vinham aceitando a interposição do referido recurso contra as decisões que deferiam ou indeferia as liminares, denominando o recurso em face de decisão denegatória da tutela de urgência de agravo reverso. Ainda, tem-se que, considerando a idéia do cabimento do agravo reverso, o TJMG incluiu no Provimento Conjunto nº15/2010 o artigo 33-A, que tem previsão de recolhimento de custas. Destaque-se que, caso fosse aplicada a interpretação literal do artigo 3º da Lei nº 12.153/09, não haveria necessidade de inserção desta previsão sobre custas, uma vez que somente a pessoa jurídica de direito público ré poderia recorrer, a qual é isenta do referido pagamento.

---

26 *CHIMENTI, Ricardo Cunha. Juizados Especiais da Fazenda Pública: Lei 12.153/2009 comentada artigo por artigo. São Paulo: Saraiva, 2010, página 59.*

Atualmente, o entendimento está vacilante, tendente à não aceitação do recurso quando a decisão indeferir a liminar, com o que discordamos, tal como já explanado.

Noutro giro, verifica-se que a Lei nº 12.153/09 não dispôs sobre o prazo para interposição do agravo de instrumento.

Antes do advento do novo diploma processual geral, foi definido no Enunciado 5 do FONAJE que o prazo para a interposição de agravo de instrumento seria de 10 (dez) dias, contados da intimação da decisão que deferiu a tutela antecipada, em similitude com o prazo definido na Lei nº 9.099/95 para recurso inominado. [27]

Não obstante, pondera-se que o artigo 1.070 do novo CPC de 2015 estipulou seja de que 15 dias o prazo para interposição de qualquer agravo. Em função disso, instalou-se mais uma divergência.

Alguns magistrados entendem que deverá prevalecer o prazo de 15 dias do CPC/2015, eis que, na ausência de prazo definido na Lei nº 12.153/2009, bem como nas demais leis que regem o sistema dos Juizados Especiais, buscar-se-á o prazo na legislação processual supletiva (artigo 1.047, §2º do CPC/2015).

Outra corrente sustenta, todavia, que deverá ainda prevalecer o Enunciado nº 5 do FONAJE, para definir como de 10 dias o prazo para o agravo de instrumento nos Juizados Especiais, em virtude da sistemática de recursos prevista pela legislação de rito sumaríssimo. Ora, se o recurso inominado previsto pela Lei nº 9.099/95 possui prazo de 10 dias (artigo 42), não poderia ser diferente com o agravo de instrumento. Não é, contudo, a tese que prevalece, após o CPC/2015.

4.12.4 Recurso inominado

Da sentença, caberá recurso para as Turmas Recursais, que deverá ser interposto no prazo de até 10 (dez) dias contados da ciência da sentença (artigo 41 da Lei nº 9.099/95).

---

27 ENUNCIADO 05 FONAJE - É de 10 dias o prazo de recurso contra decisão que deferir tutela antecipada em face da Fazenda Pública (nova redação - XXX Encontro – São Paulo/SP, 2011)..

Inexistindo nomenclatura específica para o recurso da sentença de primeiro grau nos Juizados Especiais, restou conhecido como recurso inominado, que exige preparo, representação por advogado, ao final havendo condenação a custas e honorários sucumbenciais, salvo se suspensos por justiça gratuita ou se houver isenção legal.

Em sede de Juizados Especiais, a regra é a de que o recurso inominado não tem efeito suspensivo, razão pela qual resta possível o cumprimento provisório da sentença, desde que se sujeitando aos termos da lei processual civil geral em vigor (artigo 520 e seguintes do CPC/2015).

Contudo, tratando-se dos Juizados Especiais da Fazenda Pública, não há incidência desta regra, em virtude da legislação especial aplicável às matérias fazendárias, a nosso entender incidente no rito sumaríssimo, eis que com ele compatível e uma vez que se visa resguardar o direito material envolvido. Deverá ser observado o artigo 2o B da Lei nº 9.494/97, para fins de se indeferir o processamento da execução provisória:

> Art. 2º-B. A sentença que tenha por objeto a liberação de recurso, inclusão em folha de pagamento, reclassificação, equiparação, concessão de aumento ou extensão de vantagens a servidores da União, dos Estados, do Distrito Federal e dos Municípios, inclusive de suas autarquias e fundações, somente poderá ser executada após seu trânsito em julgado. (Incluído pela Medida provisória nº 2.180-35, de 2001)

Além das despesas periciais adiantadas pelo Estado, a serem pagas pela parte recorrente vencida na sentença como preparo para a interposição do recurso (parágrafo único do artigo 54 da Lei nº 9.099/95), haverá ainda a condenação deste mesmo recorrente, se novamente vencido, ao pagamento dos honorários de advogado, consoante artigo 55 da Lei nº 9.099/95.

Juízo de admissibilidade recursal

Diante da lacuna das leis no sistema dos Juizados Especiais, há divergências acerca da realização do juízo de admissibilidade do Recurso Inominado.

A tese majoritária se dá no sentido de que somente a Turma Recursal promove o juízo de admissibilidade.

O Código de Processo Civil de 2015 adotou este posicionamento para o procedimento comum, em hipótese similar, ao dispor no § 3º do seu artigo

1.010 que, após intimação no 1º grau para contrarrazões recursais da apelação principal ou da apelação adesiva, "*os autos serão remetidos ao tribunal pelo juiz, **independentemente de juízo de admissibilidade***".

Encerrada a jurisdição de primeiro grau mediante a prolação de sentença, não sendo o caso de erro a ser corrigido ou embargos declaratórios a serem analisados, entende-se como mais acertado o juízo de admissibilidade pela Turma Recursal, seja por não haver determinação em primeiro grau nas leis dos Juizados Especiais, seja porque a processualística geral mais atualizada define apenas o segundo grau como o competente para o juízo de admissibilidade recursal (artigo 1.010 do CPC/2015).

Entretanto, considerando que alguns magistrados de primeiro grau acabam ainda por realizar o juízo de admissibilidade recursal nos Juizados Especiais, em respeito à boa-fé processual, nada impedirá que o tema seja reapreciado pelas Turmas Recursais. Negando o juiz singular o recebimento do recurso inominado, a parte discordante somente terá a seu dispor o Mandado de Segurança, eis que inexistente recurso previsto no sistema dos Juizados Especiais para esta decisão.

4.13 Mandado de segurança nos Juizados Especiais

Não foi previsto o mandado de segurança pelas Leis dos Juizados Especiais para fins de a garantia constitucional do direito líquido e certo relativo a direito material pretendido, sendo, ao contrário, vedado pelo inciso I do § 1º do artigo 2º da Lei dos Juizados Especiais da Fazenda Pública (Lei nº 12.153/2009).

Encontra-se pacificada, entretanto, a admissão do writ, para a Turma Recursal, quando houver decisão proferida que cause lesão a direito, mas não lhe seja previsto recurso pela lei especial.

> ENUNCIADO 88 FONAJEF - É admissível Mandado de Segurança para Turma Recursal de ato jurisdicional que cause gravame e não haja recurso.»

O sistema dos Juizados Especiais, em atenção aos princípios da celeridade e economia processual, prevê como regra a irrecorribilidade das decisões interlocutórias, salvo tutelas de urgência nos Juizados fazendários, que desafiam agravo de instrumento.

Contudo, caso a decisão interlocutória proferida pelo magistrado venha a acarretar danos irreversíveis ou de difícil reversibilidade à parte, a ausência de previsão recursal poderá violar seu direito líquido e certo constitucional à ampla defesa e ao duplo grau de jurisdição.

Assim, a jurisprudência dos Juizados Especiais vem aceitando a propositura de mandado de segurança perante a Turma Recursal, em face de autoridade coatora que tenha proferido decisão interlocutória não passível de recurso em sede de Juizados Especiais, seja com feição teratológica, seja em evidente violação a questões de interesse público, de caráter urgente e de efeitos demasiadamente prejudiciais ao impetrante.

É o que ocorre, por exemplo, com a análise pelo juízo *a quo* dos pressupostos de admissibilidade recursal, consoante Enunciado 166 do FONAJE[28], quando se decide pelo não recebimento do recurso, por intempestividade ou por deserção, por exemplo, decisão contra a qual não se prevê recurso no rito sumaríssimo.

O STJ editou o enunciado do TEMA 9 de seus entendimentos sobre Juizados especial [29]:

> TEMA 9 - Admite-se a impetração de mandado de segurança perante os Tribunais de Justiça e os Tribunais Regionais Federais para o exercício do controle de competência dos Juizados Especiais Estaduais ou Federais, respectivamente, excepcionando a hipótese de cabimento da Súmula n. 376/STJ.

Diante da ocorrência de erro judiciário, por exemplo, no sentido de contagem incorreta de prazo, a parte que apresentou o recurso inominado, à míngua de recurso previsto para a decisão de primeiro grau que denegou a subida à Turma Recursal, poderá impetrar o writ, a fim de lhe ser garantido o direito líquido e certo à ampla defesa e ao duplo grau de jurisdição, levando a análise da contagem do prazo recursal para a própria Turma Recursal, a acolher ou denegar a ordem.

---

28 ENUNCIADO 166 FONAJE – Nos Juizados Especiais Cíveis, o juízo prévio de admissibilidade do recurso será feito em primeiro grau (XXXIX Encontro - Maceió-AL).

29 http://www.stj.jus.br/SCON/jt/toc.jsp.

4.14 Processos em segundo grau nos Juizados Especiais

O Juizado Especial Federal introduziu ao sistema dos Juizados Especiais a uniformização de jurisprudência, no artigo 14 da Lei nº 10.259/2001.

Nos Juizados Especiais da Fazenda Pública, restou assim legislado:

> Lei 12.153/2009 - Art. 18. Caberá pedido de uniformização de interpretação de lei quando houver divergência entre decisões proferidas por Turmas Recursais sobre questões de direito material.
>
> § 1º O pedido fundado em divergência entre Turmas do mesmo Estado será julgado em reunião conjunta das Turmas em conflito, sob a presidência de desembargador indicado pelo Tribunal de Justiça.
>
> § 2º No caso do § 1º, a reunião de juízes domiciliados em cidades diversas poderá ser feita por meio eletrônico.
>
> § 3º Quando as Turmas de diferentes Estados derem a lei federal interpretações divergentes, ou quando a decisão proferida estiver em contrariedade com súmula do Superior Tribunal de Justiça, o pedido será por este julgado.
>
> Art. 19. Quando a orientação acolhida pelas Turmas de Uniformização de que trata o § 1º do art. 18 contrariar súmula do Superior Tribunal de Justiça, a parte interessada poderá provocar a manifestação deste, que dirimirá a divergência.
>
> § 1º Eventuais pedidos de uniformização fundados em questões idênticas e recebidos subsequentemente em quaisquer das Turmas Recursais ficarão retidos nos autos, aguardando pronunciamento do Superior Tribunal de Justiça.
>
> § 2º Nos casos do caput deste artigo e do § 3º do art. 18, presente a plausibilidade do direito invocado e havendo fundado receio de dano de difícil reparação, poderá o relator conceder, de ofício ou a requerimento do interessado, medida liminar determinando a suspensão dos processos nos quais a controvérsia esteja estabelecida.
>
> § 3º Se necessário, o relator pedirá informações ao Presidente da Turma Recursal ou Presidente da Turma de Uniformização e, nos casos previstos em lei, ouvirá o Ministério Público, no prazo de 5 (cinco) dias.
>
> § 4º (VETADO)
>
> § 5º Decorridos os prazos referidos nos §§ 3º e 4º, o relator incluirá o pedido em pauta na sessão, com preferência sobre todos os demais feitos, ressalvados os processos com réus presos, os habeas corpus e os mandados de segurança.
>
> § 6o Publicado o acórdão respectivo, os pedidos retidos referidos no § 1o serão apreciados pelas Turmas Recursais, que poderão exercer juízo de retratação ou os declararão prejudicados, se veicularem tese não acolhida pelo Superior Tribunal de Justiça.

Foi possível, por certo tempo, a propositura de Reclamações perante o STJ, destinadas a dirimir divergências entre acórdão prolatado por Turma Recursal estadual e a jurisprudência daquela Corte. A Resolução nº 12/2009 do STJ foi revogada pela Emenda Regimental nº 22, de 16 de março de 2016.

A competência para a Reclamação foi transferida para os Tribunais de Justiça dos Estados, regulada pela Resolução STJ/GP nº 3, de 7 de abril de 2016:

> Art. 1º Caberá às Câmaras Reunidas ou à Seção Especializada dos Tribunais de Justiça a competência para processar e julgar as Reclamações destinadas a dirimir divergência entre acórdão prolatado por Turma Recursal Estadual e do Distrito Federal e a jurisprudência do Superior Tribunal de Justiça, consolidada em incidente de assunção de competência e de resolução de demandas repetitivas, em julgamento de recurso especial repetitivo e em enunciados das Súmulas do STJ, bem como para garantir a observância de precedentes.
>
> Art. 2º Aplica-se, no que couber, o disposto nos arts. 988 a 993 do
>
> Código de Processo Civil, bem como as regras regimentais locais, quanto ao procedimento da Reclamação.
>
> Art. 3º O disposto nesta resolução não se aplica às reclamações já distribuídas, pendentes de análise no Superior Tribunal dc Justiça.

Acerca do Incidente de Uniformização, cabível nos Juizados Especiais, o Superior Tribunal de Justiça estabeleceu alguns parâmetros ao editar Temas a respeito de Juizados Especiais e Direito Processual Civil [30], quais sejam:

> Tema 13 - É inviável a discussão de matéria processual em sede de incidente de uniformização de jurisprudência oriundo de juizados especiais, visto que cabível, apenas, contra acórdão da Turma Nacional de Uniformização que, apreciando questão de direito material, contrarie súmula ou jurisprudência dominante no STJ.
>
> Tema 14- Compete ao Superior Tribunal de Justiça o exame dos pressupostos legais do pedido de uniformização, não prevendo a lei a existência de juízo prévio de admissibilidade pela Turma Recursal.
>
> Tema 15 - A negativa de processamento do pedido de uniformização dirigido ao STJ enseja violação do art. 18, § 3º, da Lei n. 12.153/2009 e usurpação da competência da Egrégia Corte, que pode ser preservada mediante a propositura da reclamação constitucional (art. 105, I, f, da CF/88).

30 http://www.stj.jus.br/SCON/jt/toc.jsp

4.15 CORREÇÃO MONETÁRIA E JUROS DE MORA CONTRA A FAZENDA PÚBLICA

4.15.1 Índices para a correção monetária e juros de mora em condenações judiciais em face da Fazenda Pública – Inconstitucionalidade parcial por arrastamento do artigo 1º-F da Lei Federal nº.9.494, de 10 de setembro de 1997, com a redação da Lei Federal nº. 11.960/09

Em condenações contra a Fazenda Pública, a correção monetária e os juros de mora possuem normatização distinta daquela comumente utilizada para sentenças em face de pessoas naturais e jurídicas, aplicando-se para estas últimas a correção monetária tabela da Corregedoria de Justiça do Estado e juros de mora nos termos determinados pelo Código de Processo Civil.

A matéria relativa à atualização de débitos advindos de decisão judicial que gere obrigação de pagar à Fazenda Pública foi prevista na Lei nº.9.494, de 10 de setembro de 1997, com a redação da Lei nº. 11.960/09, que dispôs que no seu artigo 1º-F:

> Art. 1º-F - Nas condenações impostas à Fazenda Pública, **independentemente de sua natureza** e para fins de **atualização monetária, remuneração do capital e compensação da mora, haverá a incidência uma única vez**, até o efetivo pagamento, **dos índices oficiais de remuneração básica e juros aplicados à caderneta de poupança**".

De leitura do artigo transcrito, nas condenações impostas à Fazenda Pública, a correção monetária e os juros de mora deveriam incidir uma única vez para fins de atualização monetária, remuneração do capital e compensação da mora, por meio do índice oficial de remuneração básica e juros aplicados à caderneta de poupança, independentemente da natureza do débito fazendário.

Todavia, foi proposta a ADI 4357/DF em face do artigo 1º-F da Lei nº 9.494/1997 (com a redação dada pela Lei nº 11.960/09), tratando-se, dentre outras, de mesma matéria objeto da ADI 4425, proposta contra o § 12 do artigo 100 da CRFB/88, acrescido pela Emenda Constitucional 62/2009.

A discussão instaurada inicialmente por meio destas AADDII se deu em relação ao pagamento de precatórios decorrentes de decisões judiciais condenatórias da Fazenda Pública.

Durante o julgamento conjunto de ambas as ações diretas de inconstitucionalidade, foi proferido voto-vista pelo Ministro Luiz Fux, no dia 07.03.2013. Entendeu o nobre Ministro, relativamente à correção monetária, que seria inconstitucional a expressão "índice oficial de remuneração básica da caderneta de poupança" prevista no § 12 do artigo 100 da Constituição da República de 1988 – CRFB/88, acrescido pela EC 62/2009. Ou seja, seria nula a lei no que concerne à aplicação da taxa básica de remuneração da poupança (TR) para correção monetária de débitos da Fazenda Pública decorrentes de decisões judiciais.

Sustentou o i. Ministro Luiz Fux que a TR não mede a inflação acumulada do período, não podendo, então, ser utilizada para qualquer correção monetária de débitos da Fazenda Pública, restando inconstitucional, neste ponto, a previsão a respeito contida no 12º do artigo 100 da CRFB/88, acrescido pela EC 62/2009.

Em decorrência deste primeiro entendimento apresentado pelo notável Ministro e aderido pelos demais membros da Corte Suprema, por consequência lógica e arrastamento, concluiu-se que a correção monetária dos débitos da Fazenda Pública pelo índice da TR estabelecida pelo artigo 1º-F da Lei nº 9.494/1997 (com as alterações dadas pela Lei nº 11.960/09) não poderia prevalecer, uma vez que as redações entre este artigo e do 12º do artigo 100 da CRFB/88 apresentavam a mesma semelhança inconstitucional.

Ao afastar a TR como índice para correção monetária de débitos fazendários, sugeriu o Ministro Luiz Fux que o índice adequado seria o IPCA-E (índice de preços ao consumidor), eis que refletiria com maior fidelidade a inflação, de modo a atualizar de maneira justa o débito fazendário em favor de seu credor.

Esta foi a questão inicialmente apresentada a respeito da correção monetária em face da Fazenda Pública.

Já no tocante aos juros de mora, sustentou o Ministro ora mencionado haver inconstitucionalidade da expressão "*independentemente de sua natureza*", contida no artigo 1º-F da Lei nº 9.494/1997, devendo valer, pois, apenas para débitos de natureza não tributária. Isto, pois se vier a Fazenda a ser credora de dívida tributária, os juros a incidir se basearão na taxa SELIC, como compensação pela mora. Assim, em respeito ao princípio da isonomia, o mesmo índice utilizado a favor da Fazenda Pública deveria ser aplicado quando for devedora de repetições de indébitos tributários.

No entanto, após o voto-vista do Ministro Luiz Fux, que pontuou a pertinência da modulação temporal dos efeitos da declaração de inconstitucionalidade para momento posterior ao julgamento, instaurou-se o incidente para a respectiva modulação dos efeitos da declaração de nulidade parcial.

A decisão final do julgamento pelo Plenário da Suprema Corte foi proferida em 14.03.2013, acolhendo as sugestões do Ministro Luiz Fux aqui mencionadas, encerrando-se, então, com a declaração parcial de inconstitucionalidade do artigo 1º-F da Lei nº 9.494/1997 (com a redação dada pela Lei nº 11.960/09), contudo, deixando pendente a decisão acerca do incidente de modulação dos efeitos da declaração de inconstitucionalidade.

Surgiu, a partir de então, até que fosse proferida decisão final acerca da modulação temporal ou não dos efeitos da nulidade da TR como índice de correção monetária, grande divergência em todo o país acerca de qual índice deveria ser utilizado para a correção monetária dos débitos fazendários decorrentes de decisão judicial, até que fosse proferida decisão final pelo STF.

Indagava-se se deveria ser utilizada em face da Fazenda Pública a correção monetária ainda pela TR declarada inconstitucional, prevista no artigo 1-F da Lei nº 9494/97, pois ainda se aguardava a posição final sobre quando passaria a ser considerada nula, ou se já poderia ser aplicado o novo índice de correção monetária até o julgamento da modulação, restando, neste ponto, por definir então qual seria este índice, apenas sugerido em voto como o IPCA-E.

Para solucionar o impasse estabelecido, o Superior Tribunal de Justiça, em julgamento pelo sistema de recurso repetitivo no REsp 1270439/PR, em 26.06.2013 entendeu pela atualização monetária dos débitos contraídos pela Fazenda Pública com base em índice oficial que fosse fiel à inflação do período, optando pela adoção do IPCA-E para esta finalidade, mantendo-se os juros de mora nos termos do que restara decidido pelo Pleno do STF em 14.03.2013.

> RECURSO ESPECIAL REPRESENTATIVO DE CONTROVÉRSIA. ART. 543-C DO CPC E RESOLUÇÃO STJ Nº 08/2008. ADMINISTRATIVO.

SERVIDOR PÚBLICO FEDERAL. INCORPORAÇÃO DE QUINTOS. MEDIDA PROVISÓRIA Nº 2.225-45/2001. PERÍODO DE 08.04.1998 A 05.09.2001. MATÉRIA JÁ DECIDIDA NA SISTEMÁTICA DO ART. 543-C DO CPC. POSSIBILIDADE EM ABSTRATO. AUSÊNCIA DE INTERESSE PROCESSUAL NO CASO CONCRETO ECONHECIMENTO ADMINISTRATIVO DO DIREITO. AÇÃO DE COBRANÇA EM QUE SE BUSCA APENAS O PAGAMENTO DAS PARCELAS DE RETROATIVOS AINDA NÃO PAGAS.

(...)

VERBAS REMUNERATÓRIAS. CORREÇÃO MONETÁRIA E JUROS DEVIDOS PELA FAZENDA PÚBLICA. LEI 11.960/09, QUE ALTEROU O ARTIGO 1º-F DA LEI 9.494/97.

DECLARAÇÃO DE INCONSTITUCIONALIDADE PARCIAL POR ARRASTAMENTO (ADIN 4.357/DF).

(...) 12. O art. 1º-F da Lei 9.494/97, com redação conferida pela Lei 11.960/2009, que trouxe novo regramento para a atualização monetária e juros devidos pela Fazenda Pública, deve ser aplicado, de imediato, aos processos em andamento, sem, contudo, retroagir a período anterior a sua vigência.

13. "Assim, os valores resultantes de condenações proferidas contra a Fazenda pública após a entrada em vigor da Lei 11.960/09 devem observar os critérios de atualização (correção monetária e juros) nela disciplinados, enquanto vigorarem. Por outro lado, no período anterior, tais acessórios deverão seguidos parâmetros definidos pela legislação então vigente" (REsp 1.205.946/SP, Rel. Min. Benedito Gonçalves, Corte Especial, DJe 2.2.12).

14. O Supremo Tribunal Federal declarou a inconstitucionalidade parcial, por arrastamento, do art. 5º da Lei 11.960/09, que deu nova redação ao art. 1º-F da Lei 9.494/97, ao examinar a ADIn 4.357/DF, Rel. Min. Ayres Britto.

15 A Suprema Corte declarou inconstitucional a expressão "índice oficial de remuneração básica da caderneta de poupança" contida no § 12 do art. 100 da CF/88. Assim entendeu porque a taxa básica de remuneração da poupança não mede a inflação acumulada do período e, portanto, não pode servir de parâmetro para a correção monetária a ser aplicada aos débitos da Fazenda Pública.

16. Igualmente reconheceu a inconstitucionalidade da expressão "independentemente de sua natureza" quando os débitos fazendários ostentarem natureza tributária. Isso porque, quando credora a Fazenda de dívida de natureza tributária, incidem os juros pela taxa SELIC como compensação pela mora, devendo esse mesmo índice, por força do princípio da equidade, ser aplicado quando for ela devedora nas repetições de indébito tributário.

> 17. Como o art. 1º-F da Lei 9.494/97, com redação da Lei 11.960/09, praticamente reproduz a norma do § 12 do art. 100 da CF/88, o Supremo declarou a inconstitucionalidade parcial, por arrastamento, desse dispositivo legal.
>
> **18. Em virtude da declaração de inconstitucionalidade parcial do art. 5º da Lei 11.960/09: (a) a correção monetária das dívidas fazendárias deve observar índices que reflitam a inflação acumulada do período, a ela não se aplicando os índices de remuneração básica da caderneta de poupança; e (b) os juros moratórios serão equivalentes aos índices oficiais de remuneração básica e juros aplicáveis à caderneta de poupança, exceto quando a dívida ostentar natureza tributária, para as quais prevalecerão as regras específicas.**
>
> **19. O Relator da ADIn no Supremo, Min. Ayres Britto, não especificou qual deveria ser o índice de correção monetária adotado. Todavia, há importante referência no voto vista do Min. Luiz Fux, quando Sua Excelência aponta para o IPCA (Índice de Preços ao Consumidor Amplo), do Instituto Brasileiro de Geografia e Estatística, que ora se adota.**
>
> 20. No caso concreto, como a condenação imposta à Fazenda não é de natu-reza tributária - o crédito reclamado tem origem na incorporação de quintos pelo exercício de função de confiança entre abril de 1998 e setembro de 2001 - os juros moratórios devem ser calculados com base no índice oficial de remuneração básica e juros aplicados à caderneta de poupança, nos termos da regra do art. 1º-F da Lei 9.494/97, com redação da Lei 11.960/09. Já a correção monetária, por força da declaração de inconstitucionalidade parcial do art. 5º da Lei 11.960/09, deverá ser calculada com base no IPCA, índice que melhor reflete a inflação acumulada do período.
>
> 21. Recurso especial provido em parte. Acórdão sujeito à sistemática do art. 543-C do CPC e da Resolução STJ nº 08/2008. (REsp 1270439/PR, Rel. Ministro CASTRO MEIRA, PRIMEIRA SEÇÃO, julgado em 26/06/2013, DJe 02/08/2013).

Contudo, entre a sessão plenária no STF de 14.03.2013 – que definiu as inconstitucionalidades parciais – e a sessão de 24.10.2013 no próprio órgão, *a par* da decisão do STJ acima mencionada tomada no interregno deste período (REsp 1270439/PR, em 26.06.2013), o então relator Ministro Luiz Fux submeteu ao Plenário a questão de ordem sobre a modulação dos efeitos das declarações de inconstitucionalidade, havendo até mesmo paralisação na prática do pagamento de precatórios

Houve provimento cautelar pelo Ministro Luiz Fux naquele momento, referendado pelo Plenário do STF em 24.10.2013, para assim determinar :

"(...) que os Tribunais de Justiça de todos os Estados e do Distrito Federal deem imediata continuidade aos **pagamentos de precatórios, na forma como já vinham realizando até a decisão proferida pelo Supremo Tribunal Federal em 14/03/2013, segundo a sistemática vigente à época** (...)" (grifamos).

Diante de tal decisão, até que fosse proferida conclusão final sobre a modulação dos efeitos da inconstitucionalidade declarada pelo STF, prevaleceria o inteiro teor do artigo 1-F da Lei nº 9494/97, com incidência da TR para as correções de débitos e juros de mora da poupança para débitos fazendários de quaisquer naturezas.

Na Reclamação 17251/DF proposta no STF, em face de decisão proferida pelo Primeiro Juizado Especial do Distrito Federal, definindo o IPCA-E como o índice aplicável para fins de atualização monetária dos débitos fazendários, que aderia a entendimento crescente nos Tribunais estaduais (ex: Minas Gerais, Rio de Janeiro e São Paulo), o Relator Ministro Dias Tófoli, em 02.02.2015, confirmou que, embora inconstitucional o índice da taxa referencial (TR), até que houvesse definição específica pelo Pleno sobre a modulação dos efeitos, deveria prevalecer aquele contido na redação do artigo 1º-F da Lei 9.494/1997 (TR).

Logo após, no dia 25.03.2015, a questão de ordem sobre a modulação temporal dos efeitos da inconstitucionalidade parcial foi decidida pelo Plenário da Suprema Corte, conferindo-lhe efeitos prospectivos.

Definiu-se que o entendimento do STF no tocante às inconstitucionalidades apontadas somente passaria a valer após a data em que foi encerrado o julgamento da modulação temporal estabelecida, qual seja, 25.03.2015, persistindo o texto integral do artigo 1º-F da Lei nº 9.494/1997 até esta data.

Portanto, até 25.03.2015, para fins de atualização monetária, remuneração do capital e compensação da mora, incidiria uma única vez os índices oficiais de remuneração básica e juros aplicados à caderneta de poupança.

Entendeu o Plenário da Suprema Corte que, respeitada a inconstitucionalidade parcial por arrastamento do § 12 do artigo 100 da Constituição da República de 1988 – CRFB/88, acrescido pela EC 62/2009 estendida ao artigo 1º-F da Lei nº 9.494/1997, para atualização do débito em face da Fazenda Publica, a correção monetária após 25.03.2015 para pagamento dos precatórios não poderia seguir o índice de atualização da poupança (T.R.), por não refletir este a atualização real que se espera, devendo ser aplicado para a atualização monetária o IPCA-E.

Os juros de mora deveriam corresponder, para as dívidas comuns, ao índice da caderneta de poupança previsto pelo 1º-F da Lei nº 9.494/1997, neste ponto não alterado. Mas, em se tratando de dívida de natureza tributária, a partir de 25.03.2015, o índice dos juros de mora dos débitos fazendários tributários deveria ser exatamente aquele aplicado para corrigir os créditos tributários da Fazenda em face de quem se litiga, em respeito à isonomia, o que poderia ser observado pela lei de regência do ente federado, índice este comumente diferenciado entre os entes municipais.

Importante transcrever o julgamento final acerca da modulação dos efeitos pelo STF:

> Concluindo o julgamento, o Tribunal, por maioria e nos termos do voto, ora reajustado, do Ministro Luiz Fux (Relator), resolveu a questão de ordem nos seguintes termos: 1) - modular os efeitos para que se dê sobrevida ao regime especial de pagamento de precatórios, instituído pela Emenda Constitucional nº 62/2009, por 5 (cinco) exercícios financeiros a contar de primeiro de janeiro de 2016; **2) - conferir eficácia prospectiva à declaração de inconstitucionalidade dos seguintes aspectos da ação direta de inconstitucionalidade, fixando como marco inicial a data de conclusão do julgamento da presente questão de ordem (25.03.2015) e mantendo-se válidos os <u>precatórios expedidos</u> ou pagos até esta data, a saber: 2.1.) fica mantida a aplicação do índice oficial de remuneração básica da caderneta de poupança (TR), nos termos da Emenda Constitucional nº62/2009, até 25.03.2015, data após a qual (i) os créditos em precatórios deverão ser corrigidos pelo Índice de Preços ao Consumidor Amplo Especial (IPCA-E) e (ii) <u>os precatórios</u> tributários deverão observar os mesmos critérios pelos quais a Fazenda Pública corrige seus créditos tributários; e 2.2.) ficam resguardados os precatórios expedidos, no âmbito da administração pública federal, com base nos arts. 27 das Leis nº 12.919/13 e Lei nº 13.080/15, que fixam o IPCA-E como índice de correção monetária;** (....) , vencido o Ministro Marco Aurélio, que não modulava os efeitos da decisão, e, em menor extensão, a Ministra Rosa Weber, que fixava como marco inicial a data do julgamento da ação direta de inconstitucionalidade. Reajustaram seus votos os Ministros Roberto Barroso, Dias Toffoli e Gilmar Mendes. Presidência do Ministro Ricardo Lewandowski. - Plenário, 25.03.2015. - Acordão, DJ 04.08.2015. (ADI 4425 QO, Relator Ministro Luiz Fux, Tribunal Pleno, julgamento em 25.3.2015, DJe de 4.8.2015). Na sequencia, nova celeuma acerca do tema surgiu.

Ao término de todo o julgamento, houve questionamento a respeito da limitação ou extensão da aplicabilidade da decisão do Supremo.

Questionou-se se a decisão adotada pelo STF incidira apenas para a execução dos precatórios decorrentes de decisões judicias constituidoras de débitos da Fazenda Pública, uma vez que apenas a eles se referiu nas ações diretas de inconstitucionalidade, ou se valeria também para a fase de conhecimento, no momento das condenações a serem proferidas pelo magistrado sentenciante.

Isto, pois há dois momentos para a correção monetária e incidência de juros de mora em face da Fazenda Pública. O primeiro, decorrente da atualização monetária do débito principal da ação judicial proposta, por meio da decisão judicial final e o segundo, já à frente, no tocante ao espaço de tempo entre a expedição do precatório e o seu efetivo pagamento.

O artigo 1º-F da Lei nº 9.494/97, com redação dada pela Lei nº 11.960/09, apresenta redação geral, em que pese tenha sido o julgamento pelo STF realizado apenas para fins de pagamentos de precatórios.

Note-se que o artigo se inicia da seguinte maneira: "*Art. 1º-F -**Nas condenações impostas à Fazenda Pública,*** (....)", ou seja, não distingue se seriam incidentes apenas na correção monetária aplicada quando do pagamento do precatório ou se para as decisões judiciais que a eles precedem.

Não há dúvidas no sentido de que a decisão do STF que julgou as AADDII nºs 4.357 e 4.425 e declarou a inconstitucionalidade da correção monetária prevista na Lei nº 9494/97, com redação dada pela Lei nº 11.960/09, aplica-se após a expedição do RPV ou do Precatório e até o seu efetivo pagamento.

Contudo, nas hipóteses prévias às constituições dos requisitórios, resta saber se a mesma decisão das ações diretas de inconstitucionalidade deveriam ser estendidas às condenações judiciais ou se deveria ser aplicada a redação original do artigo 1º-F da Lei nº 9.494/97 quando da sentença condenatória.

Sustentou a Fazenda Pública, em geral, que a inconstitucionalidade do §12 do artigo 100 da CRFB/88, que teria baseado a mesma inconstitucionalidade da norma semelhante do artigo 1º-F da Lei nº 9.494/97, na redação que lhe foi conferida pelo artigo 5º, da Lei nº 11.960/09, referia-se apenas à atualização monetária dos precatórios, ou seja, não poderia ser aplicado o mesmo entendimento para o momento das condenações judiciais, não tendo havido.

Destarte, persistiu desde o início da celeuma a divergência mencionada sobre os índices de correção monetária e juros de mora a incidir sobre os débitos fazendários a serem aplicados na decisão judicial. Questionou-se, ainda, se a correção monetária deveria incidir uma única vez, como ocorre com os juros de mora ou duas vezes, sendo uma para a fase cognitiva e outra após a expedição do precatório.

O STF reconheceu a repercussão geral da matéria ao analisar o Recurso Extraordinário n. 870.947/SE, em acórdão publicado em 27.04.2015, de Relatoria do Ministro Luiz Fux., que assim se manifestou:

> 16/04/2015 PLENÁRIO
>
> EMENTA DA DECISÃO - REPERCUSSÃO GERAL NO RECURSO EXTRAORDINÁRIO 870.947 SERGIPE RELATOR :MIN. LUIZ FUX DIREITO CONSTITUCIONAL. REGIME DE ATUALIZAÇÃO MONETÁRIA E
>
> JUROS MORATÓRIOS INCIDENTE SOBRE CONDENAÇÕES JUDICIAIS
>
> DA FAZENDA PÚBLICA. ART. 1º-F DA LEI Nº 9.494/97 COM A REDAÇÃO DADA PELA LEI Nº 11.960/09. TEMA 810. REPERCUSSÃO GERAL RECONHECIDA.
>
> ACÓRDÃO
>
> DIREITO CONSTITUCIONAL. REGIME DE ATUALIZAÇÃO MONETÁRIA E JUROS MORATÓRIOS INCIDENTE SOBRE CONDENAÇÕES JUDICIAIS DA FAZENDA PÚBLICA. ART. 1º-F DA LEI Nº 9.494/97 COM A REDAÇÃO DADA PELA LEI Nº 11.960/09.
>
> 1. Reveste-se de repercussão geral o debate quanto à validade da correção monetária e dos juros moratórios incidente sobre condenações impostas à Fazenda Pública segundo os índices oficiais de remuneração básica da caderneta de poupança (Taxa Referencial - TR), conforme determina o art. 1º-F da Lei nº 9.494/97 com redação dada pela Lei nº 11.960/09.
>
> 2. Tendo em vista a recente conclusão do julgamento das ADIs nº 4.357 e 4.425, ocorrida em 25 de março de 2015, revela-se oportuno que o Supremo Tribunal Federal reitere, em sede de repercussão geral, as razões que orientaram aquele pronunciamento da Corte, o que, a um só tempo, contribuirá para orientar os tribunais locais quanto à aplicação do decidido pelo STF, bem como evitará que casos idênticos cheguem a esta Suprema Corte.
>
> 3. Manifestação pela existência da repercussão geral.

De leitura do inteiro teor do acórdão, possível extrair terem restado pendentes por certo período algumas questões sobre os efeitos das decisões das ações diretas de inconstitucionalidade, a serem apreciadas pelo Supremo, dentre elas:

Regime de juros moratórios incidentes sobre as condenações impostas à Fazenda Pública.

No julgamento das AADAII nº 4.357 e 4.425, o Plenário do Supremo Tribunal Federal julgou inconstitucional a fixação dos juros moratórios com base na TR apenas quanto aos débitos estatais de natureza tributária para precatórios, sendo que deverá ser aferido se esta decisão se estenderá para condenações em fase cognitiva.

2) - Regime de atualização monetária das condenações impostas à Fazenda Pública

Esclareceu o Supremo Tribunal Federal que:

> Diferentemente dos juros moratórios, que só incidem uma única vez até o efetivo pagamento, a atualização monetária da condenação imposta à Fazenda Pública ocorre em dois momentos distintos.
>
> O primeiro se dá ao final da fase de conhecimento com o trânsito em julgado da decisão condenatória. Esta correção inicial compreende o período de tempo entre o dano efetivo (ou o ajuizamento da demanda) e a imputação de responsabilidade à Administração Pública. A atualização é estabelecida pelo próprio juízo prolator da decisão condenatória no exercício de atividade jurisdicional. O segundo momento ocorre já na fase executiva, quando o valor devido é efetivamente entregue ao credor. Esta última correção monetária cobre o lapso temporal entre a inscrição do crédito em precatório e o efetivo pagamento. Seu cálculo é realizado no exercício de função administrativa pela Presidência do Tribunal a que vinculado o juízo prolator da decisão condenatória.

Diante deste parâmetro, entendeu o STF que, ao julgar as ADI nº 4.357 e 4.425,"... *declarou a inconstitucionalidade da correção monetária pela TR* ***apenas*** *quanto ao segundo período, isto é, quanto ao intervalo de tempo compreendido entre a inscrição do crédito em precatório e o efetivo pagamento*", uma vez que o objeto das ADIN teria se limitado a impugnar a constitucionalidade do artigo 100, §12, da CRFB/88, incluído pela EC nº 62/09), que se refere a precatório.

A redação do artigo 1º-F da Lei nº 9.494/97, tal como fixada pela Lei nº 11.960/09, é, porém, mais ampla, englobando tanto a atualização de requisitórios quanto a atualização da própria condenação.

Assim, concluiu o STF que, não tendo havido declaração de inconstitucionalidade do artigo 1º-F da Lei nº 9.494/97, tal como fixada pela Lei nº 11.960/09 para a fase cognitiva, estaria para ela a lei em pleno vigor. Os Tribunais passaram a divergir.

Não obstante a questão processual apontada, considerando o direito material inconstitucional sobre índice de correção monetária que não refletia a inflação para servir para atualização monetária, por ser questão de fundo do direito da decisão respectiva para os precatórios pelo STF, independentemente a incidir sobre artigo da Lei Maior ou de lei federal, diversos Tribunais vem aplicando o IPCA-E nas condenações de sentença, indicado nas ADIN como o mais adequado no momento.

Apontou o i. Relator Ministro Luiz Fux, no acórdão ora em comento, alguns destes entendimentos, a saber:

> Superior Tribunal de Justiça
>
> A declaração de inconstitucionalidade parcial, por arrastamento, do artigo 5º da Lei n. 11.960/09 (ADI n. 4.425/DF) impõe que se fixe o INPC como índice de correção específica nas demandas que tratam de benefícios previdenciários diante de previsão específica no art. 41-A da Lei n. 8.213/91. (Trecho de acórdão mencionado no RE nº 855.447) Tribunal Regional Federal da 5ª Região
>
> No que se refere à incidência de juros de mora e correção monetária, diante do julgamento do STF na ADI 4.357/DF, que considerou inconstitucional o art. 5º, da Lei nº 11.960/2009, mantém-se a sentença no que concerne à aplicação de juros de 1% ao mês a partir da citação, acrescido de correção monetária. (Trecho do acórdão recorrido no RE nº 855.447)
>
> Tribunal de Justiça do Estado do Rio Grande do Sul
>
> O Supremo Tribunal Federal via controle concentrado declarou a inconstitucionalidade do art. 5º da Lei nº 11.960/2009, que alterou o art. 1º-F da Lei nº 9.494/97, que normatizava a incidência dos consectários legais aplicáveis sobre as condenações da Fazenda Pública (ADI 4425/DF). In concreto, não houve a modulação dos efeitos da declaração de inconstitucionalidade, sendo de rigor reconhecer que atingem a todos, bem como retroagem à data em que a lei entrou em vigor, vinculando, ainda, os demais órgãos do Poder Judiciário. (Trecho do acórdão recorrido no RE nº 848.285)

> Tribunal de Justiça do Mato Grosso do Sul
>
> A correção monetária, por força da declaração de inconstitucionalidade parcial do art. 5º da Lei nº 11.960/09, deverá ser calculada com base no IPCA, índice que melhor reflete a inflação acumulada no período. (Trecho do acórdão impugnado no RE nº 863.423)
>
> Essa controvérsia também está presente em diversos casos apreciados pelo Supremo Tribunal Federal. A título ilustrativo, cito os seguintes precedentes: RE 851.079, Rel. Min. Cármen Lúcia, DJe de 4/12/2014; RE 848.718, Rel. Min. Dias Toffoli, DJe de 3/12/2014; RE 839.046, Rel. Min. Gilmar Mendes, DJe de 20/10/2014; RE 825.258, Rel. Min. Roberto Barroso, DJe de 2/2/2015; e RE 848.145, Rel. Min. Teori Zavascki, DJe de 25/11/2014.

Na Reclamação 21147/SE, publicada em 30/06/2015, a Ministra relatora Carmen Lúcia consignou que não se aplicaria o entendimento da ADIN quanto à correção monetária incidente na condenação.

Retomando o julgamento do RESP 1.495.146/MG, em 12/08/2015, a primeira Seção do STJ decidiu, por maioria, manter a submissão deste recurso ao rito do artigo 543-C do CPC e sobrestar seu julgamento até a apreciação do RE 870.947/SE pelo Supremo Tribunal Federal.

Diante de todas as considerações apresentadas, até que os Tribunais pacificassem o tema, tem-se que, com a finalidade de seguir a tendência de inconstitucionalidade material já anunciada, aderindo-se, portanto, ao julgado do STJ, por meio do REsp 1270439/PR acima transcrito e ao julgamento final da ADI pelo STF, com seus efeitos modulados, pudemos concluir que a melhor decisão estaria no sentido de que o incide de correção monetária para as condenações judiciais em face da Fazenda Pública fosse também o IPCA-E, pois melhor reflete a inflação.

Temos, para o Município de Belo Horizonte (Lei Municipal/BH 8.147/00, artigo 14), a definição do IPCA-E para a correção monetária.

> Lei Municipal 8.147/00 – Belo Horizonte/MG
>
> Art. 14. Tributos, multas e demais valores fixados na legislação municipal com base em UFIR - Unidade Fiscal de Referência - ficam, a partir de 27/10/2000, convertidos em real, observando-se, para fins desta conversão, a equivalência de R$1,0641 (um inteiro e seiscentos e quarenta e um décimos de milésimos de real) por UFIR.

> § 1º. Os valores convertidos na forma do caput serão atualizados no dia 1º de janeiro de cada exercício, com base na variação do Índice de Preços ao Consumidor Amplo-Especial - IPCA-E - apurado pelo Instituto Brasileiro de Geografia e Estatística - IBGE - acumulada nos últimos doze meses imediatamente anteriores ao da atualização.
>
> § 2º. Observadas as regras de atualização previstas na legislação específica aplicáveis até a data de publicação desta Lei, tributos, multas e demais valores previstos na legislação municipal não recolhidos até seu vencimento, inscritos ou não em dívida ativa, ficam sujeitos à atualização prevista nos termos definidos no § 1º.
>
> § 3º. A partir da data de publicação desta Lei, tributos, multas e demais valores fixados na legislação municipal em real, serão atualizados nos termos definidos no § 1º.

A fim de colocar fim ao tema tão largamente discutido, em decisão final sobre o tema, proferida em 20.09.2017 no Recurso Extraordinário 870.947, o Supremo Tribunal Federal decidiu, por maioria, aplicar como índice de correção o IPCA-E nas decisões judiciais e nos precatórios.Manteve a remuneração da poupança para incidência de juros de mora para débitos não tributários.

Em casos de tributos, o STF reafirmou deva aplicada a SELIC:

> Decisão: O Tribunal, por maioria e nos termos do voto do Relator, Ministro Luiz Fux, apreciando o tema 810 da repercussão geral, deu parcial provimento ao recurso para, confirmando, em parte, o acórdão lavrado pela Quarta Turma do Tribunal Regional Federal da 5ª Região, (i) assentar a natureza assistencial da relação jurídica em exame (caráter não-tributário) e (ii) manter a concessão de benefício de prestação continuada (Lei nº 8.742/93, art. 20) ao ora recorrido (iii) atualizado monetariamente segundo o IPCA-E desde a data fixada na sentença e (iv) fixados os juros moratórios segundo a remuneração da caderneta de poupança, na forma do art. 1º-F da Lei nº 9.494/97 com a redação dada pela Lei nº 11.960/09. Vencidos, integralmente o Ministro Marco Aurélio, e parcialmente os Ministros Teori Zavascki, Dias Toffoli, Cármen Lúcia e Gilmar Mendes. Ao final, por maioria, vencido o Ministro Marco Aurélio, fixou as seguintes teses, nos termos do voto do Relator: 1) O art. 1º-F da Lei nº 9.494/97, com a redação dada pela Lei nº 11.960/09, na parte em que disciplina os juros moratórios aplicáveis a condenações da Fazenda Pública, é inconstitucional ao incidir sobre débitos oriundos de relação jurídico-tributária, aos quais devem ser aplicados os mesmos juros de mora pelos quais a Fazenda Pública remunera seu crédito tributário, em respeito ao princípio constitucional da isonomia (CRFB, art. 5º,

> caput); quanto às condenações oriundas de relação jurídica não-tributária, a fixação dos juros moratórios segundo o índice de remuneração da caderneta de poupança é constitucional, permanecendo hígido, nesta extensão, o disposto no art. 1º-F da Lei nº 9.494/97 com a redação dada pela Lei nº 11.960/09; e 2) O art. 1º-F da Lei nº 9.494/97, com a redação dada pela Lei nº 11.960/09, na parte em que disciplina a atualização monetária das condenações impostas à Fazenda Pública segundo a remuneração oficial da caderneta de poupança, revela se inconstitucional ao impor restrição desproporcional ao direito de propriedade (CRFB, art. 5º, XXII), uma vez que não se qualifica como medida adequada a capturar a variação de preços da economia, sendo inidônea a promover os fins a que se destina. Presidiu o julgamento a Ministra Cármen Lúcia. Plenário, 20.9.2017.

A partir da decisão transcrita, restou definido o índice de correção monetária tanto para as condenações em sentenças, quanto para os precatórios e RPV, que deverá ser o IPCA-E, por ser o que melhor realiza a atualização monetária justa, encerrando-se, portanto, toda a celeuma a respeito.

A - Juros de mora de débitos da Fazenda Pública

Relativamente aos juros moratórios incidentes sobre condenações oriundas de relação jurídica não tributária, devem ser observados os critérios fixados pela legislação no ponto não declarado inconstitucional, os juros aplicados à caderneta de poupança, conforme dispõe o art. 1º-F da Lei nº 9.494/97. ." (RE 870947, decidido em 20.07.2017, Tribunal Pleno, já transcrito)

Acerca do tema, vejamos os esclarecimentos extraídos do site do STF (http://www.stf.jus.br/portal/jurisprudencia/menuSumario.asp?sumula=1241):

> No julgamento das ADIs nº 4.357 e 4.425, o Plenário do Supremo Tribunal Federal julgou inconstitucional a fixação dos juros moratórios com base na TR **apenas quanto aos débitos estatais de natureza tributária.** (...) Destarte, a decisão do Supremo Tribunal Federal foi clara no sentido de que o art. 1º-F da Lei nº 9.494/97, com a redação dada pela Lei nº 11.960/09, não foi declarado inconstitucional por completo. Especificamente quanto ao regime dos juros moratórios incidentes sobre as condenações impostas à Fazenda Pública, a orientação firmada pela Corte foi a seguinte: **Quanto aos juros moratórios incidentes sobre condenações oriundas de relação jurídico-tributária, devem ser aplicados os mesmos juros de mora pelos quais a Fazenda Pública remunera seu crédito tributário. (negrito nosso)**

Nos termos da regra introduzida pela Lei nº 11.960/09 deveriam ser calculadas as dívidas fazendárias, não tributárias, com base nos juros aplicados à caderneta de poupança, apurados, em regra, em 0,5% ao mês. Conforme artigo 12, inciso II, da Lei nº 8.177/91 até a entrada em vigor da MP 567, de 13/05/2012, convertida na Lei nº 12.703/12, condicionou-se os juros da caderneta de poupança à SELIC, mas ainda não houve entendimento pacificado a respeito.

Na ausência de definição precisa, inclusive quanto à SELIC, deverão então ser aplicados os juros de poupança, conforme já mencionado no item anterior.

De outro norte, tratando-se de matéria tributária, deverão ser aplicados os mesmos critérios pelos quais a Fazenda Pública remunera seus créditos tributários inadimplidos.

Como exemplo, cite-se que, quanto ao Município de Belo Horizonte, fica atraída a incidência do artigo 126, I, da Lei municipal nº 5.641/89, que os fixa em 1% (um por cento) ao mês.

> **Art. 126** - O tributo não quitado até o seu vencimento, **fica sujeito à incidência de:** *(Vide art. 8º da Lei nº 7378, de 07/11/97.)*
>
> I - **Juros de mora de 1% (um por cento) ao mês ou fração, contados da data do vencimento;** *(Vide art. 1º da Lei nº 6.480, de 27/12/93)* II - ....
>
> III - correção monetária, calculada da data do vencimento do tributo ou penalidade até o efetivo pagamento, nos termos da Legislação Federal específica.

(Vide o disposto no art. 14 da Lei nº 8.147 de 29/12/00 - "DOM" de 30/12/00)

Os juros de mora serão, para os débitos tributários da Fazenda Pública do Município de Belo Horionte/MG, de 1% ao mês até efetivo pagamento.

B - Termo *a quo* para a incidência da correção monetária e juros de mora

Há, para as condenações, incidência de correção monetária e juros de mora, retratando-se de direito de atualização monetária. Assim, mesmo que não formulado o pedido respectivo, deverá o magistrado defini-los em sentença, eis que considerados pedidos implícitos pela legislação e jurisprudência pacificada.

O CPC/2015 reiterou o entendimento, o qual deverá ser aplicado ao sistema do Juizado Especial, por ausência de disposição a respeito.

A correção monetária no âmbito da repetição do indébito tributário incide a partir do pagamento indevido, nos moldes da Súmula 162 do STJ, o que se justifica pelo fato de a depreciação do poder aquisitivo da moeda impactar o prejudicado desde o momento do recolhimento.

Já nas causas não tributárias, observar-se-á se a condenação decorrerá de responsabilidade civil contratual ou legal (a contar da propositura da ação) ou, ainda, da responsabilidade civil extracontratual, ou aquiliana (a contar da data do arbitramento – Súmula 362 do STJ).

O juros de mora poderão incidir a partir da citação, eis que neste momento foi constituído em mora (artigo 240 CPC/2015 – artigo 219 do CPC/73) ou, a responsabilidade civil aquiliana, da data do evento danoso (Súmula 54 do STJ).

5
EXECUÇÃO NOS JUIZADOS ESPECIAIS DA FAZENDA PÚBLICA

5.1 INTRODUÇÃO

A execução de débitos no processo civil, de início, somente poderia ser processada por meio de ação própria, independentemente se decorrente de título executivo judicial, em apenso aos autos principais, ou de título executivo extrajudicial, de distribuição livre.

A inserção da execução de sentença dentro dos autos de um mesmo processo pelo artigo 52, IV da Lei nº 9.099/95 inaugurou, no ordenamento processual civil de rito sumaríssimo, a tendência de adoção do processo sincrético, como mera fase de cumprimento de sentença, prestigiando-se, assim, os princípios da economia processual e celeridade.

A Lei nº 9.099, de 1995 previu as duas hipóteses, encontrando-se a fase de execução no artigo 52 e a execução de título executivo extrajudicial no artigo 53, ambos do referido diploma legal.

A primeira oportunidade em que houve menção expressa na Lei nº 9.099/95 de aplicação subsidiária do CPC foi na execução, tanto para a fase de execução de sentença quanto para as execuções de títulos extrajudiciais:

> Art. 52. A execução da sentença processar-se-á no próprio Juizado, **aplicando-se, no que couber, o disposto no Código de Processo Civil, com as seguintes alterações**:
>
> Art. 53. A execução de título executivo extrajudicial, no valor de até quarenta salários mínimos, obedecerá ao disposto no Código de Processo Civil, com as modificações introduzidas por esta Lei.

A fase de cumprimento de sentença foi prevista, ainda, pela Lei dos Juizados Especiais Federais, no seu artigo 16 (Lei nº 10.259, de 2001), destinado à Fazenda Pública Federal.

Após certo período de vigência exitosa das mencionadas Leis dos Juizados Especiais, no ano de 2005 o Código de Processo Civil de 1973 passou por diversas alterações, dentre elas, as introduzidas pela Lei nº 11.232/2005, destacando-se a adesão ao sincretismo processual, o qual se desenvolveu de maneira gradativa.

Passou-se a dispor para o processo civil comum acerca do cumprimento de sentença, nos próprios autos em que fora proferida, consoante artigo 475-I e seguintes do CPC/1973.

Contudo, estas modificações não atingiram, neste momento inicial, as execuções em face da Fazenda Pública e de execuções de alimentos da Justiça Comum, as quais exigiam ação executiva própria.

No ano de 2009, a Lei nº 12.153 previu a fase de cumprimento de sentença também para matéria fazendária estadual, municipal e distrital, aos Juizados Especiais da Fazenda Pública.

A celeridade e facilidade inerentes ao processo sincrético fizeram com que alguns magistrados, em que pese ausente de previsão legal expressa, passassem a adotar na prática a execução do título judicial como mera fase processual também para os feitos fazendários, para todas as três esferas federativas da justiça comum, além das ações alimentícias que tramitassem pelas vias ordinárias.

A mencionada Lei dos Juizados fazendários trouxe, contudo, apenas dois artigos relativos ao cumprimento de sentença (artigos 12 e 13 da lei nº 12.153/2009), fazendo referência à execução somente em dois parágrafos que se referem aos requisitos relativos aos valores para expedição de RPV (requisição de pequeno valor) ou de precatório.

As poucas disposições legais ensejaram interpretações e condutas diferenciadas pelas partes, procuradores, advogados, defensores e magistrados em todo o país a respeito das possibilidades, formas e ritos de execução de débitos fazendários perante os Juizados Especiais da Fazenda Pública.

O silêncio de demais regras específicas sobre execução pela Lei dos Juizados da Fazenda Pública fez com que buscássemos orientações primeiramente na Lei nº 9.099/95, especial de regras gerais para o sistema dos Juizados Especiais e, em seguida, no Código e Processo Civil, de aplicação expressamente subsidiária, no que couber.

Acerca do Código de Processo Civil de 2015, que revogou o CPC/1973, passando agora as execuções de títulos judiciais em face da Fazenda Pública a tramitarem nos mesmos autos do processo de conhecimento (artigo 535 do CPC/2015).

Aceito integralmente o processo sincrético pelo CPC/2015, inclusive em face da Fazenda Pública e para execução de alimentos, deve-se passar adiante à análise acerca do rito de execução de títulos judiciais e extrajudiciais perante os Juizados Especiais da Fazenda Pública.

5.2 CUMPRIMENTO DE SENTENÇA – EXECUÇÃO DE TÍTULO JUDICIAL - SENTENÇA PROFERIDA NOS PRÓPRIOS AUTOS EM TRÂMITE PERANTE OS JUIZADOS ESPECIAIS DA FAZENDA PÚBLICA

5.2.1 Introdução

Apesar dos anos já decorridos da vigência da Lei nº 12.153/09, ainda não há entendimento assentado sobre o rito a ser seguido quando se trata de execução contra a Fazenda Pública em sede dos Juizados Especiais.

Assim, a fim de possibilitar a segurança jurídica, delinear um rito específico para a execução contra a Fazenda Pública nos Juizados Especiais faz-se necessário.

O artigo 1º da Lei 12.153/2009 aceita a execução nos Juizados Especiais, sem distinguir se apenas de títulos judiciais ou extrajudiciais, ao assim dispor:

> Art. 1º Os Juizados Especiais da Fazenda Pública, órgãos da justiça comum e integrantes do Sistema dos Juizados Especiais, serão criados pela União, no Distrito Federal e nos Territórios, e pelos Estados, para conciliação, processo, julgamento e execução, nas causas de sua competência.

Consoante o que restou determinado pelos artigos 52 e 53 da Lei nº 9.099/95, aplicar-se-à à execução nos Juizados Especiais o Código de Processo Civil apenas no que couber e com o respeito às alterações introduzidas pelas leis especiais.

De leitura atenta e harmônica dos artigos de lei mencionados, conclui-se que a execução nos Juizados Especiais da Fazenda Púbilca, portanto, possuirá um rito composto por pelo menos três leis distintas (Lei nº 9099/95, Lei nº 12.153/2009 e CPC/2015.

5.2.2 Formação do rito do cumprimento de sentença em face da Fazenda Pública no Juizado Especial

Nos termos do *caput* do artigo 52 da Lei nº 9.099/95, a fase de cumprimento de sentença nos Juizados da Fazenda Pública, baseada em título judicial obtido em de processo de conhecimento prévio que tramitou perante o próprio Juizado, refere-se apenas a uma fase do procedimento sumaríssimo sincrético. O rito de cumprimento de sentença nos Juizados da Fazenda Pública observará, pois, as regras trazidas pela Lei nº 12.153/2009 (artigos 12 e 13), adequando-se, ainda, ao que dispuser a Lei nº 9.099/95, de regras gerais para o sistema dos Juizados Especiais, além do Código de Processo Civil, no que se apresentar compatível.

A Lei nº 12.153/2009 somente dispôs para o cumprimento da sentença nos Juizados Especiais da Fazenda Pública o seguinte:

> Art. 12. O cumprimento do acordo ou da sentença, com trânsito em julgado, que imponham obrigação de fazer, não fazer ou entrega de coisa certa, será efetuado mediante ofício do juiz à autoridade citada para a causa, com cópia da sentença ou do acordo.
>
> Art. 13. Tratando-se de obrigação de pagar quantia certa, após o trânsito em julgado da decisão, o pagamento será efetuado:
>
> I – no prazo máximo de 60 (sessenta) dias, contado da entrega da requisição do juiz à autoridade citada para a causa, independentemente de precatório, na hipótese do § 3º do art. 100 da Constituição Federal; ou
>
> II – mediante precatório, caso o montante da condenação exceda o valor defi-nido como obrigação de pequeno valor.
>
> § 1º Desatendida a requisição judicial, o juiz, imediatamente, determinará o sequestro do numerário suficiente ao cumprimento da decisão, dispensada a audiência da Fazenda Pública.

5.2.3 Competência

No tocante à competência para o processamento da fase de cumprimento de sentença, o § 1º do artigo 3º da Lei nº 9.099/95 delimita que "*Compete ao Juizado Especial promover a execução: I - dos seus julgados*".

O artigo 52 da Lei nº 9.099/95 orienta que a execução processar-se-á no próprio Juizado, com intimação simultânea ao vencido quando da ciência da sentença para que já seja instado a cumpri-la tão logo ocorra seu trânsito em julgado, advertindo-o dos efeitos do seu descumprimento. Em seguida, não cumprida voluntariamente a sentença transitada em julgado, e tendo havido solicitação do interessado, proceder-se-á desde logo à execução nos próprios autos da ação de conhecimento, dispensada nova citação (artigo 52, III e IV da Lei nº 9.099/95).

O artigo 516, II do CPC/2015 possui redação semelhante ao informar que o juízo competente para receber o pedido de execução será aquele que decidiu a causa no primeiro grau de jurisdição, mas abre uma exceção no seu parágrafo único[1], que não se aplicará nos Juizados Especiais. Define o CPC/2015 foro optativo ao credor o que, nos Juizados Especiais, não se aplicará à fase de cumprimento de sentença, por se tratar de expressa afronta às regras claras no sentido de que serão processadas perante o juízo sumaríssimo que proferiu a sentença (art. 3º, § 1º da Lei nº 9.099/95).

Solicitada a execução de sentença de obrigação de pagar pela parte interessada por mero requerimento, dispensa-se nova citação, bastando a intimação do ente para realizar o pagamento do valor cobrado (artigo 52, IV da Lei nº 9.099/95), por meio de requisição de pequeno valor – RPV, expedido neste ato, conforme limites previstos para os entes federados, no prazo de 60 dias ou através do precatório, superados os limites legais (artigo 13 da Lei nº 12.153/2009).

Repita-se que, antes de se adentrar na fase executiva, a intimação da sentença deverá também instar o vencido a cumpri-la tão logo ocorra o trânsito em julgado, restando advertido dos efeitos de seu descumprimento (artigo 52, III da Lei nº 9.099/95).

Traçado esse parâmetro, sugere-se, abaixo, um rito de cumprimento de sentença em sede de Juizados Especiais da Fazenda Pública, com os seguintes passos:

5.2.4 Rito da execução de título executivo judicial de obrigação de

---

1 Art. 516 CPC/2015 - Parágrafo único. Nas hipóteses dos incisos II e III, o exequente poderá optar pelo juízo do atual domicílio do executado, pelo juízo do local onde se encontrem os bens sujeitos à execução ou pelo juízo do local onde deva ser executada a obrigação de fazer ou de não fazer, casos em que a remessa dos autos do processo será solicitada ao juízo de origem.

pagar proferida (cumprimento de sentença) no Juizado Especial da Fazenda Pública:

1 Requerimento de cumprimento de sentença: - A fase de execução de título judicial em face da Fazenda Pública será iniciada a pedido do interessado, perante o Juizado Especial que proferiu a sentença, nos termos dos artigos 3º, § 1º, I c/c 52, IV da Lei nº 9099/95. A parte exequente deverá apresentar, neste momento, os cálculos dos valores do débito exequendo.

2 Início da execução: - Recebido o pedido de cumprimento de sentença, não tendo sido cumprida voluntariamente a sentença, embora advertido o vencido quando da intimação da sentença, eis que instado a cumpri-la com o trânsito em julgado, o magistrado deverá:

2.1 – no caso de descumprimento de obrigação de fazer, não fazer ou entrega de coisa certa:

a) o juiz cominará multa diária para a hipótese de inadimplemento ou utilizará aquela já arbitrada em sentença, consideradas as condições econômicas do devedor (artigo 52, IV da Lei nº 9099/95);

b) após a definição da *astreinte* deverá oficiar à autoridade já antes citada para a causa principal na fase cognitiva, a fim de que dê cumprimento à obrigação (artigo 12 da Lei nº 12.153/2009), dispensada nova citação (artigo 52, IV, última parte da Lei nº9.099/95). Por certo que a autoridade, aqui, deverá ser lida como os governadores, prefeitos, diretores de fundações, autarquias e empresas públicas, mas, também, os seus representantes diretos para a matéria obrigacional a ser cumprida, tais como secretários e gestores administrativos, podendo-se conferir maior celeridade e eficácia ao cumprimento da pretensão executiva. Prudente, ainda, seja intimada a AGE ou a procuradoria municipal a respeito do início do cumprimento da sentença;

c) não cumprida a obrigação, mesmo após o ofício, o credor poderá requerer: - a elevação da multa; - ou a transformação da condenação em perdas e danos, passando-se para execução por quantia certa (artigo 52, V da Lei nº 9.099/95);

d) evidenciada a malícia do devedor na execução do julgado, o juiz poderá de imediato arbitrar as perdas e danos independentemente de pedido e iniciar a execução por quantia certa, acrescida da multa vencida de obrigação de dar (artigo 52, V da Lei nº 9.099/95);

e) na hipótese de não ser viável a conversão em perdas e danos da obrigação de fazer, não fazer, de natureza não obrigacional e de entregar coisa, prosseguindo-se a execução pela multa cominatória, mas ainda pendente a obrigação a ser cumprida, poderá o magistrado se valer de meios sub-rogatórios previstos no Código de Processo Civil para a busca da efetivação da tutela específica ou do resultado prático equivalente (artigos 536 a 538 do CPC/2015).

Destacam-se, dentre estas medidas:

e.1) – na obrigação de fazer, o juiz poderá determinar que outrem a cumpra, às custas do devedor (artigo 52, VI da Lei nº 9.099/95);

e.2) – o juiz poderá determinar a busca e apreensão e a remoção de pessoas e coisas, o desfazimento de obras e o impedimento de atividade nociva, podendo, caso necessário, requisitar o auxílio de força policial (artigo 536, § 1º do CPC/2015), bem como imissão na posse em favor do credor, conforme se tratar de coisa móvel ou imóvel (artigo 538 do CPC/2015) – aqui, se acresce o sequestro de verbas, por meio de Bacenjud;

e3) – condenar o executado nas penas de litigância de má-fé quando injustificadamente descumprir a ordem judicial, sem prejuízo de sua responsabilização por crime de desobediência. (artigo 536, § 3º do CPC/2015);

2.2 – no caso de obrigação de pagar quantia certa em face da Fazenda Pública, há distinção quando se trata de pequeno valor ou não, quantia esta que deverá ser definida por lei, diante dos seguintes parâmetros:

> Lei 12.153/2009
>
> Art. 13. Tratando-se de obrigação de pagar quantia certa, após o trânsito em julgado da decisão, o pagamento será efetuado:
>
> I – no prazo máximo de 60 (sessenta) dias, contado da entrega da requisição do juiz à autoridade citada para a causa, independentemente de

> precatório, na hipótese do § 3º do art. 100 da Constituição Federal; ou II – mediante precatório, caso o montante da condenação exceda o valor definido como obrigação de pequeno valor.
>
> (...)
>
> § 2º As obrigações definidas como de pequeno valor a serem pagas independentemente de precatório terão como limite o que for estabelecido na lei do respectivo ente da Federação.
>
> § 3º Até que se dê a publicação das leis de que trata o § 2º, os valores serão: I – 40 (quarenta) salários mínimos, quanto aos Estados e ao Distrito Federal;
>
> II – 30 (trinta) salários mínimos, quanto aos Municípios.

Sobre os valores limites da RPV, no Estado de Minas Gerais, a Lei nº 20.540/2012 estabelece que o valor máximo para a RPV (requisição de pequeno valor) é de 4.723,25 Unidades Fiscais do Estado de Minas Gerais (UFEMG), destacando-se que o valor da UFEMG é atualizável permanentemente, tendo em vista sofrer atualização anual, de acordo com a variação do Índice Geral de Preços - Disponibilidade Interna - IGP - DI, a Fundação Getúlio Vargas, nos termos do §4º do art. 224 da Consolidação da Legislação Tributária de Minas Gerais - Lei estadual de nº6.763/75.

No Estado de Minas Gerais, conforme artigo 25 da Lei nº 20.540/2012, o pagamento pela Fazenda Estadual poderá ser feito por meio de RPV para débitos cujo valor não ultrapasse 4.723 UFEMGs. A recentíssima Resolução nº 5.073, de 29 de dezembro de 2017, publicada no D.O.E de 30.12.2017, estabeleceu que o valor da UFEMG, para o exercício de 2018, será de R$ 3,2514, ou seja, apresentando um teto de R$ 15.356,36, a ser seguido nos Juizados Especiais fazendários, nos termos do § 2º do artigo 13 da Lei nº 12.153/2009.

Para o Município de Belo Horizonte/MG, nos termos da Lei municipal nº 9.011/2005 e da Orientação Normativa PGM nº 218/2017, estava limitada a expedição de RPV, no ano de 2017, a R$5.531,31, de 16.01.2017.

Na ausência de leis que estabeleçam estes limites, quanto aos Estados, o limite para pagamento via RPV será de 40 salários mínimos e para os Municípios, de 30 salários mínimos (§ 3º do artigo 13 da Lei nº 12.153/2009).

O rito para a execução de obrigação de pagar perante os Juizados Estaduais Fazendários seria:

2.2.1 Execução de obrigações de pequeno valor – RPV:

a) Após o trânsito em julgado, dispensa-se nova citação (artigo 52 da Lei nº 9.099/95) e deverá ser expedido de imediato pelo juiz o RPV, intimando-se no mesmo ato a autoridade que receber o requisitório para que o pague em até 60 dias, a contar da data de entrega à autoridade citada para a causa (artigo 13 da Lei nº 12.153/2009)

   (Obs: Para os que aceitam embargos à execução nos Juizados Especiais da Fazenda Pública, aqui será a oportunidade de intimar a Fazenda Pública para tanto, conforme será visto no Capítulo 5.3);

b) Não havendo o pagamento do RPV dentro dos 60 (sessenta) dias previstos em lei (artigo 13, I da Lei nº 12.153/2009), deverá ser feito de imediato o sequestro do numerário no valor corresponde, inclusive via bloqueio Bacenjud:

   > Art. 13 (...)
   >
   > § 1º Desatendida a requisição judicial, o juiz, **imediatamente, determinará** o sequestro do numerário suficiente ao cumprimento da decisão, dispensada a audiência da Fazenda Pública.

Não se trata, aqui, de mera opção ao magistrado, mas sim, de norma imperativa, razão pelo qual deverá determinar o bloqueio dos valores para cumprimento da decisão, dispensada a prévia oitiva da Fazenda Pública.

Inexiste, ainda, qualquer inconstitucionalidade na medida sub-rogatória adotada pela lei, uma vez que o 6º do artigo 100 da CRFB/88, que restringe as hipóteses de sequestro apenas quando desobedecida a ordem de pagamentos dos precatórios, não se aplicará ao RPV, eis que este sequer exige o respeito à ordem de pagamento de precatórios. É o que se pode extrair de leitura conjunta dos trechos que abaixo transcreve-se:

> Art. 100. Os pagamentos devidos pelas Fazendas Públicas Federal, Estaduais, Distrital e Municipais, em virtude de sentença judiciária, far-se-ão exclusivamente na ordem cronológica de apresentação dos **precatórios** e à conta dos créditos respectivos, proibida a designação de casos ou de pessoas nas dotações orçamentárias e nos créditos adicionais abertos para este fim. *(Redação dada pela Emenda Constitucional nº 62, de 2009). (Vide Emenda Constitucional nº 62, de 2009)*

> (...)
>
> § 3º - **O disposto no caput deste artigo relativamente à expedição de precatórios não se aplica aos pagamentos de obrigações definidas em leis como de pequeno valor que as Fazendas referidas devam fazer em virtude de sentença judicial transitada em julgado.** *(Redação dada pela Emenda Constitucional nº 62, de 2009).* § 4º Para os fins do disposto no § 3º, poderão ser fixados, por leis próprias, valores distintos às entidades de direito público, segundo as diferentes capacidades econômicas, sendo o mínimo igual ao valor do maior benefício do regime geral de previdência social. (Redação dada pela Emenda Constitucional nº 62, de 2009).
>
> § 5º É obrigatória a inclusão, no orçamento das entidades de direito público, de verba necessária ao pagamento de seus débitos, oriundos de sentenças transitadas em julgado, **constantes de precatórios judiciários apresentados até 1º de julho,** fazendo-se o pagamento até o final do exercício seguinte, quando terão seus valores atualizados monetariamente. (Redação dada pela Emenda Constitucional nº 62, de 2009).
>
> § 6º As dotações orçamentárias e os créditos abertos serão consignados diretamente ao Poder Judiciário, cabendo ao Presidente do Tribunal que proferir a decisão exequenda determinar o pagamento integral e autorizar, a requerimento do credor e **exclusivamente para os casos de preterimento de seu direito de precedência ou de não alocação orçamentária do valor necessário à satisfação do seu débito, o sequestro da quantia respectiva**. (Redação dada pela Emenda Constitucional nº 62, de 2009).

c) Não encontrado valor a ser sequestrado, o inciso VII do artigo 52 da Lei nº 9.099/95 deverá ser aplicado, o que poderá ocorrer mais comumente com fundações e empresas públicas. Assim, deverá ser feita a penhora e avaliação de bens, com possibilidade de alienação privada pelo devedor, credor ou terceira pessoa idônea, a qual se aperfeiçoará em juízo até a data fixada para a praça ou leilão.

Resta dispensada a publicação de editais quando se tratar de bens de pequeno valor (inciso VIII do artigo 52 da Lei nº 9.099/95). Este artigo não foi alterado, embora não mais possua correspondente no novo CPC/2015, eis que não repetido o parágrafo terceiro do artigo 686 do CPC/73, que definia como de pequeno valor 60 salários mínimos. Deverá portanto o magistrado definir como de pequeno valor para fins de aplicação do inciso ora em comento.

d) O devedor poderá oferecer embargos à execução, na hipótese de ser aceito pelo magistrado atuante nas demandas fazendárias.

Pela Lei dos Juizados Especiais Cíveis, efetuada a penhora, o devedor poderá opor embargos nos autos da execução.

Entretanto, a Lei dos Juizados Especiais da Fazenda Pública não previu os embargos, ensejando discussões a respeito de seu cabimento, o que será analisado adiante (Capítulo 5.3.1)

2.2.2 Execução de obrigações de pagar obrigações que superem o valor definido como obrigação de pequeno valor - precatório

a) o pagamento será efetuado mediante precatório, cientificando-se a Fazenda Pública

(Obs: Para os que aceitam embargos à execução, aqui será a oportunidade de intimar a Fazenda Pública para tanto – vide Capítulo 5.3.2 - B)

b) Deverá ser feito o despacho para fins de expedição do precatório, indentificando se a hipótese se trata de idoso, de verba alimentar, deficiente, dentre outras preferências legais, observando-se os modelos que abaixo sugerimos:

b.1 – Quando não for possível apurar prioridades de simples análise do feito:

> Vistos etc.,
>
> Considerando o disposto na Resolução n° 115, do CNJ – Conselho Nacional de Justiça; considerando, ainda, o disposto nas Portarias de n° 2440/2010, 2448/2010 e 3008/2014, **DETERMINO A INTIMAÇÃO** da(s) parte(s) credora(s) para que informe(m) se há maior(es) de 60 anos de idade, acostando cópia de documento de identidade e se há credor(es) portador(es) de doenças graves elencadas no rol do artigo 13 da Resolução n° 119/2010 do CNJ ou se o crédito se trata de verba alimentar, acostando documento oficial que comprove tal fato. Prestadas todas as informações pela parte exequente e havendo credores com prioridade, retornem-se os autos conclusos
>
> Não havendo prioridade, **EXPEÇA-SE** o(s) Ofício(s) Requisitório(s) para PRECATÓRIO, após o fornecimento das cópias, utilizando o modelo disponibilizado pelo Tribunal de Justiça, adequado às exigências previstas no artigo 5° da Resolução n° 115 do CNJ, sem que a Fazenda Pública seja intimada para informar se há débitos inscritos em dívida ativa ou não para fins de compensação, conforme julgamento pelo STF das ADI's

4357 e 4425, que declarou a inconstitucionalidade dos §9° e §10° do artigo 100 da CF/88.

P.I.

Cumpra-se.

b.2 – Quando identificadas facilmente as prioridades:

Vistos etc.,

Considerando o disposto na Resolução n° 115, do CNJ – Conselho Nacional de Justiça; considerando, ainda, o disposto nas Portarias de n° 2440/2010, 2448/2010 e 3008/2014, bem como os documentos colacionados à inicial, observa-se que o credor é maior de 60 anos, além de se tratar de verba de natureza alimentar possuindo, portanto, prioridade legal.

EXPEÇA-SE PRECATÓRIO, observando-se os requisitos da Portaria 3008/2014 do TJMG, constando-se que se trata de prioridade de pagamento por contar a credora com mais de 60 anos de idade, de verba de natureza alimentar, utilizando-se o modelo disponibilizado pelo Tribunal de Justiça, adequado às exigências previstas no artigo 5° da Resolução n° 115 do CNJ, sem que a Fazenda Pública seja intimada para informar se há débitos inscritos em dívida ativa ou não para fins de compensação, conforme julgamento pelo STF das ADI's 4357 e 4425, que declarou a inconstitucionalidade dos §9° e §10° do artigo 100 da CF/88.

P.I.

2.2.3 Observações sobre RPV e Precatórios:

Relativamente ao pagamento pela Fazenda Pública através de RPV e precatório, deverão ser observadas demais regras inseridas no artigo 13 da Lei nº 12.153/2009, abaixo transcritas:

> Art. 13 § 4º São vedados o fracionamento, a repartição ou a quebra do valor da execução, de modo que o pagamento se faça, em parte, na forma estabelecida no inciso I do **caput** e, em parte, mediante expedição de precatório, bem como a expedição de precatório complementar ou suplementar do valor pago.
>
> § 5º Se o valor da execução ultrapassar o estabelecido para pagamento independentemente do precatório, o pagamento far-se-á, sempre, por meio do precatório, **sendo facultada à parte exequente a renúncia ao crédito do valor excedente, para que possa optar pelo pagamento do saldo sem o precatório.**

> § 6º O saque do valor depositado poderá ser feito pela parte autora, pessoalmente, em qualquer agência do banco depositário, **independentemente de alvará.**
>
> § 7º O saque por meio de procurador somente poderá ser feito na agência destinatária do depósito, mediante procuração específica, com firma reconhecida, da qual constem o valor originalmente depositado e sua procedência.

Havendo condenação por quantia certa, o artigo 13 da Lei nº 12.153/09 prevê que, enquadrando-se o valor na RPV, o pagamento deverá ser efetuado em até 60 dias.

A possibilidade de expedição de RPV e bloqueio judicial do valor da condenação são umas das inovações trazidas pela Lei nº 12.153/09 a fim de agilizar o processo contra a Fazenda Pública, em regra tão moroso e cercado de regras por tratar-se de dinheiro público.

Nos termos do artigo 13, §5º, da Lei nº 12.153/09, a parte exequente pode renunciar ao valor que ultrapasse o previsto para a RPV, para que possa receber através da requisição de pequeno valor.

Em caso de execução de valor superior, o pagamento deverá ser efetuado através de precatório, não sendo possível cindir parte do valor para RPV e o restante para precatório (§ 4º).

Destaque-se que não havendo lei municipal ou estadual que estabeleça o valor máximo do RPV, deverá ser observada a regra contida no artigo 13, §3º, II, da Lei nº 12.153/09, ou seja, considerar-se-á como limite máximo o valor de 30 (trinta) salários mínimos.

Diante, pois, das poucas disposições a respeito do cumprimento de obrigação de pagar advinda de sentença, inúmeras dúvidas sobre demais particularidades do rito sumaríssimo executivo sincrético em face da Fazenda Pública surgiram.

O primeiro questionamento nasceu quanto à possibilidade ou não de defesa, pela Fazenda Pública executada, através de embargos à execução, antes que se proceda ao sequestro da verba referente ao descumprimento o requisitório ou antes que se registre o precatório para pagamento.

5.3 EMBARGOS À EXECUÇÃO

5.3.1 Introdução

Inicialmente, importante falar acerca dos dois regramentos sobre os Embargos à Execução nos Juizados Especiais, extraídos das leis especiais de regência do sistema sumaríssimo.

O primeiro, previsto no artigo 52, IX da Lei nº 9.099/95, pode ser apresentado durante fase de execução de sentença do processo sincrético, em semelhança à atual impugnação ao cumprimento de se sentença.

> Art. 52. A execução da sentença processar-se-á no próprio Juizado, **aplicando-se, <u>no que couber</u>, o disposto no Código de Processo Civil, com as seguintes alterações**:
>
> (...)
>
> IX - o devedor poderá oferecer embargos, nos autos da execução, versando sobre:
>
> a) falta ou nulidade da citação no processo, se ele correu à revelia;
>
> b) manifesto excesso de execução;
>
> c) erro de cálculo;
>
> d) causa impeditiva, modificativa ou extintiva da obrigação, superveniente à sentença.

O *caput* do artigo 52 da mencionada lei especial estabelece, sem aberturas, que o CPC deverá ser aplicado à execução de título executivo extrajudicial, mas apenas no que couber, eis que dever-se-á seguir as alterações dispostas nos seus incisos, dentre elas, o cabimento de embargos à execução.

O artigo 53 da Lei nº 9.099/95, também de aplicação aos Juizados Especiais Cíveis e da Fazenda Pública nos traz a segunda hipótese de incidência dos embargos do devedor nos Juizados Especiais, agora para ação própria de execução de títulos executivos extrajudiciais, senão vejamos:

> Art. 53. A execução de título executivo extrajudicial, no valor de até quarenta salários mínimos, **obedecerá ao disposto no Código de Processo Civil, com as modificações introduzidas por esta Lei.**

Para a execução extrajudicial, a Lei especial, mas de normas gerais para os Juizados Especiais, determina a aplicação direta do CPC, com as adaptações que sejam necessárias diante das modificações introduzidas pelas leis especiais.

Nos Juizados Especiais fazendários, torna-se cabível, portanto, em nosso entendimento, a oposição de embargos à execução extrajudicial pela Fazenda Pública, que são compatíveis com o rito sumaríssimo e afetos à matéria específica, conforme estabelecido no artigo 910 do CPC. Não se pode esquecer que este artigo remete à incidência, do que couber, ao disposto no artigo 100 da CRFB/88 sobre requisições de pequeno valor – RPV e precatórios (§ 1º), além dos artigos 534 e 535 do CPC/2015 (§ 3º), que estabelecem normas para as execuções em geral, retiradas do tema da impugnação ao cumprimento de sentença.

Aliados a estes artigos, há ainda nos Juizados Especiais da Fazenda Pública, para ambas as espécies de execução (de título judicial ou extrajudicial), conforme parte final do *caput* dos artigos 52 e 53 da Lei nº 9.099/95 acima referidos, a incidência dos artigos 12 e 13 da Lei nº 12.153/2009, que apresentam modificações a serem consideradas:

> Art. 12. O cumprimento do acordo ou da sentença, com trânsito em julgado, que imponham obrigação de fazer, não fazer ou entrega de coisa certa, será efetuado mediante ofício do juiz à autoridade citada para a causa, com cópia da sentença ou do acordo.
>
> Art. 13. Tratando-se de obrigação de pagar quantia certa, após o trânsito em julgado da decisão, **o pagamento <u>será</u> efetuado**:
>
> I – no prazo máximo de 60 (sessenta) dias, contado da entrega da requisição do juiz à autoridade citada para a causa, independentemente de precatório, na hipótese do § 3º do art. 100 da Constituição Federal; ou
>
> II – mediante precatório, caso o montante da condenação exceda o valor definido como obrigação de pequeno valor.
>
> § 1º Desatendida a requisição judicial, o juiz, imediatamente, determinará o sequestro do numerário suficiente ao cumprimento da decisão, dispensada a audiência da Fazenda Pública.

De simples leitura do *caput* do artigo 13 da Lei nº 12.153/2009, redigido no imperativo e que menciona apenas que, "*tratando-se de obrigação de pagar quantia certa,* ***após o trânsito em julgado da decisão****, o pagamento* ***<u>será efetuado</u>****: (...)*" pela Fazenda Pública via RPV ou Precatório, a depender do limite de valor estabelecido pelo ente público, parte da doutrina se atrelou à literalidade do texto, devendo os magistrados então apenas seguirem o disposto nos incisos do mencionado artigo.

Neste cenário, surgiram duas correntes, uma no sentido de não haver espaços para a apresentação de embargos à execução de sentença nos Juizados Especiais da Fazenda Pública, bem como não ser cabível a execução de título executivo extrajudicial, por absoluta ausência de previsão legal.

A ausência de leis aglomeradas em único regramento, acerca da possibilidade de defesas pela Fazenda Pública nas execuções judiciais e extrajudiciais enseja muitas dúvidas, inclusive sobre os respectivos cabimentos, conforme capítulos a seguir.

5.3.2 Cabimento dos embargos executivos no cumprimento de sentenças dos Juizados Especiais da Fazenda Pública – grande divergência

Relativamente às execuções de título executivo judicial, a aplicação *ipsis literis* do *caput* dos artigos 12 e 13 da Lei nº 12.153/2009, que somente mencionaram a fase de cumprimento de sentença de "*obrigação de pagar quantia certa, **após o trânsito em julgado da decisão***", uma primeira linha de entendimento nasceu no sentido de que não seria cabível a oposição de embargos à execução da sentença perante os Juizados Especiais da Fazenda Pública, por carência de espaço procedimental para tanto.

Em tese, a fase de cumprimento da sentença de obrigação de pagar comportaria, tão somente, a expedição de RPV a ser pago no prazo de 60 dias ou de precatório, havendo, para o primeiro, bloqueio via Bacenjud quando não pago o valor.

Para essa corrente, ainda forte nos Juizados Especiais Fazendários, além da incompatibilidade do rito dos embargos executivos com o previsto pelos artigos 12 e 13 da Lei nº 12.153/2009, as matérias atinentes a excesso de execução e erro de cálculo, por exemplo, deveriam ser objetos de recurso inominado quando da prolação da sentença, que será líquida. Caso os motivos da impugnação apareçam apenas na fase de execução, deveriam ser analisados independentemente de embargos. A mera atualização monetária e incidência de juros de mora, nos termos da sentença passível de recurso, não justificaria os embargos.

Foi essa a tese adotada pelos Juizados Especiais Federais:

> Enunciado nº. 13 FONAJEF - **Não são admissíveis embargos de execução nos Juizados Especiais Federais**, devendo as impugnações do devedor ser examinadas independentemente de qualquer incidente.

Entretanto, há uma segunda corrente, crescente e que defende a possibilidade de apresentação dos embargos pelo devedor na fase de cumprimento de sentença pela Fazenda Pública, a qual reputamos constitucionalmente mais adequada, defendida, portanto, pela magistrada autora desde o início de sua atuação nos Juizados Especiais fazendários no ano de 2015.

Fundamenta-se que, em observância constitucional, no sentido de que *"aos litigantes, em processo judicial ou administrativo, e aos acusados em geral **são assegurados o contraditório e ampla defesa, com os meios e recursos a ela inerentes**"* (artigo 5º, LV da CRFB/88), a Lei nº 9.099/95, de regência ao sistema dos Juizados Especiais como um todo, do qual os Juizados da Fazenda Pública fazem parte (artigo 1º da Lei nº 12.153/2009), prevê expressamente a possibilidade de oposição de embargos à execução de título judicial no seu artigo 52, IX, sendo que o artigo 27 da Lei nº 12.153/2009 determina a aplicação subsidiária, mas direta, da Lei nº 9.099/95, na ausência de previsão procedimental e quando compatíveis as leis especiais entre si, o que ocorre na hipótese.

Inicialmente, observe-se que o *caput* do artigo 12 nada falou a respeito do prosseguimento da execução de obrigação de fazer, não fazer, entrega de coisa certa, após expedição de ofício à autoridade fazendária, deixando abertura para preenchimento do rito com as demais normas especiais, o que deve se estender às obrigações de pagar, sob pena de violação ao princípio da isonomia.

Citem-se situações de fatos supervenientes à sentença a serem alegadas pela Fazenda Pública, como causas impeditivas, modificativas ou extintivas da obrigação, dentre elas eventual extinção da obrigação, que serão de interesse para defesa na execução da sentença.

Relativamente às obrigações de pagar, por exemplo, poderão haver alegações pela Fazenda Pública, surgidas apenas em fase de execução e não pertinentes à sentença, sobre a enorme discussão que pairou por anos e anos acerca dos índices de correção monetária e juros de mora em face da Fazenda Pública, incidentes apenas para corrigir valores devidos na expedição do RPV e do Precatório, já na fase executiva, conforme AADDII nº 4.357 e 4.425 pelo STF, sobre a inconstitucionalidade parcial do artigo 1-F da Lei nº 9494/97 (vide Capítulo 4.15).

Para a primeira tese, aqui refutada, as decisões do magistrado acerca de erros de cálculos e excessos de execução não desafiariam recursos, eis que não previstos para a hipótese. Com a devida vênia, este entendimento confrontaria com a intenção da lei dos Juizados Especiais como um todo, eis que foi permitida expressamente a oposição de embargos pelo devedor nas fases de execução de sentença nos Juizados Especiais (artigo 52, IX da Lei nº 9.099/95), embargos estes que se resumem em fase cognitiva dentro da fase executiva, concluída através de prolação de sentença e que desafia, por certo, recurso inominado, a garantir o duplo grau de jurisdição.

Através dos embargos à execução, mesmo na fase de cumprimento de sentença, viabiliza-se a ampla defesa, a ensejar prolação de decisão de mérito que desafie recurso inominado, em prestígio ao duplo grau de jurisdição.

5.3.3 Pertinência dos embargos do devedor e das execuções extrajudiciais nos Juizados Especiais da Fazenda Pública

Quanto aos embargos à execução de títulos executivos extrajudiciais, inconteste o cabimento para os Juizados Cíveis, conforme prevê o artigo 53 da Lei nº 9.099/95, que determina a aplicação do CPC, com as modificações trazidas pela lei especial.

Há, todavia, questionamento quando à pertinência das execuções extrajudiciais nos Juizados Especiais fazendários, que perpassa, primeiramente, pela aceitação ou não da possibilidade de propositura de ações executivas contra a Fazenda Pública perante rito sumaríssimo, divergências estas que exsurgem, mais uma vez, da leitura literal e independente dos artigos 12 e 13 da Lei nº 12.153/2009.

Para uma primeira linha de entendimento, os mencionados artigos somente teriam estabelecido para o procedimento especial da Fazenda Pública a possibilidade de fase cumprimento de sentença, seja para as obrigações de fazer, não fazer e entregar coisa certa, seja para a "*obrigação de pagar quantia* *certa, **após o trânsito em julgado da decisão***". Complementam os adeptos desta corrente que o rito das execuções seria, também, incompatível com aquele estabelecido pela Lei nº 12.153/2009.

Entretanto, para uma segunda corrente de pensadores e atuantes nos Juizados fazendários, adotada por estas que vos falam quando em atuação prática, poderá haver sim a propositura de ações executivas perante os Juizados Especiais.

A tese defendida, de aceitação da propositura de ações de execução de título executivo extrajudicial contra a Fazenda Pública nos Juizados Especiais alicerça-se, inicialmente, na leitura atenta do *caput* do artigo 1º da Lei nº 12.153/2009.

Prevê este artigo que os Juizados Especiais da Fazenda Pública, **integrantes do sistema dos Juizados Especiais**, foram criados no âmbito dos Estados "*para conciliação, processo, julgamento **e execução, nas causas de sua competência***".

O mencionado artigo 1º da Lei nº 12.153/2009 deixou de limitar a natureza das execuções mencionadas, não especificando que deveriam ser apenas as de títulos executivos judiciais. Somente delimita devam as execuções se referirem a causas de sua competência, ou seja, que se amoldem aos demais requisitos da Lei nº 12.153/2009, tais como limites de valores de causas, natureza das partes envolvidas.

Destaca-se, que exatamente em respeito à amplitude das execuções que o *caput* do artigo 1º poderia ensejar, o § 1

º do artigo 2º da Lei nº 12.153/2009 veio afastar da competência dos Juizados Especiais da Fazenda Pública apenas as execuções fiscais. Nada restringiu o legislador nesta oportunidade acerca das ações executivas que pudessem ser propostas contra a Fazenda Pública dos Estados, Distrito Federal, Territórios e Municípios, suas autarquias, fundações e empresas públicas.

Em outro norte, aliando-se a tais considerações, verifica-se que o *caput* do artigo 1º dispõe que os Juizados Especiais da Fazenda Pública deverão seguir o contexto do sistema sumaríssimo já existente, estabelecendo em seu artigo 27, para tanto, a aplicação da lei especial, mas que apresenta regras gerais para o rito especial, qual seja, a Lei nº 9.099/95.

Nada tendo sido previsto, portanto, para o rito das execuções extrajudiciais perante a Lei nº 12.153/2009, incidirá o artigo 53 da Lei nº 9.099/95, que remete à aplicação direta do procedimento do CPC, respeitadas as modificações especiais previstas no sistema sumaríssimo.

Acerca das execuções contra a Fazenda Pública, de causas inferiores a 60 salários mínimos, por expressa determinação legal, serão aplicáveis, para a formação do rito sumaríssimo executivo fazendário, em total harmonia, os artigos 910 do Código de Processo Civil c/c os artigos 100 da CRFB/88 e artigos 534 e 535 também do CPC/2015

Por tais considerações, partindo-se da premissa que as execuções de títulos extrajudiciais são possíveis em face da Fazenda Pública, por consequência lógica deverão ser aceitas as oposições de embargos do devedor, eis que são instrumentos hábeis para a defesa na ação executiva e deverão seguir, portanto, a legislação própria ora apontada e integrada.

5.3.4 Processamento dos Embargos à Execução nos Juizados Especiais Cíveis e da Fazenda Pública

A - Impugnação ao cumprimento de sentença do CPC/2015 X Embargos à Execução nos Juizados Especiais Cíveis e da Fazenda Pública

Conquanto o sequestro de verbas decorrente do não pagamento do RPV possa ser realizado *inaudita altera pars*, nos termos do artigo 13 da Lei nº 12.153/2009, não possibilitar à executada, no caso Fazenda Pública, de se defender sobre a execução iniciada com a expedição de RPV seria ferir os princípios constitucionais do contraditório e da ampla defesa. O mesmo vale para os precatórios judiciais.

Destaque-se que, não obstante o dever de pagar esteja estabelecido em sentença, a Fazenda Pública poderá discordar dos cálculos apresentados pela exequente ou alegar outras formas de extinção da obrigação posteriores à sentença, o que justificaria a apresentação de defesa pelo devedor, permitida expressamente pelo artigo 52, IX da Lei nº 9.099/95 como norma geral para o sistema dos Juizados Especiais.

Dentre aqueles juristas que aceitam a oposição executiva pelo devedor nos Juizados Especiais da Fazenda Pública, há divergências no tocante ao seu modo de processamento: se deverá seguir como impugnação ao cumprimento da sentença, nos termos do CPC/2015, ou através de embargos à execução, consoante Lei nº 9.099/95.

A escolha por um ou outro procedimento em fase de execução no processo sincrético se reveste de suma importância, seja em virtude da definição de qual rito será seguido, seja no tocante à natureza da decisão final proferida e do recurso em face dela cabível nos Juizados Especiais Cíveis e da Fazenda Pública.

Para uma primeira corrente, a Lei nº 9.099/95 teria sido elaborada quando ainda não era prevista a impugnação ao cumprimento da sentença pelo código processual geral, razão pela qual deverá haver a adaptação respectiva da aplicação das leis especiais e o CPC, a fim de se atualizar a aplicação da lei ao sistema então vigente, prevalecendo-se as regras do CPC.

Destarte, caberia, para esta tese, a impugnação ao cumprimento de sentença que, com efeito, apresenta ritualística distinta dos embargos do devedor.

Em contrapartida, há juristas, a nosso entender mais acertados, que defendem sejam as defesas executivas verdadeiros embargos à execução, com todas as suas nuances. Não teria havido, para esta linha, qualquer alteração legislativa especial a respeito, embora tenha sido a Lei nº 9.099/95 por várias vezes alterada, até mesmo pelas recentes modificações trazidas pelos CPC/2015, em sua parte final, que em nada dispôs a respeito.

Neste sentido, leciona Fellipe Borring Rocha, quando expõe que:

> Apesar da referência aos embargos no CPC, com a entrada em vigor da Lei nº 11.232/95, passar a ser feito pelo artigo 745, entendemos que a regulamentação dos "embargos" nos Juizados Especiais deve ser conduzida pelo art.475-L. **Em primeiro lugar, como já salientado, o procedimento do CPC é subordinante às normas da Lei n.º9.099/95. Neste sentido, o caput do art.52 da Lei n.º9.099/95 é claro ao dispor que a execução da sentença segue o disposto no CPC, com as alterações que a própria Lei prevê naquele artigo. Assim, a impugnação** prevista no artigo 475-L, nos Juizados Especiais, **tem o nome de "embargos" e segue a estrutura introduzida pela Lei n.º11.232/05, no que couber.** [2]

Segue esta última corrente, a rigor, o que restou previsto no *caput* do artigo 52 da Lei nº 9.099/95, o qual deixou claro que as regras apresentadas pela

---

2 ROCHA, Felippe Borring. *Nova Sistemática do CPC e os juizados especiais cíveis.* Jus Navegandi. Teresina, ano 11, n.1.199, Disponível em – http//jus.uol.br/revista/texto/9026/ novasistemática-executiva-di-cpc-e-os-juizados-especiais-civeis) Acesso em 10.02.2014..

lei especial para a execução de título judicial deverão ser aplicadas, somente buscando o CPC no que couber e restar omisso, para se definir o processamento respectivo.

Não houve, pois, revogação expressa do artigo 52, IX da Lei nº 9.099/95, nem declaração de nulidade da norma por inconstitucionalidade ou mesmo norma contrária pela Lei nº 12.153/2009, encontrando-se, portanto, em pleno vigor a previsão normativa especial de cabimento de embargos executivos na fase de cumprimento de sentença nos Juizados Especiais.

Não há que se falar, portanto, em revogação tácita pelo novo Código de Processo Civil de 2015, incabível na hipótese em razão do princípio da especialidade das normas, uma vez que a Lei especial somente poderá ser alterada por outra de mesma natureza especial, prevalecendo sobre a regra geral.

Assim, desconsiderar simplesmente o texto da Lei especial seria revogar sem o amparo legal devido a norma prevista que define os embargos à execução como meios de impugnação ao cumprimento de sentença em processo sincrético perante os Juizados Especiais Cíveis e da Fazenda Pública.

Por essa razão, a impugnação à execução trazida pela Lei nº 11.232/95 e ratificada pelo artigo 525 do CPC/2015, inclusive para a Fazenda Pública através do artigo 535 do CPC/2015, não se aplicará aos Juizados Especiais Cíveis de toda natureza, salvo no que restar compatível, a preencher lacunas, conforme orienta o caput do artigo 52 da Lei nº 9.099/95.

Erick Cavalcanti Linhares Lima, com muita precisão, comentou, em artigo jurídico publicado na internet, em janeiro de 2008, que:

> A Lei 11.232 alterou profundamente a execução por título judicial no processo civil comum. Dentre outras medidas, aboliu os embargos executivos, substituindo-os pela impugnação (CPC, art. 475-J, §1º). **Entretanto, não se podem compatibilizar essas normas com os Juizados Especiais. A Lei 9.099 tem menção expressa aos embargos à execução de sentença (art. 52, IX), e, por isso, não há como transformá-los em impugnação, ou seja, não se pode aplicar subsidiariamente o Código de Processo Civil.**[3]

Apenas a título de esclarecimentos, embora se trate expressamente de cumprimento de sentença no artigo 12 da Lei nº 12.153/2009, o sistema dos

3 https://jus.com.br/artigos/9040/a-execucao-nos-juizados-especiais-e-as-alteracoes-do-codigo-de-processo-civil

Juizados, como alteração da lei especial a ser respeitada (*caput* do artigo 52 da Lei nº 9099/95), previu apenas os embargos do devedor como a forma de impugnação ao cumprimento da sentença nos Juizados.

Deverá ser, em nosso parecer, denominada e entendida a defesa executiva na fase de cumprimento de sentença nos Juizados Especiais, Cíveis e da Fazenda Pública, como embargos à execução, em respeito ao princípio da especialidade, ainda que se aplique o CPC/2015 para as demais normas gerais a complementarem os dispositivos das leis de rito sumaríssimo.

Em que pese a impugnação ao cumprimento de sentença tenha certas semelhanças com os embargos do devedor previstos na Lei nº 9.099/95, não se pode confundi-los.

Os embargos à execução se amoldam a um incidente cognitivo, dentro da fase de execução, com início e fim, embora nos mesmos autos do processo sincrético, com a finalidade de viabilizar o exercício do direito de defesa pelo devedor, exigindo-se decisão final com natureza de sentença a encerrá-lo, passível de recurso inominado.

Já a impugnação ao cumprimento de sentença pela Fazenda Pública no rito processualístico comum, em que pese da mesma maneira tramite durante o curso da fase de execução, dentro dos autos do processo sincrético, terá prazos e trâmite diferenciados, sendo finalizada por meio de decisão interlocutória, a desafiar agravo de instrumento, nos termos do parágrafo único do artigo 1.015 do CPC/2015, recurso este não previsto na sistemática geral dos Juizados Especiais.

Para os Juizados especiais fazendários há ainda maior morosidade se aplicado na íntegra o rito do cumprimento de sentença contra a Fazenda Pública (artigos 534 e 535 do CPC/2015). Isto, pois a intimação para a oposição de impugnação executiva deverá conferir à Fazenda Pública o prazo de 30 dias, agora úteis, somente sendo possível a expedição de mandado requisitório se não impugnada a execução ou caso rejeitadas as arguições da Fazenda Pública executada (§ 3º e caput do artigo 535 do CPC/2015).

Assim, apenas após a preclusão da decisão proferida na impugnação, o que dependerá da interposição ou não de agravo de instrumento, poderá haver a expedição do RPV ou do Precatório, para somente depois correr o prazo de 60 dias para o efetivo pagamento.

O rito estabelecido na impugnação ao cumprimento de sentença pelo CPC/2015 contraria o que determina o artigo 13 da Lei nº 12.153/2009, ao exigir a expedição imediata do requisitório assim que transitar em julgado a sentença, sendo certo que a defesa executiva, garantida constitucionalmente ao devedor perante o Juizado da Fazenda Pública, não poderá se dar de modo a ignorar a determinação legal, devendo com ela se alinhar e harmonizar, para fins de ser mantido hígido o rito célere e a economia processual.

Destacam-se, ainda, as distinções no tocante ao rol de matérias que podem ser alegadas pelo devedor nos embargos à execução de sentença, em sede dos Juizados Especiais, menor do que o instituído para a interposição de impugnação e de acordo com o rito célere, notadamente porque se trata de processo judicial com fase de cognição exauriente devidamente processada e encerrada.

Nos termos do artigo 52, IX, da Lei nº 9.099/95, o devedor poderá oferecer embargos, nos autos da execução, versando sobre: "*a) falta ou nulidade da citação no processo, se ele correu à revelia; b) manifesto excesso de execução; c) erro de cálculo; d)causa impeditiva, modificativa ou extintiva da obrigação, superveniente à sentença*", possibilidades vinculativas estas menores do que as previstas para a Justiça comum, nos artigos 525, § 1º e 535 do CPC/2015, motivo pelo qual, conquanto guardem determinadas semelhanças, os embargos executivos nos Juizados Especiais e a impugnação ao cumprimento de sentença não se misturam.

Ao delimitar a matéria que poderia ser alegada pelo devedor em sede de embargos, o legislador visou a efetividade dos preceitos da Lei nº 9.099/95 e motivos que levaram à criação dos Juizados Especiais Cíveis, a fim de que não houvesse a protelação no cumprimento da sentença.

Neste sentido, Marisa Ferreira Santos e Ricardo Cunha Chimenti, lecionam:

> **Ao fixar de forma taxativa quais as matérias podem ser objeto de debate em embargos à execução fundada em título judicial, a Lei n.9099/95** visou tão somente impedir a eternização dos litígios e prestigiar a coisa julgada sem qualquer prejuízo ao princípio da ampla defesa. [4]

---

4 SANTOS, Marisa Ferreira. CHIMENTI, Ricardo Cunha. *Juizados Especiais Cíveis e Criminais Federais e Estaduais.* Sinopses Jurídicas.. São Paulo: Saraiva, 2011, v. 15. Tomo II. 9 ed, pag. 195.

Contudo, em sede de embargos do devedor nos Juizados Especiais, além das matérias definidas no artigo 52, IX da Lei nº 9.099/95, há muito já se aceitava a apresentação de todas as matérias de ordem pública na defesa executiva, podendo ser inclusive alegadas a qualquer tempo por meio de exceção de pre-executividade.

Outra diferença entre a impugnação e os embargos à execução está no tocante à exigibilidade de garantia do juízo prévio.

Nos termos do Código de Processo Civil de 2015, dispensa-se a penhora prévia ou outra forma de garantia para que o devedor impugne o cumprimento da sentença. Contudo, nos Juizados Especiais Cíveis há a respetiva exigência, conforme Enunciados 117 e 104 do FONAJE, *in verbis*:

> Enunciado 117 - É obrigatória a segurança do juízo pela penhora para apresentação de embargos à execução de **título judicial** ou extrajudicial perante o Juizado Especial. (Aprovado no XXI Encontro - Vitória/ES)
>
> Enunciado 104 - Na execução por título judicial o prazo para oferecimento de embargos será de quinze dias e **fluirá da intimação da penhora,** sendo o recurso cabível o inominado (aprovado no XIX Encontro - Aracaju/SE)

Quanto à prévia garantia do juízo para oposição de embargos do devedor na fase inicial de execução de sentença de obrigação de pagar, imprescindível esclarecer que os Juizados Cíveis diferem dos Juizados da Fazenda Pública.

Isto, pois normatização contida no artigo 13 e seus incisos da Lei nº 12.153/2009, que determinam a imediata expedição de RPV ou precatório ao principiar a fase executiva, demonstra a inexistência de espaço para a realização de garantia do juízo pela executada Fazenda Pública, eis que incompatíveis as sistemáticas executivas.

Frise-se que nenhum dos artigos do CPC/2015 (artigos 534, 535 e 910) há exigência de garantia do juízo pela Fazenda Pública como condição para embargar a execução.

Desta maneira, a expedição do mandado requisitório e a intimação da Fazenda Pública para seu respectivo pagamento e oposição de embargos à execução ocorrerão independentemente de penhora.

Com estas considerações e, atenta aos princípios do contraditório e da ampla defesa, e por haver total compatibilidade entre os embargos à execução e a Lei nº 12.153/2009, que foi silente a respeito, são plenamente aplicáveis aos Juizados Especiais da Fazenda Pública.

Destaque-se que o posicionamento acima adotado revela-se crucial para que não haja a desnaturação dos preceitos estabelecidos pelo Sistema dos Juizados Especiais, uma vez que trocar os embargos à execução pela impugnação significa trazer maior morosidade ao cumprimento da sentença.

B - Momento e procedimento dos embargos à execução nos Juizados Especiais da Fazenda Pública.

Definida a premissa de que são cabíveis as execuções de títulos judiciais e extrajudiciais nos Juizados Especiais, Cíveis e da Fazenda Pública, deverá haver a junção dos artigos 52 e 53 da Lei nº 9.099/95 c/c artigos 12 e 13 da Lei nº 12.153/2009 c/c CPC/2015, para se delinear, com maior precisão e a fim de se conferir uma maior tranquilidade cotidiana, o rito executivo a abarcar os embargos do devedor, mediante aplicação prática e integrada os diplomas processuais envolvidos nas execuções.

B.1 - Juízo competente e forma de processamento:

A Lei nº 9.099/95 há muito adotou o processo sincrético em sede de Juizados Especiais.

Relativamente às execuções de sentenças, considerando que o artigo 52, IV da Lei nº 9099/95 afirma que a execução proceder-se-á desde logo através de mero requerimento, nos mesmos autos do juízo em que fora proferida a sentença (artigo 3, §1º, I da Lei nº 9.099/95), conclui-se que tudo que ocorrer dentro da fase executiva permanecerá nos próprios autos, incluindo os embargos à execução do título executivo judicial.

No mesmo sentido de economia processual e de interpretação teleológica entre as leis, os embargos do devedor nas ações de execução de títulos executivos extrajudiciais serão processados nos próprios autos da ação principal.

Nos Juizados Especiais da Fazenda Pública, o artigo 53, *caput* da Lei nº 9.099/95 determina a aplicação do CPC/2015 (art. 910), que não prevê autos próprios para os embargos executivos e ressalva a aplicação dos artigos 534 e 535 do mesmo CPC/2015, que também não preveem autos apartados para processamento dos embargos opostos pela Fazenda Pública. Observe-se que o

§ 1º do artigo 53, embora não aplicável integralmente aos Juizados Especiais da Fazenda Pública, à míngua de necessidade de prévia penhora, indica que o devedor poderá oferecer os embargos à execução nos próprios autos, eis que permitiu que o faça até mesmo verbalmente.

Assim, os embargos à execução, em quaisquer Juizados Especiais, Cíveis ou da Fazenda Pública, serão processados por petição própria, mas nos mesmos autos da fase de cumprimento de sentença ou da execução de título executivo extrajudicial, sem que sejam necessários autos apartados, afastando-se, portanto, o §1º do artigo 914 do CPC/2015, que é, por fim incompatível com os critérios do artigo 2º da Lei nº 9.099/95.

B.2 - Momento para a oposição dos embargos nos Juizados Especiais da Fazenda Publica.

Em virtude da ausência de previsão na Lei nº 12.153/2009, acerca do cabimento dos embargos à execução nos Juizados Especiais da Fazenda Pública mas, diante da garantia constitucional do direito de defesa (vide Capítulos 5.3.2 e 5.3.3), tem-se por justa sua viabilização sem que signifique, contudo, desrespeito aos princípios da celeridade, economia processual e simplicidade que regem os Juizados Especiais.

Considerando que as leis dos Juizados Especiais ora em apreço não especificam prazos para a oposição dos Embargos do Devedor, tendo em vista que os artigos 52 e 53 da Lei nº 9.099/95 orientam a aplicação do CPC subsidiariamente, tem-se que o prazo a ser concedido para embargos pela Fazenda Pública deverá ser de 30 dias, com fulcro nos artigos 910, *caput* e c/c 535, caput do CPC.

Para as execuções de títulos executivos extrajudiciais, para quem as aceita perante os Juizados Especiais da Fazenda Pública, o artigo 53 da Lei 9.099/95 c/c artigo 910 do CPC/2015 determinam que, ajuizada a ação, "*a Fazenda Pública será citada para opor embargos em 30 dias*". As demais regras seguirão aquelas contidas nos parágrafos deste artigo 910 e as previstas pelos artigos 534 e 535, todos do mesmo CPC/2015. Ou seja, não será exigida prévia penhora à Fazenda Pública e, apresentados os embargos, terá o credor o prazo de 15 dias para impugná-los (artigo 917, § 1 º do CPC/2015). Somente após o julgamento dos embargos será expedido o precatório ou a RPV em favor do exequente.

Já no tocante ás execuções de títulos executivos judiciais, há questão a ser enfrentada.

Diante do pedido de cumprimento de sentença de obrigação de pagar, deverá ser, de imediato, respeitado o previsto no artigo 13 da Lei nº 12.153 de 2009, que determina a expedição de RPV e de precatório, assim que transitada em julgado a sentença, para pagamento em até 60 dias pela Fazenda Pública.

A fim de viabilizar os embargos executivos na execução de título executivo judicial, para muitos sequer previstos para a Fazenda Pública, sem ao revés delongar desnecessariamente o rito sumaríssimo, a decisão que se reputa mais justa e equânime, que visa resguardar aos fins sociais da lei e o bem comum (artigo 6º da Lei nº 9099/95) será no sentido de que os prazos para pagamento da RPV e para a oposição dos Embargos à Execução deverão correr simultaneamente, embora de maneira independente.

Explicamos: expedida a ordem pela autoridade responsável, através de ofício, para pagamento do mandado requisitório, deverão ser a autoridade competente e o ente público executado, no mesmo ato, intimados, também, para a possibilidade de oposição dos Embargos à Execução, caso pertinente.

Assim, tanto o curso dos prazos para embargos à execução (30 dias), quanto para o pagamento da RPV (60 dias) deverão, no caso de cumprimento de sentença de obrigação de pagar, correr ao mesmo tempo, sem causar prejuízos de tempo ao credor ou ao direito de defesa pela Fazenda.

Pontua-se, apenas, que quanto aos precatórios, já conhecidos por sua natural morosidade, mas previstos para o rito dos Juizados Especiais fazendários, deverá haver primeiro a intimação da Fazenda Pública para se defender do pleito executivo, a fim de que, somente após definido o valor a ser pago, seja expedido o precatório e remetido ao Tribunal de Justiça para o registro e consequente pagamento, no ano de exercício seguinte, nos termos da lei. É que alterar valores após a expedição do precatório pode ser mais complicado do que aguardar sua emissão em valores certos.

Retomando às situações de cabimento de pagamentos de débitos pela Fazenda Pública, nos limites das leis dos entes públicos (vide Capítulo 5.2.4), em caso de não oposição de embargos dentro dos 30 dias seguintes, a Fazenda Pública, que já teve 30 dias para pagar a RPV, terá apenas mais 30 dias para sua quitação, num total de 60 dias (artigo 13, I da Lei nº 12.153/2009).

A sentença que rejeitar liminarmente ou julgar improcedentes os embargos executivos não interferirá no prazo para pagamento da RPV iniciado após o pedido de execução de sentença, retratando seja apenas uma oportunidade para a defesa, sem que signifique em protelar seu pagamento, em obediência ao disposto no artigo 13 da Lei nº 12.153/2009. Sendo, portanto, os embargos intempestivos ou improcedentes, o prazo final para pagamento da RPV será considerado aquele que se findou dentro dos 60 dias corridos, cuja contagem já se iniciou desde o recebimento pela autoridade responsável do mandado requisitório, isso tudo para que se evitem embargos executivos meramente protelatórios.

Vencido o prazo de 60 dias para o pagamento da R.P.V. antes mesmo de decididos os embargos à execução e, transitada em julgado a sentença de improcedência, será a Fazenda Pública intimada para realizar o pagamento imediato do valor contido no mandado requisitório de pequeno valor, sob pena de sequestro, conforme determina o artigo 13, I da Lei nº 12.153/2009.

Na hipótese de acolhimento dos embargos executivos, será expedido nova RPV, para fins de pagamento em outros 60 dias. Neste caso, o prazo para pagamento da RPV, com efeito, recomeçará sua contagem após o trânsito em julgado da sentença, uma vez que através desta decisão final de mérito o valor do débito exequendo provavelmente será alterado, sendo, portanto, obrigatória a expedição de nova RPV no valor corretamente apurado.

Havendo a oposição dos Embargos à Execução, será concedido prazo para impugnação ao exequente em 15 dias, podendo na sequencia o juiz designar audiência ou proferir sentença (artigos 525 e 920 do CPC/2015), sendo certo que em sede de Juizados Especiais todas as matérias poderão ser objetos de apreciação em sentença, inclusive a análise do recebimento ou não dos embargos.

Nos termos do artigo 919 do CPC/2015, aplicado conforme determina o artigo 52 da Lei nº 9099/95, "***os embargos à execução não terão efeito suspensivo***", podendo, entretanto lhe ser deferido pelo juiz, excepcionalmente.

Por todas essas considerações, pede-se licença para se apresentar uma sugestão de despacho a ser proferido no início da fase de cumprimento de sentença nos Juizados Especiais da Fazenda Pública, conforme abaixo se segue:

> Vistos, etc.,
>
> Considerando o pedido formulado pela parte credora para cumprimento da sentença e em atenção ao que determina o artigo 27 da Lei 12.153/2009, com aplicação aliada à interpretação conjunta com o artigo 52 da Lei 9099/95 e subsidiariamente com o Código de Processo Civil, determino:
>
> A **expedição de RPV** no valor do débito exequendo, qual seja R$ 1,00, conforme cálculos apresentados pela parte exequente, bem como seja oficiada a autoridade competente, com a intimação da parte executada para o pagamento respectivo, no prazo de 60 dias (artigo 13 da Lei 9099/95), restando a Fazenda Pública cientificada no mesmo ato de que terá, simultaneamente, o prazo de 30 dias, a contar da intimação, para apresentar **Embargos à Execução,** caso entenda pertinente (artigo 52, IX da Lei 9.099/95);
>
> Havendo oposição de embargos à execução da sentença, intime-se a parte exequente para apresentar a respectiva impugnação, no prazo de 15 dias. Na sequencia, remetam-se os autos conclusos, a fim de que seja prolatada a sentença;
>
> Não opostos os Embargos e não realizado o pagamento pelo executado no prazo legal, fica desde já autorizado o sequestro da quantia, via bloqueio BACENJUD, no valor do débito (artigo 13, I da Lei 12.153/2009), devendo ser expedido o alvará pertinente e intimada a parte interessada para retirá-lo, no prazo de 05 dias, momento em que deverá informar se há algo mais a requerer, sob pena de extinção da execução por cumprimento das obrigações, com arquivamento definitivo dos autos. Cumpra-se.

Havendo oposição de embargos à execução previsto pela lei especial como defesa do devedor dentro da fase de cumprimento de sentença, a possibilidade de parcelamento do débito em até 6 vezes não se aplicará aos Juizados Especiais da Fazenda Pública (§ 7º do artigo 916 do CPC/2015).

5.3.5 Decisões proferidas em sede de Embargos à Execução nos Juizados Especiais

Estabelecendo a Lei nº 9099/95 os embargos à execução como meios de impugnação do devedor dentro do processo sincrético, na fase de cumprimento de sentença, observar-se-á o artigo 914 do CPC/2015, aplicável subsidiariamente na ausência de outras normas especiais de rito sumaríssimo, apenas no que couber.

Assim, exige-se a prévia penhora aos embargos, tal como previsto no artigo 53, § 1º da Lei nº 9.099/95, para as execuções de títulos judicias e extrajudiciais nos Juizados Cíveis (artigo 914 caput do CPC/2015) o que, contudo, não é exigido para a Fazenda Pública, à míngua de disposição específica fazendária a respeito (artigos 910 c/c artigos 534 e 535 do CPC/2015)

Ademais, frise-se que se referem os embargos do devedor efetivamente a um incidente de conhecimento dentro da fase de execução, em similitude a um processo cognitivo, a se iniciar através de mera petição (artigo 52 da Lei nº 9099/95) e a se encerrar por meio de sentença (artigo 920, III do CPC/2015), que desafia recurso inominado (artigo 41 da Lei nº 9.099/95).

Não se apresenta adequado entender que a decisão de julga os embargos do devedor, embora processados nos mesmos autos, se trate de decisão interlocutória, a desafiar agravo de instrumento. A uma, porque, como já previsto, refere-se a um procedimento cognitivo que deve ser encerrado por meio de sentença (artigo 920 do CPC/2015), a permitir recurso inominado e a viabilizar os princípios da ampla defesa e do duplo grau de jurisdição. E, a duas, porque o CPC/2015 previu o agravo de instrumento apenas em face das decisões proferidas no sentido de conceder, modificar ou revogar efeito suspensivo aos embargos executivos, como prevê o inciso X do artigo 1.015 do CPC/2015, cujo rol é taxativo. Ora, se coubesse agravo da decisão final dos embargos à execução, a redação do inciso X mencionado não seria tão limitada e perderia o sentido. Seria, por fim, incoerente aceitar a defesa executiva da fase de cumprimento de sentença como embargos à execução, que se finda, em regra, mediante prolação de sentença, e ao mesmo tempo se entender pelo cabimento de agravo de instrumento da mesma decisão final.

O cabimento do agravo de instrumento para a hipótese de decisão proferida sobre os embargos do devedor, encerrando-se ou não a execução, não é pacífico nos Juizados Especiais.

O entendimento majoritário restringe a aceitação dos recursos no sistema sumaríssimo apenas àqueles previstos nos artigos 41 e 42 da Lei nº 9.099/95 e §3º do artigo 3º da nº 12.153/2009, ausente, dentre eles, o recurso contra decisão interlocutória, salvo para tutelas de urgência.

As sentenças sobre os embargos executivos nos Juizados Especiais se dão, comumente, com a seguinte natureza:

1) Sentença de rejeição liminar dos embargos do devedor, extinguindo--os, sem resolução do mérito:

a - caso verse unicamente sobre excesso de execução e não aponte o devedor o valor que entende correto (artigo 917, § 4º, I do CPC/2015);

b - quando intempestivos (artigo 918, I do CPC/2015);

c - nos casos de indeferimento da petição inicial dos embargos, que nos Juizados poderá se dar inclusive oralmente, por mero requerimento((artigo 918, II, segunda parte, do CPC/2015);

d - quando manifestamente protelatórios, considerados como conduta atentatória à dignidade da justiça (parágrafo único do artigo 918 do CPC/2015)

2) Sentenças que extinguem os embargos do devedor, com resolução do mérito:

a – improcedência liminar do pedido (artigo 918, II, segunda parte, do CPC/2015);

b – improcedência, procedência ou parcial procedência dos embargos;

Importante ressaltar que da sentença que julgar os embargos à execução caberá a interposição de recurso inominado para a apreciação pela Turma Recursal competente, nos moldes do artigo 41 da Lei nº 9.099/95.

A sentença de primeiro grau proferida nos embargos não poderá condenar a da Fazenda Pública nas custas, em virtude da isenção legal.

Quanto aos honorários advocatícios, tratando-se de sentença proferida em primeiro grau, não haverá condenação, salvo litigância de má-fé (artigo 55 da Lei nº 9099/95).

5.4 AÇÃO DE EXECUÇÃO DE TÍTULO EXECUTIVO EXTRAJUDICIAL CONTRA FAZENDA PÚBLICA NOS JUIZADOS ESPECIAIS

5.4.1 Cabimento - divergências

A possibilidade de ajuizamento de ação de execução de titulo extrajudicial nos Juizados Especiais da Fazenda Pública não está pacificada pelos doutrinadores e magistrados atuantes no sistema dos Juizados Especiais do país.

Os entendimentos contrários ao ajuizamento de execução fundada em título extrajudicial, baseiam-se, comumente, nos seguintes fundamentos principais:

a) A Lei dos Juizados Especiais da Fazenda Pública não estabeleceu o rito da execução de título extrajudicial, mas apenas a fase de cumprimento de sentença;

b) O rito estabelecido pelo Código de Processo Civil para as execuções extrajudiciais é incompatível com o rito sumaríssimo dos Juizados Especiais;

c) A RPV teria sido prevista como meio para pagamento do débito decorrente de sentença judicial transitada em julgado em face da Fazenda Pública, tal como estabelece o artigo 100 da Constituição da República, não podendo, então, incidir sobre execuções de títulos extrajudiciais de quaisquer naturezas;

Neste sentido vem decidindo o Tribunal de Justiça do Distrito Federal conforme julgado abaixo transcrito:

> JUIZADOS ESPECIAIS ESTADUAIS. FAZENDA PÚBLICA. TÍTULO EXECUTIVO EXTRAJUDICIAL. **INSURGÊNCIA DO CREDOR CONTRA ENTENDIMENTO JUDICIAL AFIRMATIVO DA COMPETÊNCIA DOS JUIZADOS, EM SE TRATANDO DE PROCEDIMENTO DE EXECUÇÃO, APENAS PARA PROCESSAR DEMANDAS EM FASE DE CUMPRIMENTO DE SENTENÇA**. TESE RECURSAL. ARGUMENTOS VOLTADOS A SUSTENTAR A POSSIBILIDADE DE PROCESSAMENTO DE EXECUÇÃO POR TÍTULO EXTRAJUDICIAL CONTRA A FAZENDA PÚBLICA QUANDO O CRÉDITO RECLAMADO ESTEJA NO LIMITE DE 60 SALÁRIOS MÍNIMOS. HIPÓTESE EM QUE VERIFICADA A EXISTÊNCIA DE OMISSÃO NORMATIVA. DIPLOMAS ESTABELECEDORES DO MICROSSISTEMA DOS JUIZADOS ESPECIAIS. LEIS **9.099**/95, **10.259**/01 E **12.153**/09. AUSÊNCIA DE REGRAMENTO CONCERNENTE A PROCESSO DE EXECUÇÃO FUNDADO EM TÍTULO EXTRAJUDICIAL CONTRA A FAZENDA PÚBLICA. **NECESSÁRIA INTEGRAÇÃO NORMATIVA PARA SANAR A LACUNA DA LEI**. INTERPRETAÇÃO SISTEMÁTICA QUE AFASTA POSSIBILIDADE DE ATRAIR PARA OS JUIZADOS ESPECIAIS O PROCESSAMENTO DE DEMANDA EXECUTIVA QUE NÃO POR TÍTULO JUDICIAL. ESPECIALIDADE DO PROCEDIMENTO EXECUTIVO CONTRA A FAZENDA PÚBLICA

II - PROCESSO DE EXECUÇÃO POR TÍTULO EXTRAJUDICIAL CONTRA A FAZENDA PÚBLICA. PROCEDIMENTO ESPECIAL REGULADO PELO **CÓDIGO DE PROCESSO CIVIL**. ARTIGOS 730 E 731. EXECUÇÃO IMPRÓPRIA PORQUE NÃO HÁ ATIVIDADE JUDICIAL SUBSTITUTIVA DA TAREFA DAS P ARTES. RITO PECULIAR E DE IMPOSSÍVEL COMBINAÇÃO COM DISPOSITIVOS DA **LEI DOS JUIZADOS ESPECIAIS**, AINDA QUE RECLAMADO CRÉDITO NO LIMITE DE 60 SALÁRIOS MÍNIMOS.

II.1 - REQUISIÇÕES DE PEQUENO VALOR. INAPLICABILIDADE AO PROCESSO DE EXECUÇÃO DE TÍTULO EXTRAJUDICIAL DA REGRA POSTA NO ARTIGO 13 LEI DOS JUIZADOS FAZENDÁRIOS, UMA VEZ QUE O PARÁGRAFO 3º DO ARTIGO 100 DA CARTA POLÍTICA DE 1988 FAZ EXCLUSIVA REFERÊNCIA A TÍTULO EXECUTIVO JUDICIAL - "SENTENÇA JUDICIAL TRANSITADA EM JULGADO". REGRAMENTO DE QUE TAMBÉM NÃO SE AFASTA **LEI DOS JUIZADOS ESPECIAIS**

FEDERAIS (ART. 17. LEI N. 10.259/01).

II.2 - AUTOCOMPOSIÇÃO. MÉTODO DE SOLUÇÃO DA LIDE INAPLICÁVEL AO ENTE DISTRITAL. IMPOSSIBILIDADE JURÍDICA DE POR EM PRÁTICA COMANDO NORMATIVO CONSUBSTANCIADO NO

ARTIGO **13** DA LEI N. **12.153**/09, TENDO EM CONTA A INEXISTÊNCIA DE AUTORIZAÇÃO LEGISLATIVA, NO ÂMBITO DO DISTRITO FEDERAL, PARA QUE SEUS REPRESENTATNTES JUDICIAIS POSSAM CONCILIAR, TRANSIGIR OU DESISTIR NOS PROCESSOS DE COMPETÊNCIA DOS JUIZADOS ESPECIAIS DA FAZENDA PÚBLICA (ART. **8º**, LEI N. **12.153**/09).

III - INTELIGÊNCIA SISTEMÁTICA DO ORDENAMENTO JURÍDICO QUE INDICA A RAZOABILIDADE DA AUSÊNCIA DE PREVISÃO, PELO

LEGISLADOR ORDINÁRIO, DE COMPETÊNCIA PARA PROCESSAMENTO, EM SEDE DE JUIZADOS ESPECIAIS, DE EXECUÇÃO DE TÍTULO EXTRAJUDICIAL CONTRA A FAZENDA PÚBLICA. DEMANDA DE NECESSÁRIO PROCESSAMENTO SEGUNDO REGRAS ESPECÍFICAS

DO **CÓDIGO DE PROCESSO CIVIL**. INCOMPETÊNCIA RECONHECIDA DOS JUIZADOS ESPECIAIS FAZENDÁRIOS. NECESSÁRIA EXTINÇÃO DA DEMANDA EXECUTIVA.

IV - RECURSO CONHECIDO E IMPROVIDO. 1. RECURSO CONHECI-DO E IMPROVIDO. 2. EM FACE DA SUCUMBÊNCIA DO RECORRENTE, FIXO OS HONORÁRIOS ADVOCATÍCIOS EM 10% (DEZ POR CENTO) DO VALOR CORRIGIDO DA CAUSA (ART. **55** DA LEI N. **9.099**/95). 3. ACÓRDÃO LAVRADO POR SÚMULA DE JULGAMEN-

TO, CONFORME PERMISSÃO POSTA NO ART. **46** DA **LEI DOS JUIZADOS ESPECIAIS** CÍVEIS. TJ-DF - Ação Cível do Juizado Especial : ACJ 1719598420118070001 DF 0171959-84.2011.807.0001

Os defensores da possibilidade de ajuizamento de ação de execução de título extrajudicial contra a Fazenda Pública em sede dos Juizados Especiais, a nosso ver mais acertados, refutam as argumentações apresentadas, fundamentando a possibilidade das ações de execução extrajudiciais, conforme já explanado no Capítulo 5.3.3, com os contra-argumentos que assim se resumem:

a) Em que pese não tenha estabelecido um rito para execução de título extrajudicial, a Lei nº 12.153/2009 previu expressamente a possibilidade de processamento de execuções em face da Fazenda Púbica em seu artigo 1º. No texto da lei foi permitida a execução nas causas de sua competência, sem, contudo, restringi-las em qualquer momento à espécie de execução que se iniciaria, se apenas de títulos judiciais ou extrajudiciais, senão vejamos:

> Art. 1º Os Juizados Especiais da Fazenda Pública, órgãos da justiça comum e integrantes do Sistema dos Juizados Especiais, **serão criados** pela União, no Distrito Federal e nos Territórios, e **pelos Estados,** para conciliação, processo, julgamento e **execução, nas causas de sua competência**.

A Lei dos Juizados Especiais da Fazenda Pública não demarcou as espécies de execuções que aceitaria no seu artigo primeiro, não prevendo apenas para o cumprimento de sentença.

Ressalte-se que o artigo 2º, §1º da Lei nº 12.153/09 não excluiu expressamente estas ações executivas dos Juizados Especiais da Fazenda Pública, mas apenas as execuções fiscais, que tenham como autores a Fazenda Pública.

Se a lei federal em sentido estrito e especializada não limita as formas de execução (títulos judicias ou extrajudiciais), somente poderá haver qualquer restrição a direitos mediante nova lei especial que assim o faça, alterando a lei anterior nº 12.153/2009.

Destarte, trata-se de direito do credor a propositura de ações de execução de títulos extrajudiciais contra a Fazenda Pública, em sede de Juizados Especiais, desde que a causa seja menor do que 60 salários mínimos e desde que se respeitem as demais regras de competência previstas.

b) Não se pode entender como incompatível uma norma ritualística que o próprio rito sumaríssimo adotou, tal como se pode ver do caput do artigo 53 da Lei nº 9.099/95, que aceitou as execuções extrajudiciais nos Juizados Especiais, seguindo-se o CPC, mas apenas no que não confrontar com as particularidades inseridas nas leis do sistema sumaríssimo

A ausência de previsão de rito próprio , em uma única lei, para a ação de execução de título extrajudicial nos Juizados Especiais da Fazenda Pública não implica necessariamente em impossibilidade, uma vez que no próprio sistema dos Juizados Especiais há que normas que regulamentam as execuções extrajudiciais, tais como as contidas no artigo 53 e seus §§ da Lei nº 9.099/95 e artigo 13 e §§ da Lei nº 12.153/2009.

Assim como já ocorre com inúmeros outros atos processuais silenciados pela Lei dos Juizados Fazendários, permite-se que se busque na legislação processual geral as normas e orientações a complementarem aquelas ausentes no sistema dos Juizados Especiais e que sejam com eles compatíveis, sempre que em nenhuma das leis especiais do microssistema restar previsto e claro.

Neste contexto, observe-se que, além da permissão conferida pelo artigo 1º da Lei nº 12.153/2009 para processamento de execuções pelos Juizados Fazendários, sem especificação de ritos e sem que houvesse exclusão destas demandas pela própria lei, a Lei nº 9.099/95, que é especial, mas de normas gerais para o microssistema dos Juizados Especiais estabeleceu, de maneira expressa, a possibilidade de ações de execução de títulos extrajudiciais perante o rito sumaríssimo, com utilização expressa do CPC para a conformação do rito:

> Art. 53. A **execução de título executivo extrajudicial**, no valor de até quarenta salários mínimos, **<u>obedecerá ao</u> disposto no Código de Processo Civil**, com as modificações introduzidas por esta Lei.

De leitura atenta comparativa entre os artigos 52 (execução de títulos judiciais) e 53 (execução de títulos executivos extrajudiciais), ambos da Lei nº 9.099/95, possível observar a diferença entre eles no tocante à forma de aplicabilidade do CPC aos ritos executivos.

Para a primeira forma de execução de título judicial, a lei estabelece que somente será aplicado o CPC no que couber, observadas as alterações da Lei nº 9.099/95. Entretanto, no artigo 53 acima transcrito, foi excluído o alerta acerca da aplicabilidade subsidiária sistêmica ("*no que couber*") para as execuções de títulos extrajudiciais, passando a determinar, no imperativo, que o rito do Código de Processo Civil será obedecido, ressalvadas as modificações introduzidas pelo sistema sumaríssimo.

Por certo que as normas do CPC trazidas para as execuções extrajudiciais perante os Juizados Especiais não poderão simplesmente desconsiderar as orientações gerais do sistema sumaríssimo. Assim, a leitura do *caput* do artigo 53 da Lei nº 9.099/95 deverá ser feita no sentido de que serão reduzidos os questionamentos sobre a aplicabilidade do CPC nas execuções extrajudiciais, que, portanto, passa a ser compatível com o microssistema sumaríssimo especificamente neste ponto.

Assim, o rito da execução de título extrajudicial nos Juizados Especiais da Fazenda Pública poderá ser extraído do artigo 53 da Lei nº 9.099/95, que remete às regras do CPC, desde que sejam atendidas as diferença trazidas pela própria Lei nº 9.099/95 e, claro, pela Lei nº 12.153/2009, esta última afeta à Fazenda Pública.

Será, portanto, definido mediante a utilização harmônica das regras dispostas pelas leis especiais do próprio sistema dos Juizados Especiais, o que afasta a tese de incompatibilidade de ritos.

Trata-se de causa de menor complexidade, o que atrai a competência do Juizado Especial da Fazenda Pública.

Há entendimento assentado no Superior Tribunal de Justiça quanto à possibilidade de ser ajuizada ação de execução de título extrajudicial contra a Fazenda Pública:

> PROCESSUAL CIVIL. RECLAMAÇÃO. JUIZADOS ESPECIAIS CÍVEIS. AUSÊNCIA DE SIMILARIDADE ENTRE OS CASOS CONFRONTADOS.
>
> 1. (....)
>
> 2. O ato ora impugnado foi exarado por Turma Recursal de Juizado Especial Cível, concluindo que a presente reclamação foi ajuizada na esfera do item (iii). Para tanto, é necessário que a parte demonstre incompatibilidade

entre o entendimento adotado no acórdão reclamado e aquele pacificado no âmbito do Superior Tribunal de Justiça.

3. Na espécie, isto não ocorre, pois o ato impugnado foi exarado por Turma Recursal de Juizado Especial Cível, concluindo que "o procedimento administrativo em que o servidor discute o pagamento de abono de permanência, ainda que cogite a existência de verba em favor daquele, não se equipara à outro documento público assinado pelo devedor de que trata o art. 585, inciso II do CPC de modo a dar embasamento a processo de execução contra a Fazenda Pública nos Juizados Especiais. Necessário, pois, o processo de conhecimento."(e-STJ fl. 79). **Entretanto, tanto a Súmula 249/STJ (É cabível execução por título extrajudicial contra a Fazenda Pública), como os precedentes invocados como paradigmas são todos no sentido do cabimento da execução de título extrajudicial contra a Fazenda Pública,** e não apreciam especificamente a controvérsia decidida pela Turma Recursal atinente ao enquadramento do processo administrativo que garante o abono de permanência ao servidor público no disposto no art. 585, inciso II do CPC.

4. Não há, portanto, embate jurídico entre o entendimento desta Corte Superior e aquele sufragado no ato reclamado que justifique a reclamação prevista na Resolução STJ n. 12/2009, porque não existe identidade ou equivalência entre as premissas de fato de um e de outro, na medida em que, em momento algum, a Turma Recursal nega o cabimento de execução de qualquer título extrajudicial contra a Fazenda, mas apenas daquele que reconhece direito ao abono de permanência.

5. Reclamação extinta, sem resolução de mérito. (STJ - Rcl 7982 / DF RECLAMAÇÃO 2012/0032900-0 Relator Ministro MAURO CAMPBELL MARQUES (1141)- S1 - PRIMEIRA SEÇÃO – julgado em 22/08/2012 e publicado em DJe 29/08/2012)

c) A execução de título extrajudicial foi abarcada pela possibilidade de expedição de RPV e de precatórios para pagamento de títulos executivos inferiores a 60 salários mínimos em face da Fazenda Pública.

Considerando-se que o *caput* do artigo 53 da Lei nº 9.099/95 determina que a execução de título executivo extrajudicial nos Juizados Especiais "... ***obedecerá** ao disposto no Código de Processo Civil, com as modificações introduzidas por esta Lei*", deve-se ponderar que a alteração trazida pelo § 1º do mesmo artigo da lei especial não se aplicará em todos os seus termos à execução em face da Fazenda Pública. Não há, como exemplo, pertinência na realização de penhora de bens públicos para garantia do juízo, não prevista em nenhuma legislação para a Fazenda Pública que, em regra, presume-se possuir verbas, afastando sua necessidade .

Conclui-se que o artigo 53 da Lei nº 9.099/95 será complementada diretamente pelo CPC/2015, que prevê o pagamento de débitos fazendários em execução de títulos executivos extrajudiciais através de precatório ou RPV, a saber:

> CAPÍTULO V
>
> DA EXECUÇÃO CONTRA A FAZENDA PÚBLICA
>
> Art. 910. Na execução fundada em **título extrajudicial, a Fazenda Pública** será citada para opor embargos em 30 (trinta) dias.
>
> § 1º Não opostos embargos ou transitada em julgado **a decisão que os rejeitar, expedir-se-á precatório ou requisição de pequeno valor em favor do exequente, observando-se o disposto no art. 100 da Constituição Federal.**

Relativamente à sistemática de expedição de RPV e Precatório, deverão ser observas as modificações introduzidas pelo artigo 13 da Lei especial nº 12.153/2009, que estabelece a possibilidade de pagamentos das dívidas fazendárias através de expedição de mandado requisitório de pequeno valor – RPV, para decisões transitadas em julgado, além de precatórios, mediante os seguintes limintes:

> Lei 12.153/2009
>
> Art. 13. Tratando-se de obrigação de pagar quantia certa, após o trânsito em julgado **da decisão**, o pagamento será efetuado:
>
> I – no prazo máximo de 60 (sessenta) dias, contado da entrega da **requisição** do juiz à autoridade citada para a causa, independentemente de precatório, na hipótese do § 3º do art. 100 da Constituição Federal; ou
>
> II – mediante precatório, caso o montante da condenação exceda o valor defi-nido como obrigação de pequeno valor.
>
> § 1o Desatendida a requisição judicial, o juiz, imediatamente, determinará o sequestro do numerário suficiente ao cumprimento da decisão, dispensada a audiência da Fazenda Pública.

Verifica-se que tanto o artigo 910 do CPC/ 2015 quanto a Lei nº 12.153/2009, ambos relativos a débitos fazendários, previram o RPV e o precatório como formas de pagamento, seja para sentenças judiciais, seja para decisões preclusas.

Humberto Theodoro Júnior, em sua obra "*Novo Código de Processo Civil Anotado*", 20 ed.- 2015 explica que:

> No caso de execução de título extrajudicial, entendia a jurisprudência na vigência do Código anterior que o juiz teria, mesmo na ausência dos embargos da Fazenda Pública, de proferir sentença para autorizar a expedição de precatório. Argumentava-se que, pela sistemática dos precatórios, a execução teria de fundar-se sempre em "sentença judiciária", à luz do artigo 100 da CF. **A orientação seguida pelo novo Código é bem diferente e muito mais singela: " não opostos embargos (....), expedir-se-á precatório ou requisição de pequeno valor em favor do exequente (art. 910, p. 1). Só exige o dispositivo legal decisão transitada em julgado antes da expedição do precatório, quando os embargos opostos pela executada tiverem sido rejeitados. Logo, inexistindo embargos a julgar, o juiz simplesmente verificará a exequibilidade do título extrajudicial e, por meio de decisão interlocutória determinará a expedição do precatório.** Não haverá, portanto, sentença de mérito quanto ao crédito acobertado por título extrajudicial, segundo o regime implantado pela nova legislação processual civil" [5]

Assim, as sentenças são apenas espécies de decisões, sendo que o CPC/2015 e a Lei especial dos Juizados da Fazenda Pública apenas pretenderam conferir interpretação ampla ao termo utilizado no artigo 100 da CRFB/88, de modo a definir como todas as decisões judiciais que precluam e que tornem a Fazenda Pública devedora de obrigação de pagar, em respeito à isonomia.

Não haveria sentido, nesta conjuntura, em se aceitar a expedição de RPV para pagamento de honorários de dativo arbitrados em sentença judicial proferida nos Juizados Fazendários, em valor menor do que o limite legal previsto pelo ente estatal (artigo 13 §§ 2º e 3º da Lei 12.153/2009) , por exemplo, mas não concordar com esta forma de pagamento se o arbitramento ocorreu em mesmo valor, para hipótese idêntica de assistência judiciária gratuita, através de decisão judicial transitada, apenas porque a fixação teria ocorrido durante o curso de processo tramitado em vara diferente do Juizado, em que a Fazenda Pública não figurou como parte.

Ademais, havendo oposição de embargos à execução, haverá prolação de sentença (artigo 920, III CPC/2015), definindo-se o valor correto cuja execução passará a observar, constituindo-se, pois, em verdadeira sentença transitada em julgado, a atrair a incidência do artigo 13 da Lei nº 12.153/2009, sem maiores discussões.

---

5 JÚNIOR, Humberto Theodoro - *Código de Processo Civil Anotado / colaboradores*: Humberto Theodoro Neto, Adriana Mandim Theodoro de Mello, Ana Vitória Mandim Theodor. 20 ed. - Revista e atualizada – Rio de Janeiro: Forense, 2016, p.974.

Repita-se, por fim, que o sequestro de verbas quando não quitado o RPV está expressamente permitido nos Juizados Especiais da Fazenda Pública (§ 1º do artigo 13 da Lei nº 12.153/2009), o que não viola o § 6º do artigo 100 da CRFB/88. Este artigo coloca a medida constritiva como possível quando descumprida a ordem de pagamento de precatórios, não se referindo a limitação, pois, às requisições de pequeno valor previstas na lei dos Juizados Especiais Fazendários.

Citem-se, como exemplos de execução extrajudicial em face da Fazenda perante os Juizados Especiais aqueles decorrentes de decisões de arbitramentos de honorários advocatícios de dativos nos casos de assistência judiciária gratuita, bem como as homologações por decisões judiciais de honorários do auxiliar da justiça (ex. peritos), estas últimas para aqueles que assim aceitam, divergência esta que será mencionada no Capítulo 5.4.3 adiante.

Aceitando-se a propositura da ação executiva perante os Juizados Especiais da Fazenda Pública, deve-se observar a pertinência de cumulação objetiva.

Questiona-se, portanto, se um mesmo perito ou advogado, por exemplo, credor de diversos títulos executivos decorrentes de decisões de arbitramento de honorários por atuação como dativos em processos cuja Fazenda Pública não figurou como parte, poderá propor várias ações executivas perante os Juizados Especiais da Fazenda Pública, limitando cada uma ao teto permitido por lei, notadamente ao limite da RPV.

Para uma primeira linha de entendimento, observando o magistrado que o credor possui diversas ações executivas distintas, cobrando em cada uma delas diversos títulos extrajudiciais e que a somatória de todas as demandas supere 60 salários mínimos, a competência não seria dos Juizados Especiais, uma vez que estaria a parte autora, ao cindir as ações, violando o teto previsto para o rito sumaríssimo e a competência em razão do valor da causa estabelecida para as causas de menor complexidade.

Entretanto, com a devida vênia e respeito, ao nosso modesto entender, não há óbice ao processamento, em uma mesma demanda, de quantos títulos executivos pretender o credor.

Importante aqui fazer alusão ao teor do artigo 780 do CPC, que assim dispõe:

> Art. 780. **O exequente pode cumular várias execuções**, ainda que fundadas em títulos diferentes, quando o executado for o mesmo e desde que para todas elas seja competente o mesmo juízo e idêntico o procedimento.

A leitura literal e atenta do artigo 780 do CPC/2015, aplicável aos Juizados Especiais da Fazenda Pública por ausência de norma a respeito e com ele compatível, demonstra que o exequente poderá sim cumular várias execuções em uma única ação, conforme condições estabelecidas.

Observe-se que o questionamento concreto ora apresentado atende aos requisitos para a cumulação objetiva permitida pelo artigo 780 do CPC/2017: trata-se de um único exequente (advogado ou perito dativos), que pretende o pagamento de diversos títulos executivos distintos (embora de mesma natureza), em face da mesma executada Fazenda Pública estadual ou municipal, cujas demandas tramitarão perante o mesmo juízo competente para cada execução, separadamente, mediante idêntico procedimento especial sumaríssimo.

Portanto, enquadrando-se a hipótese nas exigências mínimas da lei, forçoso nos reportar à primeira parte do artigo 780 do CPC/2015 ora transcrito, que deixa claro se tratar de uma faculdade ao exequente a junção, numa mesma ação, de todas as execuções.

Tratando-se de uma faculdade, poderá o exequente optar por não cumular nenhum pedido, conforme as particulares que entender cabíveis, razão pela qual veio o artigo 780 do CPC/2015, com a finalidade de enxugar o Judiciário e reduzir o número de demandas com alto grau de similitude, incentivar que o demandante se valha de um único procedimento para a execução de diversos títulos executivos.

O artigo ora em comento apresenta, neste viés, particularidades que atendem aos critérios da economia processual e celeridade dos Juizados Especiais.

Diante, portanto, da celeridade prevista para as execuções em sede de Juizados Especiais da Fazenda Pública, por certo que os advogados vêm optando legitimamente pelo rito exatamente previsto para tais tipos de causas menos complexas, que podem ser propostas conjunta ou separadamente.

Não se pode crer, portanto, que a cisão das execuções, em ações distintas abaixo do limite previsto para expedição de RPV possa ser entendida como violação à regra do teto dos Juizados Especiais, sob pena de passarem os advogados a apresentar uma ação executiva para cada atuação realizada nos processos como dativos, por exemplo, a ensejar assoberbamento dos Juizados Especiais.

Saliente-se que o caso não enseja a incidência do mesmo raciocínio relativo à vedação de cisão de causas conexas para o processo de conhecimento, como, por exemplo, o requerimento em juízo por meio de uma ação de 10 ampolas de um medicamento de alto custo e outra ação para pretensão de outras 5, ambas cindidas para evitar superação ao teto dos Juizados Especiais, em evidente burla à competência em razão do valor da causa. Isto, pois a lide retrata pretensão semelhante para atender à uma única situação fática, o que se afasta do texto do artigo 780 do CPC/2015, que deixou claro somente permitir a cumulação das execuções se referentes a títulos executivos distintos.

Ressalte-se que os Juizados Especiais da Fazenda Pública foram pensados exatamente para atender a estes cidadãos, que possuem créditos não pagos com facilidade de maneira administrativa e que deixavam de aviar execuções exatamente pela morosidade do rito comum, considerado não menos dispendioso.

Importante pontuar, por fim, que a mera conexão entre as execuções não tem o condão de modificar competências (artigo 54 do CPC/2015). A conexão é prevista para evitar julgamentos conflitantes e quando ocorrer entre duas ações de competências absolutas distintas, solução jurídica será a suspensão de uma delas, a aguardar o julgamento da outra, nos termos do artigo 313, V do CPC/2015.

Assim, não poderá o magistrado, ao nosso singelo entender, determinar a junção das ações meramente conexas para somar os valores das causas e, superado o teto limite do Juizado, entender pela competência da Vara comum da Fazenda Pública.

Tratam-se, na verdade, de créditos distintos, decorrentes de atuações diferentes como dativos no caso ora em análise, embora semelhantes e em face do mesmo réu.

5.4.2 Rito da execução de título extrajudicial perante o Juizado especial da Fazenda Pública

Enquadrando-se o título executivo nos ditames da Lei nº 12.153/09, não há óbice ao ajuizamento da ação de execução para sua satisfação.

Inicialmente, mister definir o rito da execução de título executivo extrajudicial nos Juizados Especiais da Fazenda Pública.

Salienta-se que a ação de execução de título executivo extrajudicial perante o Juizado Especial da Fazenda Pública deverá ser limitada a 60 salários mínimos (artigo 2º da Lei nº 12.153/2009), devendo ser observadas, ainda, a competência em razão da pessoa (artigo 5º da Lei nº 12.153/2009), a competência territorial diante da leitura constitucional do artigo 4º, I da Lei nº 9.099/95, além da demais regras de competência estabelecidas nas leis especiais (vide Capítulo 3).

Estabelecidos tais parâmetros, iniciada a execução do título executivo extrajudicial perante os Juizados Especiais da Fazenda Pública, o artigo 53 da Lei nº 9.099/95, que orienta o rito nos Juizados Especiais, informa que obedecerá ao disposto no CPC, ressalvas as alterações previstas nas leis especiais de rito sumaríssimo.

> Lei nº 9.099/95. Art. 53. A **execução de título executivo extrajudicial**, no valor de até quarenta salários mínimos, **obedecerá ao disposto no Código de Processo Civil, com as modificações introduzidas por esta Lei.**
>
> § 1º Efetuada a penhora, o devedor será intimado a comparecer à audiência de conciliação, quando poderá oferecer embargos (art. 52, IX), por escrito ou verbalmente.
>
> § 2º Na audiência, **será buscado o meio mais rápido e eficaz para a solução do litígio, se possível com dispensa da alienação judicial, devendo o conciliador propor, entre outras medidas cabíveis, o pagamento do débito a prazo ou a prestação, a dação em pagamento ou a imediata adjudicação do bem penhorado.**
>
> § 3º Não apresentados os embargos em audiência, ou julgados improcedentes, qualquer das partes poderá requerer ao Juiz a adoção de uma das alternativas do parágrafo anterior.
>
> § 4º Não encontrado o devedor ou inexistindo bens penhoráveis, o processo será imediatamente extinto, devolvendo-se os documentos ao autor.

Para a matéria fazendária, nem todas as modificações introduzidas pelos parágrafos do artigo 53 da Lei nº 9.099/95 possuem aplicabilidade nos Juizados Especiais da Fazenda Pública.

Isto, pois não se mostra ajustada a necessidade de realização de penhora em face da Fazenda Pública para que possa viabilizar a oposição de embargos do devedor, já que deverá haver a expedição de RPV ou de Precatório para fins de pagamento de débitos fazendários.

> Art. 13. Tratando-se de obrigação de pagar quantia certa, após o trânsito em julgado da decisão, **o pagamento será efetuado**:
>
> – no prazo máximo de 60 (sessenta) dias, contado da entrega da **requisição** do juiz à autoridade citada para a causa, independentemente de precatório, na hipótese do § 3º do art. 100 da Constituição Federal; ou
>
> – mediante precatório, caso o montante da condenação exceda o valor de-fi-nido como obrigação de pequeno valor.
>
> § 1º Desatendida a requisição judicial, o juiz, imediatamente, determinará o sequestro do numerário suficiente ao cumprimento da decisão, dispensada a audiência da Fazenda Pública.
>
> § 2º - As obrigações definidas como de pequeno valor a serem pagas independentemente de precatório terão como limite o que for estabelecido na lei do respectivo ente da Federação.
>
> § 3º Até que se dê a publicação das leis de que trata o § 2o, os valores serão: I – 40 (quarenta) salários mínimos, quanto aos Estados e ao Distrito Federal; II – 30 (trinta) salários mínimos, quanto aos Municípios.

Na hipótese em que o autor-exequente pretenda o recebimento dos valores via RPV, haverá o respeito ao valor definido para cada ente.

Ademais, como previsto no § 4º do artigo 13 da Lei nº 12.153/2009:

> § 4o São vedados o fracionamento, a repartição ou a quebra do valor da execução, de modo que o pagamento se faça, em parte, na forma estabelecida no inciso I do caput e, em parte, mediante expedição de precatório, bem como a expedição de precatório complementar ou suplementar do valor pago

Consoante § 5º do artigo 13 da mencionada Lei nº 12.153/2009, na hipótese de crédito *exequendum* superior ao estabelecido para cada ente, será "... *facultada à parte exequente a renúncia ao crédito do valor excedente, para que possa optar pelo pagamento do saldo sem o precatório*", o que deverá ocorrer de maneira expressa em sua exordial.

Assim, proposta a ação executiva dentro dos limites da lei dos Juizados Especiais, em atenção aos artigos 53 *caput* da Lei nº 9099/95 e artigo 13 da Lei nº 12.153/2009, que remete ao artigo 910 do CPC/2015, deverá a parte devedora ser citada imediatamente para opor embargos à execução, no prazo de 30 dias, independentemente de garantia prévia do juízo.

> **CPC/2015-Art. 910. Na execução fundada em título extrajudicial, a Fazenda Pública será citada para opor embargos em 30 (trinta) dias.**

> § 1o Não opostos embargos ou transitada em julgado a decisão que os rejeitar, expedir-se-á precatório ou requisição de pequeno valor em favor do exequente, observando-se o disposto no art. 100 da Constituição Federal.
>
> § 2º Nos embargos, a Fazenda Pública poderá alegar qualquer matéria que lhe seria lícito deduzir como defesa no processo de conhecimento.
>
> § 3º Aplica-se a este Capítulo, no que couber, o disposto nos artigos 534 e 535.

O § 2º do artigo 910 do CPC/2015 que estabelece os embargos do devedor como meios de impugnação à execução em sede de Juizados Especiais, prevê que poderão se fundamentar em qualquer matéria de defesa. Garante-se à Fazenda Pública o direito à ampla defesa, uma vez que não houve anterior direito de manifestação em fase judicial, seja porque o título extrajudicial decorre de documentos ou títulos de créditos sem possibilidade de discussão prévia perante o Poder Judiciário, seja porque não fora a Fazenda Pública parte no processo de conhecimento anterior em que foram constituídos os seus débitos por meio de arbitramento decorrente de decisão judicial preclusa.

O artigo 52, IX da Lei nº 9.099/95, atinente à execução de título judicial e que traz matérias restritas para os embargos executivos não será aqui aplicado, sendo mister relembrar que o § 1º do artigo 53 da Lei nº 9.099/95 que se refere à execução extrajudicial remete ao CPC, não havendo em seus incisos restrições em matérias de embargos.

Quanto aos embargos do devedor, o artigo 910 do CPC /2015remete a aplicação dos artigos 534 e 535 do mesmo diploma legal, mas apenas no que couber.

Assim, somente haverá a incidência destes artigos do CPC/2015, atinentes à impugnação ao cumprimento de sentença, não previstos pela Lei nº 9.099/95 ou pela Lei nº 12.153/2009, no que for compatível com o microssistema dos Juizados Especiais, eis que neste vigoram os princípios da informalidade, oralidade, simplicidade, economia processual e celeridade (artigo 2º da Lei nº 9099/95).

Possíveis, entretanto, propostas de acordos para a quitação do débito fazendário, a fim de se ajustar o valor pretendido, ou mesmo de se definir prazo distinto para o pagamento do RPV, bem como a incidência de índices de correção monetária e de juros de mora, nos termos dos §§ 2º e 3º do artigo 53 da Lei nº 9.099/95..

A fim de conferir maior celeridade, poderá a Fazenda Pública atravessar petição sugerindo o acordo, independentemente da designação de audiência para tanto.

Será concedido ao embargado o prazo de 15 dias para a respectiva impugnação podendo haver designação de audiência ou a prolação da sentença (artigo 920, I e III CPC/2015), que desafia recurso inominado nos Juizados.

Se a Fazenda Pública não opuser os embargos executivos no prazo legal ou, apresentando os embargos do devedor e sendo proferida sentença, com trânsito em julgado, definindo-se então o valor exequendo, o § 1º do artigo 910 do CPC/2015 c/c artigo 13 da Lei nº 12.153/2009 determinam seja então expedido o RPV ou o precatório. Sendo o caso de RPV, será pago pelo ente público, dentro do prazo de 60 dias, sob pena de sequestro do valor correspondente, via Bacenjud, independentemente da oitiva da Fazenda Pública.

A sentença de embargos à execução desafia recurso inominado nos Juizados Especiais, a serem aviados em 10 dias (art. 920, III do CPC/2015 c/c artigo 41 da Lei nº 9099/95).

Vejamos um despacho inicial muito utilizado nos autos das ações de execução de títulos extrajudiciais perante os Juizados Especiais da Fazenda Pública:

> Vistos, etc.,
>
> Inicialmente, mister definir o **RITO DA EXECUÇÃO DE TÍTULO EXTRAJUDICIAL** no Juizado Especial da Fazenda Pública desta Comarca .
>
> Salienta-se que a ação de execução de título executivo extrajudicial perante este Juizado Especial da Fazenda Pública se fundamente na junção dos artigos 1 da Lei 12.153/2009 c/c artigo 53 da Lei 9099/95 e deverá ser limitada a 60 salários mínimos (artigo 2º da Lei 12.153/2009).
>
> A forma de pagamento do débito em face da Fazenda Pública será feita conforme dispõe o artigo 13 da Lei 12.153/2009, devendo a parte exequente deixar clara hipótese de renúncia ao excedente às leis de cada ente público para fins recebimento via RPV, caso ultrapasse os limites nelas estabelecido. " São vedados o fracionamento, a repartição ou a quebra do valor da execução, de modo que o pagamento se faça, em parte, na forma estabelecida no inciso I do **caput** e, em parte, mediante expedição de precatório, bem como a expedição de precatório complementar ou suplementar do valor pago."
>
> Estabelecidos tais parâmetros, iniciada a execução do título executivo extrajudicial, o artigo 53 da Lei 9.099/95 informa que o rito obedecerá ao disposto no CPC, ou seja, seguirá o artigo 910 e ss do CPC/2015, devendo a

parte devedora ser citada para opor EMBARGOS À EXECUÇÃO no prazo de 30 dias. Ressalvo que as modificações introduzidas pela mencionada Lei, nos parágrafos do mencionado artigo, não possuem em sua totalidade aplicabilidade nos Juizados Especiais da Fazenda Pública, notadamente o § 1º do artigo 53 da Lei 9099/95. Isto, pois não há penhora prévia a ser realizado, sendo inócua a designação de audiência conciliatória neste momento, sendo que a Constituição Federal e a legislação em vigor determinam sejam feitos pagamentos pela Fazenda Pública via Precatórios ou RPV´s.

Se a parte ré não os opuser no prazo legal ou, apresentando os Embargos sendo proferida sentença, com trânsito em julgado, definindo valor exequendo, o artigo 910, I do CPC/2015 c/c artigo 13 da Lei 12.153/2009, define seja então expedido o RPV, a ser pago pelo ente federado dentro do prazo de 60 dias, sob pena de sequestro do valor correspondente, via Bacenjud, sem oitiva da Fazenda Pública, ou o precatório. Por todas essas considerações, determino:

a) **Cite-se** a parte ré para a execução de título executivo extrajudicial, conforme cálculos apresentados, podendo opor **EMBARGOS À EXECUÇÃO**, dentro do **prazo de 30 dias a contar da ciência**, caso entenda pertinente (artigo 53 da Lei nº 9.099/95 c/c artigo 910 do CPC/2015);

b) Havendo oposição de Embargos à Execução, intime-se a parte exequente para apresentar a respectiva impugnação, no prazo de 15 dias. Na sequência, remetam-se os autos conclusos para sentença, que desafia recurso inominado;

c) Não opostos os Embargos e não realizado o pagamento pelo executado, fica desde já autorizada a expedição de RPV ou Precatório, consoante limites previstos no § 2º do artigo 13 da Lei 12.153/2009 e nas leis de cada ente público. Deverá, no caso de RPV, a parte ré ser intimada para realizar o respectivo pagamento, dentro do prazo de 60 dias, sob pena de sequestro do numerário correspondente, via Bacenjud;

d) Feito o pagamento da RPV ou realizado o bloqueio BACENJUD do valor do débito, fica desde já autorizada a expedição de alvará, intimando-se a parte interessada para retirá-lo, no prazo de 05 dias, momento em que deverá informar se há algo mais a requerer, sob pena de arquivamento definitivo dos autos.

Cite-se.

Intime-se.

Cumpra-se."

5.4.3 Execução de decisão judicial proferida em juízo distinto do juizado especial fazendário – título executivo judicial (ação de cumprimento de sentença contra o estado) x título executivo extrajudicial (ação executiva em face do Estado)

Questão polêmica nascida após o novo CPC/2015 refere-se à forma de execução de certas decisões judiciais, que se tornam títulos executivos durante o curso de processo de conhecimento, mas proferidas em autos distintos, cuja parte responsável pelas despesas estaria abrangida pelas benesses da assistência judiciária gratuita, contudo, sem conhecimento do Estado, responsável pelos respectivos pagamentos.

As partes, no primeiro processo, seriam pessoas naturais ou jurídicas distintas do Estado, razão pela qual questiona-se se a ação para o pagamento deste título deveria se dar através do mero cumprimento de sentença ou por meio de execução extrajudicial, notadamente quando proposta perante os Juizados Especiais da Fazenda Pública.

É o caso, por exemplo, de decisões judiciais que homologam honorários para os serviços que foram prestados em ações judiciais nas quais o Estado não figurou como parte e não teve contraditório e ampla defesa quanto ao valor arbitrado.

Destarte, passa-se à exploração do tema, consoante a seguir:

Breve histórico legislativo e posicionamentos distintos:

O inciso VI antigo artigo 585 do CPC/73 previa como sendo título executivo extrajudicial o crédito do perito, quando os honorários respectivos fossem aprovados por decisão judicial. Assim, bastava que o perito obtivesse a certidão junto ao escrivão da Secretaria do processo em que atuou para propor a ação de execução de título executivo extrajudicial em face do Estado.

Entretanto, o artigo 784 do novo CPC/2015, que também elencou um rol de títulos executivos extrajudiciais, não repetiu o inciso VI acima mencionado. Pelo contrário, foi transportada a hipótese para o Título "*Do Cumprimento de Sentença*", definindo-o como título executivo judicial, a saber:

> Art. 515. São títulos executivos judiciais, cujo cumprimento dar-se-á de acordo com os artigos previstos neste Título:
>
> V - o crédito de auxiliar da justiça, quando as custas, emolumentos ou honorários tiverem sido aprovados por decisão judicial;

Nos termos do dispositivo legal, torna-se indene de dúvidas que os honorários do auxiliar da Justiça poderão ser executados nos mesmos autos dos processos de conhecimento em face da Fazenda Pública, quando o beneficiário, devedor das despesas processuais, for o responsável, diante do processo sincrético, tratando-se de título executivo judicial a decisão do magistrado que homologou os respectivos honorários na fase de conhecimento.

Entretanto, vários credores, que antes acionavam o Judiciário para receber seus créditos mediante execução própria nas hipóteses em que atuavam em processos desconhecidos pelo Estado, passaram a ter dúvidas sobre qual o meio judicial cabível para a propositura da execução respectiva.

Muitos, seguindo a lei seca do artigo 515 do CPC/2015, passaram a propor ações judiciais de cumprimento de sentença de títulos judiciais, valendo-se do rito de cumprimento de sentença estabelecido pelo CPC/2015, contudo, perante os Juizados Especiais e mediante processo judicial próprio.

Já outros mantiveram o posicionamento de acionarem o Poder Judiciário através de ação de execução de título extrajudicial.

Diante de tais entendimentos e de análise atenta das modificações apresentadas pelo novo CPC e dos critérios que norteiam os Juizados Especiais, tem-se a segunda tese como a posição mais adequada a ser utilizada.

Posição defendida:

Possível a propositura de ação executiva inaugurada que se fundar na cobrança de crédito em razão de atuação do demandante como auxiliar da justiça, em processo judicial no qual se encontrava a parte responsável pelo pagamento amparada pela assistência judiciária gratuita, sem, contudo, ter sido o Estado de Minas Gerais parte da lide cognitiva, responsável pelo pagamento.

Tem-se, como adequado o rito da execução de título extrajudicial, baseado na decisão/certidão de arbitramento dos honorários, em face de pessoa jurídica de direito público que não figurou como parte, sob pena de violação dos princípios constitucionais do contraditório e da ampla defesa, dentre outras garantias não menos infringidas.

Destacam-se do texto constitucional, as normas abaixo a respeito das garantidas de que a parte demandada tenha conhecimento sobre a fundamentações que determinam sua responsabilidade, bem como o direito de se defenderem amplamente, de modo, inclusive, a evitar arbitrariedades e tratamentos não isonômicos entre as partes:

> TÍTULO II
>
> **DOS DIREITOS E GARANTIAS FUNDAMENTAIS**
>
> CAPÍTULO I
>
> DOS DIREITOS E DEVERES INDIVIDUAIS E COLETIVOS
>
> Art. 5º **Todos são iguais perante a lei, sem distinção de qualquer natureza**, garantindo-se aos brasileiros e aos estrangeiros residentes no País a **inviolabilidade do direito** à vida, à liberdade, à igualdade, à segurança e à propriedade, nos termos seguintes:
>
> (...)
>
> II - ninguém será obrigado a fazer ou deixar de fazer alguma coisa senão em virtude de lei;
>
> (....)
>
> - a lei não excluirá da apreciação do Poder Judiciário lesão ou ameaça a direito;
>
> - a lei não prejudicará o direito adquirido, o ato jurídico perfeito e a coisa julgada;
>
> (....)
>
> **LV - aos litigantes, em processo judicial ou administrativo, e aos acusados em geral são assegurados o contraditório e ampla defesa, com os meios e recursos a ela inerentes;**
>
> (...)
>
> LXXIV - o Estado prestará assistência jurídica integral e gratuita aos que comprovarem insuficiência de recursos;
>
> (....)
>
> LXXVIII - a todos, no âmbito judicial e administrativo, são assegurados a razoável duração do processo e os meios que garantam a celeridade de sua tramitação. (Incluído pela Emenda Constitucional nº 45, de 2004)
>
> (...)
>
> § 1º As normas definidoras dos direitos e garantias fundamentais têm aplicação imediata.
>
> § 2º Os direitos e garantias expressos nesta Constituição não excluem outros decorrentes do regime e dos princípios por ela adotados, ou dos tratados internacionais em que a República Federativa do Brasil seja parte.

A Constituição da República de 1988 deverá ser utilizada como premissa maior para a elaboração das leis do nosso País, no sentido de que respeitem os direitos e garantias fundamentais, os quais balizarão a aplicabilidade das normas pelo operador do direito.

Neste contexto, primando-se pela isonomia, contraditório e ampla defesa, em que pese da nova redação do artigo 784 do CPC/2015 tenha sido excluído o inciso VI do artigo 585 do antigo CPC/73, que inseria a remuneração dos serventuários da justiça de forma genérica no rol dos títulos extrajudiciais, restando agora implantado como título executivo judicial no artigo 515, V do CPC/2015, atente-se para o fato de que, nas hipóteses em que o devedor não tenha ainda figurado como parte nos autos de definição do crédito, o título não poderá ser considerado judicial para fins de cumprimento de sentença, em desfavor de pessoa jurídica que não teve prévia ciência e que atua com dinheiro público, embora definido judicialmente.

Note-se que este mesmo artigo 515 do CPC/2015 informa que o título executivo judicial poderá ser cobrado através do juízo cível, distinto dos demais, tramitando como cumprimento de sentença, mesmo em autos apartados, mas apenas para os títulos mencionados nos incisos VI a IX do § 1º do seu artigo. Estes títulos

> TÍTULO II
> DO CUMPRIMENTO DA SENTENÇA
> CAPÍTULO I
> DISPOSIÇÕES GERAIS
>
> Art. 515. São títulos executivos judiciais, cujo cumprimento dar-se-á de acordo com os artigos previstos neste Título:
>
> (....)
>
> V - o crédito de auxiliar da justiça, quando as custas, emolumentos ou honorários tiverem sido aprovados por decisão judicial;
>
> VI - a sentença penal condenatória transitada em julgado;
>
> VII - a sentença arbitral;
>
> VIII - a sentença estrangeira homologada pelo Superior Tribunal de Justiça;
>
> IX - a decisão interlocutória estrangeira, após a concessão do exequatur à car-ta rogatória pelo Superior Tribunal de Justiça;
>
> § 1º Nos casos dos incisos VI a IX, o devedor será <u>citado</u> no juízo cível para o cumprimento da sentença ou para a liquidação no prazo de 15 (quinze) dias.

Destaque-se que o cumprimento de sentença ou liquidação, produzido através de ação judicial própria, deverá se dar para conferir efetividade à ação penal civil *ex delito*, para a sentença arbitral, bem como para a sentença estrangeira homologada pelo STJ e a decisão interlocutória estrangeira submetida a exequatur pelo STJ. Observe-se que em todas essas situações, a parte executada por meio da ação de cumprimento de sentença figurou na situação jurídica anterior que fundamentou a causa de pedir da execução.

Como não há disposição de lei inócua, tem-se que a não inserção no § 1º do artigo 515 do crédito do serventuário da Justiça, como hipótese de ação própria para cumprimento de sentença, tem-se que o mencionado artigo possui aplicabilidade vinculada, em regra, ao artigo 516 do novel diploma processualístico.

Contudo, especificamente a respeito do crédito do serventuário da justiça advindo de decisão judicial proferida em processo distinto anterior, cujo Estado não atuou como parte interessada na fase de conhecimento, o artigo 516 do CPC/20115 nada dispôs.

Ressalte-se que o mencionado artigo somente prevê que o cumprimento da sentença como título judicial (em conjunto com o artigo 515) deverá ser processado ***perante o juízo que decidiu a causa* no primeiro grau de jurisdição.**

Assim, de leitura simples do artigo 516 do CPC/2015, possível concluir a ausência de dispositivo legal a justificar o cumprimento de sentença de título decorrente de decisões proferidas por juízos diversos em outros processos, em que o executado não tenha sido parte.

> Art. 516. O cumprimento da sentença efetuar-se-á perante:
>
> I – os tribunais, nas causas de sua competência originária;
>
> II – **o juízo que decidiu a causa no primeiro grau de jurisdição;**
>
> III – **o juízo cível competente, quando se tratar de sentença penal condenatória, de sentença arbitral, de sentença estrangeira ou de acórdão proferido pelo Tribunal Marítimo.**
>
> Parágrafo único. Nas hipóteses dos incisos II e III, o exequente poderá optar pelo juízo do atual domicílio do executado, pelo juízo do local onde se encontrem os bens sujeitos à execução ou pelo juízo do local onde deva ser executada a obrigação de fazer ou de não fazer, casos em que a remessa dos autos do processo será solicitada ao juízo de origem. [*V. art. 528, § 9.º, relacionado*]

Refere-se portanto o artigo 515, V do CPC/2015 apenas ao processo sincrético, relativamente ao mesmo juízo fazendário das causas já processadas na fase de conhecimento e sentenciadas em face do Estado, a cumprir a decisão nos próprios autos, os quais serão remetidos ao juízo optativo disposto no parágrafo único do artigo 516. Não haverá, portanto, em necessidade de autos em separado apenas para a execução de decisão judicial que definiu o crédito do serventuário da justiça. A situação não se amolda, como visto pela junção dos artigos 515 e 516 ambos do CPC/2015, portanto, à hipótese em que se processa em juízo distinto do sentenciante a execução de título em face de pessoa que não figurou como parte no feito que ensejou a sentença.

Reforça ainda a tese aqui defendida quando se vê que no mencionado artigo 516 do CPC/2015 somente há previsão de cumprimento da sentença perante o juízo cível competente distinto no tocante ao título judicial "...***quando se tratar***" de sentença penal condenatória, para execução de indenização civil *ex delito*, e de sentença arbitral e estrangeira ou de Tribunal marítimo. Nestes casos, estão sempre relacionadas às próprias partes que já discutiram o litígio anteriormente, em que pese em situação distinta, artigo este que não inseriu em seu rol sentenças proferidas em face de parte não processada em fase cognitiva, refugindo-se, mais uma vez, ao caso concreto.

Forçoso concluir que o novo CPC/2015, com as alterações previstas, apenas passou a inserir a Fazenda Pública na sistemática do processo sincrético, processando-se a execução das sentenças e das decisões judiciais definidoras de créditos de serventuários da Justiça, proferidas em face de si, como mera fase de cumprimento de sentença, nos mesmos autos da obrigação definida em face do Estado ou ente público que foi parte na fase cognitiva, trazendo-se, assim, a Fazenda Pública para o rito de cumprimento de sentença antes previsto apenas para pessoas físicas e jurídicas diversas nos artigos 475 e ss do CPC/1973.

Outro não deve ser o entendimento, eis que o Estado que não figurou como parte na fase cognitiva, quando executado por meio de título executivo extrajudicial, poderá exercer com maior amplitude seu direito de defesa, uma vez que eventuais embargos do devedor terão matéria ampla, consoante artigo 53 da Lei nº 9.099/95, que determina a aplicação Código de Processo Civil, mais precisamente do artigo 910, § 2º do CPC/2015.

Respeita-se, desta maneira, o tratamento igualitário à parte que não estava ciente do arbitramento dos honorários exequendos e sobre ele não pode se manifestar até aquele momento, priorizando-se as garantias constitucionais do contraditório e da ampla defesa.

Pensar o contrário seria retirar a execução do título em face do Estado prevista no artigo 53 da Lei nº 9099/95, que remonta ao CPC, inclusive para a matéria alargada para embargos, processando-se como cumprimento de sentença através do artigo 13 da Lei nº 12.153/2009, já com expedição inicial de RPV, independentemente da possibilidade ou não de embargos do devedor, elidindo-se a possibilidade de ampla defesa.

Diante da interpretação sistemática entre os artigos do CPC/2015 e do sistema dos Juizados Especiais, à luz dos princípios constitucionais mencionados e regras gerais do direito, outro não pode ser o entendimento a não ser o de que, com fulcro no artigo 4º da Lei de Introdução às Normas do Direito Brasileiro, deverá ser processada **como execução de título executivo extrajudicial de honorários de dativos em face da Fazenda Pública estadual, perante juízo distinto fazendário, através de ação executiva própria,** consoante certidão apresentada pela parte autora e procedimento acima já especificado.

Diante de tal parâmetro e, considerando-se que a parte autora já possui, repita-se, um título executivo, resta evidente o interesse de agir para a execução extrajudicialmente e não para ação de cobrança.

No mais, ressalta-se por oportuno, que o juízo sumaríssimo possui competência para o processamento e julgamento de ações ordinárias e de execuções extrajudiciais contra as Fazendas Públicas estadual e municipal, desde que dentro dos limites das Leis nº 9.099/95 e nº 12.153/2009, seja no tocante ao valor de causa, seja em razão das demais regras de competência (vide Capítulo 3).

Ante o exposto, proposta a ação de cumprimento de sentença para executar crédito de auxiliar da Justiça, arbitrado em processo anterior cujo Estado não figurou como parte, embora o responsável pelo pagamento do crédito, decorrente de amparo pela assistência judiciária gratuita, a parte autora deverá ser intimada para emendar a inicial, a fim de adequar o tipo de procedimento escolhido à natureza da causa para ação de execução de título extrajudicial, devendo, para tanto, reformular seu pleito exordial, apresentando os cálculos devidos, no prazo de 15 dias, sob pena de indeferimento, nos termos do artigo 485 inciso I e IV do CPC/2015 (267 I e VI do CPC/73)

5.4.4 Execução de honorários de advogados

Os honorários de advogados poderão se classificar em contratuais e de sucumbência, havendo que se destacar os honorários de advogados dativos.

Atente-se que a decisão judicial que fixar ou arbitrar honorários sucumbenciais ou dativos, bem como os honorários decorrentes de contratos firmados entre mandante e mandado são títulos executivos, consoante dispõe especificamente o Estatuto da OAB (Lei nº 8.906, de 04 de julho de 1994.).

> Art. 24. A decisão judicial que fixar ou arbitrar honorários e o contrato escrito que os estipular **são títulos executivos** e constituem crédito privilegiado na falência, concordata, concurso de credores, insolvência civil e liquidação extrajudicial.
>
> § 1º A execução dos honorários pode ser promovida **nos mesmos autos da ação em que tenha atuado o advogado, se assim lhe convier.**
>
> § 2º Na hipótese de falecimento ou incapacidade civil do advogado, os honorários de sucumbência, proporcionais ao trabalho realizado, são recebidos por seus sucessores ou representantes legais.
>
> § 3º É nula qualquer disposição, cláusula, regulamento ou convenção individual ou coletiva que retire do advogado o direito ao recebimento dos honorários de sucumbência.
>
> § 4º O acordo feito pelo cliente do advogado e a parte contrária, salvo aquiescência do profissional, não lhe prejudica os honorários, quer os convencionados, quer os concedidos por sentença.

No mesmo sentido da explanação no Capítulo 5.4.3, os honorários de dativos somente serão processados nos mesmos autos do processo de conhecimento quando do juízo da concessão da assistência judiciária gratuita for o fazendário e o Estado, responsável por seu pagamento, figurar como parte no processo.

Ao contrário, a título de lembrete, é possível que, em fase de cumprimento de sentença de processo cível em que atuou, o advogado peça o pagamento de seus honorários contratuais, além dos sucumbenciais, com expedição de precatório ou de RPV. Pode ser destacado do valor contratado do crédito principal pertencente ä parte credora perante a face da Fazenda Pública.

A par das discussões doutrinárias e jurisprudenciais a respeito, prestigia-se o princípio da economia processual, previsto no artigo 2º da Lei nº 9099/95, evitando-se processo de execução em apartado, com penhora no rosto dos autos do crédito existente no processo em que tramita o cumprimento de sentença em favor de sua cliente, ora devedora dos honorários contratuais relativos àquela mesma demanda.

Os mencionados honorários contratuais, se de valores abaixo dos limites previstos pelos entes públicos para expedição de RPV, poderão ser objetos das requisições de pequeno valor, mesmo se o crédito principal for superior aos limites previstos.

Assim, não haverá que se falar em execução extrajudicial, mas sim em execução incidente em um cumprimento de sentença, mesmo que relativamente a um título extrajudicial (contrato particular de honorário advocatícios).

Para tanto, deverá o advogado realizar a juntada do contrato de honorários advocatícios, nos termos do que determina a Resolução 115/2010 do CNJ, artigo 5º, XV, § 2º, sendo necessária a oitiva da mandante, nos termos do artigo 22, § 4 º do Estatuto da OAB a saber:

> Art. 22. A prestação de serviço profissional assegura aos inscritos na OAB o direito aos honorários convencionados, aos fixados por arbitramento judicial e aos de sucumbência.
>
> § 4º Se o advogado fizer juntar aos autos o seu contrato de honorários antes de expedir-se o mandado de levantamento ou precatório, o juiz deve determinar que lhe sejam pagos diretamente, por dedução da quantia a ser recebida pelo constituinte, salvo se este provar que já os pagou.

Apresentado o pedido requisitório e o contrato de honorários, antes de promover a expedição de precatório e/ou RPV, deverá ser intimada pessoalmente a mandante para que, no prazo de 10 (dez) dias, razoável em virtude dos demais prazos previstos pela Lei nº 9.099/95, informe neste autos eventual pagamento, requerendo o que de direito, sob pena de deferimento do pedido formulado por seu procurador nos autos, cientificando-a de que deverá ser destacado do montante do crédito principal que lhe seja destinado o importe relativo aos honorários contratuais, além daquele atinente aos honorários sucumbenciais.

5.5 ACÃO DE COBRANÇA X AÇÃO EXECUTIVA – INTERESSE DE AGIR

O § 1º do artigo 784 do CPC prevê que "*a propositura de qualquer ação relativa a débito constante de título executivo não inibe o credor de promover-lhe a execução*"

A parte autora, por vezes, apresenta em juízo ação de cobrança tendo como causa de pedir decisão judicial proferida em outro processo anterior, que arbitrou honorários por ter atuado como dativo.

Contudo, em verdade, trata-se de **título executivo** a decisão final de arbitramento de honorários de dativo proferida, já com trânsito em julgado, consoante certidões apresentadas pela parte autora, mesmo que não seja aquele primeiro juízo sentenciante o competente para o processamento do cumprimento da decisão em face do Estado.

Diante de tal parâmetro e, considerando-se que a parte autora já possui, repita-se, um título executivo, resta evidente o interesse de agir da parte autora de provocar o Poder Judiciário para a execução deste.

Salienta-se, para uma corrente, restar ausente a condição da ação do interesse de agir para a ação de cobrança, na modalidade adequação, tornando-se despiciendo novo processo cognitivo, com discussão ampla e prolação de decisão judicial sobre o mesmo assunto, se o magistrado já atuou sobre o tema, decidindo a respeito, o que ainda demandaria posterior início de execução, a desafiar novamente discussão através de embargos do devedor.

A soma dos procedimentos, de maneira totalmente desnecessária, violaria a coisa julgada e os princípios da celeridade e economia processual que regem os Sistemas deste Juizados Especiais.

Ademais, a defesa estaria garantida ao Estado através de embargos será ampla, eis que "n*os embargos, a Fazenda Pública poderá alegar qualquer matéria que lhe seria lícito deduzir como defesa no processo de conhecimento.*" , não havendo qualquer prejuízo ao devedor (artigo 53 da Lei nº 9.099/95 cumulado com artigo 910, § 2º do CPC/2015),

Para esta tese, então, a parte autora que apresentar ação de cobrança de honorários de serventuários da justiça ou de advogados dativos já arbitrados judicialmente em processo anterior distinto deverá seguir a ação de execução, apresentando os cálculos devidos, no prazo de 15 dias, sob pena de indeferimento.

O CPC/2015, contudo, dispõe de maneira distinta no seu artigo 785, ao estabelecer que "*a existência de título executivo extrajudicial não impede a parte de optar pelo processo de conhecimento, a fim de obter título executivo judicial.*"

Para a maioria dos juristas e operadores do direito, portanto, a execução de título executivo extrajudicial é facultativa ao credor, não se podendo entender pela ausência de interesse de agir caso já possua um título de obrigação certa, líquida e exigível (artigo 783 do CPC/2015)

5.6 EXECUÇÃO PROVISÓRIA NOS JUIZADOS ESPECIAIS DA FAZENDA PÚBLICA

A possibilidade de execução provisória em sede dos Juizados Especiais da Fazenda Pública também se afigura como tema controverso.

A Lei nº 12.153/09 não abordou o assunto e o artigo 43 da Lei nº 9.099/95, ao dispor que os recursos deveriam ser recebidos apenas no efeito devolutivo, possibilitou o início da execução, provisoriamente, antes do trânsito em julgado.

Decorrem da questão suscitada duas correntes, relativas aos Juizados Especiais da Fazenda Pública.

A primeira, que aceita a execução provisória, mediante caução idônea e, considerando a priorização por dinheiro, seria feita por bloqucio Bacenjud, notadamente para as causas de menor valor.

Já a segunda, que refuta a possibilidade de execução provisória em face da Fazenda Pública, em razão da preservação do interesse coletivo e do dinheiro público envolvido é a que, a nosso ver, se mostra mais adequada.

Deverá ser observado, para esta corrente, o artigo 2º-B da Lei nº 9.494/97, que é norma especial e compatível com os Juizados Especiais, consoante a seguir transcreve-se:

> Art. 2º-B. A sentença que tenha por objeto a liberação de recurso, inclusão em folha de pagamento, reclassificação, equiparação, concessão de aumento ou extensão de vantagens a servidores da União, dos Estados, do Distrito Federal e dos Municípios, inclusive de suas autarquias e fundações, somente poderá ser executada após seu trânsito em julgado. (Incluído pela Medida provisória nº 2.180-35, de 2001)

A respeito do tema, Ricardo Cunha Chimenti[6], defende a impossibilidade de execução provisória nos Juizados Especiais da Fazenda Pública. Destaca-se o enunciado 35 do FONAJEF: "*A execução provisória para pagar quantia certa é inviável em sede de juizado, considerando outros meios jurídicos para assegurar o direito da parte.*"

Na espécie, não haverá, pois, a possibilidade de execução provisória, em virtude da legislação especial aplicável às matérias fazendárias, incidentes ao rito sumaríssimo, e porque não há disposição que a confronte nas leis dos juizados especiais.

Para os que aceitam a execução provisória contra a Fazenda Pública, em se tratando de obrigação de pagar, a liberação do valor bloqueado ficaria condicionada ao julgamento do processo principal, sob pena de graves prejuízos ao erário público.

5.7 EXTINÇÃO DA EXECUÇÃO

5.7.1 – EXTINÇÃO NO CUMPRIMENTO DE SENTENÇA E NA EXECUCÃO DE TÍTULO EXECUTIVO EXTRAJUDICIAL NOS JUIZADOS ESPECIAIS DA FAZENDA PÚBLICA.

A execução deverá ser extinta, da seguinte maneira:

> CPC/2015
>
> DA EXTINÇÃO DO PROCESSO DE EXECUÇÃO
>
> Art. 924. Extingue-se a execução quando:
>
> I - a petição inicial for indeferida;
>
> II - a obrigação for satisfeita;
>
> III - o executado obtiver, por qualquer outro meio, a extinção total da dívida;
>
> IV - o exequente renunciar ao crédito;
>
> V - ocorrer a prescrição intercorrente.
>
> Art. 925. A extinção só produz efeito quando declarada por sentença.

---

6 CHIMENTI, Ricardo Cunha. Juizados Especiais da Fazenda Pública: Lei 12.153/2009 comentada artigo por artigo. São Paulo: Saraiva, 2010, p. 94.

5.7.2 CUSTAS E HONORÁRIOS NA EXECUCÃO JUDICIAL OU EXTRA-JUDICIAL

Relativamente às despesas e custas processuais na execução, deve-se seguir as regras gerais para os Juizados Especiais, estabelecidas pelos artigos 54 e 55 da Lei 9.099/95, no sentido de que o acesso em primeiro grau de jurisdição independerá do pagamento de custas, taxas ou despesas. Para o segundo grau, haverá preparo para o recurso, compreendendo todas as despesas processuais.

No tocante às custas, há exceções expressas para a fase de execução nos processos perante os Juizados Especiais, constantes do parágrafo único do artigo 55 da Lei nº 9099/95, a saber:

> Art. 55 - Parágrafo único. Na execução não serão contadas custas, **salvo quando:**
>
> I - reconhecida a litigância de má-fé;
>
> II - improcedentes os embargos do devedor;
>
> III - tratar-se de execução de sentença que tenha sido objeto de recurso improvido do devedor.

Não se pode olvidar, contudo, a isenção legal ao pagamento das custas pela Fazenda Pública.

Quanto aos honorários advocatícios, tratando-se de sentença proferida em primeiro grau, não haverá condenação, salvo litigância de má-fé (artigo 55 da Lei nº 9.099/95.

6
AÇÕES MAIS PROPOSTAS NO JUIZADO ESPECIAL DA FAZENDA PÚBLICA DA COMARCA DE BELO HORIZONTE

6.1 SAÚDE

Como já ocorre nas Varas de Fazenda Pública, as ações relativas à saúde têm grande número de distribuição, seja pela deficiência de atendimento pelo SUS - Sistema Único de Saúde relativo à demanda solicitada pela população, seja pela demora na prestação.

A judicialização da saúde é tema em constante discussão entre os poderes Executivo, Legislativo e Judiciário.

A fim de auxiliar os juízes no julgamento das ações, o CNJ - Conselho Nacional de Justiça, emitiu em 15.05.2014, 45 enunciados, sendo que destes, 19 são relativos à saúde pública, ou seja, a prestada pelo SUS - Sistema Único de Saúde.

O Poder Judiciário do Estado de Minas Gerais disponibiliza no site o TJMG, na biblioteca digital, notas técnicas a respeito de doenças e medicamentos.

Atualmente está em andamento o projeto da Câmara Técnica de Conciliação, decorrente de projeto elaborado entre o Poder Judiciário, o Estado e o Município, por intermédio do trabalho incansável dos membros do Comitê Executivo de Saúde Estadual de Minas Gerais.

Nos Juizados Especiais da Comarca de Belo Horizonte, as decisões que deferem liminar, mas, em caso de descumprimento, poderão advertir da possibilidade de bloqueio judicial, via Bacenjud, do valor correspondente a determinado período da medicação/insumo solicitado, exigindo-se da parte autora, posterior prestação de contas relativo ao produto adquirido. (Vide Capítulo 4.2)

6.2 TRÂNSITO E TRANSPORTE DE VEÍCULOS AUTOMOTORES

Matérias relativas a trânsito e veículos, são outros temas recorrentes de ajuizamentos nos Juizados Especiais da Fazenda Pública, dentre eles:

- Anulação de autos de infração e penalidades por insubsistência;

- Anulação de autos de infração e penalidades por ausência notificações ;

Aqui, necessário separar os atos administrativos de fiscalização e constatação (autuação de trânsito), para fins de analisar as notificações realizadas em cada um e, sendo válida, passar à análise da validade dos atos administrativos punitivos e suas notificações (multas e pontos, além de suspensão do direito de dirigir.

Diante da validade do auto de infração que, por exemplo, gere a suspensão do direito de dirigir direta e independente de pontos (ex. embriaguez ao volante, motociclista sem capacete, racha, dentre outros), com notificação em flagrante e dispensa de notificação via correios, a higidez do processo administrativo instaurado para tal finalidade, eis que baseado não no acúmulo de pontos, mas apenas na natureza da infração, mesmo que não tenha havido notificação válida das penalidades de multas e pontuação.

A divergência maior sobre o tema é encontrada na forma da validação ou não das notificações para, por conseguinte, validar ou não os atos administrativos de autuação e de punição.

- Anulação de autos de infração por embriaguez ao volante, por inconsistência do auto e recusa em se submeter a exames de sangue e teste de etilômetro;

- Anulação de Portaria Punitiva que nega a concessão de CHN definitiva ao permissionário em decorrência da infração prevista no artigo 233 do Código de Trânsito Brasileiro – CTB;

Incidente de Uniformização de Jurisprudência, nº1.000.13.078317-8, julgado pelo TJMG que transitou em julgado em 04.08.2015, estabeleceu que o artigo 233 do CTB não pode impedir a concessão da CNH definitiva (Carteira Nacional de Habilitação), uma vez que a referida infração não afere a capacidade na condução do veículo, sendo apenas de natureza administrativa.

- Anulação de autos de infração e penalidades por não estar na condução do veículo – Responsabilidade de Condutor e de Proprietário

A Portaria 59/2007 do Denatran traz detalhadamente o dispositivo do Código Brasileiro de Trânsito para a infração, a natureza e o responsável.

Deverá o recebedor da infração preencher o FICI (Formulário de Identificação do Condutor Infrator), contendo as assinaturas de ambos e entrega-lo a tempo e modo no Detran.

- Anulação de autos de infração e penalidades em decorrência da prescrição.

No tocante à prescrição, a Lei nº 9.873 de 23.11.1999, que dispõe sobre os prazos de prescrição para o exercício de pretensão punitiva da Administração Pública. Observe-se, ainda, a Resolução 182/2005 do Contran que prevê, no item VIII, artigos 22 e 23:

- Comunicação de Venda x Transferência de Veículos – celeuma ainda existente

Não obstante o aperfeiçoamento do contrato de compra e venda de bem móvel se dê com a tradição (artigo 1.267 do Código Civil), ou seja, com a alteração da posse,

O cabimento de ajuizamento de ações de transferência de veículo nos Juizados Especiais da Fazenda Pública figura-se tema controverso e que gera muita discussão entre os magistrados e operadores do direito. Conforme Reclamação nº 12.694, a Ministra Isabel Gallotti entendeu que o Estado não possui qualquer interesse nesta lide, eis que se refere a particulares, com obrigação do adquirente em promover a transferência e do vendedor, de comunicar a venda..

As partes autoras vinham então pedindo a declaração negativa de propriedade atual e consequente exclusão da titularidade registral do Detran, provada a venda, o que vinha sendo reconhecido pelos magistrados e executado pelo Detran.

Contudo, o entendimento passou a ser modificado a partir de meados de 2015, quando os entraves relativos às consequências cíveis, penais e tributárias da existência de veículos sem titularidade, considerando a inexistência de previsão no Código de Trânsito Brasileiro para a exclusão na hipótese de venda do bem, eis que não atende ao princípio da veracidade dos registros públicos, tornando-se portanto este pedido juridicamente impossível.

Assim, os Juizados Especiais da Fazenda Pública seriam competentes apenas para determinar a inclusão de comunicação de venda junto ao Detran quando comprovado o negócio jurídico, devendo a ação de transferência de veículo ser ajuizada contra o correspondente comprador junto aos Juizados Especiais Cíveis.

6.3 OUTRAS AÇÕES

6.3.1 Direito administrativo em geral

- servidores públicos - promoções e progressões, reposicionamentos na carreira, adicionais noturnos e revisão de base de cálculo para adicionais de insalubridades;

- ações de professores pedindo diferenças pelo piso salarial nacional e pretensões advindas da inconstitucionalidade da LC nº 100/MG;

- FGTS para contratados temporários;

- Rescisões de contratos temporários durante período eleitoral;

- Concursos públicos (inaptidões médicas e psicotécnicas, requisitos de altura e idade; impugnações a correções de provas e ao procedimento utilizado, etc.);

6.3.2 - Direito tributário estadual e municipal

- Taxa de Coleta de Resíduos Sólidos - inconstitucionalidade,

- Base de cálculo de ICMS (Taxas cobradas e consumo)

- IPTU, ITBI, IPVA, ITCMD;

6.3.3 Direito previdenciário

Ações previdenciárias em geral (descontos indevidos; aposentadorias e inclusão de verbas na base de cálculo, pensões por morte, cômputo de tempo de serviço e questionamentos sobre a própria contribuição)

6.3.4 Assistência à saúde previdenciária

Coberturas e inclusões de dependentes.

6.3.5 Responsabilidade civil do estado

- Discussões sobre indenizações por danos morais e materiais decorrentes de responsabilidade civil da Administração Pública em geral, por quedas nas calçadas, danos e acidentes causados por buracos nas ruas, etc.,

- Protesto indevidos de CDA's e indenização por danos morais e materiais;

- Acidentes de trânsito envolvendo veículos públicos;

6.4 DEMANDAS REPETITIVAS SUSPENSAS SOBRE MATÉRIAS AFETAS AOS JUIZADOS ESPECIAIS DA FAZENDA PÚBLICA

6.4.1 No território Nacional

A- Saúde

Em decisão proferida no Resp 1.657.156 – RJ (2017/0025629-7), publicada em 02.05.2017, o Min. Benedito Gonçalves, suspendeu em todo o território nacional os processos pendentes, individuais e coletivos que versem sobre obrigação de prestação pelo Estado de medicamentos não mencionados na Portaria 2.982 de 26.11.2009.

Em 31.05.2017 houve a delimitação do tema referido, nº 106 como sendo: "Obrigação do Poder Público de fornecer medicamentos não incorporados através dos atos normativos, ao Sistema Único de Saúde".

Diante das inúmeras decisões divergentes, os Ministros da 1ª Seção decidiram, por unanimidade, sabiamente, que os magistrados podem analisar medida liminar, apesar da afetação pelo STJ.

B- Restituição de Contribuição previdenciária paga a maior.

Em decisão proferida pelo STJ no Pro AFR no Recurso Especial nº1.381.734 – RN (2013/0151218-2), que analisa a devolução ou não de valores recebidos de boa-fé, a título de benefício previdenciário, por força de interpretação errônea, má aplicação da lei ou erro da Administração da Previdência Social, foi determinada a suspensão das ações coletivas ou individuais, que versem sobre o tema e tramitem em território nacional.

C- FGTS - Fundo de garantia por tempo de serviço

Em decisão proferida no RE 765.320, com repercussão geral, o STF, reconheceu o direito ao FGTS de funcionário que, através de designações sucessivas, ocupou indevidamente cargo público. A decisão foi desafiada por Embargos de Declaração, que, apesar de já terem sido julgados e não admitidos em 11.09.2017, ainda não houve o trânsito em julgado, permanecendo a suspensão.

6.4.2 No Estado de Minas Gerais

A- CEMIG – Companhia Energética de Minas Gerais

Instaurado pelo TJMG Incidente de Resolução de Demandas Repetitivas - IRDR, a fim de assentar entendimento a respeito da competência para o julgamento das ações relativas à Cemig: - se fazendária ou dos Juizados Cíveis, ou ainda dos Juizados Especiais da Fazenda Pública (nº1.0000.16.056466-2/002).

No referido incidente foi determinada a suspensão das ações que tramitam na 2ª e 1ª instância, inclusive as que estão em curso nos Juizados Especiais.

B- Progressão funcional por escolaridade

Instaurado pelo TJMG Incidente de Resolução de Demandas Repetitivas - IRDR, Nº25, a fim de assentar entendimento a respeito dos critérios estabelecidos para fins de concessão da promoção funcional por escolaridade adicional aos servidores públicos estaduais, (nº1.0000.16.049047-0/001), publicado em 10.07.2017. No referido incidente foi determinada a suspensão das ações que tramitam na 2ª e 1ª instância, inclusive as que estão em curso nos Juizados Especiais.

C- Progressão funcional por ausência de avaliação de desempenho

Instaurado pelo TJMG Incidente de Resolução de Demandas Repetitivas - IRDR, a fim de assentar entendimento a respeito da competência para o julgamento das ações relativas à possibilidade de reconhecimento de progressão horizontal administrativamente, inviabilizada em função da omissão estatal quanto à avaliação de desempenho (nº1.0332.14.001772-1/002). No referido incidente foi determinada a suspensão das ações que tramitam na 2ª e 1ª instância, inclusive as que estão em curso nos Juizados Especiais.

D- Honorários advocatícios de dativos

Instaurado pelo TJMG Incidente de Resolução de Demandas Repetitivas - IRDR, a fim de analisar se é devida a observância dos valores da Tabela de Honorários da OAB, estabelecida por força do convênio firmado entre a AGE/

MG, TJMG e OAB/MG em 2012, para fins de fixação da remuneração do advogado dativo, antes e durante e mesmo após a revogação do convênio, neste último caso, apenas como parâmetro de aferição da equidade/razoabilidade do montante (nº1.0000.16.032808-4/002). No referido incidente foi determinada a suspensão das ações que tramitam no Estado e versam sobre o tema.

7
CONSIDERAÇÕES FINAIS

A instituição dos Juizados Especiais da Fazenda Pública, implementada pela Lei nº 12.153/09, conforme foi possível verificar através de toda a exposição realizada, trouxe importante inovação para o sistema jurídico e para a efetividade da prestação jurisdicional. Simplificou o ajuizamento e trâmite de ações contra entes públicos, objetivando torná-los mais céleres e diminuir o acervo das varas comuns de Fazenda Pública estadual e municipal.

Assim como foi gradual a consolidação de entendimentos sobre os Juizados Especiais Cíveis e Criminais, também o será para os Juizados Especiais da Fazenda Pública, por ser decorrente de uma lei de tão poucos artigos (Lei nº 12.153/09), sendo certo que ainda surgirão muitas dúvidas.

Diante de divergências atinentes ao início dos Juizados Especiais da Fazenda Pública e, atentas aos fins precípuos do sistema do rito sumaríssimo, os assuntos tratados neste livro tiveram norteamento na Constituição da República Federativa do Brasil e nos critérios da oralidade, simplicidade, informalidade, economia processual e celeridade previstos no artigo 2º da Lei 9.099/95.

Os capítulos dedicados à legislação incidente, competência, legitimidade e capacidade processual, ritos, procedimentos e execução não podem ser analisados de maneira estanque. Necessário que se concretizem os Juizados Especiais da Fazenda Pública dentro de um contexto célere e eficiente, regido por normas especiais, a sugerir aplicação das regras do CPC apenas residualmente. A análise das competências absoluta e territorial deve se pautar pelos limites constitucionais e legais, com realce para o princípio do juiz natural, à sumariedade do rito, à ausência de complexidade probatória e procedimental, respeito ao valor da causa, às exclusões expressas nas leis especiais, observância da taxatividade dos legitimados com capacidade processual nos Juizados. A atenção aos itens mencionados são de total importância para que não haja desnaturação dos Juizados Especiais da Fazenda Pública.

Expandir a capacidade de ser parte perante os juizados para os presos, para entidades despersonalizadas ou permitir o trâmite de ações que ultrapassem um exame técnico simples, por exemplo, certamente desfigurará os Juizados fazendários, podendo incorrer até mesmo em julgamentos injustos.

Noutro foco, importante incentivar que aquelas causas que de fato sejam de competência dos Juizados da Fazenda Pública por ele se iniciem e percorram, sem atropelos, como as execuções de honorários de peritos e advogados dativos, aceitas pelo sistema dos juizados conforme artigo 1º da Lei 12.153/09 e artigo 53 da Lei 9.099/95.

Ampliar por demais a competência dos Juizados Especiais da Fazenda Pública, sem observação atenta aos parâmetros constitucionais e legais do procedimento sumaríssimo, tende a torná-los ineficientes e morosos, desvirtuando-se totalmente dos fins para os quais foram criados.

A inserção de matérias fazendárias no rito dos Juizados Especiais tem grande importância para o jurisdicionado, uma vez que possibilitou a busca de seus direitos de forma simplificada, até mesmo sem amparo de advogado em algumas situações, com resolução mais veloz da lide.

O acesso facilitado ao Judiciário através dos juizados trouxe uma maior sensação de justiça quanto às causas em face da Fazenda Pública, pois somente eram possíveis demandas através das varas fazendárias estaduais e municipais comuns, de alto custo, abarrotadas e morosas.

No pouco tempo de funcionamento dos Juizados Especiais da Fazenda Pública, já se percebe agilidade nas ações e, principalmente, efetividade na prestação jurisdicional que deve ser a primeira preocupação dos operadores do direito e servidores do judiciário, em quaisquer de suas esferas.

O exercício junto aos Juizados, a análise da competência e aplicação dos dispositivos legais exige dos juízes e, especialmente dos Tribunais de Justiça e do Superior Tribunal de Justiça, que firmarão os entendimentos, um olhar cuidadoso não apenas sobre a competência absoluta, mas para todos os limites legais, principiológicos e suas consequências, a fim de que os Juizados Especiais da Fazenda Pública não se tornem também morosos e inviabilizem seu fim.

Observados o limites legais, os princípios constitucionais e os constantes do artigo 2º da Lei 9.099/95, quais sejam, oralidade, simplicidade, informalidade, economia processual e celeridade, seguramente os Juizados Especiais da Fazenda Pública tornarão o Judiciário ainda mais efetivo para o cumprimento do fim para o qual se destina - conferir justiça rápida e de qualidade ao cidadão.

8
REFERÊNCIAS BIBLIOGRÁFICAS

AMARAL, Guilherme Rizzo. Comentários às alterações do novo CPC. São Paulo: Editora Revista dos Tribunais, 2015, p. 2010.

BENETI, Sidnei Agostinho. *Da Conduta do Juiz.* 3 ªEd, São Paulo: Saraiva, 2003.

BRASIL. Constituição da República Federativa do Brasil (http://www4.planalto.gov.br/legislação)

BRASIL. Lei 9.503, de 23 de setembro de 1997. Código de Trânsito Brasileiro. (http://www4.planalto.gov.br/legislação).

BRASIL. Lei 5.869, de 11 de janeiro de 1973. *Código de Processo Civil.* Disponível em (http://www4.planalto.gov.br/legislação).

BRASIL. Lei 13.105 de 16 de janeiro de 2015. *Código de Processo Civil.* Disponível em (http://www4.planalto.gov.br/legislação).

BRASIL. Lei 13.281, de 04 de maio de 2016. Altera o Código de Trânsito Brasileiro. Disponível em (http://www4.planalto.gov.br/legislação).

BRASIL. Supremo Tribunal Federal (http://www.stf.jus.br).

BRASIL. Superior Tribunal de Justiça (http://www.stj.jus.br).

BRASIL. Tribunal de Justiça do Estado de Minas Gerais (http://www.tjmg.jus.br).

BRASIL. Lei 9.099 de 26 de setembro de 1995. Dispõe sobre Juizados Especiais Cíveis e Criminais. Disponível em (http://www4.planalto.gov.br/legislação).

BRASIL. Lei 12.153 de 22 de dezembro de 2009. Dispõe sobre os Juizados Especiais da Fazenda Pública (http://www4.planalto.gov.br/legislação).

BRASIL. Lei 9.873 de 23 de novembro de 1990. Dispõe sobre prazo de prescrição para o exercício de ação punitiva pela Administração Pública Federal, direta e indireta, e dá outras providências. (http://www4.planalto.gov.br/legislação).

BUENO, Cássio Scarpinella. *Novo Código de Processo Civil Anotado*. São Paulo: Saraiva, 2015.

CARDOSO, Oscar Valente. Juizados Especiais da Fazenda Pública: Comentários à Lei 12.153/2009. São Paulo: Dialética, 2010.

CARVALHO FILHO, José dos Santos. Manual de Direito Administrativo. 17ª Ed., Rio de Janeiro: Editora Lumen Juris, 2007.

CARVALHO, Kildare Gonçalves. *Direito Constitucional* - 13 ª Ed. – Belo Horizonte: Editora Del Rey, 2007

CHIMENTI, Ricardo Cunha. Juizados Especiais da Fazenda Pública: Lei 12.153/2009 comentada artigo por artigo. São Paulo: Saraiva, 2010.

CNJ. Conselho Nacional de Justiça. Enunciados Aprovados na I e II Jornadas de Direito da Saúde. (http://www.cnj.jus.br/eventos-campanhas/evento/133-ii-jornada-de-direito-a-saude)

CÓDIGOS DE PROCESSO CIVIL COMPARADOS. Obra coletiva de autoria da Editora Saraiva com Colaboração de Luiz Roberto Curia, Lívia Céspedes e Fabiana Dias da Rocha. São Paulo: Saraiva, 2015.

FIGUEIRA JUNIOR, Joel Dias. Comentários à Lei dos Juizados Especiais Cíveis e Criminais - Joel Dias Figueira Júnior, Maurício Antônio Ribeiro Lopes - São Paulo: Editora Revista dos Tribunais, 1995.

FIGUEIRA JUNIOR, Joel Dias. Juizados Especiais da Fazenda Pública: Comentários à Lei 12.153, de 22 dezembro de 2009. 1 e 2.ed. rev., atual. e ampl. - São Paulo: Editora Revista dos Tribunais, 2010.

FÓRUM NACIONAL DOS JUIZADOS ESPECIAIS - FONAJE. (http://www.amb. com.br/fonaje/?p=32)

Theodoro Júnior, Humberto. As Novas Reformas do Código de Processo Civil. Rio de Janeiro: Forense, 2007

Theodoro Júnior, Humberto. A Reforma da Execução do Título Extrajudicial – Lei 11.382, de 06 de dezembro de 2006. Rio de Janeiro: Forense, 2007.

Theodoro Júnior, Humberto. *Os Juizados Especiais da Fazenda Pública (Lei nº12.153, de 22.12.2009)*. Disponível em: (http:// www.ejef.tjmg.jus.br/home/ files/publicacoes/ palestras/pal022010)

Theodoro Júnior, Humberto. Curso de Direito Processual Civil, v. III. 31ª Ed. Rio de Janeiro: Forense, 2010.

Theodoro Júnior, Humberto – Novo Código de Processo Civil Anotado / colaboradores: Humberto Theodoro Neto, Adriana Mandim Theodoro de Mello, Ana Vitória Mandim Theodor. 20 ed. Revista e atualizada – Rio de Janeiro: Forense, 2016.

LENZA, Pedro. *Direito Constitucional Esquematizado* – 12 ª. Ed. – São Paulo: Saraiva, 2008.

LINHARES, Erick. *Sistema dos Juizados Especiais: Críticas e Reflexos Práticos.* Revista Jus Navigandi, Teresina, ano 17, n. 3450, 11 dez. 2012. Disponível em: <http://jus.com. br/artigos/23212>. Acesso em: 12 set. 2015.

MAXIMILIANO, Carlos. *Hermenêutica e Aplicação do Direito*, Forense, 14.ª Ed, Rio de Janeiro, 1994.

MEIRELLES, Hely Lopes. *Direito Administrativo Brasileiro.* 31ª Ed. – São Paulo: Malheiros Editores e PC Editorial Ltda, 2005.

NUNES, Dierle e LUD SANTOS SILVA, Natanael - CÓDIGO DE PROCESSO CIVIL Lei 13.105/2015 – Referenciado com dispositivos correspondentes no CPC/73 Reformado, com os enunciados interpretativos do Fórum Permanente de Processualistas Civis (FPPC) e com artigos da Constituição Federal e da Legislação , 2ª Ed. – Belo Horizonte: Editora Forum, 2015.

NUNES, Dierle e LUD SANTOS SILVA, Natanael - CPC REFERENCIADO - 1ª Ed. Florianópolis: Empório do Direito Editora, 2015.

PAZETTI, Arnaldo Luis Theodosio. *Código de Trânsito Brasileiro, Constituição Federal e Legislação.* 16 ª.Ed. São Paulo: Rideel, 2014.

PONTES, Ana Kariny Loureiro. *Aspectos Interessantes da Nova Lei dos Juizados Especiais da Fazenda Pública - Lei 12.153/2009*. Disponível em: (http:// www.ambito-juridico.com.br/site/?n_link=revista_artigos)

TJMG. Enunciados dos Juizados Especiais de Minas Gerais – www.tjmg.jus.br

TJMG. Bliblioteca Digital – Notas técnicas do NATS – Judicialização da Saúde - www.tjmg.jus.br

ZANELLA DI PIETRO, Maria Sylvia – *Direito Administrativo* – 8 ª Edição, São Paulo:

Ed. Atlas, 1996.São Paulo, Livraria de Direito Ltda, 1997.